U0519242

21世纪普通高等院校系列教材

商业银行经营管理

SHANGYE YINHANG JINGYING GUANLI

（第三版）

主　编　谭　遥

副主编　彭强华　马　莉　黄　姬　俞玉珍

西南财经大学出版社

中国·成都

图书在版编目(CIP)数据

商业银行经营管理/谭遥主编;彭强华等副主编.—3版.—成都:西南
财经大学出版社,2022.1
ISBN 978-7-5504-4878-0

Ⅰ.①商… Ⅱ.①谭…②彭… Ⅲ.①商业银行—经营管理—高等学
校—教材 Ⅳ.①F830.33

中国版本图书馆 CIP 数据核字(2021)第 093721 号

商业银行经营管理(第三版)
主　编　谭　遥
副主编　彭强华　马　莉　黄　姬　俞玉珍

策划编辑:杨婧颖
责任编辑:高小田
责任校对:杨婧颖
封面设计:杨红鹰　张姗姗
责任印制:朱曼丽

出版发行	西南财经大学出版社(四川省成都市光华村街 55 号)
网　　址	http://cbs.swufe.edu.cn
电子邮件	bookcj@swufe.edu.cn
邮政编码	610074
电　　话	028-87353785
照　　排	四川胜翔数码印务设计有限公司
印　　刷	郫县犀浦印刷厂
成品尺寸	185mm×260mm
印　　张	18.75
字　　数	443 千字
版　　次	2022 年 1 月第 3 版
印　　次	2022 年 1 月第 1 次印刷
印　　数	1— 3000 册
书　　号	ISBN 978-7-5504-4878-0
定　　价	49.80 元

1. 版权所有,翻印必究。

2. 如有印刷、装订等差错,可向本社营销部调换。

3. 本书封底无本社数码防伪标识,不得销售。

▶▶ 前言

商业银行是随着商品经济和信用制度的发展而产生的，是现代市场经济中主要的金融组织，是各国金融体系中重要的组成部分，是其他类型的金融机构无法代替和比拟的金融主体，在社会资源有效配置和国民经济建设中起着举足轻重的作用。

商业银行经营管理学是研究探索现代金融体系下商业银行经营管理运行机制及其业务发展规律的应用学科，是高等院校和高职院校金融及证券专业的主干课程，主要阐述商业银行的基本理论、基本知识和基本技能，以及商业银行的经营创新和未来发展趋势，能使金融专业学生和银行从业人员全面了解商业银行经营管理的基本原理和重要规律，掌握商业银行经营管理技能，提高商业银行经营管理水平。

在编写教材过程中，我们力求做到：

（一）全面性

全面地反映商业银行经营管理基本知识、基本理论、基本技能，让学生能够了解商业银行经营管理的理论体系，掌握商业银行经营管理的基本技能。

（二）针对性

既注重高等院校和高职院校金融证券专业学生知识的需要，又考虑金融人才培养目标的需要。

（三）通俗性

在阐述基本知识和基本理论时，尽可能做到深入浅出，简明扼要，通俗易懂。

（四）实用性

邀请中国人民银行、中国建设银行、中国工商银行中高级职称管理人员、业务人员参与编写，他们将在一线的管理工作、业务工作规程和经验融入本教材中，使教材更具有操作性、实用性。

本教材可以作为高等院校和高职院校金融学专业和经济管理类专业教学用书，也可以作为理论研究和银行从业人员的参考用书。

本教材由谭遥教授任主编，彭强华、马莉、黄姬、俞玉珍任副主编。全书分为十章，编写分工如下：广西职业师范学院谭遥教授编写第一章、第三章，人民银行南宁中心支行彭强华高级经济师编写第四章；广西金融职业技术学院黄姬副教授编写第五章；中国建设银行湖南长沙天心支行鲁署军高级经济师编写第六章；广西国际商务职业技术学院姚瑞基副教授编写第二章；中国工商银行湖北省分行余银秀经济师编写第八章；广西职业师范学院马莉讲师编写第七章；中国人民银行广西南宁中心支行彭强华高级经济师编写第九章；中国人民银行广西北流市支行俞玉珍经济师编写第十章。全书由谭遥教授总纂定稿。

本教材在编写过程中得到了广西职业师范学院党委书记李明辉教授、院长朱朝霞教授的大力支持，得到了广西区财政厅副厅长冯任佳高级会计师、广西社会科学院罗梅研究员、广西大学黄绥彪教授的热情指导，得到了广西职业师范学院会计系、财税金融系各位老师的无私帮助，得到了西南财经大学出版社杨婧颖编辑的协助出版，在此谨表示衷心感谢。

本教材在写作过程中参阅了大量国内外商业银行经营管理教材，同时吸收了现阶段金融领域的研究成果，在此向所有参考文献和研究成果的著作者致谢。

由于编写者水平有限，本书在内容和结构等方面难免存在不当之处，恳请专家、学者和读者批评指正。

谭遥

2021 年 12 月

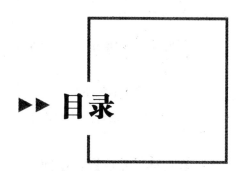

►► 目录

第一篇　商业银行基本理论

第二篇　商业银行业务管理

第一篇
商业银行基本理论

第一章

商业银行概述

学习目标

◆ 了解商业银行的起源和发展。
◆ 熟悉商业银行的性质和职能。
◆ 掌握商业银行的经营模式和组织形式。
◆ 掌握商业银行的业务经营原则。
◆ 了解我国商业银行的产生和发展。

第一节　商业银行的起源和发展

一、商业银行的起源

　　银行的起源，可谓源远流长。世界上最古老的银行可以追溯至公元前的古巴比伦文明古国时期。据大英百科全书记载，早在公元前 6 世纪，在古巴比伦已有一家"里吉比"银行。考古学家在阿拉伯大沙漠中发现的石碑证明，在公元前 2000 年以前，古巴比伦的一些寺庙已从事对外放款并收取利息的活动。公元前 4 世纪，古希腊的寺院、私人商号等，也从事各种金融活动。古罗马在公元前 200 年也出现了类似的机构，它不仅经营货币兑换业务，还经营贷放、信托等业务，同时对银行的管理与监督也有明确的法律条文，已具有近代银行业务的雏形。

　　早期银行的萌芽，起源于文艺复兴时期的意大利。"银行"一词的英文为"Bank"，是由意大利文"Banca"演变而来的。在意大利文中，Banca 原意是指商品交易所用的"长凳和桌子"。后演变为英文"Bank"，原意是指存放钱财的柜子，后来泛指专门从事货币存贷和办理汇兑、结算业务的金融机构。

　　早期银行业的产生与国际贸易的发展有着密切的联系。在 14~15 世纪的欧洲地中海沿岸各国，由于地理环境优越，社会生产力有较大发展，各国各地之间的商业往来逐渐增多，特别是意大利的威尼斯、热那亚等城市，这些城市商贾云集，市场繁荣，车水马龙，已成为当时著名的国际贸易中心。但由于当时社会的封建割据，货币制度混乱，各国商人所携带的铸币形状、成色、重量各不相同，要顺利进行商品交换，就必须把各自携带的各种货币进行兑换，于是，就出现了专门从事货币兑换并从中收取手续费的货币兑换商。

随着异地商品交易的扩大和国际贸易的不断发展，货币兑换和收付数量越来越大，来自各国和各地的客商们为了避免长途携带而产生的麻烦和风险，开始把自己的货币交存在专业货币兑换商处保管，使得货币兑换商在经营货币兑换的同时，开始了货币保管业务，后又发展到委托货币兑换商办理汇兑与支付业务。由于货币兑换和保管业务的不断发展，货币兑换商借此集中了大量的货币资金，当货币兑换商的这些长期的大量的货币资金余额相当稳定，可以发放贷款，获取高额利息收入时，货币兑换商便开始发放贷款业务，收取高额的利息。货币兑换商由原来被动地接受客户委托保管客户货币转变为主动地积极揽取货币保管业务，并且通过降低保管费用或不收保管费用的办法来吸引客户，后来又给予委托保管货币的客户一定利益，货币保管业务便逐渐演变成货币存款业务。由此，货币兑换商开始从事信用活动，出现了商业银行的萌芽。

早期银行虽然已具备了银行的本质特征，但它还是现代银行的原始的低级的发展阶段。因为早期的银行业的生存基础还不是社会化大生产的生产方式，早期银行业的贷款对象主要是政府和封建贵族，其贷款带有极其明显的高利贷性质，且多偏向于非生产性用途，其提供的信用还不利于社会再生产过程。但早期银行业的出现，完善了货币经营业务，孕育了信贷业务的萌芽。它演变成为现代商业银行则是在17世纪后，而这种转变还需要具备经济发展过程中的某些特殊条件。

二、商业银行的发展

现代商业银行的最初形式是资本主义商业银行，它是资本主义生产方式的产物。随着生产力的发展，生产技术的进步，社会劳动分工的扩大，资本主义生产关系开始萌芽。一些手工场主和城市富商、银行家一起形成新的阶级——资产阶级。由于封建主义银行贷款具有高利贷的性质，严重阻碍着社会闲置资本向产业资本的转化。而且早期银行的贷款对象主要是政府、封建主等一批特权阶层而不是工商企业，新兴的资产阶级工商企业无法得到足够的信用支持，而资本主义生产方式产生与发展的一个重要前提是要有大量的为组织资本主义生产所必需的货币资本，因此，新兴的资产阶级迫切需要建立和发展资本主义商业银行。资本主义商业银行的产生，主要通过两条途径：

一是从旧的高利贷性质的银行转变而来。带有高利贷性质的早期银行的主要业务是处理有关货币技术性业务，如兑换、保管、结算、汇兑等，效率不高，工商企业难以获得足够的贷款资金，即使获得贷款，也会因其高额的贷款利息而无利可图。为适应社会化生产的需要，在17~18世纪间，西方各国纷纷开展了反对高利贷的斗争，要求以法律的形式限制贷款利息水平，使生息资本从属于商业资本和产业资本；同时，随着资本主义的建立，高利贷性质的银行逐渐适应了新的资本主义经济条件，顺应时代潮流，扩大信用功能，降低贷款利率，转变为商业银行。许多高利贷银行主要通过这一途径缓慢地转化为资本主义商业银行。

二是新兴的资产阶级按照资本主义原则，以股份公司形式组建成现代商业银行。大多数资本主义商业银行是通过这一途径建立的。以这一途径建立资本主义银行的历史过程，在最早建立资本主义制度的英国得到明显体现。1694 年，在政府的帮助下，英国建立了世界上第一家资本主义股份制的商业银行——英格兰银行。它的建立，标志着资本主义现代银行制度开始形成以及商业银行的产生。新成立的英格兰银行实力雄厚，规模巨大，且以较低的利率向工商企业贷款，成了当时现代商业银行的典范。在英格兰银行成立之后，欧洲其他资本主义国家也相继以这种组建模式成立了商业银行。从此，建立起了一个与社会经济发展需要相适应的现代银行体系。

现代商业银行在商品经济发展较快的国家和地区得到很快的发展，但在不同国家和地区，商业银行的名称各不相同，如英国称之为"存款银行""清算银行"，美国称之为"国民银行""州银行"，日本称之为"城市银行""地方银行"等。

第二节　商业银行的概念、性质和职能

与其他金融机构相比较，商业银行历史最悠久，业务最广泛，在社会经济发展过程中起着举足轻重的作用，是现代金融制度最重要的组成部分，在各国金融体系中均占主体地位。

一、商业银行的概念

商业银行是一个以获取利润为经营目标，以多种金融负债筹集资金，以多种金融资产为经营对象，具有信用创造功能，为客户提供综合性服务的金融机构。

《中华人民共和国商业银行法》第二条规定：本法所称的商业银行是依照本法和《中华人民共和国公司法》设立的吸收公众存款、发放贷款、办理结算等业务的企业法人。

二、商业银行的性质

从商业银行的起源和发展过程看，商业银行的性质表现为：

（一）商业银行是企业

商业银行具有一般工商企业的性质和特征，主要表现在：①它是依法设立的企业法人，具有法人地位。②它有符合设立规定的自有资本。如在我国，设立全国性商业银行的注册资本最低限额为十亿元；设立城市商业银行的注册资本最低限额为一亿元；设立农村商业银行的注册资本最低限额为五千万元。注册资本应当是实缴资本。③实行独立核算、自负盈亏、自主经营、公平竞争、照章纳税的经营原则。④以追求利润最大化为经营目标。

（二）商业银行是金融企业

商业银行是企业，但它又有别于一般工商企业，其区别主要表现在：①商业银行经营对象为金融资产和负债；②商业银行经营的商品是特殊的商品——货币和货币资本；③商业银行经营内容为货币收付、借贷以及各种与货币运动有关的或者与之联系的金融服务。

（三）商业银行是特殊的金融企业

商业银行与其他金融机构相比较，有明显的特征：

（1）业务范围广泛。其他金融机构只限于办理某一方面或几种特定的金融业务，业务经营具有明显的局限性，而商业银行的业务经营除了办理存贷业务外，还办理证券投资、结算业务、代理业务、咨询业务、信托业务、租赁业务等，其业务有很强的广泛性和综合性。

（2）具有信用创造功能。长期以来，商业银行开展办理活期存款业务，吸收活期存款，又通过发放贷款，在借款人不提取或不完全提取现金的情况下，创造出更多的派生存款。

（3）商业银行经营的业务和提供的服务范围越来越广，已延伸到社会经济生活的每个方面，特别是其在国民经济中所起的作用，是其他金融机构无法比拟的。

三、商业银行的职能

商业银行的职能是由其性质决定的。商业银行的主要职能有信用中介、支付中介、金融服务、信用创造等，并通过这些职能在国民经济活动中发挥着重要作用。

（一）信用中介

信用中介是指商业银行通过负债业务，把社会上的各种闲散货币资金集中到银行里来，又通过资产业务把所集中的货币资金投放到社会经济各部门，作为货币资金的贷出者与借入者的中介人，来实现资金的融通。信用中介职能是商业银行最基本、最能反映其经营活动特征的职能，这一职能的实质，是商业银行一方面通过支付利息吸收存款，增加资金来源；另一方面又通过贷款或证券投资收取利息及投资收益，获取利益收入，形成银行利润。商业银行通过信用中介的职能实现资本盈余和短缺之间的融通，并不改变货币资本的所有权，改变的只是货币资本的使用权。

商业银行通过信用中介职能，可以对经济活动起到多层次、多方面的调节转化作用：一是将社会闲置的小额的货币资金集中起来，形成数量巨大的资本，扩大社会资本规模；二是将用于消费的货币资金转变成为生产资本、商品资本、货币资本，在社会资本总量不变的前提下，提高资本使用效率，扩大社会生产和流通；三是将众多的短期货币资本转化为长期资本，用于满足社会对长期资本的需要；四是在盈利性原则的前提下，还可以从低效益部门引导向高效益的部门转移，从而优化经济结构。

（二）支付中介

支付中介职能是指商业银行利用活期存款账户，为客户办理各种货币结算、货币收支、货币兑换和转移存款等业务活动。支付中介职能是商业银行的传统职能，通过发挥这一职能，商业银行成为工商企业、团体和个人的货币保管者、出纳者和支付代理人。以商业银行为中心，形成经济过程中无始无终的支付链条和债权债务关系。

商业银行的支付中介职能在历史上早于信用中介职能。在最早出现的货币经营业中，主要是从事货币保管和办理支付，而当货币积存数量不断增加，形成稳定的余额，为获取盈利而发放贷款时，信用中介职能才产生了。但当商业银行的信用中介形成后，其支付中介职能的发挥就要以信用中介职能的存在为前提，依赖于信用中介职能的发展，因为只有客户将资金存放到银行的账户上，商业银行才能办理支付，两者相互促进，共同发展。

商业银行在发挥支付中介职能的过程中，有着重要作用：一是商业银行持续获得比较稳定的廉价的资金来源，有利于降低资金成本；二是商业银行广泛使用非现金转账和支票收付服务，减少了现金的使用量和流通量，进而减少了现金的保管、铸造、印刷、转运等费用，大大地节约了社会流通费用，提高了生产资本的投入，促进了社会经济的发展。

（三）信用创造

信用创造职能是商业银行的特殊职能，是商业银行在信用中介职能和支付中介职能的基础上，利用其可以吸收活期存款的有利条件，通过发放贷款、开展证券投资业务而派生出更多的存款，从而扩大社会货币供应量。

信用创造的原理：商业银行通过吸收各种存款，并通过资金运用，将其所吸收的各种存款发放贷款，在支票流通和转账结算的基础上，贷款又转化为新的存款。在新的存款不提现或不完全提现的条件下，又可以用于发放新的贷款，贷款又形成新的存款，最后在整个商业银行体系中，形成数倍于原始存款的派生存款。

（四）金融服务

金融服务是商业银行利用其在社会经济活动中的特殊地位，以及在经营业务过程中所获得的大量信息，运用电子计算机等先进的技术手段和工具，为客户提供各种综合性服务。主要金融服务有：代理收付款业务、代理发放工资、代理证券业务、咨询顾问、信托租赁、现金管理、代客买卖贵金属、金融衍生品等。商业银行通过开展金融服务业务，不仅进一步促进商业银行与社会的联系，提高市场占有率，而且增加商业银行的手续费和佣金等非利息收入，同时加快金融信息传播，不断开拓新的金融业务领域。在现代经济生活中，金融服务已成为商业银行的重要职能。

第三节　商业银行的经营模式和组织形式

一、商业银行的经营模式

由于各国工业化的时间和程度不同，以及各国商业银行的产生条件存在差异，各国商业银行在发展过程中形成了两种不同的经营模式：

（一）英国式传统模式

这是以英国的商业银行为代表的传统模式。这一类商业银行深受"商业性贷款理论"的影响和支配，其特点：一是商业银行的存款大多数是吸收活期存款；二是商业银行只发放短期的与商品周转相关的或与生产物资相适应的自偿性贷款；三是这类贷款用于生产和流通过程中的短期资金融通。所谓自偿性贷款，是指随着企业物资购进、生产、销售而偿还，并以"真实票据"为担保的贷款，即一旦商业票据到期和企业商品生产和销售完成，贷款就可以自动收回。其优点是：期限短，流动性强，物资保证性强。商业银行既可以实现其贷款安全回收，又能获取稳定的利润。至今，英国和受英美传统影响的一些国家的商业银行基本上还遵循这种经营模式，但其缺点是银行的业务发展受到限制。

（二）德国式综合模式

这是以德国商业银行为代表的综合模式。这一类商业银行以全方位供应资金为经营方针，经营业务为综合性业务。其业务特点是：一是不仅发放短期商业贷款，提供生产周转资金，而且提供长期的固定资产贷款；二是直接投资股票和债券，帮助公司包销证券，参与企业决策与发展；三是为企业提供必要的财务支持和财务咨询。这种综合性模式，有利于商业银行展开综合性、全方位的业务经营活动，充分发挥商业银行的经济主导作用。至今，德国、瑞士、奥地利等少数国家采取这种模式，而且美国、日本等国的商业银行也在向综合模式转化，但其缺点是银行的经营风险较大。

二、商业银行的组织形式

商业银行在金融机构体系中处于主体地位，商业银行的组织形式即商业银行在社会经济中的存在形式，受所在国政治、经济、法律等多方面因素的影响，同时也受到国际金融发展的影响。各国商业银行的组织形式各有其特征，主要有四种形式：

（一）单一银行制

单一银行制又称单元银行制，它是指商业银行业务由一个独立的商业银行经营，不设立或不允许设立分支机构的一种组织形式。该银行不受其他商业银行控制，也不得控制其他商业银行。

实行这种制度最为典型的国家是美国，这是由美国特殊的历史背景和政治制度决定的。美国商业银行分为在联邦政府注册的国民银行和在州政府注册的州银行两种。在1863年《国民银行法》颁布之前，美国没有联邦注册银行，只有州注册银行，各州为了保护地方中小企业和中小银行的利益，各州政府通过颁发银行法，严格禁止本州银行设立分支银行，任何银行都以单一的形式在一个限定地区经营。1863年的《国民银行法》颁布后，则把这种单一银行制法制化。《国民银行法》规定，禁止国民银行在任何地方、以任何形式设立分支银行。这项规定既包括禁止国民银行跨州建立分支银行，也包括禁止国民银行在本州建立分支银行，形成了一种极为典型的美国的单一银行制。其主要历史原因有：一是美国实行联邦制，各州的独立性较强，州与州之间的经济发展水平又有很大的差距，为均衡发展经济，反对各州之间的相互渗透，各州都通过州银行法，禁止或限制银行开设分支银行，特别是禁止在其他州开设分支银行；二是为了限制垄断，鼓励竞争。银行的生命力在于竞争，只有在竞争中，一国的银行体系才能提供灵活多样的金融服务，才能不断提高银行的服务效率。

实行单一银行制的主要优点有：①由于不允许或限制设立分支机构，使商业银行业务规模的扩大受到制约，可以防止银行业的过度集中和垄断，有利于自由竞争；②由于单一银行制只在本地区营业，有利于银行与地方政府协调，有利于促进本地区经济的发展，集中全力为本地区服务；③银行具有更高的独立性和自主性，业务经营较为灵活；④银行管理层次少，有利于业务经营管理，有利于实现管理目标，有利于中央银行的管理和控制。

实行单一银行制也存在着缺点：①银行规模较小，经营成本高，难以取得规模经济效益；②银行在资金筹集、资金运用上受到制约，且其业务又相对集中，风险较大；③单一银行制与经济的外向发展、商品交换范围的不断扩大存在矛盾，不利于银行为社会经济提供更多更好的服务；④在电子计算机等高新技术普遍应用的条件下，单一银行的业务发展和金融创新受到限制，不利于银行自身的发展。

现代经济的发展不仅冲破了地区之间、国家之间的限制，而且促进了地区之间、国家之间的经济往来。在这种情况下，美国从 20 世纪 90 年代初，就开始逐步放宽对商业银行开设分支机构的限制。1994 年 9 月美国颁布了《州际银行法》，允许商业银行跨州经营、跨州设立分支机构。但由于历史的原因，至今美国部分商业银行仍实行单一银行制。

（二）分支银行制

分支银行制是指按法律规定，商业银行在总行以外，可在本地或外地设立若干分支机构的一种银行制度。分支银行制又分为总行制和总管理处制。总行制是指总行既行使对分支机构进行管理和监督的职能，又办理具体业务的银行制度；总管理处制是指其总行只负责对分支机构进行管理监督，其本身不办理具体业务的一种银行制度。

实行分支银行制最具代表性的国家是英国。英国是发生产业革命最早的国家，银行业也随之发展。1841 年仅英格兰地区的联合股份制银行就多达 115 家。1862 年实行银行公司法，允许大银行兼并小银行，导致英国银行业第一次兼并浪潮，银行总数锐减，分支机构剧增。到了 1866 年，商业银行总数减少到 400 家，而分支机构却猛增至 1 226 家，从此，英国的分支银行制形成。20 世纪 60 年代，在政府的默许下，英国再次掀起银行的兼并浪潮，这次兼并使英国商业银行最终减少为 6 家，而其分支机构截至 1976 年共有 11 659 家。进入 20 世纪 90 年代，欧元区银行纷纷重组，英国虽不是欧元区国家，但也受到欧元区银行重组的影响。经过一系列重组，一些银行已成为世界最大银行之一，特别是英国汇丰银行，是一家誉满全球的国际老牌银行，其分支机构遍布包括中国在内的世界各地，总部设于伦敦，在欧洲、亚太地区、美洲、中东及非洲 82 个国家和地区拥有约 10 000 个附属机构。汇丰银行分别在伦敦、香港、纽约、巴黎及百慕大等证券交易所上市，全球股东约有 200 000 个，分布于 100 多个国家和地区。通过以先进科技连接的国际网络，以及快速发展的电子商务能力，汇丰银行为客户提供广泛的银行及金融服务：个人金融服务、工商企业金融业务、投资银行、资本市场以及其他业务。

分支银行制的优点，主要表现为：①银行资本雄厚，规模巨大，易于取得规模效益，提高银行盈利水平；②分支机构众多，业务经营广泛，有利于分散风险，提高银行的安全性；③营业网络庞大，易于采用现代化设备，提高金融服务水平；④银行总行数量少，便于金融当局进行宏观管理，提高管理水平。

分支银行制也存在缺点，主要表现在：①容易形成垄断和集中，不利于中小银行的存在与发展；②银行规模大，机构庞大，不利于银行内部管理，管理难度增大；③银行内部层次多，不利于上级行和下级行之间相互了解情况，使之在做出决策和执行决策时会出现一定的偏差，面临操作风险。

目前，世界上大多数国家都采用分支银行制，我国商业银行也采用分支银行制。我国商业银行的组织机构法规定：我国商业银行采取的是总分行制，即法律允许商业银行在全国范围或一定区域内设立分支行。采用总分行制的商业银行，对外是一个独立法人，一律不得设置具有独立法人资格的分支行。分支行之间不应有相互存贷的市场交易行为，不能变成多级法人制的银行集团。

尽管分支银行制存在着缺陷，但它对于提高银行的盈利性、流动性和安全性有着其他银行制组织形式无法比拟的优势。随着世界经济的全球化，必然导致国际资本流动的全球化，商业银行的全球化和国际化也就成为必然趋势，分支银行制组织形式也开始国际化，也有在全球普及的趋势。

（三）银行持股公司制

银行持股公司制也称为集团银行制，是指由一个集团成立股权公司，再由该公司控制或收购两家以上的银行而组建的一种特殊的银行制度。在法律上这些银行是独立的，但其业务与经营政策统一由同一股权公司控制。持股公司对银行的有效控制，是指能控制一家银行的25%以上的投票权。这种持股公司在集团内部可以实行单一银行制，也可以实行分支银行制，因而可以回避限制开设分行的法律规定，这样既不损害单一银行制的总格局，又能实行分支银行制。

持股公司制的商业银行组织形式在美国最为流行，发展也非常迅速，它是1933—1975年美国严格控制银行跨州经营时期，立法方面和商业银行之间"管制—逃避—再管制"斗争的结果。到1990年，美国的银行持股公司控制了8 700家银行，占该行业总资产的94%。银行持股公司使得银行更便利地从资本市场筹集资金，并通过关联交易获得税收上的好处，也能够规避政府对跨州经营银行业务的限制。

银行持股公司制有两种类型，一种是非银行持股公司，另一种是银行持股公司。前者是由主要业务不在银行方面的大企业拥有某一银行股份组织起来的；后者是由一家大银行组织一个持股公司，其他小银行从属于这家大银行。其优点主要表现为：①持股公司使设施集中化，可以节约费用开支；②持股公司能扩大资本总量，增加银行自身实力，提高竞争能力和风险抵御能力；③持股公司的股票更为畅销，可以降低资本成本。但这种制度也存在着不足：容易造成垄断和集中，不利于开展竞争，阻碍银行业的发展。

（四）连锁银行制

连锁银行制又称为联合银行制，是指由同一个人或集团控制两家或两家以上的银行的银行制度。其特点是由某一个人或某一集团购买若干独立银行的多数股票，这些银行在法律上是独立的，也没有股权公司的形式存在，但其所有权掌握在某一个人或某一集团手中，其业务和经营政策均由某一个人或某一个集团控制。这种银行机构往往是围绕一个地区或一个州的大银行组织起来的。几个银行的董事会由一批人组成，以这种组织中的大银行为中心，形成集团内部的各种联合。它与银行持股公司制一样，都是为了弥补单一银行制的不足、规避对设立分支行的法律限制而实行的。但连锁银行与控股公司相比，由于受个人或某一集团的控制，因而不易获得银行所需要的大量资本，因此许多连锁银行相继转为银行分支机构或组成持股公司。

第四节　商业银行的经营原则

商业银行作为一个特殊的金融企业，具有一般企业的基本特征，即追求利润的最大化。尽管各国商业银行在制度上存在一定的差异，但是在业务经营上，各国商业银行通常都遵循盈利性原则、流动性原则和安全性原则。

一、盈利性原则

盈利性原则是指商业银行在经营活动中，力求以最小的营运成本实现利润最大化而必须遵循的工作准则。这是由商业银行的性质决定的，是商业银行经营信贷业务的首要原则，是商业银行积极进取，努力开展业务，提高服务质量的内在动力，是评价商业银行经营水平的核心指标。实现利润最大化是商业银行充实资本、扩大规模、增强实力、提高竞争力的基础，也是商业银行全体股东最终利益的体现。

商业银行的盈利是商业银行营业收入与营业支出的净差额，即

商业银行的盈利 ＝商业银行营业收入 －商业银行营业支出

商业银行的营业收入：①贷款利息收入；②投资收入，包括股息、红利、债息、出售有价证券的价格净差额；③服务收入，包括各种手续费及佣金。

商业银行的营业支出：①吸收存款所支付的利息；②借入资金所支付的利息；③贷款和投资的损失包括贷款坏账、投资于有价证券的资本损失；④雇员工资、业务办公费用、税金等。

根据商业银行营业收入和营业支出的主要内容，影响商业银行盈利性指标的因素主要有存贷款规模、资产结构、自有资金比例和资金自给率水平以及资金管理体制和经营效率等。商业银行盈利的多少取决于资产收益、服务收入、营运成本等因素：

（1）资产收益是商业银行盈利的主要来源。提高资产收益的主要方法有：一是在利率不变的情况下增加负债，扩大资产规模；二是合理安排资产结构，在保证资产流动性的前提下，增加贷款、证券投资等营利性资产的比重，减少现金资产等非营利性资产的比重。

（2）商业银行的金融服务收入是指资产收益以外的手续费和佣金等其他收入。它主要由商业银行向客户提供全面、优质的服务获得，即商业银行不动用自身的资金而是利用其机构、信息、技术、信誉等优势，为客户代理承办支付和其他委托事项，并据以收取手续费和佣金的一种收入，也是增加商业银行收入的重要途径。

（3）降低营运成本是提高商业银行盈利的手段之一。降低营运成本的主要途径主要有：一是降低资金成本，广开财源，吸收更多的存款；二是提高贷款和投资的质量，做到贷款安全、投资准确，减少贷款和投资的损失；三是提高银行的经营管理水平，加强内部经济核算，节约管理费用开支。

二、流动性原则

流动性是指商业银行能够随时应付客户提现和满足客户借贷的能力要求而应恪守

的工作原则。

流动性主要包括资产的流动性和负债的流动性。资产的流动性是指银行资产在不受损失的前提下随时变现的能力。负债的流动性是指银行能经常以合理的成本吸收各种存款和其他所需资金。通常我们所指的流动性是资产的流动性，即资产的变现能力。衡量资产流动性的标准有：一是资产变现的成本，即资产变现的成本越低，则其资产的流动性越强；二是资产变现的速度，即资产的变现速度越快，越容易变现，则其资产的流动性越强。

影响商业银行流动性的主要因素有：客户的平均存款规模、资金的自给水平、清算资金的变化规律、贷款经营方针、银行资产质量以及资金管理体制等。商业银行的流动性是实现安全性和盈利性的重要保证，作为特殊的金融企业，商业银行保持适当的流动性是非常必要的。

商业银行要保持足够的流动性，要满足客户提取存款等方面的要求，因此商业银行在安排资金运用时，一方面要求使资产具有较高的流动性，另一方面必须通过负债途径，力求负债业务结构合理，并保持较强的融资能力。

商业银行的现金资产是流动性最强的资产，主要包括库存现金、存放在中央银行的存款准备金、同业存款、在途资金等。商业银行为预防客户随时提现，准备一定数量的现金，它是商业银行流动性最强的资产，故称为资产一级准备。

商业银行的现金资产虽然是流动性最强的资产，但是它是非营利性资产。这种非营利性资产是和商业银行的盈利性原则相悖的，因为商业银行是将货币作为资本使用的，而不只是把货币作为货币来使用。为解决这一矛盾，使商业银行的资产既保持流动性，又保证盈利性，资产的二级准备就应运而生。

所谓资产二级准备，是指既能保持一定盈利能力，又能随时或在短期内变现的资产，主要包括国库券、短期票据、短期贷款等。作为资产的二级准备，流动性是第一需要，盈利性是第二需要，这是保持商业银行支付能力的一种常用的方法。

现代商业银行的流动性原则不仅仅局限于银行的资产业务，而是已经扩展到银行的负债业务。商业银行为了预防客户随时提现所做的准备，无论是资产的一级准备，还是资产的二级准备，都会影响到商业银行的盈利性。商业银行为了保持足够的流动性，保证一定的盈利性，已越来越注重从负债方面来提高其整体经营的流动性，即保持足够的资金来源使商业银行能应付提现和支付的需要。商业银行保证负债流动性的主要措施有：①向中央银行借款；②向中央银行再贴现；③发行大额可转让定期存单；④同业拆借；⑤向国际金融市场借款；⑥利用回购协议等。

三、安全性原则

安全性原则是指为使银行的资产、收益、信誉以及所有经营生存发展的条件免遭损失而执行的工作准则。安全性的对立面就是风险性，商业银行经营的安全性就是尽可能地避免和减少风险。

商业银行在经营过程中，要面临和承担一定的风险，主要的风险有：

（一）负债风险

负债风险是指商业银行在经营存款、发行证券等负债业务时所承担的风险。负债风险是由商业银行的资金构成的特殊性质决定的，因为商业银行与一般工商企业不同，它主要是依靠负债经营，即商业银行全部资金中的大部分是客户的资金，而自有资本只占全部资本的10%左右。如果客户提现要求得不到满足，就会发生挤兑风潮，将导致商业银行出现财务困难，甚至倒闭破产。

（二）信用风险

信用风险是借款人不能按约定的贷款期限归还贷款而影响商业银行资金正常周转所造成的风险。这种风险将导致商业银行产生大量贷款呆账、坏账，严重影响商业银行的贷款资产质量，过度的信贷风险可导致商业银行危机。

（三）政治风险

政治风险是指因政治体制、经济时局的突变，致使工商企业不能正常经营，影响企业经营管理，造成债务链条断裂，商业银行投入工商企业的资金不能回流，给商业银行营运带来的风险。

（四）利率风险

利率风险是指由于市场利率波动造成商业银行持有的资产的资本损失和对银行收支的净差额产生影响的金融风险。这种风险因市场利率的不确定性的存在而导致商业银行的盈利或内在价值和预期不一致。

商业银行要保证资产的安全性，必须做到以下几点：

（1）合理安排资产规模与结构，注重资产质量，通过保持一定比例的现金资产和持有一定比例的优质有价证券来改善商业银行的资产结构，提高商业银行的抗风险能力。

（2）合理安排资产内部的结构和期限结构，并与负债的规模和期限结构保持合理比例，保持资产与负债规模与期限结构相对应，防止超负荷经营，造成资金周转短缺，资金周转不畅。

（3）提高自有资本在全部负债中的比重，并随业务规模的扩大和盈利水平的提高而不断补充，以增强商业银行自身的经济实力，提高商业银行信用地位，保证商业银行有足够的清偿能力从而防范和抵御各方面的风险。

（4）认真领会国家的经济政策和中央银行的金融政策，遵守有关规章制度，做好对项目的可行性研究评估，做好对客户的道德品格、资本实力、还款能力、担保方式和环境条件等的信用分析，确保贷款安全回收。

商业银行的"三性"原则既相互统一，又相互矛盾。其表现是：在相互统一上，流动性是商业银行正常经营的前提条件，是商业银行资产安全性的重要保证；安全性是商业银行稳健经营的重要原则，离开安全性，商业银行的盈利性也就无从谈起；盈利性原则是商业银行的最终目标，保持盈利是维持商业银行流动性和保证银行安全性的重要基础。在相互矛盾上，①商业银行的安全性与流动性之间呈现正相关。流动性较大的资产，风险就小，安全性也就高。②商业银行的盈利性与安全性和流动性之间呈反方向变动。盈利性较高的资产，由于时间一般较长，风险相对较高，因此其流动性和安全性就比较差。

遵循商业银行经营管理的三个原则，必须协调好三方面的关系。商业银行经营管理是一个权衡利害、趋利避害的过程，在决策时应该坚持盈利性和安全性权衡的原则。

首先，安全性是商业银行经营的客观要求。其次，安全性与盈利性是一对矛盾。商业银行经营管理的原则是保证信贷资金流动性、安全性和盈利性的有机统一。

第五节　我国商业银行的产生和发展

一、我国古代的银行

与西方的商业银行相比，我国的银行产生较晚，但可追溯到 7~10 世纪。关于我国银钱业的记载，较早的是南北朝时的寺庙典当业。唐代已经出现了办理金融业务的独立机构，但经营范围比较单一，如出现了类似汇票的"飞钱"，这是我国最早的汇兑业务。北宋真宗时期，由四川富商发行的交子，成为我国早期的纸币。明清时期，当铺是中国主要的信用机构。明末，一些较大的经营银钱兑换业的钱铺发展成为钱庄。钱庄产生初期，除兑换银钱外，还从事贷放业务，到了清代，才逐渐开办存款、汇兑业务，但最终在清政府的限制和外国银行的压迫下，走向衰落。这类封建化组织管理形式的金融机构，都是独资或合资的，很少有分支机构，资金力量薄弱，管理水平低，业务范围小，与股份制银行相比，在业务经营和管理方式等方面都有着很大的差别。

二、我国近代的商业银行

我国近代银行业是在 19 世纪中叶外国资本主义银行入侵之后才兴起的。1845 年英国人在上海设立东方银行，这是在我国出现的第一家现代商业银行，其后各资本主义国家纷纷来华设立银行。在华外国银行虽给中国国民经济带来了巨大破坏，但在客观上也对我国银行业的发展起了一定的刺激作用。

清政府为了摆脱外国银行控制和基于财政管理的需要，于 1897 年在上海成立了中国通商银行，这是我国自办的第一家现代商业银行，标志着中国现代银行的产生。1904 年我国成立了官商合办的户部银行，1908 年改称为大清银行，1912 年又改称为中国银行。1907 年又成立了官商合办的交通银行。此外，一些股份制集资银行和私人独资的民族资本商业银行也陆续建立并有所发展。

1911 年辛亥革命以后，中国的银行业有了进一步发展。但是，由于中国的资本主义商品经济不发达和帝国主义的侵略，中国的银行业畸形发展。在国民党统治的后期，建立了以中央银行、中国银行、交通银行、中国农民银行以及中央信托局、中央合作金库"四行一局一库"为主的官僚资本金融垄断体系，控制了国民经济的命脉。

三、我国计划经济时期的国家银行

在新中国成立前，经党中央批准，华北人民政府颁布布告，从 1948 年 12 月 1 日起，将原晋察冀边区和晋冀鲁豫边区的华北银行、晋绥边区的西北农民银行、山东省人民政府的北海银行合并为中国人民银行。

1949 年以后，中国人民银行接管了国民党的中央银行、中国银行、交通银行、中国农民银行以及中央信托局、中央合作金库"四行一局一库"，在没收官僚资本银行的基础上，结合改组各革命根据地的银行，在中国人民银行的领导下，将原来的官僚资本银行改组为新的中国银行、交通银行和农业合作银行。以后，又新建和改组了中国人民建设银行、中国农业银行、中国投资银行、中国工商银行等。1953—1955年，经过清产核资、调整业务和实行储蓄专业化、公私合营银行的机构和业务并入中国人民银行，从而建立了新的集中统一的金融体制。

我国从1953年开始建立了集中统一的综合信贷计划管理体制，即全国的信贷资金，不论是资金来源还是资金运用，都由中国人民银行总行统一掌握，实行"统存统贷"的管理办法，银行信贷计划纳入国家经济计划，成为国家管理经济的重要手段。高度集中的国家银行体制，为大规模的经济建设进行全面的金融监督和服务。

中国人民银行担负着组织和调节货币流通的职能，统一经营各项信贷业务，在国家计划实施中具有综合反映和货币监督功能。银行对国有企业提供超定额流动资金贷款、季节性贷款和少量的大修理贷款，对城乡集体经济、个体经济和私营经济提供部分生产流动资金贷款，对农村中有需要的农民提供生产贷款、口粮贷款和其他生活贷款。这种长期资金归财政、短期资金归银行，无偿资金归财政、有偿资金归银行，定额资金归财政、超定额资金归银行的体制，一直延续到1978年，其间虽有几次小的变动，但基本格局变化不大。

四、我国改革开放后的商业银行

20世纪80年代以来，我国实行改革开放政策，为金融业的发展注入了强大的生机与活力。从重建金融体系、实现金融宏观调控到全面展开金融部门的市场化改革，我国的金融改革走过了一条不平凡的发展之路。伴随着整体金融体制改革发展的步伐，中国商业银行业从无到有，不断壮大和规范，谱写着生机勃勃的改革篇章。

（1）组建专业银行，标志着中国商业银行体系雏形的出现。20世纪80年代初期，中国人民银行"一统天下"、中央银行与商业银行"不分彼此"的格局被打破，形成了由中国银行、建设银行、工商银行和农业银行四大行组成的专业银行体系，这是中国商业银行体系的最初形态。

（2）改造商业银行，专业银行逐步成为国有独资商业银行。改革初期，中国没有"商业银行"这一概念。20世纪80年代中后期，整个国民经济发展和经济体制改革对银行业和金融业提出了更高的要求，专业银行运作中存在的不少弊端也逐渐暴露，我国开始考虑建立体制较新、业务较全、范围较广、功能较多的银行，从而出现了"综合性银行"的提法和"银行企业化"的口号。而真正形成商业银行的概念，把商业银行作为一种分类标准、作为一种体制选择、作为一个行业来对待则是在20世纪90年代初期。大约从1994年前后开始，在中国的银行体系中不再有"专业银行"这一类别，在中国的银行体系中起绝对支撑作用的工商银行、农业银行、中国银行、建设银行（以下简称"工、农、中、建"）被改造为国有独资商业银行。

（3）设立新型商业银行，丰富和完善商业银行体系。1987年交通银行、招商银行等一批新型商业银行随即产生，到目前为止，已先后设立了10家新型的全国性商业银行，包括交通银行、招商银行、中信银行、中国光大银行、华夏银行、中国民生银行、广东发展银行、深圳发展银行、福建兴业银行、上海浦东发展银行等。十多年来，这些股份制商业银行迅速发展壮大，现在这 10 家银行的总资产已占全国商业银行总资产的十分之一以上。

（4）组建政策性银行，分离商业性和政策性银行职能。从 1993 年开始，我国先后组建了国家开发银行、中国进出口银行和中国农业发展银行三家政策性银行，从而实现了在金融体系内，商业性金融与政策性金融职能的分离，扫除了工、农、中、建四大专业银行向商业银行方向改革的最大障碍。

（5）实行资产负债比例管理制度。从 1993 年开始，在交通银行试点进行资金营运制度的改革，导入资产负债比例管理制度，到 1995 年在各大商业银行全面推广该制度，从而按《巴塞尔协议》的要求建立了商业银行稳健、有效运作的制度规范。

（6）突破了地方不能办银行的限制，全国各地大中城市分两步组建了近百家地方性商业银行。从 1995 年开始，我国先后将分散的众多城市信用社改组、合并成城市合作银行，继而在 1997 年之后全部改称为"某某市商业银行"。这些银行基本上是由地方政府（通过财政渠道）掌握一部分股权加以控制的。另外，还有两家住房储蓄银行（烟台住房储蓄银行、蚌埠住房储蓄银行）和约 4 500 家城乡信用社。

（7）取消对商业银行的信贷规模控制。从 1998 年 1 月 1 日开始，全面取消商业银行的信贷规模控制。中央银行对商业银行的贷款增加量，从必须执行的指令性计划改为"供参考"的指导性计划。这既是中央银行宏观调控制度与调控方法的重大改革，也是商业银行按照自主经营、自求平衡、自负盈亏、自我约束要求进行新体制运行的必备条件。

（8）初步建立了能与国际惯例接轨的商业银行风险控制机制。资产质量问题是任何体制下商业银行改革与发展的重心，防范和化解金融风险又是我国商业银行进入 20 世纪 90 年代以后面临的迫切任务。从 1998 年开始，我国改变传统的信贷资产按时间分类的办法，改按国际通行的五级分类制。同时，从更谨慎的原则出发，改革了商业银行呆账准备金的提取制度。

（9）强化了商业银行资本金补充制度。工、农、中、建四大国有独资商业银行的资本充足率长期低于 8%，这是中国银行业既要快速又要稳健发展面临的一个大难题。1998 年 8 月中旬，财政部定向发行 2 700 亿元特别国债，补充四大银行的资本金，使其资本充足率达到国际通行的标准。其他商业银行也都通过投资者增加注资、定期扩股增资等办法来解决其资本充足率问题。

（10）积极加快商业银行上市步伐。自 1991 年深圳发展银行上市以来，银行上市一直受到严格限制，直至 1999 年年末，上海浦东发展银行成为政策解冻后的第一家上市商业银行。2000 年，中国人民银行明确表示支持商业银行进行股份制改造和股票的发行上市，至于国有独资商业银行，可以进行国家控股的改造，具备条件的也可以上市。自此，中国商业银行业掀起了一股上市的浪潮。继中国民生银行挂牌上市之后，招商、交通、光大、华夏、中信和兴业等新型商业银行都积极做上市准备工作，目前大都已经成功发行上市。综上所述，经过几十年的改革发展，我国在建立中央银行制度的同时，通过"存量改革"和"增量导入"两条途径，打破了"大一统"的银行组织体系，实现了中国银行业由垄断走向竞争、由单一走向多元、由封闭走向开放、由功能狭窄走向健全完善的转变，建立起了以中国人民银行为中央银行，以国有独资商业银行为主体，以股份制商业银行为生长点，中资和外资商业银行并存发展的统一开放、有序竞争的银行组织体系。我国银行业朝着规范化的商业银行的国际标准靠拢，银行业的综合实力和竞争能力得到不断提高。

五、我国加入世界贸易组织（WTO）后的商业银行

2001年11月10日，世界贸易组织第四届部长级会议在卡塔尔首都多哈以全体协商一致的方式，审议并通过了中国加入世贸组织的决定。在中国政府代表签署中国加入世贸组织议定书，并向世贸组织秘书处递交中国加入世贸组织批准书30天后，中国正式成为世贸组织成员，成为其第143个成员。

WTO是世贸组织的英文简称，是一个独立于联合国的永久性国际组织。WTO于1995年1月1日正式开始运作，负责管理世界经济和贸易秩序，总部设在瑞士日内瓦莱蒙湖畔。世贸组织是具有法人地位的国际组织，在调解成员贸易争端方面具有很高的权威性。

WTO适用的基本原则由若干规则及规则例外所组成：

（一）最惠国待遇原则

最惠国待遇是指缔约一方现在和将来给予任何第三方的优惠，也给所有缔约方。在国际贸易中，最惠国待遇是指签订双边或多边贸易协议的一方在贸易、关税、航运、公民法律地位等方面，给予任何第三方的减让、特权、优惠或豁免时，缔约另一方或其他缔约方也可以得到相同的待遇。最惠国待遇分为无条件最惠国待遇、无限制最惠国待遇、有限制最惠国待遇及非互惠最惠国待遇。

（二）国民待遇原则

国民待遇原则又称平等待遇，是指一个国家给予在其国境内的外国公民、企业和商船在民事权利方面与其国内公民、企业、商船一样享有同等的待遇，即专指外国自然人、法人、商船等在民商事方面而非政治方面的待遇。

（三）互惠原则

WTO管辖的协议是以权利与义务的综合平衡为原则的，这种平衡是通过互惠互利的开放市场的承诺而获得的。互惠互利是多边贸易谈判也是建立WTO共同的行为规范、准则过程中的基本要求。互惠原则的例外主要体现在对发展中国家的成员方给予差别优惠待遇，而非对等待遇。

（四）贸易自由化原则

贸易自由化原则从本质上说，就是限制和取消一切妨碍和阻止国际贸易开展与进行的所有障碍，包括法律、法规、政策和措施等。其目的在于提高生活水平，保证充分就业，保证实际收入和有效需求的巨大、持续增长，扩大世界资源的充分利用以及发展商品的生产和交换。

贸易自由化原则是通过削减关税、弱化关税壁垒以及取消和限制形形色色的非关税壁垒措施来实现的。

（五）透明度原则

贸易自动化和稳定性是WTO的主要宗旨，而实现这一宗旨，有赖于增强贸易规章和政策措施的透明度。因此，WTO为各缔约方的贸易法律、规章、政策、决策和裁决

规定了必须公开的透明度原则。其目的在于防止缔约方之间进行不公平的贸易。透明度原则已经成为各缔约方在货物贸易、技术贸易和服务贸易中应遵守的一项基本原则，它涉及贸易的所有领域。

（六）无歧视待遇原则

无歧视待遇原则又叫无差别待遇原则，是 WTO 最重要的原则之一。它规定缔约方一方在实施某种限制或禁止措施时，不得对其他缔约方实施歧视待遇。无歧视待遇的原则要求每个缔约方在任何贸易活动中，都要给予其他缔约方以平等待遇，使所有缔约方能在同样的条件下进行贸易。

（七）协商与协商一致原则

协商与协商一致原则是 WTO 及其法律制度的一项基本准则，协商与协商一致是 WTO 解决争端的基本方法。协商，包括争端当事方之间的双边协商和缔约方全体主持下的多边协商，是 WTO 各项争端解决程序的首要方法。

我国加入世贸组织后，中国的金融业开放应服从于《服务贸易总协定》的六项基本原则和金融服务协议。新的金融服务协议对金融市场等的开放提出了更具体的要求。该协议旨在消除各国长期存在的银行、保险和证券业的贸易壁垒，确立多边的、统一开放的规则和政策。新的金融服务协议对金融市场等的开放提出了更具体的要求，包括：各缔约方同意对外开放银行、保险、证券和金融信息市场；允许外国在国内建立金融服务公司并按竞争原则运行；外国公司享受同国内公司同等的进入市场的权利；取消跨境服务的限制；允许外国资本在投资项目中的比例超过 50%。加入 WTO 后，美资银行可立即向外国客户提供所有外汇业务。加入 WTO 一年后，美国银行可向中国客户提供外汇业务，中美合资的银行将立即获准经营，外国独资银行将在五年内获准经营，外资银行在两年内将获准经营人民币业务，在五年内经营金融零售业务。

我国加入 WTO 后对金融业既带来机遇，又带来挑战，主要表现在：

（一）WTO 给金融业带来的机遇

（1）引入国外竞争，有利于商业银行体系的完善。一是外资银行的进入为国内银行提供参照体系和竞争对象，将促进国内银行加快改革、提高管理水平；二是外资银行在技术、金融创新上处于领先地位，可以起到示范、激励和交流的作用，从而推动我国银行业技术改进和金融创新的进程；三是外资银行先进的管理理念和运行方式对提高国内银行的经营管理水平具有重要的借鉴意义；四是国内外银行业间的人才竞争和交流也有利于提高我国银行从业人员的素质。

（2）世贸组织的互惠原则有利于国内银行业拓展海外业务，增设海外分支机构，以占据竞争的有利地势。入世后，我国银行业到海外拓展业务将主要受自身经营状况和东道国金融监管条例的限制，而较少受到市场准入方面的限制，这就有利于国内经营状况良好的商业银行在国际金融市场上争取更广阔的发展空间，在国际竞争中促进业务发展、人才成长和技术进步。

（3）有助于推动金融运行和金融监管向国际标准靠拢。今后，我国银行业必然要遵循国际银行业经营管理的统一规则，接受以巴塞尔协议为准绳的国际银行业监管原则、标准和方法。这将促进我国银行业全面加强风险管理，完善内部控制制度，改进信息披露制度，并推进监管的规范化、全程化，保证监管的持续性和有效性。既有利于规范银行业的经营管理，又有助于形成统一规范、客观公正的金融监管体系，改善商业银行经营环境。

（二）WTO 给金融业带来的挑战

（1）我们必须加快金融改革的步伐，迅速为开放金融市场做好准备。外资银行将在中国加入 WTO 一年后，获准为中国客户提供外汇业务，两年后可为企业商务活动提供人民币业务，而五年后可为中国个人提供金融服务。中国人民银行将逐步取消外资银行营业性分支机构地域限制，从现在的上海、北京、天津、深圳等 23 个城市扩大到所有中心城市，同时正式批准美国花旗银行深圳分行、日本东京银行深圳分行经营人民币业务。

（2）在金融领域全面引入国际竞争，将使中国金融业面临世界开放市场的竞争和挑战，受到一定的冲击。主要表现为国内一些不具备竞争优势的金融企业，在全方位的国际竞争中必须经历一个痛苦的调整、转换和再生的过程，并有可能使国民经济在一定时期内出现一定程度的困难局面，将使民族金融业在业务、人才、管理以及监管等方面面临直接冲击。由于中国金融业长期处于高度的政策壁垒下，对于加入 WTO 后高度的市场竞争形势需要有个适应过程。国内许多银行业人士，对于对外开放金融业务反应强烈，认为在五年内彻底开放金融业，时间是十分紧迫的。其主要原因：一是国内金融业存在资本充足率普遍不足的情况，补充资本金不是短时间内能完成的；二是国内银行不良贷款在五年内难以清除。现已有计划将这部分债务以折价或证券化的方式出售，但此过程也许将需花上数年甚至更长时间。因此，重建我们脆弱的银行系统，是国家允许外国金融机构完全进入本国市场，而不致引发国内金融危机的重要先决条件。

我国银行业在开放后要参与国际金融竞争，主要应做好的工作有：

（1）银行业要加强风险控制，提高资产质量。随着金融机制改革步伐的加快，地方金融机构的经营风险逐步暴露，加上受社会经济环境的影响，地方金融机构的经营形势日趋严峻。资产质量是商业银行的生命线，控制风险是确保业务稳健发展的前提。随着开放程度的加深，银行经营将暴露在更多的国际、国内的不确定因素之中，承受更多的风险。所以要正确地判断和评估风险，加强静态、动态和国别分析，完善控制和化解风险的手段，从而确保资产质量，增强参与国际竞争的能力。

（2）增加银行资本金或对银行进行重组，改进银行经营管理方法，并建立适当的法治和规范框架。过快开放金融业的风险在于外资实力可能大大超过国内金融体系，我们应该充分吸取亚洲金融危机的教训：在金融业自由化前，必须对金融系统严格规范，商业银行必须获得资本金注入及完善经营管理。

（3）银行业须按照现代企业制度的基本框架改进和完善经营管理体制，探索社会主义市场经济环境下的现代商业银行发展道路。要根据市场条件变化趋势和国际银行业的发展方向，调整经营管理理念和银行发展战略，以使银行业在世界经济、金融一体化进程中保持长期稳健发展。

（4）加强经营管理技术和金融产品创新，促进业务发展。提高人力资源管理水平，以占据人才竞争的优势。人才是银行的无形资产，是竞争的关键。要系统、科学地加以经营管理，建立良好的激励、福利、教育培训机制，并加强企业文化建设以增强凝聚力、归属感，从而吸引人才、稳定人才。积极发展国内外银行间良好的合作关系。国内银行业之间，要以共同的民族归属感为归依，加强理解与协作，建立适度、有序的竞争关系，确保民族银行业的市场份额持续、健康发展。

（5）面对外资银行，在战略上高度重视，还要积极地了解、学习其所长，并与之建立良好的合作关系。国内银行业和外资银行业各有所长，除了竞争外，还存在相互补充、合作的机会。国内银行有广泛的国内网络、熟悉国情、人民币业务根基扎实，具有较强的优势来与外资银行联合开展银团贷款、项目融资等业务，合作前景广阔。

第六节　商业银行的发展趋势

随着国际经济环境不断变化，以及经济全球化的浪潮的到来和以信息技术为核心的高科技迅猛发展，促使商业银行的经营管理发生了根本性的变革。商业银行经营管理出现了新的发展，其发展趋势主要表现为：业务的全能化、资本的集中化、流程的电子化、网络银行的发展、机构的全球化。现对其发展趋势进行详细的综述：

一、业务的全能化

从20世纪70初开始银行竞争十分激烈，金融工具不断创新，金融管理制度逐渐放松，银行突破了与其他金融机构业务分工的界限，出现了混业经营的局面，走上了业务经营全能化的道路，其主要原因有：①商业银行存款结构发生了变化。在存款中定期存款和储蓄存款比重有所上升，这一变化为商业银行发放中长期贷款证券投资提供了稳定的资金来源。②由于商业银行竞争加剧，金融管制的放松不仅使商业银行开拓新业务成为必要，而且使商业银行开拓新业务成为可能。③西方商业银行的经营管理理论经历了从资产管理理论到负债管理理论再到资产负债管理理论的演变过程，这些理论的产生与发展为商业银行的业务发展开辟了广阔的天地，也为商业银行业务全能化提供了可靠的理论依据。商业银行全能化的主要体现：

（1）出现经营证券化。在国际金融市场上，各种传统的银行信贷越来越多地被各种各样证券融资所取代，债券融资方式所占比重在60%以上，同时，商业银行的资产业务也逐步转换为证券投资方式，因此，大大地提高了商业银行的资产的流动性。

（2）出现表外业务。商业银行通过创新开发了许多新的中间业务和表外业务，以获取手续费收入。非利差收入在商业银行业所占比例大幅增加就是一个有力的佐证。

（3）出现混业经营。自20世纪80年代以来，随着金融自由化的发展，商业银行通过各种途径渗透到证券、保险等其他行业，金融业之间的业务界限日益模糊，自20世纪30年代以英美为代表的部分发达国家的分业经营体制开始土崩瓦解，开始转向全能银行制度，开始从事过去它们不能从事的证券、保险业务。英联邦国家中的发达国家也在20世纪80年代中期到90年代初过渡到全能银行制度。发展中国家如拉美国家也先后取消了分业制度，实施全能银行制度。

二、资本的集中化

商业银行竞争的加剧、金融业风险的提高、产业资本不断集中的要求，促使商业银行出现了合并的浪潮，特别是亚洲金融危机以来，国际银行合并的个案层出不穷。20世纪90年代末，总部设在伦敦的香港汇丰银行购并了韩国的汉城银行；1999年日本三家大银行即日本富士银行、日本兴业银行、日本第一劝业银行合并形成了金融业的巨无霸"瑞穗金融集团"，成为当年全球最大的银行。通过合并，使银行资规模迅速扩大，提高了银行的竞争力，拓宽了银行的业务经营范围，增强了银行抵抗金融风险能力，提高了金融服务质量，扩大了银行自身服务网点的局限。

三、流程的电子化

随着国际贸易的发展，商业银行业的竞争加剧和高科技的迅速发展，国际银行业的业务经营出现了科技革命。科学技术广泛应用于商业银行业务之中，再造了商业银行业务流程，商业银行业务处理趋于自动化综合管理信息化以及客户服务全面化。主要表现在：现款支付机、自动柜员机、售货终端机等。这些自动化服务对存款人有很大的吸引力。特别是信用卡的普及更是得益于科学技术的广泛应用，现阶段在世界范围流通的信用卡有维萨卡、万事达卡、运通卡、大来卡和银联卡。这些流通广泛的信用卡，不仅方便客户，也给信用卡发放公司带来了丰厚的利润。同时，计算机技术的应用还使商业银行在内部业务处理和银行间转账系统等方面发生了根本性的革命。大量的银行业务如：记账、运算、审核、传递清算、交割都通过计算机进行，大大提高了工作效率，减少了人为的失误与差错。资金转账系统是电子化程度最高的环节。通过一台或多台计算机处理中心与众多电脑终端连接而成的资金转账系统促使银行与客户之间、银行与银行之间的资金转账可在分秒瞬间完成。目前，世界上最重要电子资金支付系统有：美国纽约的"银行支付清算系统（FW）"英国伦敦的"自动支付清算系统（CHAPS）"以及由50多个国家和地区1 000多家银行组成的国际性银行资金清算系统——全球银行间金融电讯协会（SWIFT）我国中国人民银行的银行间支付清算系统、中国银行支付清算系统。

四、网络银行的发展

信息技术的发展和互联网的推广在银行领域的直接影响是催生了网络银行，即以互联网技术为基础开展的银行业务。网络银行的主要形式：一是传统商业银行开办网络银行业务，二是出现了一批纯粹的网络银行。

传统的商业银行开办网络银行业务的步骤：第一，建立一个门户网站；第二，把传统的银行业务逐步搬到网上去，在网上销售银行产品，提供服务。第三，利用互联网技术创造新产品、新业务，吸引客户；第四，利用银行网络优势、资金支付清算优势与其他网络公司、商家合作，开展电子商务。1995年美国有200多家银行开展网上银行业务，1996年美国成立了世界上第一家网络银行。在欧洲截至1999年年底有1 200家银行开展了网上银行业务。在亚洲，香港的汇丰、东亚、恒生等银行，以及日本的银行网上银行业务开展比较快。

五、机构的全球化

商业银行机构的全球化和国际化是世界经济一体化的直接结果，既是通过经济全球化自然派生出来的结果，同时又是世界经济一体化的直接推动力，为了开拓业务，资金雄厚、管理能力强的商业银行纷纷在全球各地设立分支机构，开拓和管理业务，进入 20 世纪 90 年代英国汇丰银行在全球 79 个国家（地区）设立了 5 000~10 000 家分行。我国的中国工商银行在 26 个国家（地区）设立了 162 家分支行，在 125 个国家（地区）设有约 1 504 家代理行。机构全球化对于开拓业务，增加营业收入起着积极的作用。

复习与思考题

1. 什么是商业银行？
2. 简述商业银行的性质和职能。
3. 商业银行的经营模式和组织结构有哪些？
4. 简述商业银行的经营原则。

第二章

商业银行资本管理

学习目标

◆了解商业银行资本的构成。

◆熟悉商业银行资本的功能。

◆掌握商业银行的资本充足度。

◆熟悉《巴塞尔协议》内容。

第一节　商业银行资本的构成

一、商业银行资本的构成

商业银行资本，从使用期限看，是银行拥有的永久归银行支配使用的资金，包括商业银行的自有资金和较长期的债务。从会计学角度看，商业银行的资本是由所有者权益和一定比例的债务资本构成的。

商业银行的资本按不同标准有不同的类别，其中按商业银行资本来源渠道不同，可将其分为商业银行的股本、盈余、债务资本和其他资本。

（一）商业银行的股本

商业银行的股本是指银行通过发行股票方式筹措的资本，包括普通股和优先股。商业银行普通股和优先股所形成的资本是商业银行最基本、最稳定的资本，它是商业银行外部筹措的资本。

1. 普通股

商业银行普通股是商业银行资本的基本形式，是一种产权证书，是构成商业银行资本的核心部分。它是商业银行发行普通股票而筹集的资本，是一种所有权的证明，具有永久性质。其权利主要体现在：一是对商业银行经营活动拥有决策权；二是对商业银行的税后利润和清算剩余资产拥有分配权；三是在商业银行增发普通股票时享有优先购买权。

2. 优先股

商业银行优先股是指商业银行发行的在利润分配和剩余资产分配时优先于普通股的那部分资本。其特点是股息按事先约定的股息率计算，不论商业银行经营状况如何，优先股持有人都能获得一定的既定收入。优先股的主要权利：一是在商业银行盈利分配时，优先于商业银行普通股；二是在商业银行清算剩余资产时，优先于普通股持有人，但优先股的股东对商业银行经营管理活动没有表决权，优先股一般没有偿还期。

（二）商业银行的盈余

盈余是商业银行资本的重要组成部分，主要包括资本盈余和留存盈余（未分配利润）。

1. 资本盈余

资本盈余是银行在发行股票时采取溢价发行方式形成的，即股票的发行市场价格高于股票票面价值而得到的溢价部分。资本盈余除反映超缴资本外，还反映商业银行资本增值部分和接受捐赠所增加的资本。资本盈余是调节商业银行资本金，制定股息政策的一个重要项目。

2. 留存盈余

留存盈余又称为未分配利润，是指商业银行税后净利在分配给股票股息和红利后的余额，此盈余是应该分配给股东而未分配的部分，是商业银行所有权益的一个项目。留存盈余按留存时间划分可分为以前年度累计留存和本年留存，以前年度留存是指以前年度尚未用完的留存收益，而本年度留存是指本年度留存额。留存盈余的大小取决于企业盈利多少、股息政策和税率等因素。一般情况下，盈利性越强，留存盈余越大，反之越小；股息支付越高，留存盈余越小，反之越大；所得税税率越高，留存盈余越小，反之越大。

（三）商业银行的债务资本

债务资本是 20 世纪 70 年代起西方发达国家商业银行广泛使用的一种外部筹措资本，是商业银行通过发行票据或债券而筹措的资本，主要包括资本票据和资本债券两类。

资本票据是指一种以固定利率计息的，期限较短、面额较小的商业银行证券。它可以在金融市场上出售，也可以直接向商业银行的客户出售。

资本债券是指期限较长，发行数额较大的债务凭证。资本债券由发行银行向其代理行出售，或通过直接出售的方式，或通过投资银行向公众出售。

（四）商业银行的其他资本

商业银行的其他资本是指商业银行在经营管理活动中，为了防止经营业务损失，或应付未来回购、赎回资本债务而通过其他途径获得的资本。商业银行的其他资本主要分为资本储备金、贷款损失准备金及证券损失准备金。

1. 资本准备金

资本准备金是商业银行从留存盈余中专门划出的，用于应付即将发生的有关股本的重大事件的基金。商业银行根据自身的经营目标划转资本准备金，且逐年积累，一次或多次使用，它也是商业银行资本的组成部分。

2. 贷款损失准备金

贷款损失准备金是指商业银行按照贷款余额的一定比例提取的为贷款损失准备的资金。贷款损失准备金主要有三种：一般准备金、专项准备金、特别准备金。

3. 证券损失准备金

证券损失准备金是指商业银行从税前利润提取的一部分资金，主要用于弥补商业银行在金融市场上投资证券发生贬值时给商业银行带来的重大损失。由于我国的商业银行根据相关的法律法规不允许投资股票和大多数债券，只能投资于政府债券等风险极低的债券，因此，我国商业银行每年提取的证券投资损失准备金数额不多。

二、商业银行资本的功能

（一）商业银行的资本为商业银行的登记注册、开业经营提供启动资金

（1）设立商业银行必须具有符合《商业银行法》规定的注册资本最低限额。我国《商业银行法》中明确规定"设立全国性商业银行的注册资本最低限额为十亿元人民币。设立城市商业银行的注册资本最低限额为一亿元人民币，设立农村商业银行的注册资本最低限额为五千万元人民币。注册资本应当是实缴资本"。该法进一步指出，"国务院银行业监督管理机构根据审慎监管的要求，可以调整注册资本最低限额，但不得少于前款规定的限额"。

（2）设立商业银行必须有符合要求的营业场所、安全防范措施和与业务有关的其他设施。根据这个要求，商业银行在开业之前，没有存款流入，则需要通过自有资本购买土地，新建办公大楼，或租用场地修建营业场所，或购买营业需要的各种设备，满足开业经营业务需要。

（3）设立商业银行必须有具备任职专业知识和业务工作经验的董事、高级管理人员。商业银行聘用具有专业知识和业务工作经验的高级管理人员等，也需要商业银行的资本，而不能依赖外来客户的存款资金。

（二）商业银行的资本是树立公众对银行的信心，显示银行实力的保证

商业银行的资本越雄厚，说明商业银行的资本规模巨大，抵御风险能力越强，存款人和其他债权人的利益就越有保障，即使商业银行经营出现暂时的亏损，只要商业银行拥有充足的资本，就能吸收和冲销亏损，存款人和其他债权人依然对商业银行充满信心，不会向该商业银行提取大量的存款，从而保证商业银行各项业务正常开展，防止商业银行遭到倒闭、破产清算的厄运。

（三）商业银行的资本能吸收银行经营亏损，保护存款人及债权人利益

商业银行在经营过程中存在着信用风险、流动性风险、利率风险、投资风险、汇率风险和资本风险等，如果风险一旦成为现实，就会给商业银行带来经营亏损。但如果商业银行有充足的资本，就能抵御风险带来的损失，避免存款人和其他债权人的利益受损，保护了存款人和其他债权人的利益。

（四）商业银行的资本为商业银行的增长、开拓新业务提供发展资金

商业银行的资本为银行的增长和新业务、新计划及新设施的发展提供资金。当银行成长和发展时，它需要额外的资本，用来支持其增长并且承担提供新业务和建新设

施的风险，资本的注入使银行在更多的地区开展业务，建立新的分支机构来满足扩大了的市场需求和为客户提供便利的服务。

（五）商业银行的资本是金融监管机构的监控工具，具有拓展功能

商业银行的资本作为规范银行增长的因素，有助于保证商业银行实现长期可持续的增长。金融监管当局和金融市场要求商业银行资本的增长大致和贷款及其风险资产的增长一致。因此，随着商业银行风险的增加，商业银行资本吸纳损失的能力也会增加。

商业银行资本在银行兼并的浪潮中起了重要作用。根据规定，发放给一个借款人的贷款限额不得超过商业银行资本的 15%，因此，资本增长不够快的商业银行会发觉自己在争夺大客户的竞争中失去了市场份额。

第二节　商业银行资本需要量及确定方法

商业银行最佳资本需要量又称银行适度资本量、银行资本适宜度，是指在满足了银行管理当局规定的最低资本比率后，使资本成本最低、资本收益最佳、资本风险最小的资本充足度。

一、影响商业银行资本需要量的因素

（一）宏观经济的运行状况

商业银行所在的国家宏观经济运行状况对商业银行的业务经营活动有直接的影响。如果国家处于经济繁荣时期，国家经济发展运行状况良好，经济处于上升时期，企业生产正常，市场资金充足，商业银行存款会稳定增长，贷款风险则相对较小，所需要的资本也相对较小。如果国家处于经济萧条时期，国家经济发展运行状况较差，经济处于下降之中，企业生产不正常，社会资金不充足，商业银行存款会趋于下滑，贷款风险则相对较大，所需资本也相对较大。

（二）商业银行的自身信誉

商业银行信誉的好坏是影响商业银行资本需要量的重要因素。如果商业银行的信誉好，社会公众信任度高，其吸收存款能力强，资金来源充足，那么其所需资本量较小；如果反之，商业银行信誉坏，社会公众信任度低，其吸收存款能力弱，资金来源不足，那么其所需资本量较大。

（三）商业银行的业务规模

商业银行的资本功能之一是为商业银行开展业务经营提供资金。商业银行的业务经营规模扩大，需要购置土地，新建营业场所，购买营业所需设备，则需要大量的资本。商业银行业务规模越大，需要购买的固定资产越多，对资本的需要量就越大。因此，商业银行的业务规模大小直接影响商业银行资本需要量的大小。

（四）商业银行的负债结构

商业银行的负债结构是决定商业银行资本需要量的主要条件。商业银行的负债结构不同，其流动性不同。短期存款负债，特别是活期存款没有规定期限，客户可以随时提取，流动性很强，商业银行必须随时保证客户提取现金的要求，因此，需要保持较多的资本。而定期存款，由于期限固定，相对稳定，流动性小，则需要保持的资本较少。因此，在商业银行的负债结构中，如活期存款越多，则需要的资本越多；如定期存款越多，则需要的资本越少。

（五）商业银行的资产质量

商业银行的资产质量是影响商业银行资本需要量的重要条件。商业银行的资产质量越高，遭受损失的可能性越小，而商业银行的收益越多，则需要商业银行资本越少；反之，商业银行的资产质量越低，遭受损失的可能性越大，而商业银行的收益越少，则需要的商业银行资本越多。

（六）商业银行的管理能力

商业银行的经营管理人员的管理能力较高，经营方式合理，方法措施得当，资金调度灵活，经济效益良好，则所需要的资本就越少；反之，商业银行的经营管理人员的管理能力较差，经营方式不当，方法措施不力，资金调度失灵，经济效益较差，则所需要的资本就越多。

二、商业银行的资本适宜量分析

银行最佳资本需要量主要取决于商业银行资本成本，即最低资本成本。所谓银行资本的成本，是指筹集一定数量资本所花费的各种费用。

我们通过商业银行资本成本曲线对商业银行的资本适宜量进行分析。为便于分析，我们将因资本量的变动而引起的商业银行其他成本变动包括在资本成本内。随着资本量的变化，商业银行资本成本也相应发生变化。如图 2-1 所示，以 K/A 资本数量的相对数值代表资本规模，以 C 代表资本成本。根据上述分析，对于一商业银行来说，随着资本规模的增加，商业银行的资本成本如图 2-1 呈现 U 形曲线变化。

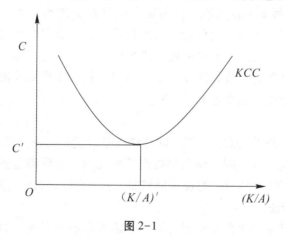

图 2-1

当银行资本量过小时，会相应增加对存款等其他资金来源的需求量，由于流动负债的增加要求以较高的流动性比率为基础，相应地要减少盈利资产的数量，从而使银行边际成本增加，边际收益下降，增加银行风险。当银行资本过多时，由于股本的成本一般高于长期债券的成本，长期债券的成本又高于存款的成本，引起银行筹资成本增加，这必然会影响银行的盈利，最终同样增大银行风险。

在图 2-1 中的资本成本曲线上，有一成本最低点 C'，与其相对应的资本量（K/A）$'$ 即为商业银行最适宜资本量。当商业银行资本量大于（K/A）$'$ 时，商业银行的资本成本会因筹集资本量的增大而增加；当商业银行资本量小于（K/A）$'$ 时，商业银行的成本也会因其他资金来源边际成本的提高以及流动性比率的要求提高而增加。因此，商业银行最适宜资本量应为与资本成本曲线最低点相对应的资本量。

三、商业银行资本需要量的确定方法

（一）单一比率法

单一比率法是以银行资本金与银行资产和负债之间的某个比率来确定银行资本金需要量的一种方法。它是西方国家较早采用的方法。

1. 资本/存款比率

20 世纪初西方银行广泛地将银行资本金与存款总额之间的比率作为确定商业银行资本需要量的尺度，并根据实际经验形成了一种看法，即认为银行资本金至少应等于其存款负债的 10%。小于 10% 则认为商业银行资本不足。

2. 资本/资产总额比率

第二次世界大战结束后最初几年，资本与资产总额的比率被用来作为衡量资本金需要量的标准。这一比率把资本金需要量与银行的全部资产包括现金资产、同业存款、放款、投资资产等相联系。如美国联邦储备系统曾经要求商业银行的资本金应相当于其资产总额的 7%，美国联邦存款保险公司则以全国银行资本与资产总额的平均比率作为衡量银行资本需要量的尺度。

3. 资本/风险资产比率

商业银行的风险资产是指可能发生损失的资产，主要包括放款和投资。其计算方法是用商业银行的资产总额减去库存现金、同业存款和政府短期证券。资本/风险资产比率是资本/资产总额比率的发展。因为资产中只有贷款和投资才具有较大的信贷风险，需要由商业银行资本金提供保障，而库存现金、同业存款和政府短期证券则一般没有风险或风险很小，可以不需要或较少需要银行资本作为保障。将银行资本需要量与风险资产联系起来考虑，较好地体现了银行资本抵御资产意外损失的功能，因此具有一定的科学性。其比率通常为 15%～20%。

4. 分类比率法

分类比率法又称纽约公式，是纽约联邦储备银行设计的一种资本需要量测定方法。即按照银行资产风险程度不同，将全部资产分成几类，然后确定各类资产应保持的资本比率，最后将各类资产应保持的资本量相加，求得在既定时间内应持有的资本总额。

（二）综合分析法

单一比率法是从某一个角度对银行资本金需要量提出要求。但一家银行资本需要量受到多种因素的影响，如存款数量、资产数量和结构、银行经营管理水平、经营者能力、资产的流动性等。在其他条件相同的情况下，经营管理水平高、经营能力强的银行只需要较少的资本就能抵御所面临的风险。因此各国开始普遍采用综合分析法来确定商业银行的资本需要量。通过综合分析法，虽然比较容易得出银行资本金需要量的一般水平，但难以计算出较为精确的数值，且计算也比较烦琐，要与其他方法并用。

现在均以《巴塞尔协议》统一的资本标准为准。

综合分析法是把银行的全部业务活动作为分析对象，在综合考虑各种影响银行经营管理状况因素的基础上，确定银行应保持的资本量。美国的货币监理官提出以下几点作为确定银行应保持资本需要量的因素：①银行经营管理水平；②银行资产的流动性；③银行盈利及留存盈余的历史；④银行股东的信誉及特点；⑤银行营业费用的数量；⑥银行存款结构的潜在变化；⑦银行经营活动的效率；⑧银行在竞争环境下满足本地区目前和今后金融需求的能力等。

采用综合分析法比采用单一比率法衡量银行资本金需要量更加全面、合理、科学。

第三节　《巴塞尔协议》

一、《巴塞尔协议》的产生背景

《巴塞尔协议》的出台缘于前联邦德国赫尔斯塔特银行和美国富兰克林国民银行（Franklin National Bank）的倒闭。这是两家著名的国际性银行。它们的倒闭使监管机构在惊愕之余开始全面审视拥有广泛国际业务的银行监管问题。赫尔斯塔特银行和富兰克林银行倒闭的第二年，即1975年9月，第一个《巴塞尔协议》出台。这个协议极为简单，核心内容就是针对国际性银行监管主体缺位的现实，突出强调了两点：①任何银行的国外机构都不能逃避监管；②母国和东道国应共同承担的职责。1983年5月，修改后的《巴塞尔协议》推出。这个协议基本上是前一个协议的具体化和明细化。比如明确了母国和东道国的监管责任和监督权力，分行、子行和合资银行的清偿能力，流动性、外汇活动及其头寸各由哪方负责等，由此体现"监督必须充分"的监管原则。这两个《巴塞尔协议》因此也就没有实质性差异：总体思路都是"股权原则为主，市场原则为辅；母国综合监督为主，东道国个别监督为辅"。但是两者对清偿能力等监管内容都只提出了抽象的监管原则和职责分配，未能提出具体可行的监管标准。各国对国际银行业的监管都是各自为阵、自成体系，充分监管的原则也就无从体现。

《巴塞尔协议》的实质性进步体现在1987年12月10日，国际清算银行在瑞士巴塞尔召开了由美国、英国、法国、联邦德国、意大利、日本、荷兰、比利时、加拿大、瑞典、卢森堡和瑞士在内的十二个国家的中央银行行长会议，会上通过了《关于统一国际银行的资本计算和资本标准的协议》（史称《巴塞尔协议》），并于1988年7月最后达成《关于统一国际银行的资本计算和资本标准的协议》文本。该协议第一次建立了完整的、国际通用的以加权方式衡量表内和表外风险的资本充足率的标准，有效地扼制了与债务危机有关的国际风险。《巴塞尔协议》是国际银行业统一监管的一个划时代的文件，适用于所有从事国际业务银行的机构。

二、《巴塞尔协议》的主要内容

《巴塞尔协议》的主要内容共有三部分：

（一）资本的构成

《巴塞尔协议》将商业银行的资本分为两部分：一是核心资本，二是附属资本。

1. 核心资本

核心资本也称为一级资本，包括股本和公开储备。这部分资本至少占全部资本的 50%。

（1）股本：股本是已发行且全额实缴的普通股和永久性非累积的股本。

（2）公开储备：公开储备是通过留存盈余或其他盈余在商业银行的资产负债表上明确反映的储备，主要包括股票发行溢价、普通准备金、法定准备金的增加值和未分配利润。

核心资本的特点：核心资本的价值比较稳定，不会发生太大的变化，资本的成分是各国商业银行唯一相同的部分；核心资本是判断商业银行资本充足率的基础，并影响商业银行的盈利水平和竞争能力。

2. 附属资本

附属资本也称为二级资本，它包括非公开储备、重估储备、普通准备金或呆账损失准备金、混合资本工具、长期次级债务五部分。

（1）非公开储备。按照《巴塞尔协议》的定义，非公开储备是与公开储备有着相同质量，随时可以用来应付未来不可预见的损失，反映在商业银行的损益表上，但没有在商业银行的资产负债表上标明的储备。由于它缺乏透明度，因此很多国家不承认其资本的合法成分，在金融监管当局接受的情况下，它才能成为合法资本构成成分而包括在附属资本之中。

（2）重估储备。重估储备是指商业银行的固定资产和所持证券的现实市场价值相对于在资产负债表中的历史的增值部分，并将经过重估的储备包括在资本的基础中。重估储备一般有两种形式：一是物业重估储备，它是对属于商业银行自身房产价值的重估；二是证券重估储备，它是对以历史成本价格反映在资产负债表上的长期持有的有价证券价值的重估。资产重估必须由官方认定的专门评估机构进行，并慎重估价，以充分反映价值的波动和被抛售的可能性。重估后的增值部分需要在资产负债表上反映。

（3）普通准备金或呆账损失准备金。它是事先的，随时用于弥补未来可能出现的任何损失的准备金。但当损失已经发生才设立的准备金由于不能防备目前不能预见的损失，不具有资本的性质，不应列入附属资本的范畴。

（4）混合资本工具。它是指兼具有产权资本和债务资本的综合特征的资本工具。混合资本工具由于在不必清偿的情况下承担损失，维持经营，因此具有资本性质，归于附属资本范畴。但必须符合以下要求：

①必须是无担保的、从属性的和全额实缴的；

②未经监管当局同意，持有者不可将其赎回；

③除非银行被迫停业，否则必须用于分担损失；

④当商业银行经营不善，入不敷出时，可允许推迟支付其利息。

（5）长期次级债务。它包括普通的、无担保的、期限在 5 年或 5 年以上的次级债务工具。当期限在 5 年以上时，全额列为二级资本；当期限在 5 年以下时，则每年须扣除一定数额后列入二级资本。

（二）资产风险权数

在《巴塞尔协议》中，对商业银行持有的各种资产规定了相应的风险权重，即《巴塞尔协议》规定，商业银行资产负债表内的资产风险权数分为五类，分别为0%、10%、20%、50%和100%，共五个层次，风险越大，权数越高。商业银行的表外应按"信用换算系数"换算成资产负债表内相应的项目，再按同样的风险权数计算法计算。

1. 表内资产风险权数

（1）风险权数为0%的资产：

①现金。

②以本国货币定值，并以此通货对中央政府或中央银行融通资金的债权。

③对经济合作与发展组织成员国，或对与国际货币基金组织达成借款合同，安排相关的特别贷款协议的国家的中央政府或中央银行的其他债权。

④用现金或者用OECD（经济合全与发展组织，简称"经合组织"）国家中央政府债券作为担保，或由OECD国家的中央政府提供担保的贷款。

（2）风险权数为0%、10%、20%、50%的资产：国内政府公共部门机构（不包括中央政府）的债权和由这样的机构提供担保的贷款，由各国自行在0%、10%、20%及50%中选择其风险权数。

（3）风险权数为20%的资产：

①对多边发展银行的债权，以及由这类银行提供担保，或以这类银行的债券作为抵押的债权。

②对OECD国家内的注册银行的债权以及由OECD国家内注册银行提供担保的贷款。

③对OECD以外国家注册的银行余期在1年内的债权和由OECD以外国家的法人银行提供担保的所余期限在1年之内的贷款。

④对非本国的OECD国家的公共部门机构（不包括中央政府）的债权，以及由这些机构提供担保的贷款。

⑤托收中的现金款项。

（4）风险权数为50%的资产：

完全以居住用途的房产作为抵押的贷款（且这些房产须为借款人所有、占有、使用或者由他们出租）。

（5）风险权数为100%的资产：

①对私人机构的债权。

②对OECD以外的国家的法人银行余期在1年以上的债权。

③对OECD以外的国家的中央政府的债权。

④对公共部门所属的商业公司的债权。

⑤行址、厂房、设备和其他固定资产。

⑥不动产和其他投资（包括那些没有综合到资产负债表内的对其他公司的投资）。

⑦其他银行发行的资本工具（从资本中扣除的除外）。

⑧所有其他的资产。

2. 表外资产风险权数

表外项目资产风险权数等于信用换算系数再乘以表内相应项目的风险权数。

（1）0%信用换算系数，指类似的初始期限为一年期之内，或者是可以在任何时候无条件取消的承诺。

（2）20%信用换算系数，指短期的有自行清偿能力的与贸易相关的或有项目，如有优先索偿权的装运货物作为抵押的跟单信用证。

（3）50%信用换算系数，指某些与交易相关的或有项目，如履约担保书、投标保证书、认股权证和为某些特别交易而开出的备用信用证等；票据发行融通和循环包销便利；其他初始期限为一年期以上的承诺，如正式的备用便利和信贷额度。

（4）100%信用换算系数，指直接信用代用工具，如一般负债保证（包括为贷款和证券提供财务保证的备用信用证）和承兑（包括具有承兑性质的背书）；销售和回购协议以及有追索权的资产销售（此类资产的信贷风险仍在银行）；远期资产购买，超远期存款和部分缴付款项的股票和代表承诺一定损失的证券。

（5）与汇率、利率相关的或有项目。对这类项目风险权数的确定要做具体分析，除了上述情况外，还要取决于汇率合约、利率合约的期限和该类业务的利率变化情况。

3. 对资本充足比率的要求和实施安排

《巴塞尔协议》规定，到1992年年底，所有签约国从事国际银行的资本与风险加权资产总额的比率不得低于8%，其中核心资本与风险加权资产的比率不得低于4%。

4. 《巴塞尔协议》中资本充足率的计算

（1）资本数额的确定

按《巴塞尔协议》的要求，资本划分为核心资本和附属资本，其中，核心资本所占比例至少在50%以上，附属资本所占比例不能超过50%。总资本和两者的关系用计算公式表示为：

总资本＝核心资本＋附属资本（核心资本≥50%，附属资本≤50%）

（2）风险资产的确定

风险加权总资产＝表内风险加权资产＋表外风险加权资产

其中：

$$表内风险加权资产＝\sum 表内资产×对应的风险相对数$$

$$表外风险加权资产＝\sum 表外资产×风险折算系数×表内相同性质资产权数$$

（3）资本充足率计算

资本充足率的计算建立在资本数额和风险加权资产确定的基础上，《巴塞尔协议》规定的衡量国际银行业资本充足率的指标及相关计算公式为

核心资本充足率＝核心资本/风险资产×100%

附属资本充足率＝附属资本/风险资产×100%

总资本充足率＝（核心资本＋附属资本）/风险资产×100%

［例2-1］表2-1是某一商业银行表内资产负债表，表内列出了各类资产负债及风险权数，请计算这一商业银行的资本充足率并进行评价。

表 2-1 某一商业银行资产负债表

资产/万元		权数/%	负债/万元	
现金	1 800	0	同业存款	1 800
在中央银行存款	8 200	0	各类存款	32 125
同业存款	1 800	10	结算中资金占用	3 340
短期有价证券	3 200	10		
抵押贷款	10 000	20	实收资本	295
信用贷款	10 000	50	公积金	20
不良贷款	3 000	100	准备金	420
	38 000			38 000

①资本金的计算

核心资本 = 295+20 = 315（万元）

附属资本 = 420（万元）

②风险资产的计算

风险资产 = 1 800×0%+8 200×0%+1 800×10%+3 200×10%+10 000×20%+10 000× 50%+3 000×100% = 10 500（万元）

③资本充足率的计算

核心资本充足率 = 315/10 500×100% = 3%

附属资本充足率 = 420/10 500×100% = 4%

总资本充足率 = 核心资本充足率+附属资本充足率 = 7%

④主要评价：按《巴塞尔协议》的规定，一是该商业银行的核心资本不足，比规定要求的 4%差 1%；二是总资本充足率不足，比规定要求的 8%差 1%。

三、新《巴塞尔协议》的主要内容

（一）《巴塞尔协议》修订的背景

为强化国际型银行体系的稳定，避免因各国资本需求不同造成不公平竞争之情形，国际清算银行下属的巴塞尔银行监管委员会于 1988 年公布了《巴塞尔协议》。然而此《巴塞尔协议》未涵盖信用风险以外的其他风险，而其信用风险权数级距区分过于粗略，银行风险的盛行，以及近几年大型银行规模日益庞大及复杂度的增加，也都凸显巴塞尔协议的不足。

1996 年的修正案将市场风险纳入资本需求的计算，于次年底开始实施。1999 年 6 月，巴塞尔银行监管委员会公布了新的资本适度比率架构咨询文件，对《巴塞尔协议》做了大量修改。2001 年 1 月公布新《巴塞尔资本协议草案》，修正之前的信用风险评估标准，加入了操作风险的参数，将三种风险纳入银行资本计提考量，以期规范国际型银行的风险承担能力，2004 年 6 月正式定案，从 2006 年年底起在十国集团实施。

（二）新《巴塞尔协议》的主要内容

新《巴塞尔协议》强调的是三大支柱：最低资本要求、监管当局的监督检查和市场约束规则。该规定希望通过三大支柱的建设强化银行的风险管理。

1. 第一支柱——最低资本要求

巴塞尔银行监管委员会认为最低资本要求仍然包括三个方面的内容，即资本的定义、风险头寸的计量以及根据风险程度确定资本的规定。一是资本的定义以及最低资本充足比率仍保留 1988 年《巴塞尔协议》的资本定义不变，但明确了应包括市场风险和操作风险，在信用风险的衡量和计算方法上改变了原协议主要根据债务人所在国是否为经合组织成员国来区分的标准，而是强调自律行为与外部评估机构的评估结果，在此基础上提供了三个可供选择的方案：标准化方案、银行内部评级方案（基础 IRB）和资产组合信用风险模型方案（高级 IRB）体系，强调以内部评级为基础来衡量风险资产，进而确定和配置资本。二是新《巴塞尔协议》新框架增加了市场风险和操作风险，并力求具体量化与管理这些风险的办法。与原来的《巴塞尔协议》相比，新《巴塞尔协议》除了包含信用风险和市场风险的内容外，还将操作风险包括在内，这样在某种程度上讲，等于提高了对银行最低资本的要求。其原因是：因为银行在计算资本充足率时，采用的方法是用银行的资本净额除以其风险资产，而现在的风险资产中包含了操作风险的内涵。这么做分母项增大了，为达到至少 8% 的资本充足率，自然会提高对最低资本的要求。

2. 第二支柱——监管当局的监督检查

从新《巴塞尔协议》的内容看，巴塞尔银行监管委员会强化了各国金融监管当局的监管职责。巴塞尔银行监管委员会认为监管当局有责任采用现场和非现场稽核等方法来促使银行的资本状况与总体风险相匹配。基本原则是：一是监管当局根据银行的风险状况有权要求银行具有超出最低资本的超额资本；二是银行具有评估自己相对于总风险资产结构的资本充足比率的程序，并有维持资本水平的策略；三是监管者应该检查和评价银行内部评估程序和策略以及其资本充足状况；四是监管当局应当在银行资本充足率下降到最低限度之前及早采取干预措施。

3. 第三大支柱——市场约束

新《巴塞尔协议》从公众公司的角度看待银行，强调以市场的力量来约束银行。巴塞尔银行监管委员会认为有效的市场约束有利于加强监管和提高资本充足率，有利于提高金融体系的安全性和稳固性。新《巴塞尔协议》以推进信息披露来确保市场对银行的约束效果。为了确保市场约束的有效实施，要求银行及时披露信息。银行应提高透明度，提供及时、可靠、全面、准确的信息，定期向公众提供可靠的信息和关键数据，包括资本结构、风险敞口、资本充足比率、对资本的内部评价机制，并反映银行真实财务状况、经营活动、风险状况和风险管理活动等方面的信息。披露的频率为至少一年一次。

（三）新《巴塞尔协议》对我国银行业的影响及实施的障碍

在实践中，新《巴塞尔协议》对中国银行业的影响已有所显现。据银监会反映，在新协议的推动下，中国银行业的风险管理水平正在迅速提升，大银行已开始着手建立符合新协议要求的二维评级体系；中小银行的积极性也很高，力求借鉴新协议的有关内容。据悉，目前中国工商银行、中国银行、中国建设银行、中信银行四家商业银行已不同程度地尝试采用了新《巴塞尔协议》要求的先进数据管理体系和风险管理方法。

新《巴塞尔协议》对中国商业银行影响深刻，最主要的是提高了广大从业人员对风险管理的认识；在各种风险识别、计量、控制工具的采用上，新《巴塞尔协议》也给出了一些已在发达国家银行采用的方法。从管理的角度，《新巴塞尔协议》给出了针对银行业风险制定的监督检查的主要原则、风险管理指引和监督透明度及问责制度，等等。在信息披露方面，新《巴塞尔协议》提出了许多具体的要求。

新《巴塞尔协议》主要是针对十国集团成员国的"国际活跃银行"而制定的，因此对于非协议针对范围内的银行没有约束力。特别是对于包括中国在内的发展中国家来说，其银行业本身基础比较薄弱，风险管理能力距离世界领先的银行还有相当大的差距，无法在短期内具备实施新协议的全部条件。目前中国实行新协议的条件尚不完全具备，其障碍主要有三个方面：

首先是因为新协议将保持充足的资本水平作为基本要求，但现实的状况是，我国商业银行不同程度地存在着资本充足率不足的问题。而如果目前实行新协议，资本金不足的问题将更加突出。国内商业银行资产质量普遍较差，如果实施新协议要求的内部评级法，其资产风险权重的总体水平将会大幅度提高，资本充足率水平将进一步下降。

其次是我国银行的内控机制不健全，内部评级系统很弱。新协议基本是建立在评级基础上的，而我国银行虽然已经根据1988年的资本协议建立了风险管理的基本框架，但资产风险测算统计工作始终未能制度化。要达到新资本协议的要求，不仅在信用风险测量方面存在工作量过大、成本过高、外部评级资料缺乏等现实挑战，而且在市场风险、操作风险的测量方面也存在不少困难。特别是信用环境较差，影响着内部评级系统的建立和推行。

最后是信息披露不规范。新协议将信息披露和市场约束作为三大支柱之一列入了新协议的主体框架之中。据了解，我国国有商业银行信息披露制度一直不够完善，屡次受到国际金融组织的强烈批评，而且目前我国商业银行需要遵循的信息披露规范太多，造成一家银行和另一家同性质银行所遵循的规范可能不同，导致市场参与者难以进行有效的分析。而且国内商业银行信息披露与新协议要求的银行提供及时、可靠、全面、准确的信息存在着很大差距。此外，信息披露的格式和内容也不规范。

第四节　我国商业银行的资本金管理

我国银行在不同的发展时期，其资本构成和资本金管理有所不同。

一、金融体制改革以前，我国银行资本的构成和资本金管理

在"统收统支，统存统贷"的体制下，我国专业银行资本金主要由国家财政拨付。随着经济金融体制改革的不断深入、专业银行向商业银行的转轨，银行的资本金内容发生了很大变化，主要包括财政拨付的信贷基金、专业银行自身积累基金、待分配盈余以及贷款损失准备金和股份资金等。

（1）财政拨付的信贷基金。信贷基金是指由国家财政通过拨付方式而投入专业银行的贷款基金。信贷基金按来源不同划分为中央信贷基金和地方信贷基金。中央信贷

基金是由中央财政通过中国人民银行总行划给专业银行总行的自有资金来源，专业银行总行按年度内计划贷款总额，或上年末贷款余额确定分配比例逐级向下级行转拨。地方信贷基金是由地方财政通过中国人民银行省级分行拨付给专业银行省级分行的自有资金，分配程度与比例同中央信贷基金。1983 年 7 月起国有企业的流动资金统一由银行管理后，国家财政一般不再向银行增拨信贷基金。

（2）银行自身积累基金。银行自身积累基金主要有三部分：一是在"统收统支"的管理体制下，基层银行的盈利逐级上缴总行，总行按一定比例上缴国家财政，剩余部分除了用于扩大营业网点、更新设备外，按规定比例提留用作信贷基金；二是银行从当年实现利润中按核定的留成比例提取一部分用于补充信贷基金；三是银行固定资产折旧基金，包括固定资产折旧、固定资产变价收入和固定资产报废残值收入。

（3）待分配盈余、贷款损失准备金和股份资金。待分配盈余是指专业银行利润的形成与分配之间因时间差而形成的余额，是专业银行的自有资本金的一部分；贷款损失准备金是指各级银行为了及时弥补发生贷款呆账的损失，稳定银行营运资金，于年末根据贷款余额按规定比例提取的贷款损失准备金；股份资金是指股份制和集体性质的银行向社会公众筹集的资金，是银行资本金的重要来源。

二、金融体制改革以后，我国银行资本的构成和资本金管理

金融体制改革经历了两个阶段：

第一阶段：由中国人民银行对我国商业银行的资本金进行监督管理。

（1）1995 年我国的《商业银行法》根据《巴塞尔协议》的内容，并结合我国的实际情况，规定了商业银行最低资本充足率必须达到 8%。

（2）1996 年的《商业银行资产负债比例管理暂行监控指标》对资本的定义、风险资产、风险权重、表外业务资本充足率进行了明确；同时，在金融运行过程中，监管当局采取现场检查和非现场监督对商业银行的风险状况进行监管，发现问题及时督促商业银行采取措施，或降低风险，或增加资本金。

（3）1997 年中国人民银行根据《巴塞尔协议》的要求，把我国商业银行的资本划分为核心资本和附属资本。

①核心资本：实收资本、资本公积、盈余公积、未分配利润。特别是实收资本，按照投入主体不同分为：国家资本金、法人资本金、个人资本金和外商资本金；资本公积包括股票溢价、法定资产重估增值部分和接受捐赠的财产等形式所增加的资本，它可以按照法定程序转增资本金；盈余公积是商业银行按照规定从税后利润中提取的，是商业银行自我发展的一种积累，包括法定盈余公积金（达到注册资本金的 50%）和任意盈余公积金；未分配利润是商业银行实现的利润中尚未分配的部分，在其未分配前与实收资本和公积金具有同样的作用。

②附属资本：商业银行的贷款呆账准备金、坏账准备金、投资风险准备金、五年及五年期以上的长期债券。特别是贷款呆账准备金，该准备金是商业银行在从事放款业务过程中，按规定以贷款余额的一定比例提取的，用于补偿可能发生的贷款呆账损失的准备金；坏账准备金按照年末应收账款余额的 3‰提取，用于核销商业银行的应收账款损失；按照规定，我国商业银行每年可按上年末投资余额的 3‰提取投资风险准备

金；五年及五年以上的长期债券属于金融债券的一种，它是由商业银行发行并还本付息的资本性债券，用来弥补商业银行的资本金不足。

第二阶段：由中国银行业监督管理委员会对我国商业银行的资本金进行监督管理。

2003年经全国人大常委会一次会议审议通过了有关议案，决定成立中国银行业监督管理委员会，由中国银行业监督管理委员会（简称"银监会"）行使原由中国人民银行履行的监督管理职权。银监会是国务院直属事业单位，其主要职责包括：制定有关银行业金融机构监管的规章制度和办法；草拟有关的法律和行政法规，提出制定和修改的建议；审批银行业金融机构及分支机构的设立、变更、终止及其业务范围；对银行业金融机构实行现场和非现场监管，依法对违法违规行为进行查处；审查银行业金融机构高级管理人员任职资格；负责统一编制全国银行数据、报表，并按照国家有关规定予以公布；会同有关部门提出存款类金融机构紧急风险处置的意见和建议；负责国有重点银行业金融机构监事会的日常管理工作；承办国务院交办的其他事项。

新成立的中国银行业监督管理委员会行使对我国商业银行的监督管理职能，对我国的国有银行、股份制商业银行和外资银行进行监督管理，特别是加强了对我国商业银行的资本充足率的监督管理，使我国的商业银行加权平均资本充足率从2003年的负2.98%提升到2010年第一季度末的11.1%。2003年只有八家银行资本充足率达标，现在100多家银行全部达标。

三、影响我国商业银行资本需要量的主要因素

（一）我国宏观经济发展状况

我国宏观经济的发展状况是直接影响商业银行资本需要量的根本因素。在经济繁荣时期，社会生产的各个环节持续顺利进行，社会政治稳定，企业生产正常，贷款风险较小，证券投资良好，商业银行保持资本金数量相对减小；在经济萧条时期，社会生产各环节难以顺利进行，社会动荡不安，企业生产停滞，贷款风险较大，证券市场震荡，商业银行保持的资本金数量增大，以应付各种风险。

由于我国经济保持着快速发展，对商业银行业务的需求越来越大，银行资产规模仍保持着快速增长，这预示着商业银行资本充足率公式中的分母——风险资产扩大，要保持或扩大原有的资本充足率就必须增加分子项—— 资本金。同时，伴随着商业银行的资产规模的扩张，商业银行的风险越来越暴露出来。为了弥补风险带来的损失，需要有足够的资本金作为保证，这样，才能保证商业银行的正常运转，实现商业银行的经营目标。

（二）我国商业银行资产业务调整，负债结构发生变化

我国商业银行正在进行资产结构的大调整，从传统的单一的信用贷款转变为创新的多种贷款、证券投资和金融衍生工具业务。商业银行资产结构的转变，资产业务种类的扩大，特别是金融衍生工具业务 ，可能会引发新的风险，且风险暴露的程度较高。而如风险管理技术和方法运用不当，风险管理控制能力不强，在发生风险造成损失后，需要核销部分呆账坏账，对资本金的需求就会增加。

我国商业银行的资本需要量与其负债结构密切相关。从负债期限结构分析，当商业银行的负债期限较短，且多为活期存款时，由于活期存款客户可以随时提取现金，

出于保持经营流动性的需要，商业银行应保持较多的资本金，以保证存款人随时取款的需要；当商业银行负债期限较长，且多为定期存款时，由于对客户的提款期限的限制，对经营流动性需求不高，商业银行可保持较少的资本金。

（三）我国金融监管部门完善监管规定

我国金融监管部门为保护存款人的利益，维护金融体系稳定，以法律法规的形式对商业银行的资本做出最低持有量的规定，并以新《巴塞尔协议》作为资本监管标准，制定符合本国国情的资本监管要求。

随着我国经济的快速发展和对外开放的不断增强，我国商业银行的风险也不断增加，而现阶段我国商业银行内部控制能力不强，风险内控人员素质不高，因此，需要增加我国商业银行的资本金，其资本充足率应高于《巴塞尔协议》中规定的8%水平。而新的《巴塞尔协议》中的第二支柱强化了金融监管部门的监督检查职能，并明确指出，商业银行的实际资本水平高于规定的最低资本标准为好，而监管部门按规定有能力要求商业银行持有更多的资本。

四、加强我国商业银行资本金管理的主要措施

我国商业银行的资本管理要达到《巴塞尔协议》的要求，则需要采取多项措施来加强商业银行的资本管理，主要措施有：

（一）完善内源资本管理，提高盈利水平，增加内部积累

商业银行的内源资本是指由股息分红后的留存收益所形成的资本。我国商业银行通过商业银行自身的留存利润来增加资本是一条行之有效的途径，其留存数额的多少及比例大小，虽然取决于国家的财政税收政策以及利润在股东和银行内部的分配，但是更取决于商业银行自身创造利润的能力。如商业银行没有创造利润或创造的利润较少，要通过商业银行自身内部积累来增加资本金数量，则只能是纸上谈兵。商业银行要通过提高自身盈利水平，扩大内部积累，增加资本金量，主要途径有：一是提高资产质量。我国商业银行现阶段的主要资产业务是贷款和证券投资。而贷款业务约占资产业务的60%~70%，贷款利息收入约占营业收入的80%。因此，要通过提高贷款质量，降低贷贷风险，降低不良贷款率；同时，在证券投资中，坚持盈利性、流动性、安全性原则，增加营业收入，提高利润水平。二是大力发展中间业务。商业银行的中间业务是商业银行利用其机构、信息、技术、信誉和资金等优势，不动用自身资金，代理客户支付和其他委托事宜，并据以收取手续费和佣金的一种业务。西方商业银行早已将业务重点放在发展中间业务上，各类中间业务收入已占总收入的50%以上，并已成为其主要的利润来源。而我国商业银行的中间业务收入才约占总收入的15%，还有着广阔的发展空间。应通过改变经营理念，增加业务品种，提高技术水平，培养业务人才，大力发展中间业务，增加营业收入，扩大新的利润来源。我国商业银行只有不断提高资产质量，发展中间业务，增加利润来源，扩大利润总量，才能以内部积累来增加商业银行的资本。

（二）加强外源资本管理，扩大资本渠道，增加资本数量

商业银行的外源资本是指商业银行通过发行股票和附属债券等方式筹集到的资本。我国商业银行通过内部积累增加资本不能达到监管当局对银行最低资本充足率的规定

时，商业银行必须通过加强外源资本管理，扩大资本渠道，增加资本数量，主要的渠道有：一是发行股票。发行普通股的优点有：①银行所筹集的资本属于永久性使用的资本，无须偿还；②红利支付不固定，没有强制性分红的责任；③银行筹集的股本还可以用于弥补亏损。发行优先股的优点有：①优先股不参与分红，不影响原普通股的红利水平；②优先股增加银行资本数量；③优先股不享有决策权，不影响原有股东对银行的控制力；④优先股在一定条件下可转换为普通股。二是发行附属债券。发行附属债券是指商业银行通过发行带有资本性质的次级长期债券，增加其资本金，提高资本充足率。其特点鲜明：①清偿权利排后，即其清偿排在其他各项存款之后；②期限较长，平均期限7年，5年以上可作为资本金。其种类较多：①资本票据；②资本证券；③可转换附属债券；④浮动利率的次级长期债券；⑤可选择利率次级长期债券。

（三）健全监督管理制度，履行监管职责，提高资本额度

为了进一步提高金融监管水平，2003年经十届全国人大一次会议批准，中国银行业监督管理委员会正式成立，银行业监管职能正式从中央银行独立出来新成立的银行业监督管理委员会，积极履行监管职责，对我国商业银行在市场准入、银行业高级管理人员任职资格等进行监督管理，并根据《巴塞尔协议》的要求，作为监管当局有责任利用现场和非现场稽核等方法来促使银行的资本状况与总体风险相匹配。其基本原则是：一是监管当局根据银行的风险状况，有权要求银行具有超出最低资本的超额资本；二是银行具有评估自己相对于总风险资产结构的资本充足比率的程序，并有维持资本水平的策略；三是监管者应该检查和评价银行内部评估程序和策略以及其资本充足状况；四是监管当局应在银行资本充足率下降到最低限度之前及早采取干预措施。

（四）构建市场约束体系，全面披露信息，强化社会监督

为了加强金融的监督管理，新《巴塞尔协议》强调以市场的力量来约束银行，认为市场是一股强大的，能推动银行合理、有效配置资源并全面控制经营风险的外在力量，具有内部改善经营、外部加强监管所发挥不了的作用，以推动信息披露来确保市场对银行的约束效果。有效的市场约束有利于加强监管和提高资本充足率，有利于提高金融体系的安全性和稳固性。为了确保市场约束的有效实施，商业银行应提高透明度，定期向公众提供在适用范围、资本结构、风险暴露的评估和管理、资本充足率四方面的信息和关键数据，反映银行真实财务状况、经营活动、风险状况和风险管理活动，以强化社会对商业银行的监督。

复习与思考题

1. 什么是商业银行资本金？它由哪些部分构成？
2. 影响商业银行的资本需要量的因素有哪些？
3. 《巴塞尔协议》对资本和资本充足率有哪些规定？
4. 简述商业银行筹集资金的渠道。
5. 新《巴塞尔协议》的主要内容有哪些？

第二篇
商业银行业务管理

第三章

商业银行负债业务

学习目标

◆了解商业银行负债业务基本概况。

◆掌握商业银行存款业务的管理。

◆了解商业银行借入负债业务管理。

第一节　商业银行负债业务概述

一、商业银行负债业务的概念

商业银行负债业务是指商业银行通过吸收存款、借款、发行金融债券等方式吸收资金形成商业银行资金来源的业务。它是商业银行资产业务和其他一切业务的基础。商业银行具有信用中介职能，是现代社会经济体系中资金供应方和需求方的媒介，通过负债业务集中社会资金，又通过资产业务将资金运用到社会各部门。商业银行负债业务是资产业务的基础，是商业银行的主要业务品种，是商业银行的传统业务之一。

商业银行的负债业务以获得资金的方式划分，可分为被动型负债、主动型负债和其他型负债。被动型负债是指商业银行被动地接受各种存款，而无法自主决定负债规模等的负债。因为客户是否存款，或存入多少，或何时存入，或存期多长等，在很大程度上都是由客户自行决定的，商业银行则相对处于被动地位，但存款负债是商业银行吸收资金的主要方式，是商业银行资金的主要来源。商业银行的主动型负债是商业银行主动通过同业拆借、向中央银行借款，以及在金融市场上筹措资金形成的负债。其负债种类、负债规模和负债期限，均由商业银行自主决定，商业银行始终处于主动地位。其他型负债主要是指结算中的占用资金、在途资金。

二、商业银行负债业务的构成

商业银行负债业务主要由三大部分构成：存款负债、借款负债、资本及结算性负债。

（一）存款负债

存款负债是商业银行对存款客户的一种负债，是商业银行的主要传统业务，是商业银行的主要资金来源，是开展资产业务和其他业务的基础，约占商业银行资金来源的80%，其规模，直接影响到商业银行的竞争能力，关系到商业银行的生存和发展。

（二）借款负债

按照期限长短划分，借款负债可分为短期借款和长期借款。短期借款的主要形式有同业拆借、向中央银行借款、回购协议、转贴现和转抵押、国际金融市场借款等；长期借款的主要形式有发行金融债券，主要种类有资本性债券和一般性债券、信用债券和担保债券、固定利率债券和浮动利率债券等。

（三）资本及结算性负债

商业银行的资本数量反映了商业银行经营实力及抵御风险能力，而结算性负债包括结算中占用资金、在途资金。

三、商业银行负债业务的作用

（一）负债业务是商业银行开展资产业务的前提

商业银行具有信用中介功能，即通过负债业务广泛地筹集资金，然后再通过资产业务有效地运用到国民经济各部门。根据《巴塞尔协议》的标准，银行负债提供了银行92%的资金来源；银行负债规模的大小，制约着银行资产规模的大小；银行负债的结构，包括期限结构、利率结构、币种结构等，决定着银行资产的运用方向和结构特征。

（二）负债业务是商业银行开展中间业务的条件

商业银行具有信用中介职能和支付中介职能，不仅把借款者和贷款者有机地联系起来，而且为客户办理各种货币结算、货币收付和货币兑换等业务活动，进而为商业银行开展中间业务创造了有利条件，使得商业银行可以为客户提供各种综合性服务。商业银行的中间服务有：代理收付款业务、代理发放工资、代理证券业务、咨询顾问、信托租赁、现金管理、代客买卖贵金属、金融衍生品等。商业银行通过开展金融中间业务，不仅增加商业银行的手续费和佣金等非利息收入，而且加快金融信息传播，不断开拓新的金融业务领域。

（三）负债业务是商业银行提高盈利水平的基础

在资产价格水平一定的情况下，负债成本费用的高低决定了银行盈利水平的高低；银行负债所聚集的资金一般不直接投资于企业生产经营，而是贷款给企业，银行只能获取所贷款资金的一部分收益，其盈利水平远远低于一般工商企业。银行要获取社会平均利润，则要扩大负债规模，使资产总额多倍于自有资本。

（四）负债业务是商业银行推动社会经济发展的动力

商业银行通过负债业务把社会各方面的闲置资金集中起来，形成一股巨大的资金力量，能在社会资金存量不变的情况下扩大社会生产资金总量，特别是我国商业银行以储蓄存款形式聚集城乡居民闲散的资金，成为我国社会主义现代化经济建设的主要资金来源，有力地推动了社会经济的发展。

（五）负债业务是商业银行同社会各界联系的渠道

商业银行是国民经济的综合部门和资金聚集以及资金运用的枢纽，社会所有单位的闲置资金和货币收支都离不开银行的负债业务。市场的资金流向、企业的经营活动、机关事业单位与社会团体和居民个人的货币收支，每时每刻都反映在银行的账面上，因此负债业务是商业银行同社会进行联系，提供金融服务，提供信息和有效监督的主要渠道。

第二节　商业银行存款业务的种类及创新

一、商业银行存款业务的概念

存款业务是指存款人将资金存入商业银行，并可以随时或按约定时间支取款项的一种信用行为。存款业务是商业银行的传统业务，是商业银行最早的业务之一，是现代商业银行的主要业务。存款是商业银行对存款人的负债，是商业银行最重要和最主要的资金来源，是商业银行开展资产业务和其他业务的基础，它约占商业银行负债总额的80%。存款规模的大小和结构，直接关系到商业银行的经营规模和结构，关系到商业银行的自身生存和发展方向。

二、商业银行存款业务的种类

（一）传统的存款业务

商业银行传统的存款业务有许多划分标准，按不同的划分标准，得出不同的传统的存款业务种类。根据西方商业银行对存款业务最普遍和最常用的划分方法，即按存款的支取方式不同，商业银行的传统存款业务可分为活期存款、定期存款和储蓄存款。

1. 活期存款

活期存款是指不规定存款期限，可以随时存取和转让的存款。存款人在向商业银行存取活期存款时，需要使用存款簿。存款人在拥有活期存款账户后，可以使用各种方式提取存款，如开出支票、汇票、本票，电话转账，自动柜员机等。由于各种经济交易都是通过活期存款账户进行的，又称活期存款为交易账户。在各种提取存款方式中，使用最普遍和最传统的是支票提款，因此，活期存款也称为支票存款。

在20世纪50年代以前，在商业银行的负债总额中大部分是活期存款；20世纪50年代以后，由于各国实行活期存款利率限制和反通货膨胀的紧缩性货币政策，同时受闲置资金机会成本增加和其他非银行金融机构的竞争等因素影响，使活期存款在存款总额中的比重出现大幅下降，现阶段约占商业银行全部负债的35%。我国商业银行的活期存款主要来源于企业和单位的存款，而在居民储蓄存款中，活期存款的比例占20%左右。商业银行的活期存款是商业银行经营管理的业务重点，这不仅因为活期存款是商业银行的主要资金来源，而且因为商业银行活期存款具有以下主要特点：

（1）活期存款派生能力强，利息成本低，是商业银行提高盈利水平的重要因素。一方面，在商业银行的存款种类中，活期存款的利率是最低的，所以其利息成本在商业银行负债业务中是最低的；另一方面，商业银行通过开展活期存款业务，不仅获得短期资金，用于短期贷款和投资，而且在客户办理活期存款的过程中，由于客户存取款时间不同，存取款数量不一，总会形成一个相对稳定、数量可观的余额，可用于发放期限长、利率高的中长期贷款，派生出更多的存款；也可以投资收益高、安全稳健的证券，增加商业银行的营业收入。

（2）活期存款流动性较大，存取较频繁，是商业银行经营成本较高的存款业务。活期存款不规定期限，随时可以提取款项，其流动性较大，同时商业银行活期存款存取频繁，手续复杂，风险较大，需要为客户提供存取服务、转账服务、提现服务、支票服务等，其成本较高。因此，商业银行只向客户免费或低价提供服务，不支付或少支付利息。

（3）活期存款提取方式多样化，多为支票办理，是商业银行开展中间业务的重要基础。活期存款的提款方式很多，可以开出支票、开出本票、开出汇票、电话转账、使用自动柜员机等，但在各种提款方式中，使用支票办理转账业务较多，通过转账支票的使用和流通，提高了信用创造力，大大节约了流通费用，是商业银行开展结算业务、代理收付款业务、代发工资业务等中间业务的重要基础。

我国企业存款是指不同所有制形式的企业和个体工商户存入银行的、暂时闲置的，或用于日常结算，或有特定用途，或临时需要的货币资金。我国企业单位活期存款账户分为基本存款账户、一般存款账户、专用存款账户和临时存款账户。①基本存款账户是企事业单位的主要存款账户，是办理日常转账结算、工资、奖金和现金收付的账户。只能开立一个基本账户。②一般存款账户是企事业单位开立基本存款账户后，根据资金管理需要，选择在其他银行开立的存款账户，主要办理转账结算和现金缴存，不能办理现金支取。③专用存款账户是企事业单位因基本建设、更新改造或办理信托、代理业务、政策性房地产开发、信用卡等特定用途需要而开立的账户。企事业单位的销货款不能进入该账户。该账户一般不能支取现金。④临时存款账户是企事业单位为临时经济活动或通过应解汇款及汇票解入的款项需要所开立的账户，主要办理转账结算和按规定办理现金收付。临时存款账户原则上不使用支票结算。

公司客户办理活期存款业务，均可到商业银行的分理处、各级营业部等对公分支机构办理。存款单位开立账户时应到拟开户行领取空白"开户申请书"和"印鉴卡"一式三份，如实填写各项内容，并加盖与账户名称一致的单位公章和法定代表人名章或根据法定代表人授权书的内容加盖其授权人章；在"印鉴卡"上还可加盖单位财务专用章和法定代表人名章，或加盖财务专用章、法定代表人和财务主管人员名章。以上私人名章均可用本人签字代替。同时，开户申请人还应提交：①工商行政管理机关核发的营业执照；②国家外汇管理局规定须提供的资料和批文（开立外汇存款账户时需要）；③国家技术监督局办理的企业标准代码证书；④其他银行内部规定的资料。

人民币活期存款按结息日挂牌公告的活期存款利率计息，计息期间遇利率调整则分段计息。

2. 定期存款

定期存款是银行与存款人双方在存款时事先约定期限、利率，到期后支取本息的存款。定期存款用于结算或从定期存款账户中提取现金。公司客户办理定期存款业务均可到商业银行的分理处、各级营业部等对公分支机构办理。其具体办理程序和要求同活期存款。

定期存款存入方式可以是现金存入、转账存入或同城提出代付。人民币起存金额为1万元。人民币定期存款通常分为三个月、半年、一年、二年、三年、五年六个利率档次；中资企业外汇定期存款可分为一个月、三个月、六个月、一年、二年五档。人民币单位定期存款在存期内按照存入日挂牌公告的定期存款利率计付利息，遇利率调整，不分段计息。人民币单位定期存款采用逐笔计息法计付利息。

定期存款一般要到期才能提取，但如有客户临时需要资金，可办理提前支取或部分提前支取。我国允许定期存款部分提前支取一次。定期存款支取方式主要有：

（1）到期全额支取，按规定利率本息一次结清。

（2）全额提前支取，银行按支取日挂牌公告的活期存款利率计付利息。

（3）部分提前支取，若剩余定期存款不低于起存金额，则对提取部分按支取日挂牌公告的活期存款利率计付利息，剩余部分存款按原定利率和期限执行；若剩余定期存款不足起存金额，则应按支取日挂牌公告的活期存款利率计付利息，并对该项定期存款予以清户。

（4）存款到期，可凭存单支取本息，也可按原存期自动转存。

定期存款有固定的存款期限，没有像活期存款那样不规定期限，随时可以存取款项，灵活方便，也没有像支票那样可以转让流通。但定期存款对存款人来说是一种收入稳定、安全性好、风险较小的投资方式；同时，当存款人出现资金周转困难时，还可以以质押担保的方式进行贷款，以获取资金保证周转正常。定期存款的主要特点有：

（1）定期存款的存款期限长，有利于商业银行合理安排资金运用。定期存款的存款期限较长，按规定一般不能提前支取。在商业银行的存款结构中，定期存款约占商业银行存款总额的45%，是商业银行主要的稳定的资金来源。因此，商业银行可以将客人存入的这部分资金发放中长期贷款，以取得较高的利息收入，提高自身的盈利水平；同时对存款人来说，由于定期存款的利率较高、收入稳定、安全性好、风险较小，也是一种安全可靠的投资方式。

（2）定期存款的稳定性较好，有利于商业银行降低法定存款准备金率。活期存款不规定存款期限，无须通知商业银行而随时可以支取，商业银行为避免因客户提现发生支付危机，减少经营管理风险，而必须保持较高的存款准备金率。定期存款由于受到固定期限的限制，未到期一般不能提前支取，其稳定性较好，因此，商业银行可降低存款准备金率，将更多的定期存款通过发放贷款或投资来增加营业收入。

（3）定期存款的经营成本低，有利于商业银行提高自身盈利水平。定期存款是存款人和商业银行在办理存款时约定期限、利率和到期后支取本息的存款。传统的定期存款一般采用存款单形式，在办理存款后，存款人在存款到期时持定期存单支取本息，商业银行一次性办理应付本息手续，而在定期存款的期限期间商业银行可以没有任何其他服务，所发生的各种费用较少，因此，定期存款的经营成本很低。加之，由于定期存款的期限长，商业银行在进行资金运用时发放利率高、期限长的中长期的贷款，或投资收益高、安全性好的证券，增加营业收入，极大地提高了商业银行的自身盈利水平。

3. 储蓄存款

储蓄存款指为居民个人积蓄货币资产和获取利息而设定的一种存款。随着我国居民收入水平不断提高，居民个人的储蓄倾向长期高于消费倾向和其他投资倾向，是商业银行重要的资金来源。

储蓄存款的种类按支取方式划分可分为活期储蓄存款和定期储蓄存款。

（1）活期储蓄存款

活期储蓄存款是一种不限存期，凭银行卡或存折及预留密码可在银行营业时间内通过柜面或通过银行自助设备随时存取现金的服务。人民币活期存款1元起存，外币活期存款起存金额为不低于人民币20元的等值外汇。

活期储蓄存款的特点有：

①通存通兑。客户凭银行卡可在全国联行网点和自助设备上存取人民币现金，预留密码的存折可在同城联行网点存取现金。同城也可办理无卡（折）的续存业务。

②资金灵活。客户可随用随取，资金流动性强。

③缴费方便。客户可将活期存款账户设置为缴费账户，由银行自动代缴各种日常费用。

④人民币个人活期存款按季结息，按结息日挂牌活期利率计息，每季末月的20日为结息日。未到结息日清户时，按清户日挂牌公告的活期存款利率计息到清户前一日止。

⑤人民币个人活期存款采用积数计息法，按照实际天数计算利息。

活期储蓄存款业务办理的程序为：

①开户。客户若办理活期储蓄存款开户，需持本人有效身份证件到营业网点办理。有效身份证件为：居住在中国境内16周岁以上的中国公民，应出具居民身份证或临时身份证。军人、武装警察尚未申领居民身份证的，可出具军人、武装警察身份证件。居住在境内或境外的中国籍的华侨，可出具中国护照。居住在中国境内16周岁以下的中国公民，应由监护人代理开立个人银行账户，出具监护人的有效身份证件以及账户使用人的居民身份证或户口簿。香港及澳门特别行政区居民，应出具港澳居民往来内地通行证；台湾地区居民，应出具台湾居民来往大陆通行证或其他有效旅行证件。外国公民应出具护照或外国人永久居留证（外国边民，按照边贸结算的有关规定办理）。除以上法定有效证件外，银行还可根据需要，要求存款人出具户口簿、护照、工作证、机动车驾驶证、社会保障卡、公用事业账单、学生证、介绍信等其他能证明身份的有效证件或证明文件。前四款未做规定的，依照我国法律及国家监管机构相关规定执行。如委托他人代办开户，代办人还需同时出示本人身份证件。

②存款。客户持银行发行的各类银行卡或存折到营业网点即可办理存款。如果客户能提供本人或他人的卡号或存折号，也可办理无卡（折）存款，但需出示身份证。

③取款。客户持银行卡或存折到营业网点即可办理取款，如果取款金额超过20万元（含20万元），必须至少提前一天与取款网点预约。若持银行卡（不含贷记卡和国

际借记卡）在自动柜员机上取款，当天取款最高限额为 2 万元。

（2）定期储蓄存款

定期储蓄存款是客户和银行办理存款时预先预约存款期限、利率等的存款。利率高于活期存款。传统的定期储蓄存款的对象一般仅限于个人和非营利性组织。定期储蓄存款的形式有整存整取、零存整取、整存零取、存本取息等多种形式。

现阶段，我国商业银行的存款产品创新层出不穷，极大地丰富了商业银行理财服务的种类和客户的需求，出现的一系列的存款种类主要有：

①活期"一本通"。活期"一本通"是为客户提供的一种综合性、多币种的活期储蓄，既可以存取人民币，也可以存取外币。其特点：一是账务信息清晰明了，便于对账；二是具有人民币和外币活期储蓄的全部基本功能，客户开立活期"一本通"账户时，必须预留密码；三是通存通兑，可在开户行的同城营业网点存款取款；四是缴费方便，客户可指定活期"一本通"作为水电费、通信费等日常费用的缴费账户，省时省心，可开通电话银行和网上银行，转账汇款方便；五是服务渠道多，开户和取款可在商业银行各营业网点，查询信息可在网上银行、电话银行、自助终端；六是办理方便，客户办理活期"一本通"开户时，只需持有效身份证件到营业网点办理，如委托他人代办开户，还需同时出示代理人身份证件。

②定期"一本通"。定期"一本通"是为客户提供的一种综合性、多币种的定期储蓄账户。一个定期"一本通"账户，可以存取多笔本外币定期储蓄存款。其功能特点为：一是账务信息清晰明了，便于对账及保管；二是可办理各种定期存款业务；三是服务渠道多，开户和取款均可在商业银行各营业网点，查询信息可在网上银行、电话银行、自助终端；四是办理方便，客户在办理定期"一本通"开户时，只需持有效身份证件到营业网点办理，如委托他人代办开户，还需同时出示代理人身份证件。

③"定活通"。"定活通"是指银行自动每月将客户活期账户的闲置资金转为定期存款，当活期账户因刷卡消费或转账取现资金不足时，定期存款将自动转为活期存款的服务。其特点为：一是智能理财，省却经常管理账户的麻烦，省时省心；二是高效现金管理，满足定期存款收益与活期存款便利的双重需要；三是服务渠道多，存取款均可在商业银行各营业网点；四是"定活通"的理财金账户卡或灵通卡，至商业银行各营业网点即可办理。

④个人通知存款。个人通知存款是存入款项时不约定存期，但约定支取存款的通知期限，支取时按约定期限提前通知银行，约定支取存款的日期和金额，凭存款凭证支取本金和利息的服务。其起存金额与通知期限：一是人民币通知存款的最低存款金额为5 万元（含），外币通知存款的最低存款金额各地区略有不同，约为等值人民币 5 万元（含）。本金一次存入，可一次或分次支取。二是通知存款按提前通知的期限，分为一天通知和七天通知两个品种。外币通知存款提前通知的期限为七天。其特点为：一是收益高，资金支取灵活。客户不仅可获得高于活期存款的利率，并且可以随时支取存款。二是专有积利存款计划。客户可按最短七天（七天通知存款）或一天（一天通知存款）为周期对通知存款的本金和利息进行自动滚存，并可根据实际需要定制通知存款转账周期和存期。还可提供自动转存定期存款服务。客户可约定在通知存款存期结束后将本金和利息自动转存为定期存款。其存款利率，按支取日挂牌公告的相应利率

水平和实际存期计息，利随本清。

⑤人民币教育储蓄。教育储蓄是指对接受非义务教育积蓄资金，实行优惠利率，分次存入，到期一次支取本息的服务。其开户对象：开户对象为在校小学四年级（含四年级）以上学生。其存期与起点金额：教育储蓄存期分为一年、三年、六年。教育储蓄50元起存，每户本金最高限额为2万元。其特点为：一是税务优惠。按照国家相关政策规定，教育储蓄的利息收入可凭有关证明享受免税待遇。二是积少成多，适合为子女积累学费，培养理财习惯。其存款利率：一年期、三年期教育储蓄按开户日同期同档次整存整取定期储蓄存款利率计息；六年期按开户日五年期整存整取定期储蓄存款利率计息。遇利率调整，不分段计息。

三、商业银行存款业务的创新

20世纪60年代以后，随着世界经济金融形式的变化，非银行金融机构大量出现，商业银行的利润空间越来越小。20世纪70年代以后，随着通货膨胀和利率水平的大幅度上升，商业银行受管制的机会成本上升，商业银行需要寻求通过业务创新来逃避利率管制，增强竞争力，从而出现了多种类型的存款负债新品种。具有代表性的主要存款工具创新品种有：

（一）活期存款工具创新

1. 可转让支付命令账户（NOWs account）

这是储蓄账户的创新业务，由美国马萨诸塞州的储蓄贷款协会于1972年创办，它以支付命令代替了支票，是一种不使用支票的活期账户。存款人可以开出转让支付命令向第三者进行支付，或直接提取现金，或背书转让。同时它属于储蓄存款账户，银行可以对该类存款账户的余额支付利息。如1984年规定，对不满2 500美元的可转让支付凭证账户，可以支付的最高利率限额为5.5%。通过这一账户，商业银行既可以提供支付的便利，又能支付利息；存款客户既得到了支付上的便利，也满足了收益上的要求。因此，NOW账户的建立，有利于吸引客户，扩大银行存款的规模。

2. 超级可转让支付命令存款账户（SNOW）

超级可转让支付命令存款账户是由可转让支付命令账户发展起来的，又称为优息支票账户，经美国存款机构管制委员会批准，于1983年1月开办。这种存款不受法令的限制，但银行必须交存该存款的12%作为准备金。因此，它的收益率比货币市场存款低1.5%~2%。

超级可转让支付命令具有如下特点：①储户仅限于个人和非营利性机构，工商企业不得开户。②起存金额为2 500美元，如果余额在2 500美元以下，则改按储蓄存款计息。③无最高利率的限制。银行每星期调整利率一次，每天按复利计息，月后收入存款账户。④存户每月开出支付命令无限制，但银行要对处理承付的支票加收一定的费用。

（二）定期存款工具创新

1. 自动转账账户

自动转账账户是在1978年开办的，类似于NOW账户，是在电话转账服务基础上发展起来的。电话转账是指存户在活期存款账户之外另设一个储蓄账户，存户一般先将款项存入储蓄账户，由此取得利息收入，当需要开立支票时，存户用电话通知开户银行，将所需款项从储蓄账户转到支票账户。

发展到自动转账服务时，存户可以同时在银行开立两个账户，即储蓄账户和活期存款账户。活期存款账户的余额始终保持一美元但不影响开出超过一美元的支票。银行收到存户开出的支票要求付款时，可随即将支付款项从储蓄账户转至活期存款账户，自动转账，立即支付支票款项。

开设自动转账账户，存户要支付一定的服务费。这种账户与NOW账户及电话转账账户等都属于划转账户，需缴纳存款准备金。

2. 货币市场存款账户（monetary market deposit account，MMDA）

货币市场存款账户是美国商业银行1982年创新的一种新型储蓄账户，储蓄银行、储蓄与贷款协会也相继开办该账户。美国的货币市场基金是一种合作性质的金融机构，业务很发达。客户把他们的短期闲置资金以买入股权的方式交给基金投资运用，投资的方向可以指定，也可以不指定。投资的范围包括国库券、政府公债、地方债券以及其他容易变现的短期金融债券。客户要提现时，用出售该基金股权的方式进行，当天取款，手续简单。在正常情况下，它的年收益率要比国库券高1%~1.75%。

这种存款的性质介于储蓄存款和活期存款之间，但必须于提款前若干天通知银行，而且用支票提款每月不得超过一定数额，银行对这种货币市场存款可以免交准备金。它的具体特点：①存款对象不限，个人、非营利性机构和工商企业都可以开户。②开户时的存款最低金额为2 500美元。③没有关于存款最高利率的限制，利率每星期调整一次，存款按复利计息。④没有存款最短期限的限制，但客户取款应在7天前通知银行。⑤存款使用该账户进行收付，每月不得超过16次，其中使用支票付款的不能超过3次。

3. 协定账户（AA）

协定账户是一种可在活期存款账户、可转让支付命令账户、货币市场互助基金账户三者之间进行自动转账的账户。协定账户是自动转账账户的进一步创新，该账户是银行与客户达成的一种协议，存户授权银行将款项存在活期存款账户、可转让支付账户或货币市场互助基金账户中的任何一个账户上。对活期存款账户或可转让支付命令账户，一般都规定一个最低金额，超过最低金额的款项由银行自动转入同一存户的货币市场互助基金上，以便取得较高的利息。如果不足最低余额，也可由银行自动将货币市场基金账户的款项转入活期存款账户或可转让支付命令账户，以补足最低余额。

4. 大额定期存单（certificates of deposit，CDs）

大额定期存单是金融机构发行的兼具大面额和定期存款性质的存单。根据它能否在市场上流通与转让来看，可以划分为可转让的大额定期存单和禁止转让的大额定期存单。大额定期存单的利息有固定与浮动之分。前者叫固定利率大额定期存单，后者叫浮动利率大额定期存单。

大额定期存单也是一种定期存款，但与一般的定期存款又不完全相同。一般定期存款的面额可大可小，采取记名式，在市场上不能流通转让，利率是固定的，个人存户占较大比重。大额定期存单的面额，虽然能根据存款人的需要开发，但通常在次级市场上流通的最低面额为10万美元和100万美元两种。大额定期存单通常采用记名式。

存户主要是大的公司企业。

目前市面上广泛通用的是可转让大额定期存单，以美国为例，根据其发行机构的不同，可以分为四种类型：

（1）国内大额定期存单。这是美国商业银行在本国发行的一种大额定期存单，具备大额定期存单的一般特点。

（2）欧洲美元大面额定期存单。美国银行的国外分行或外国银行在美国境外发行的美元面额的大额定期存单，通常称为欧洲美元大额定期存单。由于美国国内大额定期存单曾在支付利息上受到 Q 号条例的约束，不利于筹集更多的资金，故从 1966 年起，随着花旗银行伦敦分行发行欧洲美元大额定期存单，也相应地建立了欧洲美元大额定期存单市场。

（3）扬基大额定期存单。外国银行设立在美国的分行所发行的以美元为面额的大额定期存单，通常称为扬基大额定期存单，也有称之为外国银行分行大额定期存单。此种存单的持有人在美国，发行此种存单的主要是著名的国际银行，它们在欧洲等地遍设分行。扬基大额定期存单的存期通常为 1~3 个月，故买卖此类存单的市场主要属于短期资金市场。外国银行的分行直接或通过经纪人将此种存单出售给大的公司企业。由于此种存单多数在美国并不出名，而且发行银行不愿让投资者摸清它们的资金实力，故发行银行往往通过经纪人，将此类存单销售给公司企业。

（4）储蓄机构大额定期存单。这是储蓄机构发行的存期较长的一种大额定期存单。由联邦储蓄贷款保险公司承保的储蓄贷款协会也会获准在美国境外发行欧洲美元大额定期存单。

5. 货币市场存单（MMC）

1978 年，由于市场利率上升，引起存款机构的存款资金减少，于是，金融管理当局批准发行限期为 6 个月的货币市场存单。它属于不可转让的定期存单。最低面额为 1 万美元，最初存期为 26 周。银行付给这些存单的最高利率，相当于 6 个月国库券的平均贴现率。货币市场存单不按复利计算利息。储蓄机构发行这种存单，可以阻止储蓄机构的存款额下降。

（三）储蓄存款工具创新

1. 零续定期储蓄存款

零续定期储蓄存款是一种多次存入，期限在半年以上，五年以内的储蓄存款。零续定期储蓄存款类似我国的零存整取方式，但有其值得借鉴的地方：①对每次存入的金额没有最高和最低的限制，也没有固定的日期限制；②期满前三个月有规定，既不能存，也不能取；③存款采取定期利率计算。这种存款对收入高但不稳定的客户有较大的吸引力。

2. 股金提款单账户

股金提款单账户实质上是一种支付利息的支票账户，是逃避利率管制的一种创新。建立股金提款单账户，存户可以随时开出提款单，代替支票提现，或用作支付转账。股金提款单账户在未支付或提现时，属于储蓄账户，可以取得利息收入；在需要支付或提现时，便随即开出提款单（支付命令书），通知银行付款。

第三节　商业银行存款业务经营管理

一、影响商业银行存款的主要因素

商业银行在经营过程中，由于受外部环境和银行内部的多种因素影响，使商业银行各种业务受到影响，从而也影响了商业银行的存款。影响商业银行存款的主要因素有：

1. 社会经济发展状况

在社会经济发展中，一个国家或地区的社会经济发展状况和发展水平决定和影响着商业银行的存款规模。在经济繁荣时期，企业生产正常发展，商品流通不断扩大，社会有效需求增加，社会经济效益提高，社会再生产过程中的生产、分配、交换、消费各个环节中出现了暂时的闲置资金，社会货币资金充裕，商业银行的企业和储蓄存款规模大幅度上涨；在经济萧条时期，企业生产不正常，商品流通不断下降，社会有效需求减少，社会货币资金匮乏，商业银行的存款规模相应会减少。

2. 中央银行货币政策

中央银行是国家金融调控机构，肩负着国家金融调控的重任，中央银行的货币政策是影响商业银行规模的直接因素。中央银行主要通过运用货币政策工具直接或间接影响市场货币供应量，直接影响商业银行存款的总量和结构。当中央银行实行宽松的货币政策时，会降低法定存款准备金率、再贷款率和再贴现率，或是在金融市场上买入有价证券，投放资金，增加货币供应量，从而增加了商业银行的存款总量；当中央银行实行紧缩的货币政策时，会提高法定存款准备金率、再贷款率和贴现率，或在金融市场上卖出有价证券，回笼资金，减少货币供应量，从而减少商业银行的存款总量。

3. 金融市场竞争状况

金融市场竞争主要表现在两个方面：一是在一定时期内，商业银行和其他金融机构之间的竞争愈加激烈，则本行的存款份额就会相对减少。二是其他金融工具供应增加，为客户提供了更多的投资渠道，商业银行的存款也会相对减少。商业银行要想扩大存款市场的份额，就需要制定银行自身的营销策略，确定营销目标，推出存款业务新产品、提高管理服务水平、建立存款公共关系、对营业网点进行合理布局。

4. 居民货币收入预期与消费支出结构

居民货币收入预期是指居民个人对未来货币收入状况的预测和判断。当货币收入预期趋低时，居民个人会减少即期消费而提高储蓄存款，而居民个人的收入预期又受到社会经济环境和社会保障制度的影响，社会经济环境越好，保障制度越健全，人们出于预防动机的储蓄存款行为就会减少；反之，人们会降低收入预期，选择更多的储蓄以备不时之需。居民个人储蓄还与消费信用发展程度也密切相关。若消费信贷比较发达，居民个人随时可以通过商业银行等机构获得支付能力，就有利于促进即期消费，增加商业银行当期储蓄存款。

一般情况而言，居民个人的收入增加则储蓄和消费也随之增加。我国十几年来储蓄存款的高速增长，很大程度上是因为居民收入的大量增加。消费支出结构决定了居民手持现金的数量及闲置留用的时间，若居民个人的消费支出结构中在日常消费上，如吃、穿、用占很大比重，则意味着居民个人即期消费增加，作为积累性货币储蓄下降；反之，则说明居民个人如将更多的收入用于住、行等巨额资金消费支出，这就需要更多的积累，居民个人的储蓄存款就会相应增加。

5. 商业银行的信誉高低和资产规模

客户选择商业银行的主要标准是信誉好坏，若商业银行的信誉好，在客户心中的信用好，提升了客户对银行的信心，因此，信誉越好，就越能吸引客户，存款就越来越多。商业银行的资产规模大小是商业银行资产是否雄厚的重要标志，其资产雄厚就能抵御经营中的各种风险，其破产的可能性比较小，给存款客户的资金带来最大的保险度，特别是持有资金数目较大的客户，更注重商业银行的资产规模及偿债能力，因而，商业银行资产规模越大，吸收的公众客户存款就越多。

6. 商业银行的服务水平和存款价格

商业银行要想拓展存款新天地，提高自身核心竞争力，扩大存款市场占有份额，争取更多的优质客户，筹集更多的社会资金，在很大程度上取决于商业银行的服务质量。谁能为客户提供优质高效的服务，谁就能在激烈的竞争中占得先机。银行必须树立以客户为中心、一切从方便客户的角度出发的主动营销理念，为客户提供"一站式、一条龙"服务。因此，通过为客户提供全面、周到、高效的服务，来吸引客户、吸收存款。存款价格主要包括利率水平、开立管理各类账户的服务费用和优惠条件及补贴等。特别是存款利率是商业银行用来推动存款经营的又一种有效措施，即使在现行管理利率体制下，商业银行也可以通过调整利率结构等间接方式发挥利率的作用，以此提高对存款客户的吸引力，并且存款的种类与形式越多，越能满足客户的选择及要求，也能更多地吸引客户，增加商业银行的存款。

此外，影响商业银行存款的因素还有很多，包括金融市场秩序、金融监管力度、国家财政和税收政策以及社会总供求状况等因素。

二、商业银行存款经营管理的主要目标

商业银行是一个企业，是一个高负债经营的金融企业，其开展资产业务的主要资金来源是商业银行的存款，因此，加强对银行存款的管理有着十分重要的意义。商业银行存款经营管理的主要目标是：在遵循商业银行的盈利性原则、流动性原则和安全性原则的基础上，进一步提高商业银行存款的稳定性，提高银行存款的增长率，降低银行存款的成本率。

（一）提高存款的稳定性

存款是商业银行的主要资金来源，也是商业银行经营的基础，商业银行在吸收存款时，一般需要稳定性比较高的存款。所谓存款的稳定性，是指对市场利率变动和外部经济因素变化反应不敏感的存款。稳定性较高的存款是商业银行长期性资产和高盈利性资产的主要资金来源，对商业银行经营管理和提高商业银行的盈利水平有着极其重要的意义。因此，衡量存款稳定性的指标主要有存款稳定率和存款占有天数，具体公式为：

$$存款稳定率＝存款最低余额/存款平均余额×100\%$$

$$存款平均占有天数＝（存款平均余额×计算期天数）/存款支付总额$$

上述两个指标与存款稳定性呈正相关关系。即存款的稳定率越高，存款的平均占用天数越多，商业银行存款的稳定性就越高；反之，存款稳定性就越低。提高存款的稳定性是商业银行保持充足的流动性，降低流动性风险的重要手段。商业银行要提高存款的稳定性，就需要提高存款的最低余额和延长存款的占用天数。因此，商业银行要根据存款的变动对商业银行存款进行分类，并根据其变化情况提出经营策略。按存款变动程度划分，商业银行存款分为三类：

一是易变性存款，主要是指活期存款。由于这类存款是即期的购买和支付手段，其流动性很强，存款人随时都可能提取现金和转账，因此其稳定性最差。

二是准变动性存款，主要是指定活两便存款、通知存款等。这类存款既不能随时提现和转账，也没有支取约定期限的制约，其稳定性介于活期存款和定期存款之间。

三是稳定性存款，主要是指定期存款、大额可转让定期存单和其他定期性质的存款。这类存款在约定期限内一般不允许提前支取，因此这类存款的稳定性是最高的。

商业银行根据存款变化情况划分存款类型后，为提高商业银行存款的稳定性，按其存款变化情况有针对性地采取对策：

一是对于易变性存款，主要是提高其稳定率。商业银行可以通过提高服务水平，以客户为中心，改善服务环境，改变服务方法，制定存款策略，吸引存款客户，增加客户数量。客户数量越多，即使少数客户的存款出现波动，对商业银行存款的稳定性的影响也极小。

二是对于稳定性存款，主要是延长其平均占用天数。商业银行定期存款中的保管性和储蓄性的存款，其稳定性最高，商业银行必须为这类存款采取安全、保值、增值和保险措施，特别做好存款转存和计息工作，以尽量延长其占用天数。定期存款中的投资性存款，由于受到债券、股票等高收益金融资产的影响，这类存款容易转移和流失，因此商业银行要根据金融市场的价格变化和自身承受能力而适当提高存款利率，提高存款人收益，减少存款的转移和流失，同时改变存款营销策略，加强宣传攻势，强调存款盈利性、流动性、安全性的特点，以延长平均占用天数。

（二）提高存款的增长率

商业银行的存款是商业银行开展资产业务的主要资金来源，是开展中间业务的基础，存款规模的大小直接影响着商业银行经营规模的大小，如果某一商业银行的存款迅速增长，则说明该商业银行经营规模扩大，市场竞争力增强。存款增长率是指本期存款量较之上期存款量的增量与上期存款量之比。用公式表示为：

$$存款增长率＝（本期存款量－上期存款量）/上期存款量×100\%$$

从公式看，存款增长率越高，说明存款增量越大。商业银行的存款增长是商业银行经营管理追求的目标之一，但商业银行存款增长率并非越高越好，存款增长越快越好。商业银行在经营过程中存款的增长要考虑多种因素，如存款的利率、管理费用、资金运用渠道等，因此，商业银行应根据自身的实际情况，科学制定存款增长目标，才能促进商业银行的全面、有效、合理的发展。

（三）降低存款的成本率

商业银行吸收存款均需要对存款人支付存款利息，这是商业银行经营存款负债业务的利息成本；同时，商业银行除支付存款利息外，还有其他的营业费用支出，如存款柜台人员的工资和奖金等，构成存款的营业成本。存款成本率是指商业银行吸收存款所支出的利息成本和营业成本的总和与存款总额的比率。用公式表示为：

$$存款成本率 = （利息成本 + 营业成本）/存款总额 \times 100\%$$

存款成本率是衡量商业银行存款成本大小的一个重要指标。商业银行积极努力降低存款成本率，不仅可以提高商业银行的盈利能力，而且可以扩大商业银行的其他业务。因此，商业银行在保持充足的流动性的前提下，要适当调整存款种类结构和期限结构，努力扩大活期存款比重，降低定期存款比重，尽可能降低存款利息成本；同时，积极提高商业银行营业人员的工作效率以及设备服务性能，降低营业成本。商业银行通过降低存款利息成本和营业费用，可以达到降低存款成本率的目的。

三、商业银行存款经营管理的主要内容

为了提高商业银行存款的稳定性，促进商业银行的存款增长，商业银行要制订存款业务营销方案，积极进行存款业务营销，以吸引更多的客户存款。同时，为了降低存款成本率，需要商业银行对存款成本进行控制，对存款进行科学、合理的定价。因此，商业银行存款经营管理的主要内容是存款市场营销管理和存款成本定价管理。

（一）商业银行存款市场营销管理

商业银行存款市场营销是指商业银行以市场为导向，运用整体营销手段向客户提供存款产品和服务，在满足客户需要和欲望的过程中实现利益目标的社会行为过程。商业银行要做好存款市场营销工作，必须分析市场的内外因素、掌握存款业务的发展趋势，制定存款营销策略。

1. 正确把握市场的外部因素和银行的内部因素

（1）外部因素。

①社会经济条件的变化。一是市场经济或国民经济发展水平所决定的货币信用关系的发展程度。经济发达、诚信度高的地区，客户的存款规模就越扩大；反之，存款规模就越小。二是国家或地区的经济周期的不同阶段对存款的影响。在经济繁荣时期，社会的投资需求扩大，整个社会的资金供给增强，商业银行吸收存款相对容易，客户存款则会大幅度上升；反之，在经济萧条时期，社会有效需求不足，资金供需矛盾突出，商业银行吸收存款难度加大，存款数量相应减少。

②金融政策变化。中央银行的货币政策的变动会直接或间接地对商业银行的存款产生影响。在中央银行实行宽松的货币政策的条件下，商业银行的存贷款均有提高，存款规模也随之上升；反之，在中央银行实行紧缩的货币政策的条件下，商业银行的信贷规模减少，存款扩张能力降低，存款也随之减少。

③社会企业发展状况。企业规模越大，其资金流量越大，存款规模越大；反之，企业规模越小，存款规模越小。企业的产品市场越大，销售渠道畅通，经济效益良好，则企业存款也会相应增加；相反，企业的产品市场越小，销售渠道受阻，资金沉积在生产各环节中，经济效益较差，则企业存款必然下降。

（2）内部因素。

①银行服务水平。商业银行的服务水平是影响客户存款的直接因素之一。商业银行可以通过不断推出新的服务项目，提高服务质量，扩大服务范围，从而吸引客户，调动客户的存款积极性；同时，为客户提供结算、代理、信贷、理财等方面的全方位服务，以吸引和稳定存款客户。

②存款业务种类。商业银行要根据客户的需求，开发出满足客户需要的存款产品，提供客户需要的存款种类越多，存款形式越丰富，就越能吸引客户；不断创新存款产品，不断推出新的存款产品，满足不同客户的需求，增强市场竞争力，就能开拓和维护客户，不断增加新存款。

③银行的资产、信誉和员工形象。商业银行的资产规模越大，实力雄厚，信誉越好，就越能吸引客户。存款客户选择商业银行的首要标准是看其信誉好坏，特别是资金数额较大的客户更注重商业银行的资产规模和偿债能力。同时，商业银行要提高员工的内在素质，规范员工的精神风貌、注重员工的仪容仪表、挖掘员工的良好潜力等，这样才能对存款营销有良好的促进作用。

④银行与社会各界的关系。商业银行和社会各界的关系，主要包括业务关系和人事关系。业务关系是指商业银行与企业界、个人和同业之间的业务关系，人事关系是指商业银行与企业及其他组织的个人之间发生联系的一种形式，具有一定的个人感情色彩。商业银行与社会各界的联系越密切，对做好存款业务工作、增加存款数量越有利。

2. 正确研究判断商业银行存款业务的发展趋势

随着市场经济的发展和改革开放的力度加大，我国商业银行的经营管理日趋成熟，同业竞争更为激烈。在这种背景下，我国商业银行的存款业务出现了许多新的变化。

（1）存款竞争规范化。在商业银行实行商业化经营的情况下，各商业银行对存款的竞争越来越激烈。有些商业银行为达到吸收更多存款的目的，采取擅自提高存款利率、支付手续费等不正当手段，这些做法严重扰乱了金融秩序，致使存款成本急剧上升。为了促进商业银行的稳健运行，保证商业银行之间的公平竞争，我国在完善金融法规建设的同时，加大了对违规经营、不正当竞争的惩罚力度，使存款竞争日趋规范，商业银行存款业务的公平竞争、合法合规、有序经营已成为广泛的共识。

（2）存款方式多样化。在实现利润最大化和激烈竞争的双重压力下，商业银行的经营理念发生了根本性的转变，等客上门的传统方式已成为历史。上门服务、流动银行、电话银行、网上银行、企业银行、自助银行等方式已成为各家商业银行争取主动营销、积极抢占存款市场先机的重要手段。随着计算机的广泛应用和商业银行存款竞争层次不断提高，存款方式不断创新，极大地方便了客户存款，为存款业务的开展打下了坚实的基础。

（3）存款账户灵活化。随着科学技术在商业银行的广泛应用，各种电子货币层出不穷，其功能也日益完善，如"一卡通""一本通""一网通""一柜通"等，从而，客观要求存款银行打破彼此之间不能进行资金划拨的限制，逐步走向互通有无，自动转账。如定期存款和活期存款之间可实现自动转账。存款账户的灵活化，将有力促进商业银行存款业务的发展，并为其开展中间业务提供广阔的空间。

（4）存款服务高效化。现代社会是一个文明、高效的社会。一方面，客观上要求各商业银行都创造一个优美、舒适的存款环境，实现文明待客、周到服务；另一方面，存款服务高效化提高了工作效率，在确保资金安全的情况下，最大限度地简化操作手续，对存取款实行限时服务；为客户办理异地资金划拨时，实现了资金实时到账，结算资金无在途时间；实现了存取款自动化，客户自我服务。

3. 正确制定商业银行的存款业务营销策略

存款业务营销策略是指商业银行对客户营销存款业务的策划和谋略。它是在对存款市场做出全面、科学分析和研究的前提下，所制定的存款营销决策。其目的是通过对客户的开发和营销，扩大存款资金来源，获得稳定的存款市场，提高商业银行存款的市场占有率。

（1）合理细分市场，选定目标客户。

商业银行细分市场的方法很多，根据行业特性，商业银行一般根据服务对象的不同而将市场分为个人客户市场和企业客户市场，然后再按地理、人口、职业、年龄、收入、消费心理、利益追求等标准做进一步细分。个人客户市场和企业客户市场是商业银行最基本的市场细分类型。

①个人客户市场。影响个人客户需求差异性的因素很多，人口因素和利益因素是个人客户市场细分的主要因素。如根据人口因素可以把个人客户市场细分为高收入者市场和低收入者市场、高消费者市场和低消费者市场、储蓄者大众市场和挥霍者大众市场等；根据利益因素可以把个人客户市场细分为：有的个人客户着眼于计划消费，要求存取款便利；有的个人客户带有投资性质，要求获得盈利；有的个人客户侧重于安全保密，要求提供安全服务等。因此，商业银行通过对个人客户类型市场细分，根据不同的需求，从不同的利益出发，选择不同的目标客户，制定不同的存款营销策略。

②企业客户市场。一般有以下几种细分方法：

一是按企业规模分类，可分为大型企业、中型企业、小型企业等不同规模的企业。不同规模的企业其经济实力和抗风险能力是不同的，对商业银行的服务需求也有差异，如大型企业对存款贷款、结算和其他业务的需求量大，需要的品种多，因此，商业银行要根据企业不同的规模来选定存款、贷款、结算等全面的营销目标。

二是按企业行业分类，可分为机械、电子、交通、能源、电信、电力、纺织等不同行业。不同行业有不同的发展时期、有不同的发展前景和经济效益，如新兴行业则市场前景广阔、投资回报高；成熟行业则市场逐步变小，经济效益不断下降；衰落行业则步履维艰。因此，商业银行必须根据不同行业的发展态势来选定存款营销目标。

三是按企业性质分类，可分为国有独资、国有控股、国有参股、外资公司、中外合资、民营企业等不同性质的企业。随着我国市场经济不断发展，国有资本占主导地位的企业越来越少，而混合资本结构的企业越来越多。对于不同性质的企业，商业银行应选定不同的存款营销目标。

四是按企业资信度分类，可分为 AAA、AA、A、BBB、BB、B 等不同资信级别的企业。资信等级越高，表明企业的资信状况越好，商业银行应据此选定不同的存款营销目标。

（2）制定存款营销策略，做好存款营销工作。

①系统服务策略。系统服务策略是一个商业银行从总行到分支行及营业网点为一个金融客户提供系统性金融服务的策略。它是大型商业银行充分利用其分支机构较多的网点优势，并与科技网络对接，形成系统性金融服务优势，为公司客户提供信贷、资金划拨、信息咨询、代收代付、金融理财等上下游、全过程全系统的金融服务。系统性服务适用的主要对象是系统性、集团性大客户。在运用系统性服务策略时，要搞好账户系统服务，加强网络科技服务，完善营销服务网络，建立信息反馈网络。

②结算吸收存款策略。结算业务是指单位、个人在社会活动中通过商业银行使用的票据、银行卡、汇总、托收承付、委托贷款等结算方式进行货币给付及清算的行为。结算吸存策略是商业银行通过现代化的结算网络和结算工具为公司客户提供最先进的结算服务，从而吸收大量结算资金存款。运用结算吸存策略的着力点是要建立全国性的资金实时划拨网络系统，实现资金结算实时化、自动化。

③信贷牵引策略。信贷牵引策略是指商业银行以为公司客户提供信贷服务为切入口，与客户建立密切的、全面的合作关系，并为之提供多项金融服务，特别是存款服务。其适合的主要对象是优良的公司客户，特别是大型的优良的公司客户。

④源头开发策略。源头开发策略是指抓住公司客户资金循环的起点和终点。目前，我国公司客户的资金管理有两种模式：一种是集中式，即公司客户对全系统（集团）资金实行"收支两条线管理"，资金收入全额划至集团总部，费用支出、项目资金运用等资金支出一律通过集团总部下拨。这样的公司客户，其资金的源头在集团总部。另一种是分散式，即公司客户对资金实行分散管理，由分支公司自由支配，这样的公司客户，其资金源头在分支公司。资金源头开发策略是通过广泛收集社会经济信息，发现公司客户的资金源头，从源头进行营销，再从源头扩展营销到资金运行的全过程。

（3）用活存款营销手段，实现存款营销目标。

①人员营销。人员营销是商业银行员工以达成销售为目的与客户接触，以引导和帮助客户购买、使用商业银行存款产品和服务的过程。信息技术的发展和电子服务手段的完善，导致了经济和金融发展的差异性、金融产品和服务的复杂性、客户需求的多样性，也使人员营销更具有独特的人情味优势，人员营销将成为市场营销的重要手段。人员营销的方式主要有柜台人员营销、客户经理营销和全员营销。

②宣传营销。宣传营销是指通过宣传媒体直接向客户介绍、营销商业银行存款产品和服务，树立商业银行良好形象的活动。商业银行广告可分为两类：一是商业银行形象广告，二是商业银行存款产品和服务广告。商业银行可选择多种广告媒体，如报纸、杂志、书籍、广播、电视、网络等。在广告媒体选择上要注意重点和多元化相结合，特别是媒体组合宣传能增加广告促销的功效。

③公共关系促销。公共关系促销是指公共关系活动促销，是一种专门用于市场营销的公共关系活动。如公关联谊会、新闻座谈会、社会赞助活动、典礼参观、产品展销会等各种人际传播活动，可以吸引各类公众参加。它综合利用各种传播媒介，对于沟通信息、联络感情、促进销售、扩大影响和树立形象等都有一定的效果。

④网点营销。网点营销主要是调整网点布局，统一本行网点的标志设计，给客户形成良好的视觉形象；将本行已推出的各种金融产品进行包装营销，统一印制精美的

金融产品和服务宣传手册；加强服务设施建设，方便客户；增加网点服务功能，可按服务功能实行分区管理；在政策许可范围内，可现场免费向客户赠送一定的宣传性礼品，以扩大存款产品的影响，争取存款客户。

（二）商业银行的存款成本管理和存款工具的定价方法

1. 存款成本的结构

商业银行的存款成本是商业银行在组织存款过程中所花费的开支，主要由两部分组成：利息成本和营业成本。

（1）利息成本。

商业银行的利息成本是商业银行以货币形式直接支付给存款者的报酬，其大小由存款利率及存款规模来决定。存款利息成本是商业银行成本的主要部分。影响存款利息支出的主要因素有存款利息率、存款结构和存款平均余额。因此，商业银行必须采取多种措施，调整存款结构，特别是要注意提高低利息存款的数量来降低存款利息成本，力求以最小的成本来扩大存款业务的规模。存款平均余额的增长虽然会带来利息支出的增长，但是可以通过资金运用，扩大贷款或其他资产业务，从而使商业银行增加营业收入，取得更大的经营效益。

（2）营业成本。

营业成本是商业银行用于吸收存款时除存款利息以外的所有开支，主要包括广告宣传费用、员工的工资与奖金、设备的折旧费、办公费及其他为客户提供服务所需的开支等。在存款的营业成本中，活期存款需要为客户提供存取服务、转账服务、提现服务、支票服务等，其经营成本较高；定期存款在办理存款后，存款人在存款到期时持定期存单支取本息，商业银行一次性办理应付本息手续，而在定期存款的期限中间，商业银行可以没有任何其他服务，所发生的各种费用较少，定期存款的经营成本较低。因此，要适当调整存款结构，降低存款营业费用支出。同时，在办理存款业务时，每笔存款金额越小，营业费用率就会越高；每笔存款金额越大，营业费用率就会越低。所以，商业银行在存款业务经营上，要将存款营销重点放在资金实力雄厚、经营效益良好的存款数量大的客户身上。

2. 存款成本控制指标

（1）存款成本率。

存款成本率是指存款的利息支出和各项费用与存款余额的比率。用公式表示为

$$存款成本率 = （利息支出+营业成本）/存款平均余额×100\%$$

存款成本率主要反映商业银行经营存款业务的成本水平。

（2）可用资金成本率。

可用资金成本率是指资金成本与可用资金的比率。其中：可用资金是商业银行可以实际用于贷款和投资的资金，是银行总的资金来源扣除应交存的法定存款准备金和必要的储备金后的余额；可用资金成本也称为银行的资金转移价格，是指银行可用资金应负担的全部成本，是确定银行盈利性资产价格的基础。用公式表示为

$$可用资金成本率 = （利息支出+营业成本）/可用资金×100\%$$

$$可用资金 = 总负债-库存现金-存放中央银行款项-存放同业-在途资金$$

通过计算可用资金成本比率，一是可以用于商业银行的各类存款之间的对比；二是

便于在总体上分析商业银行自身可用资金成本的历史变化情况，以及比较本行与他行可用资金成本的高低。

3. 存款成本控制的方法

（1）合理增加存款总量，力争减少成本支出。

商业银行的存款成本与存款总量有关，商业银行在经营存款业务过程中，存款总量和成本之间有着不同的关系。具体有四种不同的组合：

一是存款总量增长，成本上升；

二是存款总量增长，成本下降；

三是存款总量不变，成本增加；

四是存款总量不变，成本不变。

从商业银行存款和成本形成的各种不同的组合看，它要求商业银行要努力实现存款总量增长、成本下降和存款总量不变、成本不变的组合。即不但要求商业银行在存款经营管理中，力争在不增加成本或减少成本的前提下，尽可能地争取商业银行所需的存款资金来源，而且要求商业银行走内涵式扩大再生产之路，不能单纯依靠提高存款利率、增设营业网点、增加内勤人员以扩大存款规模，而是应在改变存款结构、增加存款品种、提高信用工具的流通转让能力、提高工作效率和服务质量等方面进行创新和发展。

（2）优化存款结构，降低利息成本支出。

商业银行的存款结构不同，其利率高低不同，其利息成本也不同。商业银行存款结构的划分主要有两种：一是按存款期限长短划分；二是按存款种类不同划分。一般情况下，存款期限越长，则存款利率就越高，相应的存款利息成本也越高；存款期限越短，则存款利率就越低，相应的存款利息成本就越低。活期存款的利率较低，则其活期存款利息成本就越低；定期存款的利率较高，则其定期存款的利息成本就越高。因此，在商业银行存款的成本管理上，要制定存款成本控制策略，采取切实措施，降低存款成本。主要的措施有：一是要扩大吸收低息存款，降低利息成本的相对数额；二是要正确处理不同存款类型的利息成本与营业成本的关系，力求降低存款的营业成本的支出；三是要加强活期存款和信贷能力的管理，在大力增加活期存款的同时，要进一步提高商业银行的信贷能力；四是要正确处理定期存款和信用创造之间的关系，增加定期存款应与银行存款的派生能力相适应。

4. 商业银行的存款工具定价

商业银行的存款工具定价是影响商业银行盈利目标的主要因素，金融市场变化、存款成本构成及存款营销推广都影响存款的价格水平。存款工具定价的主要目的是弥补成本支出，实现预期的利润目标，因此，存款工具的定价必须遵循存款工具定价的原则和确定存款定价的方法。

（1）存款工具定价的原则。

①坚持满足存款客户需要，确保银行经营效益原则。存款工具的定价是在其他条件不变的情况下，如存款利率升高，就能够提高存款客户的存款积极性，增加商业银行的存款数量；如存款利率下降，就会挫伤存款客户的存款积极性，存款客户为了获取更高的盈利，就会选择收益高的投资产品进行投资，从而转移一部分资金去追逐收

益高的资产，降低商业银行存款数量。因此，商业银行必须推出满足存款客户需要的存款工具，推出立足于保护存款客户利益的存款工具。如为确保存户的实际利率收益，名义利率就应随物价指数的升降而变化，这样，才能吸引存款客户进行存款，扩大存款市场占有率。在满足存款客户需要的同时，商业银行必须顾及自身的经营效益，合理制定存款工具定价原则；必须充分考虑商业银行的存款成本负担能力，努力降低存款成本，否则，将会降低商业银行盈利水平，甚至由于存款成本过高，致使商业银行发生亏损。因此，商业银行存款工具定价的首要原则，就是在存款工具定价时，不仅要满足存款客户需求，而且要确保银行经营效益。

②坚持不同存款工具的价格信息沟通原则。商业银行的不同存款工具的价格信息必须是可以沟通的，价格信息要简单明了，通俗易懂，容易为存款客户所了解，并可以对不同存款工具的价格进行比较和分析，从而使存款客户能够选择适合自己的需要的存款工具。如在按存款期限细分市场的情况下，存款期限越长的存款，其存款利率越高。各种不同期限的存款工具在价格上要能沟通和比较。因为在存款市场上，利率是一种简单的可以沟通比较的价格。

③坚持细分市场利益兼顾原则。商业银行在开拓存款市场业务时，不可以过多地以损害某些细分市场的利益去补贴另一些细分市场；否则，会致使受损害的存款市场其存款业务日趋萎缩，而为其他商业银行的有力竞争者占有。即使在不存在其他竞争者的情况下，也会导致商业银行存款结构的畸形变化。因此，应坚持存款的细分市场利益兼顾原则，促进细分市场和存款结构合理发展。

（2）存款工具定价的方法。

在我国，商业银行的存款利率由中央银行即中国人民银行统一制定和管理，各商业银行只享有在规定范围内的一定的浮动权，没有对存款工具的自主定价权。它表明我国商业银行经营的商业化程度较低，但在现阶段对于维护我国金融秩序的长期稳定有着十分重要的意义。随着利率市场化改革的推进，我国商业银行将逐步拥有存款工具的定价权。

在西方金融市场发达的国家，市场利率浮动体制决定了商业银行必须对存款工具拥有自主定价权。西方发达国家的商业银行的自主定价，也受很多因素影响。主要有：一是要受制于当地金融市场的竞争情况，二是要受制于保持本商业银行的原有利差的要求。因此，自主定价绝不等于完全自由定价。下面就西方发达国家的商业银行自主定价的主要方法做简单的介绍：

①以成本为基础的定价。即以商业银行各项费用成本之和作为定价的基础。成本定价体系既不考虑外在经济形势，也不考虑不同细分市场客户意愿接受的收益水平，其最大优点是可以做到既不损害某些特定的存款工具，也不会给另一些存款工具补贴。其缺点在于定价公式的复杂化，例如一些基本往来账户，共有20项成本利益因素，还不包括该账户所使用的专门性辅助服务的全部费用。因此，只能测算出一个具有共同性的存款工具的基本成本，以此为基础，再根据市场利率情况做出调整。

②以交易账户的收费定价。以交易账户的收费定价主要由以下三部分内容组成：一是规定每笔业务的收费标准及全部免费提供的辅助服务；二是按余额对客户以名义利率付息；三是按规定的平均或最低限额收费，在此数额以上的余额则免收费用。因此，

商业银行主要应考虑最低余额、手续费和平均余额支付率三个因素。

③金融市场存款账户的定价。金融市场存款账户的定价，既取决于当地市场的竞争，又取决于保持原来的利差的要求。其中大约有25%的存款机构是根据国库券、货币市场基金和可转让存单的收益等货币市场工具来确定存款账户的价格水平。由于金融市场的利率处于不断浮动状态，因此70%以上的银行是按周调整存款账户的利率，只有7%的银行按日定价。各银行和金融机构对存款账户定价保持的时间长短是极不相同的，其中67%的银行保证1周内存款利率不变，13%的银行根本没有保证，只有较少的银行保证存款利率不变的最长周期是1个月。

④定期存单市场按银行层次定价。在美国，1974年以来，定期存单市场形成了五个层次结构。第一层次由美国最大的7家银行组成，其定期存单利率与同期政府债券相近；第二层次银行存单的利率高于第一层次5~10个基点；第三层次银行与第一层次银行存单利率的平均差额为15个基点；第四、第五层次分别与第一层次银行相差20~30个基点。自20世纪80年代以来，定期存单由按规模层次分档转向按信誉分档，因为规模大的银行不一定信誉高，即由莫迪投资服务公司评为高信誉级别的银行，其定期存单的利率要低于低信誉级别的银行，并且定期存单市场的利率结构趋向于同商业票据市场相一致。

（三）商业银行存款的主要管理制度——存款准备金制度

商业银行在开展存款业务的过程中，根据不同的存款种类和特点，商业银行对存款有着不同的义务和责任。商业银行对活期存款负有随时支付的义务，对定期存款和定期储蓄存款也得到期还本付息。为保护存款客户的利益，大多数国家中央银行对商业银行和非商业银行存款机构都实行了存款准备金制度。

（1）存款准备金制度起源于美国。存款准备金制度创始于1842年美国《路易斯安那州银行法》，当时规定商业银行必须将公共负债（包括存款、银行券）的1/3作为准备金。南北战争以前，美国许多州也效仿此法，但规定的比率存在着差异。1863年《国民银行法》颁布，明确规定只对吸收的存款按规定提取存款准备金。1913年制定《联邦储备法》后建立了联邦储备系统。存款准备金制度沿用至今，而且世界各国也逐渐采纳。

（2）存款准备金制度的有关规定。在美国，商业银行提存的存款准备金在保留期间的每日平均余额应等于或超过应提的法定存款准备金。超额准备金可以按法定准备金的2%结转下期，冲抵下期准备金。如果发生不足情况，不足额不超过应提法定准备金的2%，则应通过向同业借款，或向联邦储备银行申请贷款或再贴现，或出售流动资产来补足。在存款准备金不足，结转下期仍不能抵销时，联邦银行可以对该金融机构处以罚金，其数额按计算期间的日平均不足额，根据当月的再贴现率加2%计算。

（3）存款准备金比率的确定。各种存款的法定存款准备金比率，一般由联邦储备理事会规定。遇到紧急情况，经联邦储备理事会成员大多数同意，向国会说明理由，可以变动存款准备金比率。但由于法定存款准备金比率是一种强有力的货币政策工具，即使对它稍做调整，对经济的影响都很大，而且法定存款准备金比率的调整具有明显的宣告效应，因此，各国对法定存款准备金的调整都非常审慎，经常多年不变。

（4）我国的存款准备金制度。我国的存款准备金制度在世界上是独一无二的。其独特性主要表现为：一是我国中央银行要对准备金支付利息，而且是支付较高的利息。通过规定存款货币银行必须保持其存款负债的某一比例作为支付准备金。一方面，使存款人的存款得到了一种安全"保险"；另一方面，中央银行实际上对存款货币商业银行的贷款行为设定和规定了一个贷款上限，从而能有效地约束商业银行的信用创造能力。因此，存款准备金制度发挥作用是通过实行提取存款准备金的制度，中央银行实际上是对存款货币银行课征了"税收"，而税收是无偿性的，因而不对存款准备金提供利息便成为存款准备金制度发挥作用的必要条件之一，因此，世界各国中央银行均不对存款准备金支付利息。二是从 2004 年 4 月 25 日起，我国中央银行实行差别存款准备金制度，将资本充足率低于一定水平的金融机构的存款准备金率提高 0.5 个百分点，执行 7.5% 的存款准备金率，这是自 2003 年 9 月 21 日中央银行统一提高存款准备金率 1 个百分点之后的又一个措施。差别存款准备金率制度的主要内容是：金融机构资本充足率越低、不良贷款比率越高，适用的存款准备金率就越高；反之，金融机构资本充足率越高、不良贷款比率越低，适用的存款准备金率就越低。实行差别化的存款准备金率，打破原有的单一标准，将有利于抑制资本充足率较低和资产质量较差的金融机构盲目扩张贷款，防止金融宏观调控中出现"一刀切"。差别存款准备金率制度与资本充足率制度是相辅相成的，有利于完善货币政策传导机制，调动金融机构主要依靠自身力量健全公司治理结构的积极性，督促金融机构逐步达到资本充足率要求，实现调控货币供应量和降低金融系统风险的双重目标。

第四节 商业银行借入负债业务经营管理

商业银行的借入负债业务，也称为商业银行的主动负债业务，是指商业银行主动通过金融市场或直接向中央银行融通资金的业务。商业银行的借入负债在期限上有短期借入负债和长期借入负债之分。短期借入负债是指商业银行借入的期限在一年以内的负债，也称为短期借款；长期借入负债是指商业银行借入的期限在一年以上的负债，也称为长期借款。商业银行的借入负债业务比存款负债更有主动性、灵活性和稳定性。由于借入资金既能增加营利性资产，又能满足流动性的需要，因此，借入负债在负债总额中所占的比重呈不断上升趋势，逐渐成为各商业银行的重要资金来源。

一、短期借款

（一）短期借款的意义

1. 短期借款是商业银行非存款负债的重要资金来源

在商业银行的负债业务中，存款业务是商业银行传统的负债业务，存款是商业银行最主要的资金来源。但随着商业银行业务的发展，短期借款由于主动性强、灵活性大、稳定性高，日渐被商业银行所重视，特别是 20 世纪 60 年代以后，随着负债管理理论的兴起和发展，同业拆借、向中央银行借款、回购协议、国际金融市场借款等短期筹措渠道已成为商业银行的重要资金来源。

2. 短期借款是有效满足商业银行周转资金的重要手段

商业银行的周转金是商业银行经营的一种保护性资金，亦即商业银行必须经常持有足够的资金以满足可能出现的支付需求。商业银行对周转金的需求不仅局限于以现金资产作为周转金的主要形式，而且可以扩展到商业银行的负债业务。商业银行可以通过在金融市场上的同业拆借、向中央银行借款、回购协议等方式来满足资金周转的需要，降低存款波动带来的不良影响，提高商业银行的盈利能力。

3. 短期借款有利于提高商业银行的资金管理效率

短期借款是商业银行的主动性负债，短期借款在满足商业银行的流动性的需求上的作用十分明确。商业银行可依据自身对流动性、安全性和盈利性的需要，对短期的负债的时间和金额进行有效安排，从而大大提高资金的管理效率。在商业银行所有流动性需要都由二级准备来满足的条件下，短期负债是商业银行持有的比较高比例的流动性差的生息资产，从而有利于提高商业银行的盈利水平。

4. 短期借款有利于扩大商业银行的经营规模，加强与外部的联系

短期借款是商业银行重要的资金来源，增加短期借款数量，为扩大商业银行资产业务创造了条件，从而相应扩大了商业银行的经营规模。通过办理同业拆借业务，加强了商业银行与其他商业银行的联系与往来，相互了解信息，熟悉彼此状况，有效进行合作，有利于共同抵御各种风险；通过向中央银行借款，有利于中央银行了解商业银行状况，有利于中央银行合理制定货币政策，促进金融秩序长期稳定发展；通过对国际金融市场的短期借款，加强了商业银行同业间的国际往来，有利于形成统一的国际金融市场，促进国际金融市场的资金融通。

（二）短期借款的特征

1. 短期借款的流动性需要十分明确

在商业银行的存款负债中，商业银行的活期存款是存款客户可以随时提取的，其余额每时每刻都在发生变化，而定期存款虽然有固定的存款期限，但是也有可能被提前支取，因此，要想全面、准确地掌握在某一时点上的存款余额，确定流动性需要的数额就十分困难。而短期借款则不同，短期借款有明确的借款目的、借款期限和借款金额，对其偿还时间、偿还本息也有明确的规定，因此，商业银行的短期借款对流动性需要在时间和金额上既可以事先准确掌握，又可以有计划地加以控制，从而有利于对短期借款进行有效的管理。

2. 短期借款流动性需要相对集中

商业银行的活期存款客户可以是个人也可以是单位，存款客户的存款金额有大也有小，这就造成存款的流动性需要有可能数额很大，也有可能数额很小；而短期借款的渠道决定了短期借款对象不可能像存款对象那样分散，每笔借款数额也不可能像每笔存款那样小，因此，其结果必然是借款的流动性需要在时间和金额上都会比较集中。如果商业银行不能按约定期限偿还借款，就会影响其自身信誉而难以继续经营，短期借款的流动性风险高于存款。

3. 短期借款的成本高，利率风险较大

短期借款的利率与金融市场的资金供给密切相关，在通常情况下，短期借款的利率要高于同期存款利率，尤其是金融市场的资金供给变化无常，一旦金融市场的资金

需求大于供给，短期借款利率可能急剧上升，商业银行将面临较高的利率风险，导致商业银行短期借款的利息成本提高。因此，对短期借款的市场分析和成本控制，是商业银行负债经营管理的重要任务。

4. 短期借款的期限短，主要用于调剂头寸

短期借款是商业银行借入期限在一年以内的负债。由于期限短，短期借款一般只用于调剂头寸，解决商业银行临时性资金不足和周转困难的资金需要。在商业银行的短期借款中，虽然短期借款的稳定余额或可被长期占用，但是绝不能通过短期借款来满足营利性资产的资金需要。短期借款的动机和目的只能是满足商业银行经营的流动性需要，主要用于满足短期借款头寸不足的需要。

（三）短期借款的种类

1. 同业拆借

同业拆借是指商业银行之间的短期资金融通，主要用于支持银行日常性资金周转，是商业银行为解决短期资金余缺、调剂法定存款准备金头寸而融通资金的重要渠道，是银行同业间借款的主要形式。其主要特点有：

（1）同业拆借的主要用途是调节头寸不足。同业拆借发生于商业银行之间进行资金结算轧差时，有的商业银行出现头寸不足，而有的商业银行则会出现头寸盈余。为实现资金的平衡，头寸不足的商业银行就需要从头寸盈余的商业银行临时拆入资金，头寸盈余的银行也愿意将暂时的资金拆借出去，以获得利息收入。

（2）同业拆借的数额很大、期限很短。商业拆借通常是隔日偿还，按规定最多一周至一个月。

（3）同业拆借利率较低，办理灵活。同业拆借的融资对象、数额和时间都较为灵活，拆借手续简便，通过电话或电传就能达成交易。

（4）同业拆借一般通过商业银行在中央银行的存款账户进行，即通过中央银行资金市场进行，实际上是超额存款准备金的调剂。

同业拆借主要在银行同业间达成交易，因此信用性高、流动性大、时限性强、违约风险小、不良交易少。世界各国对同业拆借市场的管理相对宽松，主要通过各种调控措施直接或间接地干预同业拆借市场。其管理主要集中体现在四个方面：

（1）对拆出资金的管理。有些国家对拆出商业银行的放款数额进行限制，禁止其对某一借款人过度放款，体现风险分散原则。

（2）对拆入资金的管理。有些国家对拆入资金的数量也有限制，如美国的国民银行拆入款不得超过其股本加上盈余的50%，体现要有充足资本的要求。

（3）对拆借担保的管理。如日本明确规定拆借还须有担保抵押，并具体规定担保品的种类和质量。

（4）运用三大传统政策对同业拆借市场进行调控。实行中央银行制度的国家一般运用存款准备金、再贴现、公开市场业务三大政策间接调控拆借市场，以实现中央银行的货币政策目标。

我国1996年开通的全国同业拆借一级网络和各省市的融资中心，均为有形市场。1996年初至1997年7月，我国同业拆借市场由两级网络组成，商业银行总行为一级网络成员，银行分支行和非银行金融机构为二级网络成员；各省市融资中心既是一级网

络成员，又是二级网络的组织者和参与者，是沟通一级网络和二级网络的桥梁。

1997 年 8 月，融资中心为加强自身风险的管理和控制，主动减少自身的交易规模，市场交易由拆借双方自行清算、自担风险，交易成员奉行"安全第一，价格第二"的原则。拆出方把防范信用风险放在首位，拆借主要在资金实力雄厚、信誉较好的商业银行总行之间进行。

1998 年 2 月后，融资中心退出拆借市场，也就宣告了拆借市场二级网络的终止。1998 年 4 月外资银行开始进入拆借市场，1998 年 6 月我国商业银行省级分行开始成为拆借市场成员，但拆借依然维持在商业银行总行之间。到 2000 年年底，全国银行间同业市场成员共有 465 家，银行间债券市场成员 60 家，包括国有商业银行、政策性银行、股份制商业银行、证券公司、基金管理公司、保险公司、财务公司等各种各样的金融机构。

同业拆借的利率一般高于存款利率而低于短期贷款利率，否则拆借盈亏就不能达到保本的要求。通常情况下，拆借利率应略低于中央银行的再贴现率，这样就能迫使商业银行更多地面向市场借款，有利于中央银行控制基本货币的供应。我国的同业拆借市场由 1~7 天的头寸市场和期限在 120 天内的借贷市场组成。

2. 向中央银行借款

商业银行向中央银行借款有两种形式：

（1）再贴现。再贴现是指商业银行将其贴现收进的未到期的票据向中央银行再办理贴现的资金融通行为。在票据流通发达的国家，再贴现是商业银行向中央银行借款的主要途径。中央银行会对再贴现票据的数量、种类和期限要求进行特殊的审查，不断调整再贴现率和再贴现额，从而达到调节市场资金可贷量和货币供求量的目的。

（2）再贷款。再贷款是商业银行直接向中央银行取得的贷款。在商业票据不发达的国家，再贷款是主要的形式。再贷款有两种形式：信用贷款和抵押贷款。信用贷款仅靠商业银行的信用进行贷款，不需要特定的担保品作为抵押；抵押贷款则要求商业银行将其持有的各种有价证券和票据作为抵押，或将企业交来的贷款抵押品再抵押给中央银行以取得贷款。

由于中央银行向商业银行的放款将构成具有成倍派生能力的基础货币，因此各国中央银行都把对商业银行的放款作为宏观金融调控的重要手段。中央银行在决定是否向商业银行放款、何时放款、放多少款时遵循的最高原则是维护金融和货币的稳定；其利率随经济、金融形势的变化而经常调节，通常要高于同业拆借利率。在一般情况下，商业银行向中央银行的借款只能用于调剂头寸，补充储备不足和资产的应急调整，而不能用于贷款和证券投资。

目前我国商业银行向中央银行借款主要采取贷款这一直接借款形式。今后，随着我国票据贴现市场的不断发展扩大，将逐步以再贴现取代再贷款。

3. 转贴现和转抵押

转贴现是指商业银行将其贴现收进的未到期票据，再向其他商业银行或贴现机构进行贴现以融通资金的行为。转抵押则是商业银行把自己对客户的抵押贷款再转让给其他银行以融通资金的行为。这两种方式的手续和涉及的关系都比较复杂，受金融法规定的约束比较大，因此必须有约束地、合理地使用。

4. 回购协议

回购协议是指商业银行通过卖出资产组合中的证券来获得资金，在卖出证券的同时，要同买入证券者签订一定时期后重新购回证券的协议。其实质是短期资金借贷的一种有担保的具有流动性的融资手段。与此相对应的是"逆回购协议"，买入证券者在签订协议时交割资金买回证券，并在合同期满时"再卖出"证券换回资金。回购协议可以多种方式进行，最常见的有两种：一种方式是证券的卖出与回购采用相同的价格，协议到期时以约定的收益率在本金外再支付费用；另一种方式是回购证券的价格高于卖出时的价格，其差额就是合理收益率。回购协议市场一般为无形市场，交易双方通过电话进行，但也有少数交易通过一部分市场专营商进行，这些专营商大多为政府证券交易商。因而，大商业银行、政府证券交易商、实力雄厚的非银行金融机构、地方政府是回购协议市场的主要参与者。回购协议的期限一般很短，如我国规定回购协议的期限最长不超过3个月。回购协议是发达国家中央银行公开市场操作的重要工具。

5. 国际金融市场借款

商业银行还可以从国际金融市场借款来弥补资金的不足。目前最具吸引力的是欧洲货币市场，因为它是一个完全自由开放富有竞争力的市场。欧洲货币市场由于具有以下特点，成了各国商业银行筹措短期资金的重要场所：一是欧洲货币市场不受任何国家的政府管制和纳税限制，如借款条件灵活、借款不限制用途等。二是欧洲货币市场的存款利率相对较高，放款利率相对较低，存放款利差较小。这是因为它不受法定存款准备金和存款利率最高额的限制，因此无论对存款人和借款人都具有吸引力。三是欧洲货币市场资金调度灵活，手续简便，业务方式主要凭信用，短期借款一般签协议，无须担保品，通过电话或电传就可以完成。这里起决定作用的是借款银行的资信度。四是欧洲货币市场的借款利率由交易双方依据伦敦同业拆借利率具体商定，非常灵活。

（四）短期借款业务的管理

1. 短期借款的经营策略

（1）选择时机策略

商业银行在运用短期借款渠道时，特别要注重时机的选择，主要的时机选择策略有：一是运用时机。运用时机是指商业银行要根据自身在一定时期的资产结构及其变动趋势来确定是否利用和在多大程度上运用短期借款渠道。二是利率时机。利率时机是根据一定时期金融市场的状况，特别是利率的高低等来选择借款时机。三是政策时机。政策时机是指依据中央银行货币政策的变化来决定利用短期借款的程度。

（2）规模控制策略

商业银行的短期借款的目的性、时间性和金额性十分明确，短期借款是商业银行为实现流动性、盈利性目标所必需的借款，但并不是越多越有利，其借款规模大小，要充分考虑借款成本与所得收益的关系。如果利用短期借款付出的成本支出超过因扩大资产规模而获取的利润，则要采取控制借款规模、缩小借款规模策略。商业银行要保持流动性，增加盈利水平，则要通过调整资产结构，或通过进一步挖掘存款潜力的办法来增加资金来源。商业银行在资产负债经营管理中，必须正确处理好流动性、安全性、盈利性三者间的关系，全面衡量"三性"利弊得失，合理测算出一个适度的借款规模。

（3）结构安排策略

商业银行短期借款的种类很多，对短期借款种类的结构进行合理安排是商业银行一种重要的经营策略。从短期借款的利率结构来看，商业银行应尽可能地多利用低利率借款，少利用高利率借款；从短期借款的收益结构来看，当金融市场资金供不应求，市场利率上升时，也可适当借入利率较高的资金，以增加预期收益，提高盈利水平；从短期借款的成本结构来看，如果从国际金融市场的借款成本较国内低，则可适当提高国际金融市场借款的比重；从短期借款的货币政策来看，当中央银行降低再贷款率和再贴现率时，则应提高向中央银行借款的比重；反之，则可适当降低向中央银行借款的比重。

2. 短期借款的管理重点

短期借款的特点决定了商业银行在短期借款的经营管理上要突出重点。其重点为：

（1）商业银行对短期借款要控制借款金额与借款期限，主动把握借款期限和金额，有计划地将各种短期借款的到期时间和金额分散化，以减轻流动性需要过于集中的压力，有利于有计划地筹措充足资金，合理安排偿还到期的短期借款。

（2）商业银行将短期借款的到期时间和金额与存款增长规模相协调，把短期借款控制在承受能力允许的范围之内，争取用存款增长来解决一部分短期借款的流动性需要。

（3）商业银行要分散短期借款的借款对象和金额，通过多头拆借的方法，力争形成一部分长期占用的借款余额。

（4）商业银行要保证到期借款的偿还与衔接，就要准确统计借款到期的时间和金额，事先筹措好资金，以满足短期借款的流动性需要。

二、长期借款的管理

（一）长期借款的特点

长期借款是商业银行借入的需在一年以上期限偿还的负债。商业银行长期借款的主要形式是发行金融债券。商业银行发行金融债券主要用于满足其中长期的特定用途的资金需要。金融债券是西方商业银行业务综合化、多样化发展和金融业务证券化的产物，发行金融债券是商业银行负债多样化发展的必然趋势。商业银行之所以在存款之外发行金融债券，是因为金融债券具有不同于存款的特点。其主要特点有：

（1）筹资目的不同。吸收存款是商业银行的传统业务，是商业银行主要的资金来源，其目的是为了全面扩大银行的信贷资金来源总量；而发行金融债券则着眼于增加长期资金来源和满足特定用途的资金需要。

（2）筹资机制不同。吸收存款是经常性的业务，存款数量无限额的，而且取决于客户的意愿，属被动性负债；而发行金融债券则是发行时间集中的、发行数量有限额的，且主动权掌握在银行手中，属主动性负债。

（3）筹资效率不同。金融债券利率一般比同期存款利率高，盈利性较强，对客户有较强的吸引力，客户愿意将资金拿来购买金融债券，所以筹资效率高于存款。

（4）所吸收资金的稳定性不同。金融债券具有明确的偿还期，一般不能提前还本付息，资金稳定性程度高于存款，而存款的期限一般较短，特别是活期存款没有规定存款期限，其稳定性相对较低。

（5）资金的流动性不同。除特定的大额定期可转让存单外，一般存款的信用关系固定在商业银行和存款客户之间，不能转让。而金融债券一般不记名，可以广泛地在二级市场上流通转让，因此，金融债券比存款具有更强的流动性。

（二）长期借款的意义

金融债券的特点使长期借款对商业银行调整资产负债结构，增强商业银行资金实力有着重要的意义。主要表现在：

（1）金融债券的募集面广，有利于扩大筹集资金范围。商业银行发行金融债券面向全社会，筹集资金范围广泛，不受商业银行所在地区资金状况的限制，也不受商业银行自身网点和人员数量的束缚，突破了区域资金状况限制，突破了商业银行自身条件限制，扩大了金融债券的筹集资金范围。

（2）金融债券的利率较高，有利于提高筹集资金效率。商业银行发行的金融债券利率一般高于同期存款利率，并且一般不记名，可以广泛地在二级市场上流通转让，流动性较强，对客户有较强的吸引力，有利于提高银行的筹资效率，而且，发行金融债券所筹集的资金不需要缴纳存款准备金，有利于银行充分利用资金。

（3）金融债券的期限较长，有利于合理安排资金使用。金融债券是商业银行借入的一年以上的中长期负债，其中，五年以上的长期金融债券居多。商业银行对于募集到的自身发展所需要的长期资金，根据资金运用的情况和特定用途的项目需要，合理地安排资金使用的期限和结构。

商业银行通过发行金融债券拓宽了商业银行的负债渠道，促进了商业银行负债来源的多样化。但是与存款相比，金融债券也有一定的局限性，特别是金融债券发行的数量、利率、期限都要受到金融管理当局有关规定的严格限制；发行金融债券要承担发行费，筹资成本较高；债券的流动性受市场发达程度的制约等。

（三）金融债券的主要种类

商业银行的金融债券按照不同的划分标准有不同的分类。

（1）按照发行债券的目的不同，可分为资本性金融债券和一般性金融债券。资本性金融债券是为了补充银行资本不足而发行的，一般性金融债券是直接为满足某些资金运用项目需要而发行的。

（2）按照有无担保划分，可分为担保金融债券和信用金融债券。担保金融债券是指由第三方担保和以发行者本身的财产作为抵押的抵押担保债券。信用金融债券也称无担保债券，是完全凭发行者本身的信用发行的债券。商业银行特别是资产规模较大的国有控股商业银行发行的金融债券，由于其信誉良好，一般都发行信用金融债券。我国商业银行现阶段所发行的债券都是信用债券，今后，随着我国合作性和民间性的中小银行的发展，若符合发行担保金融债券的条件，也将发行担保金融债券。

（3）按照债券利率是否浮动划分，可分为固定利率债券和浮动利率债券。固定利率债券在债券期限内利率固定不变，持券人到期收回本金，定期取得固定利息；浮动利率债券根据事先约定的时间间隔，按某种选定的市场利率，在期限内进行利率调整。

（4）按照发行价格不同划分，可分为普通金融债券、累积利息金融债券和贴现金融债券。普通金融债券是定期存单式，到期一次还本付息的债券，期限通常在三年以上，又可进入证券二级市场进行转让。累积利息金融债券指银行发行的浮动期限式，利率与期限挂钩的金融债券，期限通常在1~5年，利率按此期限分成几个不同的等级，每一个时间段按相应的利率计付利息，将几个不同等级部分的利息相加，即为该债券的总利息。贴现金融债券是金融机构在一定时间或期限内按一定贴现率以低于债券面额的价格折价发行的债券，利息为贴现金融债券的发行价格与偿还价格的差额。

（5）按照发行范围和币种的不同划分，可分为国内金融债券和国际金融债券。国际金融债券是指在国际金融市场发行的面额以外币表示的债券。一般分为外国金融债券、欧洲金融债券和平行金融债券。

①外国金融债券是指发行银行通过外国金融市场所在国的银行或金融机构发行的以该国货币为面值的金融债券。这类债券的基本特点是，债券发行银行在一个国家，债券的发行币种和发行市场则属于另一个国家。如我国的银行在日本发行的以日元计价的债券，就是外国金融债券，要受发行地的金融法规的管制。

②欧洲金融债券是债券发行银行通过其他银行或金融机构，在债券面值货币以外的国家发行并推销的债券。其主要特点是：不在任何特定的国内金融市场注册，不受市场所在国金融法规的限制；债券发行银行属于一个国家，债券在另一个或几个国家的金融市场上发行，而债券面值所使用的货币则属于第三方国家。如我国银行在法兰克福市场上发行的日元债券，就是欧洲日元债券。

③平行金融债券是指发行银行为筹集一笔资金，在几个国家同时发行债券，债券分别以各投资国的货币标价，各债券的筹资条件和利息基本相同，这实际上是一家银行同时在不同国家发行的几笔外国金融债券。

（四）长期借款的管理

（1）发行金融债券申报。在市场经济发达国家，由于金融法律法规比较严密，对金融债券的发行已有明确的法律规定。商业银行在发行金融债券时，只要符合法律法规，不须经过严格的申报程序，只要向中央银行或金融监管部门备案即可。而在市场经济不发达的国家，由于金融法规不够严密，则必须履行严格的申报、审批程序。中国人民银行是我国金融债券发行的主管部门，凡要求发行金融债券的商业银行，必须逐级向中国人民银行报送有关材料，经严格审查、批准后才能发行金融债券。

（2）发行金融债券信用等级的评定。各国对金融债券的信用等级的评定一般有三个标准：①盈利能力。衡量金融机构盈利能力的重要尺度是资产收益率，它是营业净收益与资产平均余额的比率，这个比率越高，盈利能力越强。②资本充足率。通过资本与风险资产的比率反映资本充足程度和防御风险能力的高低。③资产质量。金融机构资产质量主要指资产损失的程度，它通常以不良资产的比率来衡量。金融债券的发行要由专门的评级机构对发行者的偿还能力做出评价，也就是债券的信用评级，目的是为债券投资者提供参考，确保投资者的利益，以保证债券市场的秩序和稳定。国际债券的信誉评级不是对发行者总的资信评级，而只是对发行该笔债券还本付息能力的评估，因此同一发行者同时发行几笔债券时，每笔债券的信誉等级不一定相同。

（3）发行金融债券数额和运用范围。各个国家对商业银行发行金融债券的数量都有一定的规定，主要是规定发行总额不能超过银行资本加法定准备金之和的一定倍数。对债券所筹资金的运用范围，世界各国有着不同的规定：有的国家没有具体明确的规定；有的国家规定只能用于中长期贷款；也有的国家规定只能用于专项投资。我国国内金融债券的发行要纳入中国人民银行的全国综合信贷计划，发行数量主要控制在当年各银行偿还到期债券的数量加当年新增特种贷款之和的额度内。对债券所筹集资金的使用，除偿还到期债券外，只能用于特种贷款的发放。

（4）发行金融债券价格与发行费用。金融债券的发行价格包括两方面内容：一是出售价格。出售价格有三种选择，即面值出售、折价出售、溢价出售。二是利率。金融债券利率有固定利率和浮动利率两种选择。在国际上，固定利率债券的发行依其信用等级的高低大多为低价或高价发行，而浮动利率债券则通常都是等价发行。我国国内的金融债券除少量贴水债券外，基本都是固定利率等价发行的债券。债券发行银行除向投资者支付利息外，还要承担一定的发行费用，利息和发行费用构成债券的发行成本。特别是国际金融债券的发行费用较高，它有最初费用和期间费用之分。最初费用包括承购手续费、差旅费、印刷费、上市费和律师费等。期间费用有债券管理费、付息手续费、还本手续费和其他服务费等。

从银行经营管理角度而言，发行金融债券是一种负债经营，它为商业银行筹措资金起到了一定的积极作用，但也存在一些弊端：一是容易造成超贷，从而导致信用膨胀；二是超贷效应使产生呆账的可能性增大，清偿能力减弱，容易导致银行倒闭；三是如果负债经营产生短贷长用，则扩大固定资产投资量，缩小流动资金投资量，削弱了货币资金的流动性，可能导致整个银行系统资金周转不灵。因此，要对债券资金进行适量控制，以尽可能趋利避害。

复习与思考题

1. 简述商业银行存款的种类及其特点。
2. 简述商业银行存款工具创新的原因及其种类。
3. 什么是短期借款？短期借款的主要形式有哪些？
4. 什么是长期借款？长期借款的主要形式有哪些？

第四章

商业银行资产业务

学习目标

◆ 了解现金资产管理目的和管理原则。

◆ 掌握贷款业务的种类和信用分析方法。

◆ 熟悉证券投资业务的各种金融工具。

商业银行的资产业务是指商业银行运用其吸收的资金，从事各种信用活动，以获取利润的业务。商业银行的资产规模是衡量商业银行实力和地位的重要标志。商业银行资产业务按其资金的投向可分为：现金资产、贷款、证券投资和其他资产。商业银行经营资产业务必须遵循流动性、安全性和盈利性原则，通过运用各种管理手段，对资产总量和资产结构进行合理配置和有效调节，以实现商业银行经营管理目标。

第一节　商业银行现金资产

商业银行是高负债经营的金融企业，其资金来源的性质和业务经营的特点，决定了商业银行必须保持合理的流动性。流动性是商业银行经营的"三性"原则之一，满足流动性需求的现金管理是商业银行经营管理最基本的内容。商业银行需要满足现金需求的主要方面有：一是客户随时提取存款的需求。商业银行必须满足客户随时提取存款的需求，满足新的贷款的需求；否则，商业银行的信誉将受到损害，或可能出现经营危机。二是中央银行法定存款准备金的需求。商业银行必须以持有现金的方式向中央银行缴纳法定存款准备金。三是结算的往来资金需求。商业银行作为结算中心，必须在中央银行或其他商业银行存有足够现金以清偿结算票据。四是金融服务的需求。商业银行需要向其他同业机构支付现金以获取金融服务。

一、现金资产的构成

商业银行的现金资产有狭义和广义之分。狭义的现金资产是指库存现金，广义的现金资产包括库存现金、中央银行存款、同业存款和在途现金。广义的现金资产的具体内容有：

（一）库存现金

库存现金是商业银行为满足日常业务交易需求而保存在金库中的现金，包括现钞与硬币。库存现金的用途主要是应付客户提取现金需要和商业银行本身的日常零星开支。由于库存现金是一种非营利性资产，而且还需要花费大量的保管费用，因此，库存现金不宜保存太多。库存现金的经营原则是保持适当的数量。

（二）中央银行存款

中央银行存款是指商业银行存放在中央银行的存款即存款准备金。商业银行在中央银行分别开设有法定存款准备金账户和超额存款准备金账户：一是法定存款准备金账户，是商业银行按照法定存款准备金比率向中央银行缴存的存款准备金；二是超额存款准备金账户，是商业银行在中央银行账户上持有的，用于日常支付和债权债务清算的资金，具有可用资金的性质，其数量多少直接影响到商业银行的信贷扩张能力。

（三）同业存款

同业存款是指商业银行存放在其他同业机构的款项。商业银行在其他同业机构存放款项，是为了便于在同业之间开展代理业务和结算收付。由于存放同业的存款属于活期存款性质，可以随时支用，因而可以将其视同为商业银行的现金资产。

（四）在途资金

在途资金，也称托收未达款，是指商业银行通过对方商业银行向外地付款单位或个人收取的票据。在途资金在收妥之前，是一笔占用的资金，通常在途时间较短，收妥后即成为存放同业存款，因此可将其视为现金资产。

二、现金资产的管理原则

（一）适度总量原则

现金资产管理的适度总量原则是指商业银行现金资产的总量必须保持在一个适当的规模上。适当的规模是指由商业银行现金资产的功能和特点决定的可以保证商业银行经营过程的流动性需要的现金资产总量。现金资产是一种无利或微利资产，现金资产保留过少，商业银行就不能应付正常的提现需要和合理的资金需求，会导致商业银行的流动性风险和自身信誉损失；反之，现金资产保留过多，商业银行所付出的机会成本就会增加，使商业银行的盈利性受到影响，也会威胁商业银行的经营安全。只有保持现金资产的适度规模，才能实现商业银行经营流动性、安全性和盈利性的统一，实现商业银行经营目标。

（二）适时调节原则

现金资产适时调节原则是指商业银行要根据业务过程中的现金流量变化，及时地调节资金头寸，确保现金资产的规模适度。商业银行现金资产规模的变化，具有季节性和偶发性的特点，商业银行应根据自身所处地区现金的变化规律做好预测，及时调整。

（三）安全保障原则

商业银行大部分现金资产主要由其在中央银行和同业的存款及库存现金构成。其中，库存现金是商业银行业务经营过程中必要的支付周转金，它分布于商业银行的各个网点。在商业银行的业务经营过程中，需要对库存现金进行保管、清点、运输等管理活动。由于库存现金是以现钞形式存在的，因此必然面临被盗、被抢以及清点、包装差错及自然灾害的损失的风险。因此，商业银行在现金资产特别是库存现金的管理中，必须健全安全保卫制度，严格业务操作规程，确保资金安全无损。

三、银行资金头寸的测算

商业银行的资金头寸是指商业银行能够运用的资金。它包括时点头寸和时期头寸。时点头寸是指商业银行在某一时点上的可用资金，而时期头寸是指商业银行在某一时期的可用资金。

（一）资金头寸的构成

商业银行的头寸根据层次不同，可分为基础头寸和可用头寸。

基础头寸是指商业银行的库存现金与在中央银行的超额准备金之和。库存现金和超额准备金不仅是商业银行随时可以动用的资金，而且是商业银行一切资金清算的最终支付手段。无论是客户存款的提取和转移，还是对同业和中央银行的资金清算，都必须通过基础头寸来进行。

可用头寸是指商业银行可以动用的全部资金。它包括基础头寸和商业银行存放同业的存款。商业银行的可用头寸有两个层次的内容：一是支付准备金，是指用于应付客户提存和满足债权债务清偿需要的头寸。我国中央银行曾规定商业银行必须持有5%~7%的备付金，以保证商业银行的即期支付能力。二是可贷头寸，是指商业银行可以用来发放贷款额和进行新的投资的资金。它是形成商业银行营利性资产的基础。从数量上看，可贷头寸等于全部可用头寸减去规定期限的支付准备金之差。

（二）资金头寸的测算

商业银行资金头寸的预测，实际上是对商业银行流动性需要量的预测。流动性风险管理是商业银行每天都要进行的日常管理。商业银行的现金资产每日每时都处于变动之中，一旦发生未料到的资金流入或流出的变动，商业银行就应该立即采取防范措施，通过变现资产或筹措资金来防止出现清偿力危机。积极的流动性风险管理首先要求商业银行准确地预测未来一定时期内的资金头寸需要量或流动性需要量。

商业银行资金头寸或流动性准备的变化，归根结底取决于商业银行存贷款资金运动的变化。因此，商业银行对头寸的预测，主要是预测存贷款的变化趋势。在存贷款的变化趋势预测中，由于存款是商业银行的被动负债，存款变化的主动权更多地掌握在客户的手中，商业银行无法直接控制存款的变化数量和趋势，但是可以摸索存款变化的规律。通常我们按其变化规律将存款分为三类：第一类是固定期限的存款，如定期存款或存单、发行的大额金融债券等，这一类可以明确知道它的提取时间；第二类是有一定存期，但可能随时提取的存款，如定活两便、零存整取存款等；第三类是随时可能提取的存款，如活期存款。在这三类中，第一类存款在银行规定的监测时间段，能够形成一个稳定的存款余额，第二类和第三类为易变性存款，是商业银行的监测重点，需要观测在一段时间内这一类存款最低的稳定余额，与第一类稳定负债构成商业银行的核心存款线。

在图 4-1 中，将易变性存款的最低点连接起来，就形成了核心存款线。核心存款稳定性强，在正常情况下没有流动性需求，商业银行存款的流动性需求通过易变性存款曲线来反映。

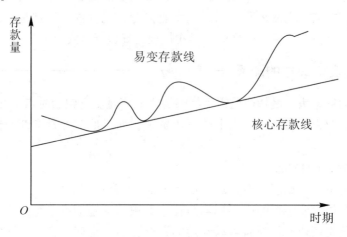

图 4-1　存款变化曲线图

商业银行贷款业务对银行流动性的影响主要体现在贷款一经发放，其主动权就在贷款客户手中。贷款发放后，即使有贷款合同约束，贷款也不一定能够如期如数归还，而是更多地取决于客户有无还款能力和还款意愿，贷款本息出现拖欠就会影响银行的资金头寸。所以，从某种程度上讲，贷款对于商业银行来讲也是被动的，商业银行也必须对贷款的变化做出预测。

图 4-2 中贷款变化的趋势线由贷款需求的最高点连接而成，它表示商业银行贷款需要量的变化趋势。波动线在趋势线以下，是一定时期商业银行贷款需要量的变化情况；波动线在趋势线以上，是商业银行为满足季节性和周期性变化需要而应持有的可贷头寸。

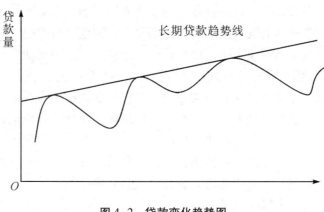

图 4-2　贷款变化趋势图

四、现金资产的管理

（一）库存现金的管理

库存现金是指商业银行业务经营的过程中分布于各营业网点的支付周转金。它构成商业银行头寸调度和管理的重要内容。对于商业银行而言，就是要在确保资金流动性的前提下，将库存现金控制到最低限度。因此，银行有必要分析影响库存现金变动的各种因素，准确测算库存现金的需要量，及时调整库存现金的存量，兼顾银行经营的安全性和流动性。影响库存现金的因素：现金收支规律、营业网点分布、内部管理水平、中央银行发行库的规定及商业银行的交通条件等。

从经营的角度看，商业银行的库存现金虽然是最为安全的资源，但是也有其特有的风险。这种风险主要来自被抢、被盗和自然灾害等造成的损失，来自营业人员清点、包装的差错，还可能来自银行内部不法分子的贪污挪用。因此，商业银行在加强库存现金适度性管理的同时，还应当严格库房的安全管理，在现金清点、包装、入库、安全保卫、出库、现金运送等环节，采取严密的责任制度、检测制度、保卫制度和有效的风险防范措施，确保库存现金的安全。

（二）存款准备金的管理

存款准备金是商业银行为应付客户提取存款而保留的资金，主要体现为各商业银行在中央银行的存款，是商业银行现金资产的主要构成部分。它主要包括两部分：一是按照中央银行存款准备金率上缴的法定存款准备金；二是准备金账户中超过了法定部分的超额准备金。因此，存款准备金的管理就有两个方面的内容：一是足额上缴法定存款准备金，二是保持超额准备金的适度规模。

1. 法定存款准备金的管理

法定存款准备金是商业银行依据存款余额按照规定比率向中央银行缴存的存款准备金。其目的是保证银行有足够的资金以应付存款人的提取，避免发生银行因被挤兑而倒闭。法定存款准备金已作为中央银行调节商业银行信用规模即信用能力的一个重要工具。

（1）法定存款准备金的计算

法定存款准备金的管理，主要是准确计算法定存款准备金和及时上缴应缴的准备金。不同国家的法定存款准备金的计算方法不同：一种是时差准备金计算方法，这种方法是根据前期存款负债的余额确定本期准备金需要量的方法，法定存款准备金的日均余额依据计算期的日均存款余额计算。另一种为无时差准备金计算方法，是指以本期的存款余额为基础计算本期的存款准备金。

（2）法定存款准备金的上缴

计算出商业银行在规定期限内法定存款准备金的需要量后，将其与已缴存的存款准备金余额进行比较，如果余额不足，商业银行应当及时予以补足；如果已有的准备金余额已超过了应缴准备金数，以本旬末存款余额作为缴存法定存款准备金的依据。

2. 超额准备金的管理

超额准备金是商业银行在中央银行准备金账户上超过了法定存款准备金的那部分存款。它是商业银行最重要的可用头寸，是商业银行用来进行投资、贷款、清偿债务和提取业务周转金的准备资产。商业银行可以根据实际需要调节超额准备金，当未来头寸需要量增加，现有的超额准备金不足以应付需要时，商业银行就应当设法补足头寸，增加超额准备金；而当未来头寸需要量减少，现有超额准备金剩余时，则应及时地将多余的超额准备金运用出去，寻求更好的盈利机会。

（三）同业存款的管理

同业存款是指商业银行存放在其他金融机构的活期存款，其目的是便于同业之间的结算收付和支付代理业务的手续费收付。商业银行在其代理行保持一定数量的存款，是为了支付代理行代办业务的手续费，需要花费一定的成本。代理行可以将同业存款用于投资，以投资的收入补偿成本并盈利。这种同业存款可能随时被提取，其流动性仅次于现金和存放中央款项，因此也是商业银行现金资产的组成部分。

按照商业银行现金资产管理的原则，同业存款也应当保持一个适度的量。同业存款过多，会使银行承担过多的机会成本；而同业存款过少，又会影响商业银行在同业中的声誉。商业银行在同业中的存款需要量主要取决于以下因素：①使用代理行的服务数量。如果使用代理行的服务数量较多，同业存款的需要量就会较多；反之，使用代理行服务的数量和项目较少，同业存款的需要量也就会较少。②代理行的收费标准。如果代理行的收费标准高，同业存款的需要量就大。③投资收益率。如果同业存款中可投资余额的收益率较高，同业存款的需要量就会少一些；否则，同业存款的需要量就会多一些。

第二节　商业银行贷款业务

贷款是商业银行的传统核心业务，也是商业银行最主要的营利资产，是商业银行实现利润最大化目标的主要手段，同时贷款又是有较大风险的资产，是商业银行经营管理的主要内容。

一、贷款的定义

贷款是商业银行作为贷款人，按照一定的贷款原则和政策，以还本付息为条件，将一定数量的货币资金提供给借款人使用的一种借贷行为。商业银行必须根据《中华人民共和国中国人民银行法》《中华人民共和国商业银行法》以及《中华人民共和国贷款通则》等有关法则开展贷款业务。从资金流动的角度看，贷款是指贷款人对借款人提供的并要求借款人按约定的利率与期限还本付息的货币流动。贷款人是指在中国境内依法设立的经营货币业务的金融机构；借款人是指从经营贷款业务的金融机构取得贷款的法人或自然人。

贷款是商业银行一项最重要的资产业务。贷款业务的重要性有：一是贷款是满足企事业单位与个人借款需要的商业银行功能之一；二是发放贷款是商业银行获得盈利的重要手段，贷款利息是商业银行收益的主要来源；三是商业银行通过向借款人发放贷款，可以建立和加强与客户的关系；四是贷款是商业银行最重要的盈利性资产，但也存在着一定的风险，所以贷款经营管理的核心是以最小的风险获取盈利的最大化。

二、贷款的构成要素

商业银行贷款的构成要素主要由贷款的对象、条件、用途、期限、利率和贷款方式组成。其内容主要有：

（一）贷款对象

商业银行贷款对象是指商业银行发放贷款的范围，即指商业银行对哪个部门、企业和个人发放贷款。

（二）贷款条件

贷款条件是指商业银行对具备什么条件的贷款对象才能发放贷款。它是对贷款对象获得和使用贷款的具体要求，是对贷款对象获得具体贷款资格的规定。商业银行确定贷款条件的主要依据是：合法性、独立性、安全性和收益性。合法性就是贷款对象必须符合相关规定及政策要求；独立性是指借款人必须是独立的经济法人或实体经济实体；安全性就是要达到最低的资本系数；收益性就是能有预期投资回报来归还贷款本息。

（三）贷款用途

贷款用途是指借款人将贷款使用的方向和范围。使用方向是指贷款用在企业再生产的哪一环节，是用于流动资金还是固定资金；使用范围是指商业银行贷款在企业再生产资金中所占的比重。

（四）贷款期限

贷款期限是指贷款从发放至收回的时间。这是贷款使用和回收的时间，也是贷款安全的基本保障，是商业银行确定利率、计算利息的主要依据。

（五）贷款利率

贷款利率实质上是贷款的价格，是一定时间利息同贷款本金的比率。贷款有不同种类，因此与之配套的贷款利率在计息方式上也各有差异。贷款利率主要包括基准利率和差别利率。基准利率，即中央银行的再贷款利率，也是其他利率变动的基础。差别利率，是指银行在一定期间内，根据贷款对象等条件的不同规定不同的贷款利率。目前，我国利率浮动的上下限是由中央银行统一规定的，商业银行可以在浮动范围内自行决定具体的贷款利率。

（六）贷款方式

贷款方式是指商业银行对借款人提供贷款的具体形式，是保证贷款安全的基本条件，是重要的第二还款来源或第三还款来源。贷款方式有以不同财产作为抵押的抵押贷款，或由第三者做担保的保证贷款，或以借款人的信誉做担保的信用贷款。

三、贷款种类

根据不同用途、不同期限、不同的贷款规定或条件等，可以把银行贷款划分为以下一些种类：

（一）以贷款期限为标准划分，可以分为活期贷款和定期贷款

活期贷款是不固定偿还期限，而随时由银行通知收回的贷款。因此也可以将活期贷款称为通知贷款。

定期贷款是指银行与借贷人事先约定偿还期限，到期一次偿还或分期偿还的贷款。根据偿还期限的长短，定期贷款又可以分为短期贷款、中期贷款和长期贷款。短期贷款是指1年之内归还的贷款，它主要用于满足流动资金季节性或临时性短期周转的需要。中期贷款的期限介于短期贷款和长期贷款之间，一般期限在1年以上、5年以下，一般是在贷款期限内分期偿还。长期贷款是贷款期限为5年以上的贷款。

（二）按保障程度不同划分，可以分为抵押贷款和信用贷款

抵押贷款是指要求借款人提供一定担保品的贷款。抵押贷款所需的担保品，有一部分依据贷款目的而定。对于流动资金贷款，担保品一般是库存货物。对于固定资产贷款，担保品可以是土地或建筑物。对于农业贷款，可用家畜或设备做担保。对于证券投资贷款，通常用股票或债券作为担保。当借款人到期而不能偿还银行贷款的本息时，商业银行依法可处理其担保品，以偿还其所借款项。

信用贷款是指商业银行只凭借款人或担保人的信用而无须借款人提供担保品的贷款。信用贷款对象一般是与商业银行保持经常性的业务往来关系的客户，包括存款、贷款和使用银行其他服务。商业银行对这些客户的基本概况、经营管理情况、财务状况等比较了解，因此，对于资信等级较高的客户，商业银行可以发放信用借款以简化手续。

（三）以贷款的用途划分，可分为工商业贷款、投资贷款、农业贷款、消费者贷款和房地产贷款

工商业贷款是用于补充工业和商业企业的流动资金的贷款。通常属于短期性贷款，其期限通常为9个月，最多不超过1年。

投资贷款是指借款人用来扩建或改造其企业生产设备的贷款。投资贷款通常用于固定资产投资，其流动性较差。

农业贷款分为用于改良土壤、造林、水利等用途的长期贷款，以及用于购买种子、肥料等方面的短期贷款。

消费者贷款是指贷款给消费者个人用来购买消费品或支付劳务费用的贷款。

房地产贷款是用于购买土地、建造房屋或改良住宅等方面的贷款。此贷款在商业银行贷款中的重要地位仅次于工商业方面的贷款。其特点在于：一是房地产贷款多为分期偿还本息的贷款，可保持资本的流动性。二是利息通常较其他贷款高。三是由于货币价值会慢性膨胀，经过较长时间，房地产价格往往升高，从而资产安全性几乎没有问题。

（四）按承办贷款的银行数量划分，可分为单独贷款和联合贷款

由独家商业银行承办发放的贷款，称为单独贷款。由多家商业银行联合共同承办发放的贷款，称为银团贷款。银团贷款不仅可以承办数额巨大的贷款，而且可以分散贷款的风险。

（六）按照风险程度与质量不同来划分，可分为正常类贷款、关注类贷款、次级类贷款、可疑类贷款和损失类贷款

正常类贷款是借款人能够履行合同，有充分把握按时足额偿还本息的贷款。

关注类贷款是借款人目前有能力偿还贷款本息，但存在一些可能对偿还产生不利影响的贷款。

次级类贷款是借款人的还款能力欠缺，依靠其正常经营收入已无法保证足额偿还本息的贷款。

可疑类贷款是借款人无法足额偿还本息，即使执行抵押或担保，也肯定要造成一部分损失的贷款。

损失类贷款是在采取所有可能的措施和一切必要的法律程序后，本息仍然无法收回的贷款。

（七）按照贷款发放的自主程序划分，分为自营贷款、委托贷款和特定贷款

自营贷款是指贷款人以合法方式筹集的资金自主发放的贷款，其风险由贷款人承担，并由贷款人收回本金和利息。

委托贷款是指由政府部门、企事业单位及个人等委托人提供资金，由银行（受托人）根据委托人确定的贷款对象、用途、金额、期限、利率等代为发放、监督使用并协助收回的贷款。这类贷款，商业银行不承担风险，通常只收取委托人付给的手续费。

特定贷款在我国是指经国务院批准并对可能造成的损失采取相应的补救措施后，责成国有独资商业银行发放的贷款。这类贷款由于事先已经确定了风险损失的补偿，银行也不承担风险。

（八）特殊的贷款业务

透支与贴现是与普通贷款有着一定区别的授信业务。透支是银行对活期存款客户给予临时性融通资金的一种贷款形式。活期存款客户与开户行约定在一定的期限内，当他们活期存款账户上的资金用完时，商业银行允许存户在约定的额度内向商业银行暂时借用资金，当活期存款账户有资金后，商业银行可随时主动扣收。透支与普通贷款的区别在于：在透支业务中，借款人处于主动地位，而银行则处于被动地位。借款人享有随时透支和随时归还借款的权利，却不承担偿还透支的义务。

贴现实质上是以未到期票据作为担保品的贷款。它与普通贷款的区别有：

（1）利息收取方式不同。普通贷款的利息，通常在贷款期满时或期满前分批收取；而贴现的利息则是在办理贴现业务时由银行预先扣收。

（2）流动性不同。普通贷款必须到期才能收回，而贴现则因票据可以在市场上自由流通转让，随时可以收回资金，因此，贴现的流动性强于普通贷款。

（3）安全性不同。普通贷款的关系人，仅有借款人、贷款人和保证人；而贴现业务的关系人则包括签名于票据上的出票人、承兑人和背书人等。当贴现业务的偿还出现问题时，相关债务人皆负连带责任，因此，贴现的安全性强于普通贷款。

四、贷款政策

贷款政策是指商业银行指导和规范贷款业务，管理和控制贷款风险的各项方针、措施和程序的总和。商业银行的贷款政策由于其经营品种、贷款方式、信贷规模、经营环境等不同而各有差别，其基本内容主要有：

（一）贷款业务发展战略

在商业银行贷款政策中应首先明确商业银行的贷款业务发展战略，包括开展业务应当遵循的贷款原则、贷款业务的行业和区域、贷款业务品种、贷款业务规模和速度。贷款业务是大部分商业银行的核心业务，因此，贷款质量和贷款的盈利水平对实现商业银行的经营目标具有举足轻重的影响。

（二）贷款工作规程及权限

为了保证贷款业务操作过程的规范化，贷款政策必须明确规定贷款业务的工作规程。贷款工作规程是指贷款业务操作的规范化程序。贷款程序有三个阶段：

第一阶段是贷前的调查阶段。这是商业银行接受贷款申请后进行的贷款前调查，是做出贷款科学决策的基础阶段。

第二阶段是商业银行进行调查以后的评估、审查、审批及贷款发放阶段。这是贷款的审查、决策和具体发放贷款阶段，是整个贷款过程的关键。

第三阶段是贷款发放以后的监督检查、风险监测及贷款本息收回的阶段。这一阶段也是关系到贷款本息能否及时收回的重要环节。

贷款政策文件必须明确规定贷款的审批制度。为了使贷款管理的各个环节和岗位相互制约、共同保证贷款质量，我国明确实行"审贷分离"制度，即贷款程序的三个阶段分别交由三个不同的岗位来完成，并相应承担由于各个环节工作出现问题而带来的风险责任。在实行"审贷分离"制的情况下，通常将信贷管理人员分为贷款调查评估人员、贷款审查人员和贷款检查人员。贷款调查评估人员负责贷前调查评估，承担调查失误和评估失准的责任；贷款审查人员负责贷款风险的审查，承担审查失误的责任；贷款检查人员负责贷款发放以后的检查和清收，承担检查失误、清收不力的责任。

贷款审批制度的重要内容是贷款的分级审批制度。由于目前我国商业银行实行的是一级法人体制，商业银行内部的贷款审批需要实行分级授权制。贷款审批的分级授权是商业银行根据信贷部门有关组织、人员能力、经验、职务、工作实绩以及所负责贷款业务的特点和授信额度，决定每位有权审批贷款的人员或组织的贷款审批品种的最高贷款限额。分级授权的主要依据是贷款的金额，其原因是贷款给银行带来的风险直接反映在贷款金额上，金额越大，风险越大，对贷款专业知识和经验的要求也就越高。授权由商业银行董事会或最高决策层统一批准，自董事会到基层行管理层，权限逐级下降。

（三）贷款的规模和比率控制

商业银行在贷款政策中要确定一个合理的贷款规模，这有利于商业银行制定一个详细年度贷款计划。商业银行根据负债资金来源情况及其稳定性状况，以及中央银行规定的存款准备金比率、资本金状况、自身流动性准备比率、自身经营环境状况、贷款需求情况和自身经营管理水平等因素来确定计划的贷款规模。贷款规模既要符合银行稳健经营的原则，又要最大限度地满足客户的贷款需求。

评判商业银行贷款规模是否适度和结构是否合理，可以用一些指标来衡量。主要有：

（1）贷款/存款比率。这一指标反映银行资金运用于贷款的比重以及贷款能力的大小。我国商业银行法规定商业银行的这一比率不得超过75%。如果超过这一比率，表明贷款规模过大，因而风险也较大。在这一比率范围内，比率越低，说明其安全性程度越高，但盈利能力可能也较低，增加新贷款的潜力较大。

（2）贷款/资本比率。该比率反映银行资本的盈利能力和银行对贷款损失的承受能力。这一比率越高，说明银行在能收回贷款本息的前提下的盈利能力越高，承受呆账损失的能力也越强。这一比率越低，资本盈利能力和损失承受能力也越低。我国中央银行根据《巴塞尔协议》规定的国际标准，确定商业银行资本总额与加权风险资产之比不得低于8%，核心资本与加权风险资产之比不得低于4%。

（3）单个企业贷款比率。该比率是指银行给最大1家客户或最大10家客户的贷款占银行资本金的比率，它反映了银行贷款的集中程度和风险状况。我国中央银行规定，商业银行对最大客户的贷款余额不得超过商业银行资本金的15%，对最大10家客户的贷款余额不得超过银行资本金的50%。在上述比率范围内，这一指标越低，说明贷款集中程度越低，按照风险分散的原则，其贷款风险程度也就越低。

（4）中长期贷款比率。这是银行发放的1年期以上的中长期贷款余额与1年期以上的各项存款余额的比率。它反映了银行贷款总体的流动性状况，这一比率越高，流动性越差；反之，流动性越强。根据目前我国中央银行的规定，这一比率必须低于120%。

（四）贷款种类及地区

贷款的种类及其构成，形成了商业银行的贷款结构。而贷款结构对商业银行信贷资产的安全性、流动性、盈利性具有十分重要的影响。因此，银行贷款政策必须对本行贷款种类及其结构做出明确的规定。商业银行在考虑了贷款的风险、保持流动性、商业银行所服务客户的类型、商业银行工作人员的能力等因素后，应在企业贷款、消费贷款、农业贷款等贷款领域中合理分配贷款总额。

贷款地区是指商业银行控制贷款业务的地域范围。商业银行贷款的地区与银行的规模有关。大银行因其分支机构众多，在贷款政策中一般不对贷款地区做出限制。中小商业银行则往往将其贷款业务限制在银行所在城市和地区，或该商业银行的传统服务地区。

（五）贷款的担保

贷款政策中，应根据有关法律确定贷款的担保政策。贷款担保政策一般应包括以下内容：①明确担保的方式，如《中华人民共和国民法典》规定的担保方式有保证人担保、抵押担保、质押担保、留置以及定金等方式；②规定抵押品的鉴定、评估方法和程序；③确定贷款与抵押品价值的比率、贷款与质押品价值的比率；④确定担保人的资格和还款能力的评估方法与程序等。在贷款政策中明确上述担保政策，是为了在贷款中能够完善贷款的还款保障，确保贷款安全。

（六）贷款定价

在市场经济条件下，贷款的定价是一个复杂的过程，商业银行贷款政策应当进行明确的规定。商业银行贷款的价格一般包括贷款利率、贷款补偿性余额（回存余额）和对某些贷款收取的费用（如承担费等），因此贷款定价也不仅仅是一个确定贷款利率的过程。在贷款定价过程中，商业银行必须考虑资金成本、贷款风险程度、贷款的期限、贷款管理费用、存款余额、还款方式、银行与借款人之间的关系、资产收益率目标等多种因素。

（七）贷款档案管理政策

贷款档案是商业银行贷款管理过程的详细记录，体现商业银行经营管理水平和信贷人员的素质，可直接反映贷款的质量。贷款档案管理政策是贷款政策的重要内容，应该建立科学完整的贷款档案管理制度。一套完整的贷款档案管理制度的内容有：①贷款档案的结构，即应包括的文件。一份完整的贷款档案应包括三个部分：法律文件、信贷文件和还款记录。②贷款档案的保管责任人。信贷管理人员应该清楚所管理的档案的完整程度，对所缺内容及原因做书面记录，归入贷款档案。③明确贷款档案的保管地点。对法律文件要单独保管，应保存在防火、防水、防损的地方。④明确贷款档案存档、借阅和检查制度。

（八）贷款的日常管理和催收制度

贷款发放以后，贷款的日常管理对保证贷款的质量尤为重要，故应在贷款政策中加以规定。贷款发放以后，信贷员应保持与借款人的密切联系，定期或不定期地走访借款人，了解借款人的业务经营情况和财务状况，进行定期的信贷分析，并形成信贷分析报告存档。

同时，商业银行应制定有效的贷款回收催收制度。在贷款还本付息到期日之前的一定时间内，应提前书面通知借款人偿还到期的贷款本息。当借款人未能按时还本付息时，商业银行应立即与借款人取得联系，并积极予以催收。

（九）不良贷款的管理

对不良贷款的管理是商业银行贷款政策的重要组成部分。贷款发放以后，如在贷后检查中发现不良贷款的预警信号，或贷款质量被评为关注级以下贷款，都应当引起充分的重视。对于各种不良贷款，应当明确规定处理的程序和基本的处理方式，并根据各类不良贷款的情况以及质量等级，将监控、重组、挽救、追偿、诉讼、冲销等处理不良贷款和债权的各个环节、各个程序的工作落实到具体部门，定岗、定人、定效地防范、管理贷款风险，最大限度地维护、保全银行债权。

五、贷款程序

为了保证贷款安全，对于任何一笔贷款，都必须遵循以下工作程序：

（一）贷款申请

凡符合借款条件的借款人，在银行开立结算账户、与银行建立信贷关系之后，如果出现现金需要，都可以向银行申请贷款。借款人申请贷款必须填写借款申请书。借款申请书的基本内容包括：借款人名称、性质、经营范围，申请贷款的种类、期限、金额、方式、用途、用款计划、还本付息计划以及有关的经济技术指标等。

为便于贷款人审查贷款，借款人还必须提供有关资料：①借款人及保证人的基本情况以及有关法律文书，如营业执照、法定代表人证明文件等；②财政部门或会计（审计）事务所核准的上年度会计报表及申请贷款前1个月的财务报表或资产负债表；③原有不合理占用贷款的纠正情况；④自有资本和自有流动资金补充情况；⑤担保品及拟同意担保的有关证明文件；⑥贷款人认为需要提供的其他文件、证明等。

如果借款人申请中长期贷款，除了上述资料外，借款人还必须提供以下资料：①项目开工前期准备工作的情况报告；②在开户银行存入规定比例资金的证明；③经批准下达的项目开工通知书；④按规定项目竣工投资所需自有流动资金落实情况及证明材料；⑤进出口协议或合同等。

（二）贷款调查

银行在接到借款人的借款申请后，应指派专人进行调查。调查的内容主要有两个方面：一是关于借款申请书内容的调查，主要审查其内容填写是否齐全、数字是否真实、印鉴是否与预留银行印鉴相符、申请贷款的用途是否真实合理等。二是贷款可行性的调查，主要调查如下方面：①借款人的品行，主要了解与借款人的资料有关的证明文件和批准文件。②借款用途的合法性，主要了解借款的用途是否符合国家产业、区域、技术以及环保政策和经济、金融法规。③借款的安全性，主要调查借款人的信用记录及贷款风险情况。④借款的盈利性，主要调查或测算借款人使用贷款的盈利情况及归还贷款本息的资金来源等。

（三）信用评估

商业银行在对借款人的贷款申请进行深入细致的调查研究的基础上，还要利用掌握的资料，对借款人进行信用评估，划分信用等级。信用评估可以由贷款银行独立进行，评估结果由银行内部掌握使用；也可以由监管当局认可的有资格的专门信用评估机构对借款人进行统一评估，评估结果供各家银行有偿使用。

（四）贷款审批

对于审查评估符合贷款条件的借款申请，银行应当及时进行审批。银行要按照"分级负责、集体审定、一人审批"的贷款审批制度进行贷款决策，逐笔逐级签署审批意见并办理审批手续。为了保证贷款决策科学化，凡有条件的银行都应当建立贷款审查委员会，进行集体决策。

（五）借款合同的签订和担保

借款申请经审查批准后，必须按《中华人民共和国民法典》和《借款合同条例》，由银行与借款人签订借款合同。在我国，借款合同的文本由银行拟订，报中国人民银行审定后自行印刷。对于保证贷款，保证人须向银行出具"不可撤销担保书"或由银行与保证人签订"保证合同"；对于抵押贷款和质押贷款，银行须与借款人签订抵押合同或质押合同。需办理公证或登记的，还应依法办理公证和登记手续。

（六）贷款发放

借款合同生效后，商业银行就应按合同规定的条款发放贷款。在发放贷款时，借款人应先填好借款借据，经商业银行经办人员审核无误，并由信贷部门负责人或主管行长签字盖章，送银行会计部门，将贷款足额划入借款人账户，供借款人使用。

（七）贷款检查

贷款发放以后，银行要对借款人执行借款合同的情况即借款人的资信状况进行跟踪调查和检查。检查的主要内容包括：借款人是否按合同规定的用途使用贷款；借款人资产负债结构的变化情况；借款人还款能力即还款资金来源的落实情况等。对违反国家有关法律、法规、政策、制度和借款合同规定使用贷款的，检查人员应及时予以制止并提出处理意见。对问题突出、性质严重的，要及时上报主管领导甚至上级行并采取紧急措施，以尽量减少贷款的风险损失。

（八）贷款收回

贷款到期后，借款人应主动及时归还贷款本息，一般可由借款人开出结算凭证归还本息，也可由商业银行直接从借款人账户中扣收贷款本息。贷款到期后，由于客观情况发生变化，借款人经过努力仍不能还清贷款的，短期贷款必须在到期 10 日前、中长期贷款在到期日的 180 天前，向商业银行提出贷款展期申请。如果商业银行同意展期，应办理展期手续。每笔贷款只能展期一次，短期贷款展期不得超过原贷款期限；中长期贷款展期不得超过原贷款期限的一半，且最长不得超过 3 年。贷款展期后，如展期期限上原贷款期限达到新的档次利率期限，则按新期限档次利率计息。如果银行不同意展期，或展期以后仍不能到期还款，即列为逾期贷款，银行应对其进行专户管理，并加大催收力度。

六、贷款定价

贷款是商业银行主要的盈利资产，贷款利润的高低与贷款价格有着直接的关系。贷款价格高，利润就高，但贷款的需求将因此而减少；相反，贷款价格低，利润就低，但贷款需求将会增加。合理确定贷款价格，既能为银行取得满意的利润，又能为客户所接受，是商业银行贷款管理的重要内容。

（一）贷款价格的构成

商业银行贷款价格的构成包括贷款利率、贷款承诺费、补偿余额和隐含价格。

1. 贷款利率

贷款利率是一定时期客户向贷款人支付的贷款利息与贷款本金之比率。它是贷款价格的主体，也是贷款价格的主要内容。贷款利率分为年利率、月利率与日利率。年利率是贷款利率的基本形式，通常以百分比来表示。商业银行贷款利率有一个基本水平，它主要取决于中央银行的货币政策和有关的法令规章、资金供求状况和同业竞争状况。贷款利率的确定应以收取的利息足以弥补支出并取得合理利润为依据。商业银行贷款所支付的费用包括资金成本、提供贷款的费用以及今后可能发生的损失等。合理的利润水平是指应由贷款收益提供的，与其银行或企业相当的利润水平。

2. 贷款承诺费

贷款承诺费是指银行对已承诺给顾客而顾客又没有使用的那部分资金收取的费用。也就是说，银行已经与客户签订了贷款意向协议，并为此做好了资金准备，但客户并没有实际从银行贷出这笔资金。承诺费就是对这笔已做出承诺但没有贷出的款项所收取的费用。承诺费是顾客为了取得贷款而支付的费用，因而构成了贷款价格的一部分。

3. 补偿余额

补偿余额是应商业银行要求，借款人保持在商业银行的一定数量的活期存款和低利率定期存款。它通常作为银行同意贷款的一个条件而写入贷款协议中。要求补偿余额的理由是：一方面，顾客不仅是资金的使用者，还是资金的提供者，而且只有首先成为资金的提供者，才能成为资金的使用者。存款是商业银行业务的基础，是贷款的必要条件，商业银行发放贷款应该成为现在和将来获得存款的手段。从另一方面讲，这也是商业银行变相提高贷款利率的一种方式，因此，它也成为贷款价格的一个组成部分。

4. 隐含价格

隐含价格是指贷款定价中的一些非货币性内容。商业银行在决定给客户贷款后，为了保证客户能偿还贷款，常常在贷款政策协议中加上一些附加条款。附加条款可以是禁止性的，即规定融资限额及各种禁止事项；也可以是义务性的，即规定借款人必须遵守的特别条款。附加条款不直接给银行带来收益，但可以防止借款人经营状况的重大变化给银行造成利益损失，因此，它也可以视为贷款价格的一部分。

（二）影响贷款价格的主要因素

按照一般的价格理论，影响贷款价格的主要因素是信贷资金的供求状况。然而，由于信贷资金是一种特殊的商品，其价格的决定因素就更加复杂。通常，在贷款定价时银行应当考虑的因素主要有下面六个：

1. 资金成本

银行的资金成本分为资金平均成本和资金边际成本。资金平均成本是指每一单位的资金所花费的利息、费用额。它不考虑未来利率、费用变化后的资金成本变动，主要用来衡量银行过去的经营状况，如果银行的资金来源构成、利率、费用等不变，银行可以根据资金平均成本来对新贷款定价。但如果银行资金来源构成、利率和费用等都处于变动状态中，它对贷款定价的意义就不大。资金边际成本是指银行每增加一个单位的可投资资金所需要花费的利息及费用额。因为它反映的是未来新增资金来源的成本，所以，在资金来源结构变化尤其是在利率市场化的条件下，以它作为新贷款定价的基础较为合适。

资金边际成本根据资金来源的种类、性质、期限等不同而不同，每一种类资金来源都会有不同的边际成本。银行通常不能按某一种资金来确定贷款价格，因而需要计算全部新增资金来源的平均边际成本。这种平均边际成本就是新增一个单位的资金来源所平均花费的边际成本。

2. 贷款风险程度

由于贷款的期限、种类、保障程度及贷款对象等各种因素的不同，贷款的风险程度也有所不同。不同风险程度的贷款，银行为此所花费的管理费用或对可能产生的损失的补偿费用也不同。这种银行为承担贷款风险而花费的费用，称为贷款的风险费用，也是贷款的风险成本。银行在贷款定价时必须将风险成本计入贷款价格之中。一笔贷款的风险程度并由此而引起的银行贷款的风险费用受多种复杂因素的影响，如贷款的种类、用途、期限、贷款保障、借款人信用和财务状况、客观经济环境的变化等。所以，要精确地预测一笔贷款的风险费用显然是比较困难的。在实践中，为了便于操作，银行通常根据历史上某类贷款的平均费用水平并考虑未来各种新增因素后来确定贷款风险费用率。

3. 贷款费用

商业银行向客户提供贷款，需要在贷款之前和贷款过程之中做大量的工作，如进行信用调查、分析、评估，对担保品进行鉴定、估价、管理，对贷款所需的各种材料、文件进行整理、归档、保管。所有这些工作，都需要花费人力、物力，发生各种费用。在贷款定价时，应将这些费用考虑进去，作为构成贷款价格的一个因素。

4. 借款人的信用及银行的关系

借款人的信用状况主要是指借款人的偿还能力和偿还意愿。借款人的信用越好，贷款风险越小，贷款价格也应越低。如果借款人信用状况不好，过去的偿债记录不能令人满意，银行就应以较高的价格和较严格的约束条件限制其借款。借款人与银行的关系也是银行贷款定价时必须考虑的重要因素。这里所指的关系，是指借款人与银行的正常业务关系，如借款人在银行的存款状况、借款人使用银行服务的情况等。那些在银行有大量存款、广泛使用银行提供的各种金融服务，或长期地有规律地借用银行贷款的客户，就是与银行关系密切的客户。对于关系密切的客户，在制定贷款价格时，可以适当低于一般贷款的价格。

5. 商业银行贷款的目标收益率

商业银行都有自己的盈利目标。为了实现该目标，银行对各项资金运用都应当确定收益目标。贷款是银行主要的资金运用项目，贷款收益率目标是否能够实现，直接影响到银行总体盈利目标的实现。因此，在贷款定价时，必须考虑能否在总体上实现银行的贷款收益率目标。当然，贷款收益率目标本身应当制定得合理。过高的收益率目标会使银行贷款价格失去竞争力。

6. 贷款资金供求状况

市场供求状况是影响价格的一个基本因素。贷款作为一种金融商品，自然也受这一规律的制约。贷款需求是指借款人某一时期希望从银行取得贷款的数量，贷款供给是指所有银行在该时期内能够提供的贷款数量。当贷款供大于求时，贷款价格应当降低；当贷款供不应求时，贷款价格应当适当提高。

（三）贷款定价方法

1. 目标收益率定价法

这是根据银行贷款的目标收益率来确定贷款价格的方法。在为一笔贷款定价时，贷款主管人员必须考虑发放贷款的预期收益，给借款人提供资金的成本、管理和收贷费用以及借款风险等。目标收益率定价法的公式如下：

税前产权资本（目标）收益率＝（贷款收益－贷款费用）/应摊产权成本

贷款收益＝贷款利息收益+贷款管理手续费

贷款费用＝借款者使用的非股本资金的成本+办理贷款的服务和收款费用

应摊产权资本＝银行全部产权资本对贷款的比率×未清偿贷款余额

2. 基础利率定价法

基础利率定价法，又称交易利率定价法。这种定价方法允许借款额超过某一最低限额（如 30 万~50 万元）的借款人，在几种基础利率中选择，以决定该笔贷款的利率和展期期限。最通行的基础利率是国库券利率、大额定期存单利率或银行同业拆借利率等。客户可以从商业银行认可的利率表中选择基础利率，也可以选择到期日。所确定的贷款利率为同期市场利率加上一定数额。在到期日，经借贷双方同意，贷款可以展期。而后，客户必须再做一次同样的选择，即再次选择基础利率和到期日。这样，在一个特定的时间里，利率是固定的，但展期利率是未知数。

3. 成本加成定价法

成本加成定价法也叫宏观差额定价法。它是借入资金的成本加上一定利差决定贷款利率的方法。这种定价法的特点在于不考虑承诺费、服务费和补偿余额等因素，贷款价格主要依据资金总成本及一定的利润目标来确定。其计算公式是：

贷款利率＝贷款成本率+利率加成

其中，贷款成本包括资金成本、贷款服务成本和营业成本，利率加成则是银行应取得的合理利润。我国商业银行目前使用的就主要是这种方法。

4. 优惠加数定价法和优惠乘数定价法

这两种方法是西方商业银行普遍使用的贷款定价方法。优惠加数是在优惠利率基础上加若干个百分点而形成的利率。优惠乘数则是在优惠利率基础上乘以一个系数而形成的利率。不同借款人的风险等级是不同的，银行为控制信用风险，根据借款人的风险等级来确定该借款人所适用的优惠利率，优惠利率不同，优惠加数和优惠乘数也不同。优惠加数和优惠乘数两种定价方法在概念上相似，但它们所得的利率标价是不同的，尤其是在优惠利率随市场利率变动而变动时，两者之间会有不同的变化。当利率上升时，优惠乘数利率会以更快的速度上升；反之，则以更快的速度下降。为了避免利率的剧烈波动给借贷双方带来利率风险，通常可以在协议中限定利率波动的上下限。

5. 保留补偿余额定价法

这种方法是将借款人在银行保留补偿余额看成其贷款价格的一个组成部分，在考虑了借款人在银行补偿余额的多少后决定贷款利率的一种定价方法。在这种方法下，借款人补偿余额不同，贷款利率也有所不同。

七、贷款的信用风险管理

（一）信用分析

信用分析是对债务人的道德品格、资本实力、还款能力、担保及环境条件等进行系统分析，以确定是否给予贷款及相应的贷款条件。对客户进行信用分析是银行管理贷款信用风险的主要办法，通过对客户进行信用分析，银行可以了解该客户履约还款的可靠程度，从而为有针对性地加强贷款管理、防范信用风险提供依据。

借款人所具有的道德水准、资本实力、经营水平、担保及环境条件等都各不相同，这使得不同的借款人的还款能力和贷款风险也不尽相同。因此，许多商业银行对客户的信用分析就集中在这五个方面，即所谓的"五 C"：品格（character）、能力（capacity）、资本（capital）、担保（collateral）及环境条件（condition）。也有些商业银行将信用分析的内容归纳为"五 W"因素，即借款人（who）、借款用途（why）、还款期限（when）、担保物（what）及如何还款（how）。还有的银行将这些内容归纳为"五 P"因素，即个人因素（personal）、目的因素（purpose）、偿还因素（payment）、保障因素（protection）和前景因素（perspective）。借鉴国外商业银行的经验，结合我国国情，我们可以把贷款信用分析的内容分为以下五个方面：

1. 借款人的品格

借款人的品格是指借款人不仅要有偿还债务的意愿，还要具备承担各种义务的责任感。所以，借款人的品格是一个综合性的概念，它包括借款人的背景、年龄、经验，借款人有无不良的行为记录，借款人的团队及协调合作情况，借款人的性格作风、其现代经营管理观念及上下属关系等。由于借款人的品格无法计量，因而银行既可以根据过去的信用记录和积累的经验进行一系列调查，对借款人的品格进行评估，也可以通过专门的征信机构了解借款人的信用状况，以评估其品格。但评估只表明借款人的主观还款意愿，并不能表明其确实能还本付息。结合我国情况，在评估借款人的主观还款意愿和承担义务的责任感时，必须充分考虑我国的实际情况。如果借款人存在不良的还款记录，要进一步分析其深层原因，看其是由于国家政策调整等因素造成的，还是由于借款人经营管理不善、挤占挪用贷款造成的。对于前者，不能简单地归结为借款人的品格问题。

2. 借款人的能力

能力是指借款人运用借入资金获取利润并偿还贷款的能力，而获取利润的大小，又取决于借款人的生产经营能力和管理水平。分析、评估借款人的偿还能力，主要从两个方面进行：

一是企业的销售收入、生产成本、产品质量以及生产竞争力。这方面可以通过企业经营的一些经济技术指标来反映，如企业的资本比率、流动比率、设备利用率、折旧率、净值收益率、毛利率和净利率、销售收入增长率和生产占用率等。

二是企业经营者的经验和能力，主要分析企业主要决策者的决策能力、组织能力、用人能力、协调能力和创新能力。随着现代企业制度的建立，企业家阶层在企业中的地位将日益提高，从一定意义上讲，企业家能力已经成为企业生产经营能力的具体体现。因此，从企业自身和企业家本身这两个方面了解企业领导班子的基本情况，对于了解并掌握企业的经营作风、管理水平和信用程度，都具有重要意义。

3. 借款人资本

借款人资本是借款人财产的货币价值，反映了借款人的财力和风险承担能力，也在一定程度上反映了企业经营者的经营成就，成为其从商业银行取得贷款的一个决定性因素。在评估借款人资本时，要正确区别其账面价值与实际价值，以及资本的稳定性和变现能力。

4. 借款人的贷款担保

企业为贷款而提供的担保状况，也是影响贷款信用风险的一个重要因素。贷款担保的作用在于为银行贷款提供一种保护，即在借款人无力还款时，银行可以通过处分担保品或向保证人追偿而收回贷款本息，从而使银行少担风险、少受损失，保证贷款本息安全。评价贷款的担保，要看企业提供的担保品是否适合于做担保品，担保品的整体性、变现性、价格稳定性、保险性，贷款保证人的担保资格、经济实力和信用状况，以及保证人的担保能力是否与担保贷款额度相符等。

5. 借款人经营的环境条件

借款人经营的环境条件是指借款人自身的经营状况和外部环境。借款人自身的经营状况包括经营范围、经营方向、销售方式、原材料供应渠道、竞争能力和对市场的应变能力、企业生产受季节性因素影响的程度、企业的生产设备、生产能力、生产规模、技术水平、人员素质、经济效益、发展前景等因素，而这些因素都是借款人的可控因素。借款人经营的外部环境是指借款人所在地区的经济发展状况。外部经营环境对借款人而言具有不可控性，但对其经营状况有着重要影响，并视不同行业、不同企业、不同性质的贷款而有所区别。有的借款人对环境变动的敏感性强一些，有的借款人的敏感性则弱一些；期限长的贷款受环境变动的影响大，因而风险也大。所以，商业银行在发放贷款时，必须对借款人的经营环境变动做出分析、预测，并采取必要的措施作为应变手段，以保证贷款的安全。

对借款人进行信用分析，一方面要进行静态分析，另一方面又要进行动态分析；既要注重定性分析，也要注重定量分析。因此，在实际的信用分析过程中，商业银行既需要对借款人过去的信用状况做全面的了解和分析，也要根据借款人生产经营发展的变化趋势，对借款人未来的经营状况和还款能力做出科学的预测，并在定性分析的基础上，运用财务比率分析和现金流量分析等定量分析方法，准确估计借款人的财务状况和还本付息能力。

（二）信用分析技术

1. 财务报表分析

对企业的财务报表分析主要是对资产负债表、损益表和财务状况变动表进行分析。资产负债表是反映企业财务状况的综合性报表；损益表是反映企业在一定时期内业务经营的成本、费用及盈亏状况的报表；而财务状况变动表则反映在一定时期内企业的资产、负债、资本等变动状况。从反映企业还款能力和贷款风险的需要出发，财务报表分析的重点如下：

（1）资产项目分析。

资产项目包括流动资产、固定资产和无形资产三大类。商业银行重点分析的内容有：

①应收账款。这是企业偿还短期债务的主要资金来源，也是企业流动资产中流动性仅次于现金的资产。对应收账款的分析，重点掌握的内容有：一是应收账款的分布。应收账款集中于少数大户，坏账的风险要大于应收账款分散在众多小户。二是应收账款账龄的分布。账龄过长的应收账款往往预示着不正常现象，风险较大。三是应收账款的抵押情况。如果企业应收账款有抵押出去的，就应从应收账款中扣除，因为这些账款已不能作为新贷款的还款来源。

②存货。这是指企业购入的原材料以及在产品、半成品和产成品，是企业流动资产的重要组成部分，也是偿债的主要物质基础。商业银行评价企业的存货，应从五个方面进行重点分析：一是存货的规模是否合理。即按企业现有的生产能力和生产规模来衡量存货是否过量，其中重点看原材料储备是否过多、产成品是否积压。二是存货保留时间的长短。如果某种存货保留时间过长，则表明这种存货已不适用，需要从流动资产中扣除。三是存货的流动性状况。即存货是否能在市场上销售变现。流动性差、变现能力低的存货会占压资金，形成还贷风险。四是存货有无陈旧变质风险。五是存货是否全额保险。

③固定资产。固定资产是企业资本的一部分，是可用于最后的债务清偿的财产。当商业银行向企业发放中长期贷款，特别是发放以固定资产作为抵押的贷款时，就需要了解该企业固定资产的状况。主要了解的情况有：一是了解企业是否按规定提足了折旧。如果没有按规定提足折旧，表明固定资产中含有虚假成分。二是了解企业固定资产是否全额保险，没有保险的固定资产可能给商业银行贷款带来不安全因素。三是了解企业固定资产的变现能力。如果企业的固定资产使用范围窄、变现能力差，那么当贷款到期，企业不能还本付息时，商业银行就很难通过变现固定资产来取得还款资金。

④投资。企业在进行生产和经营的同时，还进行短期金融资产的投资，购买有价证券。有价证券代表企业的债权或者股权，也能够给企业带来投资收益。商业银行要

分析企业的证券投资情况主要有：一是要分析企业所持有的各种有价证券的合法性、流动性和盈利性，以及有价证券的期限、数额、结构是否合理；二是要了解有价证券发行人的信用状况，以分析可能影响企业偿债能力的财务关系或约定义务；三是发放以有价证券作为质押的贷款时，对企业证券投资的审查就更为重要。

（2）负债及资本项目分析。

商业银行对负债与资本项目的分析是为了了解企业的资金来源构成，借以判断企业的偿债能力和商业银行贷款的风险。

①负债。企业的负债包括短期负债（流动负债）和长期负债。短期负债主要包括应付账款、应付票据、应交税金和短期借款等。对短期负债的分析：一是要了解企业短期负债的准确数额，是否有因漏计而没有发现的，可能会造成商业银行对企业偿债能力高估；二是要了解短期负债的期限，是否有已过期的，可能会被处以逾期罚款。长期负债主要包括长期借款和其发行的中长期债券。分析长期负债的重点是长期负债的到期日和企业偿还长期负债的安排，以对企业的偿还能力做出正确评价。

②资本。企业资本的大小既能反映企业财力是否雄厚和债务状况的好坏，又能反映企业的风险承受能力大小。对资本项目的主要分析有：一是要了解企业的资本是否存在虚假成分。二是要分析企业的资本结构，特别是对股份制的企业而言，普通股资本所占比例较大的企业，其资本实力也比较稳定；反之，则比较脆弱。三是要考察企业是否按规定补充自有资本。如是独资企业，商业银行还要考虑其企业以外的收益、资产、负债和资本状况等因素，这些因素都有可能影响企业的偿债能力。

（3）损益表的分析。

损益表反映了一定时期企业的经营成果。由于损益表是动态的报表，它可以弥补资产负债表只反映静态数据的不足。通过损益表，可以了解企业的经营业绩、经营成果和获利能力的大小。商业银行对损益表的分析主要有：一是了解企业销售收入、销售成本、各项费用的真实性，主要是对各种账户和原始凭据的核对。二是采取纵向比较和横向比较的方法，将损益表中各项指标与上年度、同行业和同等条件的其他企业进行比较。如发现企业在某一方面的费用过高或收入低于同行业或同等条件的企业，应进一步查明原因，并限期整改。

（4）财务状况变动表分析。

商业银行对企业财务状况变动表的分析，有助于商业银行了解企业在一定时期内营运资产的变动和企业的流动性状况。如果企业上年的销售大幅上升，则说明企业净收入增加较快，企业的资产也有增加；如果企业为了与较高的销售水平相适应，则存货相应增加，应收账款也上升，固定资产投资也有所扩大；如果企业用发行股票或长期债券或增加短期借款的方式筹措资金，实现其资产的扩张，则说明该企业可保持良好的流动性；如果财务状况变动表显示当年的主要资金来源是应付账款和应付票据，则说明企业虽有盈利能力，但其当年的流动性已受应付账款和应付票据债务的影响，银行在做了解时，应着重分析企业如何改善其流动性状况。

2. 财务比率分析

商业银行对企业进行财务比率分析，是对企业财务状况的进一步的量化分析。商业银行通过对财务比率进行分析，可以了解企业的经营管理、债务负担、盈利能力等情况，从而据此评判企业的偿债能力。商业银行进行信用分析的财务比率主要有四类：

（1）流动性比率。

①流动比率。这是衡量企业短期偿债能力时最常用的指标。其计算公式是：

$$流动比率 = 流动资产/流动负债$$

流动资产包括现金、有价证券、应收账款和存货等。流动负债包括应付账款、应付票据、短期借款、应交税金和应计费用等。流动比率表明企业的短期债务可由预期的该项债务到期前变为现金的资产来偿还的能力。流动比率因企业的经营规模和经营性质不同而不同，一般在 1.5~2.5 之间较为合适。在正常情况下，流动比率越高，偿债能力越强，债权人的债权越有保障。但流动比率高可能是因为存货积压和产品滞销的结果，也可能是因为资金未能在生产过程中充分利用的结果。因此，商业银行对此要进行具体的分析。

②速动比率。这是企业速动资产与流动负债的比率，也称酸性试验比率，是考察企业资产迅速变现能力的指标。其计算公式是：

$$速动比率 = 速动资产/流动负债$$

速动资产是指可以迅速变现用来偿付流动负债的流动资产，它主要由现金、有价证券和应收账款构成。其可以表示为流动资产减去存货。存货不包括在速动资产中，是因为在流动资产中，存货的流动性最差，且受残损变质、价格涨落和不易销售等因素的影响。因此，速动比率比流动比率更能够反映企业的短期偿债能力。这一比率通常应保持在 1 以上，即每一单位的流动负债至少需要一个单位的能迅速变现的资产作为保证。

③现金比率。为了进一步评价企业即期的偿债能力，商业银行还要对企业的现金比率进行分析。其计算公式是：

$$现金比率 = （现金+等值现金）/流动资产$$

公式中的现金是指库存现金和银行存款，等值现金是指企业所持有的高流动性的有价证券。现金比率越高，说明企业即期偿债能力越强。通常这一比率应保持在 5% 以上。

（2）盈利能力比率。

①销售利润率。这一指标反映了企业每一单位的销售额可带来的利润数。其计算公式是：

$$销售利润率 = （销售总额-税金-销售成本）/销售总额$$

②资产收益率。这是反映企业每一单位的资产的盈利能力的指标。其计算公式是：

$$资产收益率 = 纯收益率/资产总额$$

③普通股收益率。这是反映企业普通股股东获利程度的指标。该指标对于企业的普通股股东而言具有重要的意义，也是最能反映企业实际盈利能力的指标。其计算公式是：

$$普通股收益率 = （扣除税款和利息后的纯收益-优先股股息）/普通股权益额$$

④股票市盈率。这是权益股票的市价与股票盈利水平的比率，它反映了投资者对该权益股票的偏好和对权益前景的信心。其计算公式是：

$$市盈率 = 每股市价/每股盈利$$

（3）结构性比率。

结构性比率包括负债比率、股东权益比率、偿还能力比率等。这些比率可从不同的方面来分析、评估企业的偿债能力。

①负债比率。负债比率是企业负债总额与资产总额的比率，它反映了企业的负债程度。其计算公式是：

$$负债比率＝负债总额/资产总额$$

②负债净值比率。这是企业负债总额与企业资本净值总额的比率。其计算公式是：

$$负债净值比率＝负债总额/资本净值$$

这一比率反映企业资本承担负债的能力。资本净值是企业最后的和可靠的清偿能力。这一比率越高，表明与企业资本净值相对应的负债越多，企业的负债程度越高，则偿债的压力或负担也就越重，最后有可能因负担过重而丧失清偿能力。

③流动负债率。这一指标反映了企业短期负债在全部负债中的比重。其计算公式是：

$$流动负债率＝流动负债/全部负债$$

这一比率越高，表明企业长期负债的负担较轻，因而，对长期负债的债权较有保障。但这一比率较高也反映了企业短期负债的偿债压力相对较大，因而需要有较多的流动资产来作为还款保证。

④流动资产率。这是企业流动资产与总资产或总负债的比率。其计算公式是：

$$流动资产率＝流动资产/总资产$$
$$流动资产率＝流动资产/总负债$$

这两个指标都用来反映企业以流动资产偿还债务的能力。其中，流动资产对总资产的比率还可以反映企业的固定资产率。在同行业内，这一比率越大，企业资产的流动性越好。流动资产的负债比率反映企业在不变卖固定资产的条件下以流动资产偿还债务的能力。

⑤股东权益比率。这一指标反映股东对资产的占有率。这一比率越高，说明股东实力越雄厚。其计算公式是：

$$股东权益比率＝股东权益/总资产$$

这一比率的倒数是财务杠杆倍数，其公式是：

$$财务杠杆倍数＝总资产/股东权益$$

这一比率反映一定量的资本能带动的资产数。这个比率越大，股东获得的杠杆收益就越多。这个比率越大，同时说明企业的资本比率越低，其承担的风险也越大。因此，在贷款决策时，一般要求企业将财务杠杆比率控制在一定的范围之内。

⑥偿还能力比率。这是企业在扣除利息和税收之前的利润与借款利息之比，用来反映企业支付贷款利息的能力。这一比率越大，其偿还利息的能力也越强。该比率也称利息保障倍数。其计算公式是：

偿还能力比率＝未扣除利息和税金前的利润/（利息费用+债务本金+优先股股息+租赁费用）

（4）经营能力比率。

经营能力比率主要是通过对各种周转比率的分析，来评估企业在各种业务活动中的效率及经营管理水平。

①资产周转率。这是企业的销售净额与资产总额的比率。其计算公式是：

资产周转率＝销售净额/资产总额

式中，销售净额是指销售收入减去销售退回和折扣的余额。资产周转率反映企业销售能力和全部资产的周转速度。这一比率越高，表明企业以一定的资产实现的销售收入越多，资产周转速度越快。

②固定资产周转率。这是企业销售净额与固定资产净值之比。其计算公式是：

固定资产周转率＝销售净额/固定资产净值

这是衡量企业固定资产利用率的财务指标，它表示每一单位销售额需要使用多少固定资产。这一比率越高，固定资产的利用率也就越高。但在具体运用这一指标时，要进行具体分析，主要原因是：一是即使销售额不变，由于固定资产净值减少，周转率也会呈上升趋势。而物价上涨时，销售额自然上升，周转率也随之上升。固定资产使用年限越长，其周转率越高，这同时表明企业的设备需要更新改造。二是当对不同企业的固定资产周转率进行对比分析时，由于采用不同的折旧计算方法，两个指标也会有所差别，其可比性不强。

③存货周转率。这是企业销售成本与平均存货额的比率。其计算公式是：

存货周转率＝销售净成本/平均存货额

其中：

平均存货额＝（年初存货额+年末存货额）/2

存货周转率是对企业现有存货流动性的估算，是衡量企业销售能力和存货是否过多的指标，它反映企业在一定时期内存货周转或变现的速度。存货周转率以次数来表示，次数越多，则变现速度越快，偿债能力也越强。这一指标在不同行业中是有差别的，各行业都有一个合适的存货周转率。低于行业平均周转率，表明存货流动性较差，而周转次数过多，也可能表明存货不足或断档，使企业失去销售机会。在分析这一指标时，还要注意计价方法对周转率的影响，在物价上涨时期，采用后进先出法要高于先进先出法。

④应收账款周转率。这是企业销售净额与应收账款平均余额的比率。其计算公式是：

应收账款周转率＝销售净额/应收账款平均余额

应收账款周转率反映企业应收账款的变现速度和收回赊销账的能力。这一比率越高，表明企业收账速度越快，资产流动性越高，偿债能力也越强。根据应收账款周转率，可进一步计算应收账款的账龄，也即收回应收账款的平均天数，即应收账款账龄＝360天/应收账款周转率。这一比率是用时间长短来衡量应收账款的周转速度和企业的收账能力。账龄越长，表明企业应收账款的周转速度越慢，企业有过多的资金滞留在应收账款上。

3. 现金流量分析

在商业银行贷款业务的实际操作过程中，经常出现这样的情况：一家盈利的企业可能因不能偿还到期贷款而面临清算，而一家亏损企业却能偿还贷款并继续维持经营。因此，判断一个企业是否能够偿还贷款，仅看其盈利能力是不全面的。利润是偿还贷款的来源，但不能直接用于偿还贷款。偿还贷款最实际、最可靠的是现金，因此商业银行最注重的是当时企业的现金流量。所以，商业银行对现金流量的分析在企业信用分析中具有十分重要的地位。

（1）现金流量。

现金流量是现金的流出量和流入量的总称。这里的现金包括两个部分，即现金和现金等价物。现金就是指企业的现金资产，包括库存现金、活期存款和其他货币性资金，但企业在使用中受到限制的存款和其他货币资金如已办理质押的活期存款、不能随时支取的定期存款等，不包括在现金范围内。现金等价物是指企业持有的期限短、流动性强、易于转换为已知金额现金、价值变动风险很小的投资。按照《国际会计准则第 7 号——现金流量表》的规定，一项投资被确认为现金等价物，应当是在证券市场上流通的 3 个月以内到期的债券投资。

根据我国的会计准则，现金流量的内容分为三个部分，即经营活动产生的现金流量、投资活动产生的现金流量和筹资活动产生的现金流量。每一种现金流量又都分为现金流出量和现金流入量。现金流入量与现金流出量的差额，就是现金净流量。其中，经营活动的现金流入包括企业的销货现金流入、利息与股息的现金收入、增值税销项税款和出口退税、其他业务现金收入；经营活动的现金流出包括企业购货现金支出、营业费用现金支出、支付利息、缴纳所得税和其他业务现金支出。投资活动的现金流入包括出售证券和固定资产所产生的现金收入及收回对外投资资本金；投资活动的现金流出包括企业购买有价证券和固定资产所产生的现金支出。融资活动的现金流入包括企业取得的短期和长期贷款以及发行股票或债券的现金收入；融资活动的现金流出则有分配股利和偿还借款本金的现金支出。

（2）现金流量表的编制与分析。

现金流量表的编制与分析方法主要有：

现金流量表是根据企业资产负债表和损益表的有关数据来编制的，它反映了企业在一定时期内现金流量的规模、方向和结构，商业银行可以据此评估企业的借款能力和财务实力。在现金流量表中，现金来源是指所有能增加现金（或相当于现金）资产的交易，现金运用是指所有会减少现金资产的交易，现金来源必须等于现金运用。在现金流量变动表中，任何负债的增加或非现金资产的减少都是现金来源，负债的减少和非现金资产的增加都是现金运用。股票的发行或盈余的净增加代表现金来源，营业收入也是现金来源，而现金支出、纳税和分红则是现金运用。这些项目的关系如表 4-1 所示：

表 4-1　现金来源与现金运用的关系

现金来源	现金运用
负债增加	负债减少
非现金资产减少	非现金资产增加
发行新股票	股票的偿付或退股
增加公积金	公积金减少
营业收入	现金支出
非现金费用	纳税
	红利分配

通过对企业的现金流量表测算，如果考察期该企业的现金流量大于 0，说明该企业

有一定的还款能力。判断企业现金流量是否足以偿还债务，还可以通过两个比率来衡量。这两个比率为

比率一：业务中的现金流量／（红利+到期的长期负债）

比率二：业务中的现金流量／（红利+到期的长期负债+年初短期负债余额）

如果比率一大于1，说明目前企业的偿债能力较强；如果比率二大于1，说明企业偿付能力很强，不仅能偿付现有债务，还能举借新债。根据现金流量的计算方法，我们还可以根据需要对企业在一年中的某一期间的现金流量进行计算，也可以对未来年度的现金流量进行测算，从而为估算企业短期偿债能力和未来偿债能力提供依据。

（三）贷款损失的控制与处理

商业银行发放贷款以后，由于各种原因，会产生或大或小的损失风险。为了有效地控制风险，商业银行应针对贷款的不同情况，对贷款进行科学的分类，并在此基础上，采取相应措施，防范贷款风险，控制贷款损失。

1. 贷款分类

为了准确地把握贷款风险，在贷款经营管理中，应对不同质量贷款进行分类管理。长期以来，我国银行采取的贷款分类办法是将贷款分为四个档次：正常贷款、逾期贷款、呆滞贷款和呆账贷款。这种贷款分类方法主要是以贷款是否逾期和逾期时间长短作为判断贷款风险大小的依据，实质上是对贷款风险的一种事后统计，不利于商业银行对贷款风险进行事前控制。

1998年起，根据中国人民银行制定的《贷款风险分类指导原则》，我国银行开始实行新的贷款五级分类办法，即从贷款偿还的可能性出发，将贷款分为五个档次，并且以此来评估贷款质量，揭示贷款的真实价值。新的贷款分类有：

（1）正常贷款。

正常贷款是指借款人一直能正常还本付息的贷款。商业银行对借款人最终偿还贷款有充分的把握，各方面情况正常，不存在任何影响贷款本息及时全额偿还的因素，没有任何理由怀疑贷款会遭到损失。

（2）关注贷款。

关注贷款是指借款人可以偿还贷款本息，但潜在的问题发展下去将会影响贷款的偿还的贷款。这类贷款的特征有：①宏观经济、市场、行业等外部环境对借款人的经营产生不利影响，并可能影响其偿债能力；②企业改制（如分立、租赁、承包、合资等）对银行债务可能产生不利影响；③借款人的主要股东、关联企业或母子公司等发生了重大不利变化；④借款人的一些关键财务指标如流动性比率、资产负债率、销售利率等低于同行业平均水平或有较大下降；⑤借款人未按规定用途使用贷款；⑥固定资产贷款项目出现重大的、不利于贷款偿还的调整，如基建项目工期延长、概算调整幅度较大；⑦借款人还款意愿差，不积极与银行合作；⑧贷款抵押或质押品价值下降，或银行对其失去控制，贷款保证人的财务状况出现疑问等；⑨银行对贷款缺乏有效的监督，银行信贷档案不齐全，重要文件遗失，且对还款造成实质性影响；⑩违反贷款审批程序，如越权发放贷款等。

（3）次级贷款。

次级贷款是指缺陷已很明显的贷款。具体表现为借款人正常经营收入已不足以保证还款，需要通过出售、变卖财产或对外融资乃至执行抵押担保来还款。这类贷款包括：①借款人支付出现困难，且难以获得新的资金；②不能偿还对其他债权人的债务；③借款人内部管理出现问题，妨碍债务的偿还；④借款人采用隐瞒事实等不正当手段套取贷款；⑤借款人经营亏损，净现金流量为负数；⑥借款人不得不通过拍卖抵押品、履行担保等来寻求还款资金。

（4）可疑贷款。

可疑贷款是指已肯定要发生一定损失的贷款。只是因为存在借款人重组、兼并、合并、抵押物处理和诉讼未决等特定因素，损失金额还不能确定。这类贷款包括：①借款人处于停产、半停产状态；②贷款项目如基建项目处于停建、缓建状态；③借款人已资不抵债；④企业借改制之机逃废银行债务；⑤银行已诉诸法律来收回贷款；⑥贷款经过了重组，仍然逾期，或仍不能正常归还本息，还款状况未得到明显改善。

（5）损失贷款。

损失贷款是指全部或大部分已经损失的贷款。其特征是：①借款人和担保人被依法宣布破产，经法定清偿后，仍不能还清贷款；②借款人死亡、失踪，以其财产或遗产清偿后，未能还清的贷款；③借款人遭受重大自然灾害和意外事故，损失巨大且不能获得保险补偿，确实无力偿还贷款；④经国务院专案批准核销的逾期贷款；⑤贷款企业虽未破产，工商部门也未吊销其营业执照，但企业早已关停，或名存实亡的由于体制原因和历史原因造成的债务人主体消亡而被悬空的贷款。

在上述五类贷款中，前两类属于正常贷款或基本正常贷款，而后三类则已出现明显的问题，属于不良贷款。

2. 不良贷款发生的表象

形成不良贷款的主要原因是借款人方面的因素。虽然在贷款发放时，借款人的情况是良好的，但随着各种因素的发展变化，借款人的财务状况和还款能力也会发生变化，从而给贷款带来风险。在实践中，我们可以看到，大多数借款人在违约之前，往往会表现出各种各样的不正常现象。如果信贷管理人员能够密切地监测借款人各方面情况的变化，就能给贷款提供预警信号，及时采取措施，防患于未然。

商业银行信贷人员通过对一些表面现象的分析，就可以确定是否会产生不良贷款。主要表象有：

（1）企业在商业银行的账户上反映的预警信号。如果企业在商业银行的账户上出现以下一些不正常现象，可能表明企业的还款出现了问题：①经常止付支票或退票；②经常出现透支或超过规定限额透支；③应付票据展期过多；④要求借款用于偿还旧债；⑤要求贷款用于炒作本公司股票或进行投机性活动；⑥贷款需求的规模和时间变动无常；⑦银行存款余额持续下降；⑧经常签发空头支票；⑨贷款的担保人要求解除担保责任；⑩借款人被其他债权人追讨债务，或索取赔偿；⑪借款人不能按期支付利息，或要求贷款展期；⑫从其他机构取得贷款，特别是抵押贷款。

（2）在企业财务报表上反映的预警信号。企业财务报表上如果出现以下情况，则可能存在影响贷款偿还的因素：①银行不能按时收到企业的财务报表；②应收账款的账龄明显延长；③现金状况恶化；④应收款和存货激增；⑤成本上升及收益减少；⑥销售上升但利润减少；⑦销售额下降得不合理；⑧改变或违反会计准则，如折旧计提、存货计价等；⑨主要财务比率发生异常变化；⑩呆账增加，或拒做呆账及损失准备；⑪审计不合格等。

（3）在企业人事管理及与商业银行的关系方面的预警信号。当企业在人事管理上出现一些异常变化时，也可能影响到贷款的安全。如：①企业主要负责人之间不团结；②企业管理人员对商业银行的态度发生变化，缺乏坦诚的合作态度；③在多家商业银行开户，或经常转换往来银行，故意隐瞒与某些银行的往来关系；④董事会、所有权发生重要的变动；⑤公司关键人物健康出现问题，且接班人不明确或能力不足；⑥主要决策人投机心理过重；⑦某负责人独断专行，限制了其他管理人员积极性的发挥；⑧无故更换会计师或高层管理人员；⑨对市场供求变化和宏观经济环境变化反应迟钝，应变能力差，用人不当，各部门之间不能相互协调配合，缺乏长远的经营战略，急功近利；⑩借款人婚姻、家庭出现危机等。

（4）在企业经营管理方面表现出来的预警信号。在企业的经营管理方面，如出现下述现象，当视为不正常现象：①经营管理混乱，环境脏、乱、差，员工纪律松散；②设备陈旧、维修不善、利用率低；③销售旺季过后，存货仍大量积压；④丧失一个或多个主要客户；⑤关系到企业生产能力的某些主要客户的订货变动无常；⑥企业的主要投资项目失败；⑦企业的市场份额逐步缩小，企业的生产规模不适当地扩大等。

3. 不良贷款的控制与处理

对于已经出现风险信号的不良贷款，商业银行应采取有效措施，尽可能控制风险的扩大，减少风险损失，并对已经产生的风险损失做出妥善处理。

（1）督促企业整改，积极催收到期贷款。商业银行一旦发现贷款出现了产生风险的信号，就应立即查明原因。如果这些信号表明企业在经营管理上确实存在问题，并有可能对贷款的安全构成威胁，商业银行就应当加强与企业的联系，督促企业调整经营策略，改善财务状况。如果经查实问题比较严重，商业银行信贷人员应及时向主管行长汇报，必要时可向上级行汇报。问题原因查清后，商业银行应与企业一起研究改进管理的措施，并由企业做出具体的整改计划，商业银行督促其实施。对于已经到期而未能偿还的贷款，商业银行要敦促借款人尽快归还贷款。如果借款人仍未还本付息，以种种理由为借口拖延还款，商业银行应主动派人上门催收。必要时，可从企业在商业银行的账户上扣收贷款。

（2）签订贷款处理协议，借贷双方共同努力，确保贷款安全。在所有已经出现风险信号的贷款中，最终不能偿还的贷款毕竟是少量的，大多数贷款通过采取有效措施，是可以全部或大部分收回的。因此，对于已经形成的不良贷款，商业银行要认真地分析企业还款能力不足的原因，与企业共同探讨改善经营管理、增强企业还贷能力的途径。在借贷双方协商一致的情况下，签订贷款处理协议，通过双方共同的努力，来保证贷款的安全。处理不良贷款的措施有：

①贷款展期。对于那些确因客观原因而使企业不能按期偿还的贷款，商业银行可以适当延长贷款期限，办理贷款展期。但根据规定，办理贷款展期的期限不超过原贷款期限；中长期贷款的展期期限，不得超过原贷款期限的一半，且最长不超过三年。

②借新还旧。在我国，有些贷款是作为企业铺底流动资金来使用的，这种贷款主要是依靠企业补充的资本金来偿还的。在企业没有足够的资本金补充理由的情况下，部分贷款将较长期地被企业占用。对于这种贷款，只要企业的生产经营基本正常，商业银行可以通过借新还旧的方式来处理。

③追加新贷款。有些贷款不能按时偿还的原因是由于企业生产经营资金或项目投资资金不足，不能形成生产能力或不能及时生产出产品而造成的。对于这种情况，商业银行应在充分论证，确认其产品有销路、有较好经济效益的前提下，适当追加贷款，并最终收回旧贷款和新贷款。

④追加贷款担保。商业银行发现贷款风险明显增大，或企业原提供的担保已不足以补偿贷款可能产生的损失时，商业银行应及时要求企业提供新的追加担保。追加担保，既可以是企业的财产抵押或质押，也可以是保证人担保。

⑤对借款人的经营活动做出限制性规定。如果借款人不能按期还本付息，银行认为有必要的时候，可以通过贷款处理协议，对借款人的经营活动做出限制性的规定，限制企业从事有可能影响银行贷款安全的活动。如在还贷以前不准进行设备和厂房投资、不准继续生产已经积压的产品等。

⑥商业银行参与企业的经营管理。对于那些因经营管理不善而导致贷款风险增大的企业，商业银行可以在贷款处理协议中要求允许商业银行官员参加企业的董事会或高级管理层，参与企业重大决策的制定，要求特别派员充当审计员，甚至可能要求撤换或调整企业现有的管理班子。

（3）落实贷款债权债务，防止企业逃废银行债务。为防止企业在改制过程中逃废银行债务，商业银行应区别企业重组的不同形式，明确并落实相应的债权债务。

①企业实行承包、租赁经营，发包方或出租方、承包方或租赁方必须在协议中明确各自的还贷责任，并办理相应的抵押、担保手续。对已设抵押或担保的财产，须经拥有抵押权或担保权的商业银行同意，方可承包、租赁经营。

②企业实行兼并时，被兼并方所欠贷款本息，由兼并企业承担；实行合并的企业的原有债务，由合并后新的企业承担。

③企业划分核算单位或分立时，分立各方在签订划分债权债务协议时，要经银行同意；无协议者，则由分立各方按资本或资产的划分比例承担相应的债务。

④企业实行股份制改造时，贷款银行要参与资产评估，核实资产负债，不准用银行贷款入股。对实行全体股份制改造的，所欠贷款债务由改造后的股份公司全部承担；对实行部分股份制改造的，所欠贷款要按改造后的股份公司占用借款企业的资本或资产的比例承担。如借款企业无力偿还贷款，该股份公司还要承担连带债务责任。

⑤企业实行合资经营时，应先评估，后合资。用全部资产合资的，合资企业要承担全部贷款债务；用部分资产合资的，合资企业要按资本或资产的划分比例承担贷款债务。如借款企业无力偿还贷款，该合资企业要承担连带债务责任。借款企业未经银行同意，不能动用已向银行设立抵押权的资产，只能按照规定以自有资金或自有资金的一定比例与其他企业合资。

⑥企业被有偿转让时，转让收入要按法定程序和比例清偿贷款债务。企业已设定抵押权或其他担保权的财产，不得转让。

⑦企业解散时，要先清偿债务，并经有关部门批准。在贷款债务未清偿以前，不得解散。

⑧企业申请破产时，商业银行要及时向法院申报债权，并会同有关部门对企业资产和债权债务进行全面清理。对破产企业已设定财产动用或担保的贷款应优先受偿；无财产担保的贷款按法定程序和比例受偿。

（4）依靠法律武器，收回贷款本息。当借款人不能按期偿还贷款，或经过银行努力催收后仍不能收回贷款本息的，商业银行就应当依靠法律追偿贷款。首先，如果借款人无力还款，商业银行应依法处分贷款抵押（质押）物，或追究保证人的担保责任，由处分抵押（质押）物的收入或保证人的收入归还贷款本息。如果抵押（质押）物的处分收入或保证人的收入仍不足以还贷且贷款没有设定担保责任，商业银行应当对借款人或贷款保证人提起诉讼，请求法庭予以解决。

由于通过法庭解决债务问题，需要花费一定的诉讼成本，因此，商业银行在诉诸法律以前，应当做出利弊权衡。如果所欠债务数量不大，或即使胜诉也不可能追回贷款，商业银行可主动放弃诉讼，改用其他方式追偿。商业银行在向法院提起诉讼之前，应当对借款人和保证人的财产和收入情况进行调查。如果经调查，其财产和收入的确存在，则应在胜诉以后，通过没收财产、拍卖资产、扣押收入和清算债务等方式，抵偿贷款本息。

（5）呆账冲销。经过充分的努力，最终仍然无法收回的贷款，应列入呆账，由以后计提的贷款呆账准备金冲销。按目前我国的做法，呆账准备金按年初贷款余额1%的差额提取。呆账准备金由各商业银行总行统一掌握。各分支机构将有关的呆账资料报送各商业银行总行，并经各有关总行审核、批准后，从呆账准备金中冲销。

第三节 商业银行证券投资业务

商业银行的证券投资已成为商业银行重要的资产业务，它不仅为商业银行带来丰厚的利润，还在银行流动性管理、资源优化配置以及合理避税等方面起到了积极作用。

一、商业银行证券投资的功能

商业银行的总目标是追求利润最大化，商业银行证券投资的基本目标是在一定风险水平下使投资收入最大化。基于这个基本目标，商业银行证券投资的主要功能有：

（一）获取收益

商业银行贷款的发放受到诸多因素的限制，商业银行必须找到新的资金出路来获取收益，证券投资是商业银行的资金产生效益的投资途径。商业银行证券投资的收益包括利息收益和资本收益。利息收益是指银行购买一定量的有价证券后，依证券发行时确定的利率从发行者那里取得的收益。资本收益则是指银行购入证券后，在出售时或偿还时收到的本金高于购进价格的余额。商业银行证券投资的收入扣除资金成本后就得到银行投资利润。

（二）分散风险

商业银行资产管理的核心就是控制风险，而降低风险的一个做法是实行资产分散化以分散风险。商业银行证券投资在分散风险方面有特殊的作用。一是证券投资为银行资产分散提供了一种选择，因为这是一个新的资金运用途径。二是证券投资选择面广，可以更加灵活和分散，而且证券投资不受地域限制，可以购买全国甚至购买全世界的各种证券。三是证券投资独立性强，可以更有效地分散风险从而降低风险。

（三）保持流动性

商业银行的现金资产具有高度的流动性，在流动性管理中具有重要作用。但现金资产无利息收入，为保持流动性而持有过多的现金资产会增加银行的机会成本，降低盈利性。流动性很强的短期证券是商业银行理想的高流动性资产。它们既可以随时变现，又有一定的利息收入，是商业银行流动性管理中的二级准备。

（四）合理避税

商业银行投资的证券大都集中在国债和地方政府债券上，而国债和地方政府债券往往享有减免税收的优惠政策，故银行可以利用证券组合达到避税的目的，使收益进一步提高。

二、商业银行证券投资的主要类别

近年来，随着金融市场上不断推出新的投资工具和银行业经营范围的扩大，类似的可供银行选择的证券投资种类越来越多。主要有以下几种：

（一）政府债券

政府债券有三种类型：中央政府债券、政府机构债券和市政政府债券。

（1）中央政府债券是指由中央政府的财政部发行的借款凭证。按照其发行的期限长短可分为国库券（tressury bill）和中长期国债（treasury notes and bonds）。其中国库券是政府发行的短期债券，期限为 1 年以内，所筹集资金主要用于中央政府财政预算平衡后的临时性开支。由于国库券期限短、风险低、流动性高，因此其成为商业银行流动性管理中的重要工具。国库券往往不含票息，也称零息债券，其交易以贴现的方式进行。中长期国债是政府发行的中长期债务凭证，2~10 年为中期国债，10 年以上为长期国债，所筹集资金用于平衡中央财政预算赤字。中长期国债多为含息票证券。

中央政府债券与其他证券相比具有以下特点：一是安全性高。中央政府债券是所有证券中风险最低的。中央政府债券是以国家信用作为担保的，所以拒付的可能性很小，按期回收本息的可靠程度很高。二是流行性强。中央政府债券风险小，安全性高，转手比较容易。而且，其供给需求弹性均较稳定，不存在大起大落的价格变化。三是抵押代用率高。商业银行可以将持有的中央政府债券作为向中央银行再贷款的抵押品。

（2）政府机构债券是指除中央财政部门以外其他政府机构所发行的债券，如中央银行发行的融资券、国家政策性银行发行的债券等。政府机构证券的特点与中央政府债券十分相似，违约风险很小，故在二级市场上的交易十分活跃。

政府机构债券通常以中长期债券为主，流动性不如国库券，但它的收益率比较高。它虽然不是政府的直接债务，但通常也受到政府担保，因此债券信誉比较高，风险比较低。政府机构债券通常要缴纳中央所得税，不用缴纳地方政府所得税，税后收益率较高。

（3）市政债券是由地方政府发行的，所筹资金多用于地方基础设施建设和公益事业发展。市政债券就其偿还的保障来讲，划分为两类：第一类称一般义务债券（general obligation bonds），这种债券的本息偿还由地方政府征税能力做保证；第二类为收益债券（revenue bonds），这种债券的本息偿还以所筹资金投资项目的未来收益作保证。由于地方政府的财政状况差异较大，地方征税能力大大弱于中央政府，故这类债券有一定的违约风险。为了在不提高成本的前提下顺利筹措所需资金，地方政府往往采取减税和免税的优惠政策，使投资者增加收益，故这种债券的实际收益率并不低。

地方政府债券的发行和流通市场不如国家债券活跃，除了一些信用较好的地方政府发行的债券可以在全国范围内发行并流通外，大部分都集中在本地，流动性不强。

（二）公司债券

公司债券是企业对外筹集资金而发行的一种债务凭证。发行债券的公司向债券持有者做出承诺，在指定的时间按照票面金额还本付息。公司债券可分为两类：一类是抵押债券，是指公司以不动产或动产抵押而发行的债券，如债券到期公司不能还本付息，债务人就可以依法请求拍卖抵押品，将所得收入偿还债务人；另一类是信用债券，是指公司仅凭信用发行债券。一般情况下，只有那些信誉卓著的大公司才有资格发行信用债券，因为大公司实力雄厚，信誉度高，容易被投资者所接受。而那些中小型公司由于不具备大公司的优势，只能发行抵押债券。

由于公司经营状况差异很大，且市场变化无常，故公司债券违约风险较大。为了保障商业银行投资的安全，许多国家在银行法中规定，仅允许商业银行购买信用等级在投资级别以上的公司债。对于何为投资级别的信用等级，在各国有一定差别，例如在美国，规定投资级别的债券是指权威信用评估机构所评信用等级在 BB 以上的债券。

（三）股票

股票是股份公司发给股东证明其投资并凭以领取股息的凭证，是资本市场上的长期投资工具。股票的投资者即为股份公司的股东，股东在法律上有参加企业管理的权利，有权分享公司的利益，同时也要分担公司的责任和风险，但是无权向公司要求退回投资的股金。投资者购买股票后不能退股，但可以通过股票市场转让股权，收回投资的股本。

股票是代表财产所有权的有价证券，股票的收益除股息、红利外，还有买卖股票的差价收益。股票的市场价格受多种因素的影响，不仅取决于预期的股息率，还受到股份企业的经营状况、国家的政治局势、政府的经济政策和投资者的心态等多种因素的影响。由于股票的风险较大，因而大多数西方国家在法律上都禁止商业银行投资工商企业股票，只有德国、奥地利、瑞士等少数国家允许。但是，随着政府管制的放松和商业银行业务综合化的发展，股票成为商业银行的投资对象已是必然趋势。

（四）商业票据

商业票据是在商业交易基础上产生的、用来证明交易双方的债权债务关系的书面凭证。如果是由一家信誉卓著的大公司发行的商业票据，那么它的安全性可能要比企业贷款高，而且由于期限短、流动性强，适合银行提高资产流动性的需要。商业票据分为商业汇票和商业本票两种形式。商业汇票是由债权人签发的要求债务人按约定的期限向指定的收款人或持票人支付一定金额的无条件支付命令，往往由商品交易的卖方签发。由于商业汇票是由债权人签发的，因此必须经过承兑才具有法力效力。所谓承兑，是指票据到期前，付款人承诺在票据到期日支付票据的行为。具体做法是：付款人在票据上注明"承兑"字样和承兑日期并签章。由债务人承兑的汇票称为商业承兑汇票；由银行受债务人委托承兑的汇票称为银行承兑汇票。商业本票是债务人向债权人签发的、承诺在约定的期限内支付一定款项的债务凭证。由于商业本票是由债务人签发的，因此无须承兑。商业本票往往由实力雄厚、信誉卓著的大公司签发。

目前，较为发达的商业票据市场是欧洲票据市场和美国票据市场。我国金融市场尚处于初级阶段，证券种类发展不完善。目前我国商业银行证券投资可供选择的品种有国库券、重点建设债券、财政债券、国家建设债券、基本建设债券、特种国债、保值公债和金融债券、国家重点企业债券和地方企业债券等。

三、银行证券投资的风险和收益

银行证券投资强调在把风险控制在一定范围内的前提下，通过组合投资技术使投资收益最大化。在金融市场上，投资风险指投资者投资对象未来收益的不确定性。潜在的投资风险与潜在的投资收益正相关。

（一）证券投资的风险类别

商业银行证券投资的风险是指商业银行在进行证券投资中存在的本金或收益损失的可能性。证券投资遭受损失的可能性越大，风险就越大。在商业银行经营总原则指导下，商业银行证券投资组合管理的目标是在控制风险的前提下增加收益。主要投资风险有：

1. 信用风险

信用风险是指债务人到期不能偿还本息的可能性，故也称违约风险。这种风险主要受证券发行人的经营能力、资本大小、事业的前途、稳定性等因素的影响。

由于商业银行投资主要集中在政府证券上，这类证券多以财政税收作为偿付本息保障，故违约风险不高。商业银行证券投资中还有一部分是公司债券和外国债券，这部分债券存在着违约的可能性。

2. 通货膨胀风险

通货膨胀风险是指由于不可预期的物价波动而使证券投资实际收入下降的可能性。商业银行投资主要购买固定利率收入债券，当物价上涨率超过所投资证券的税后收益率时，商业银行投资产生实际损失。需强调的是，不可预期的物价上涨对商业银行的影响很大，如果投资决策中未将通货膨胀溢价因素给予恰当考虑，当通货膨胀率超过预期物价上涨率时，商业银行投资收益将大幅度下降。

3. 利率风险

利率风险指由于市场利率水平波动而引起证券价格变动，从而给商业银行证券投资造成资本损失的可能性。利率波动从两个方面为商业银行证券投资带来风险：第一，债券市场价格与市场利率反向变动，固定收入债券的价格随利率上升而下降。当银行因各种需要而在未到期前出售证券时，有可能因市场价格下降而产生资本损失。债券价格随市场利率波动的程度依各种债券的期限和特性而定。一般来讲，最终偿还期越长，息票支付水平越低，则证券市场波动幅度越大。第二，商业银行重投资的收益水平会因利率下降而减少。在利率下降过程中，商业银行投资证券的息票收入和到期证券本金偿还有可能不得不按较低的市场利率重投资。

4. 流动性风险

流动性风险指商业银行投资的某些证券由于难以交易而使商业银行收入损失的可能性。有些证券由于发行规模小或其他特征，使其可交易性大大降低。银行若需中途出售，将不得不大幅降低价格才有可能吸引其他投资者购买。

（二）商业银行证券投资收益的计算

商业银行证券投资收益主要来自证券利息收入和资本收入两个方面。这些收益根据不同计算标准形成不同的收益率。

1. 票面收益率

票面收益率有三种：

第一种是在证券票面上及证券上（或发行证券时）标明的收益率。如证券票面上标有年利率 10%的字样，这 10%就是该证券的票面收益率。

第二种是票面规定的收益额与票面面额之间的比率。这种证券票面上并未标明收益率但附有息票，载明每期支付利息的数额，每期减下息票兑取利息，用利息除以本金，就可以得到利息率，即票面收益率。

第三种是预扣利息额与票面金额的比率。这种证券票面上并未标明收益率或利息额，而是通过贴现发行预先扣除应付的利息。这种收益率是贴现利息率。票面收益率的计算公式为

$$票面收益率 = 年息票利息 / 债券面值 \times 100\%$$

2. 当期收益率

当期收益率是指证券票面收益额与证券现行市场价格的比率。有价证券的价格并不总与其票面价格一致，它会随着市场行情的变化而变化，往往与债券面值不一致。这时如果仍然使用票面收益率，就不能真实地反映证券的收益状况。当期收益率的计算公式为

$$当期收益率 = 当期年息票利息 / 当期证券市场价格 \times 100\%$$

这一收益率考虑了证券市场价格的变化，更能反映证券的实际收益水平。

3. 到期收益率

到期收益率是考虑了证券的票面收益、票面价格、购买价格及到期期限价格等因素后得出的，更为精确和全面。

它的计算方法是：用证券利息收入加上证券资本收益（或减损失）每期分摊额，然后除以证券平均价格。其中，证券资本收益（或损失）的平均每期分摊额是用证券购入价格与到期余额（或出售证券时的价格）之间的差额除以持券期间。到期收益率的计算公式为

$$到期收益率 = \frac{每期利息 + （到期出售价格 - 购入价格）/ 持券期间}{（购入价格 + 到期出售价格）/ 2} \times 100\%$$

式中，持券期间是指银行实际持有证券的时间，既不是证券的发行日至到期日时间，也不是银行购入日至到期日的时间。

到期收益率充分反映了证券的购入成本、票面价值、票面收益率、持券时间及出

售价格等因素，反映了银行在证券投资上实际获得的全部收益或者亏损。因此，这一收益率又被人们称为实际收益率。

四、商业银行的证券投资策略

商业银行证券投资策略是指银行将投资资金在不同种类、不同期限的证券中进行分配，尽可能对风险和收益进行协调，使风险最小而收益率最高，从而做到有效证券组合。商业银行证券投资的主要策略有分散化投资法、期限分离法、灵活调整法和证券调整法。

（一）分散化投资法

分散化投资法是指商业银行不应把投资资金全部用来购买一种证券，而应当购买多种类型的证券，这样可以使商业银行持有的各种证券收益和风险相互抵消，从而使银行能够稳妥地获得中等程度的投资收益，不会出现大的风险。证券投资分散主要有以下四个方法：期限分散法、地域分散法、类型分散法、发行者分散法。

1. 期限分散法

期限分散法是指在证券的期限上加以分散，将资金分别投入各种期限的证券上。因为证券的价格和利率之间有反向变化的关系，所以如果持有证券的期限太过集中，那么利率变动时，这种组合的风险防范能力就较低，从而使投资资金遭受损失。如果投资资金在各种期限的证券上分散，那么在利率变化时，各种证券的价格变化方向不一致，从而可以抵消价格的变化，使资金不致遭受重大损失。

商业银行证券投资在期限上分散的主要方法是梯形期限法，即根据商业银行资产组合中分布在证券上的资金量，把它们均匀地投资在不同期限的同质证券上，在由到期证券提供流动性的同时，可由占比重较高的长期证券带来较高收益率。由于该方法中的投资组合很像阶梯形状，因此得名。

梯形期限法是中小银行在证券投资中较多采用的，其优点表现在：①管理方便，易于掌握。商业银行只需将资金在期限上均匀分布，并定期进行重投资安排即可。②商业银行不必对市场利率走势进行预测，也无需频繁进行证券交易业务。③这种投资组合可以保障商业银行在避免因利率波动出现投资损失的同时，使银行获取至少是平均利润率的投资回报。

梯形期限法具有以下几个缺陷：①过于僵硬，缺少灵活性。当有利的投资机会出现时，不能利用新的投资组合来扩大利润，特别是当短期利率提高较快时。②作为二级准备证券的变现能力具有局限性。由于实际偿还能力为 1 年的证券只是 $1/n$，故有应急流动性需要时，商业银行出售中长期证券有可能出现投资损失。

2. 地域分散法

地域分散法是指商业银行不止购买某一地区发行的证券，而是购买各地发行的证券，使商业银行能够避免由于某一地区经济衰退而给投资业务造成重大损失的可能性。

3. 类型分散法

类型分散法是指商业银行持有的证券不是集中于某一种类证券，而是由各种类型的证券构成，如工业、农业、交通业等。由于各种类型的证券价格变动是不一致的，投资于多种类型的证券将使银行免受因集中投资于某一种证券而该证券价格下跌对商业银行资产造成的损失。

4. 发行者分散法

发行者分散法是指商业银行所持证券的债务人要多种多样，而不能集中投资于某一债务人发行的债券，其目的同样是为了分散投资风险。

（二）期限分离法

期限分离法和分散化投资法正好相反。分散化投资法是将全部资金平均分摊在从短期到长期的各种证券上，而期限分离法是将全部资金投放在一种期限的证券上，或短期或长期。如果商业银行投资的证券大幅度上涨，那么商业银行会得到很高的收益；但如果商业银行投资的证券价格大幅度下降，那么商业银行将遭到巨大损失。由此可以看出，这种投资方法具有很大的风险，不能保证商业银行获取中等程度的收益；但商业银行一旦获利，收益也会很高。期限分离法有三种不同的战略：短期投资战略、长期投资战略和杠铃投资战略。

1. 短期投资战略

短期投资战略是指银行在面临高度流动性需求的情况下，且银行分析认为，一段时期内短期利率将趋于下跌，那么银行就把其绝大部分投资资金全部投放在短期证券上，几乎不购买其他期限的证券。这种投资战略具有高度的灵活性和流动性，当银行需要资金时，可以迅速地把短期证券卖出。但是，这种投资战略的收益性要取决于证券市场上利息率变动的情况。如银行购买证券后市场上短期利率普遍下跌，短期证券的价格就会上涨，银行就会获得资本收入；反之，如果市场短期利率上升，则短期证券价格下跌，银行就会遭到较大的损失。

2. 长期投资战略

长期投资战略是银行将其绝大部分资金投资于长期证券上，几乎不持有任何其他期限的证券。由于长期利率的变化并不频繁，从而长期证券的价格波动不大，银行投资的资本收入和损失不太明显，而且长期证券票面收益率比其他期限的票面收益率都要高，所以这种投资战略可使银行获得较高的收益。但是，长期投资战略缺乏短期投资战略的灵活性和流动性，商业银行在需要现金时难以转手长期证券，或者在证券转让时可能遭到较大的资本损失，所以，商业银行一般在其流动性需求较低时才会采取这种战略。

3. 杠铃投资战略

杠铃投资战略是把证券划分为短期债券和长期证券两个组别，商业银行资金只分布在这两类证券上，而对中期证券一般不予考虑。这种证券组合结构反映在图上形似杠铃，故得此名。杠铃投资战略要求所投资长期证券在其偿还期达到中期时就卖出，并将其收入重投资长期证券；所投资短期证券到期后若无流动性补充需要，再投资于短期证券。短期证券的期限由银行根据货币市场状态和证券变现能力自行决定，但一般在 3 年以内，而长期证券的期限则在 7~8 年以内。杠铃投资战略能使商业银行证券投资实现流动性、灵活性和盈利性的高效组合。

短期证券保证了商业银行的流动性，长期证券的收益率较高，其投资组合的收益率不低于在梯形结构方法下的投资组合收益率。特别是在利率波动时，投资损益相互抵销。如果市场利率普遍上升，那么长期证券市价下跌，出售长期证券时资本利得会减少，但到期短期证券的本利和未来收入却可以按不断上升的市场利率重投资；当市场利率下降时，短期证券重投资的收益率会降低，但长期证券市价上升，出售时的资本利得提高。杠铃投资战略比其他投资方法更符合商业银行流动性、安全性、盈利性原则的效率要求。但该方法对商业银行证券转换能力、交易能力和投资经验要求较高，对那些缺乏这方面能力和人才的商业银行来讲，其他方法也许更为有效。

（三）灵活调整法

灵活调整法是针对分散化投资法和期限分离法在投资中资金转换灵活度差的特点，实施一种依情况变化而随机组合、灵活调整的方式。它的基本内容是，商业银行的投资不固守一个模式，而是随着金融市场上证券收益曲线的变化随时调整。当商业银行预期长期利率将下降，长期证券的价格将上涨时，商业银行就把短期投资资金转移到长期证券上；当商业银行预期短期利率将下降，短期证券的价格将上涨时，商业银行就把长期投资资金转移到短期证券上。

灵活调整法完全由商业银行通过对各种证券收益曲线的分析，预测未来市场利率的变化趋势，从而相继做出投资组合的调整。对于一般的商业银行来说，如果没有太大的把握是不会采取灵活调整法的，只有那些资本规模较大、投资分析能力较强的大商业银行，才会将其作为增加收入的方法。

（四）证券调整法

证券调整法是指当市场处于暂时性不均衡而使不同证券产生相对的收益方面的优势时，用相对劣势的证券调换相对优势的证券以套取无风险的收益。调整的主要方法有以下几种：

（1）价格调换。价格调换是指银行发现市场上有一种证券与自己已持有的证券在票面收益率、期限、风险等级和其他方面都一样，只是市价比较低时，就出售自己持有的证券来换取这种证券，以赚取价格差异。

（2）收益率调换。收益率调换是指银行发现市场上有一种证券与自己已持有的证券在期限、票面价值、到期收益率、风险等级等其他方面都一样，只是票面收益率比较高时，就出售已持有的证券来换取这种证券，以获得证券投资的收益。

（3）市场内部差额调换。市场内部差额调换是指如果两种证券在期限、票面利率、风险等级等各方面，除了其中一项不同外其他各项都一样，而这项不同将产生不同的价格或者收益影响，就可以将所持有的价格或者收益较差的证券调换为较好的证券。

（4）利率预期调换。当市场利率发生变化时，对不同证券的影响是不同的，根据对利率走势的预测，将因利率变化对收益率产生较差影响的证券调换成产生较好影响的证券。

（5）减税调换。有的西方国家规定，证券交易的收益要缴纳一定的所得税，缴纳方法一般是超额累进制，即收益每增加一个等级，纳税等级就增加一级。银行为了少缴税额，经常采用减税调换的方式。在银行的资本收益达到或超过某一限额时，将自己手中持有的价格下跌的证券在市场上出售，使银行在资本上受到一定损失，但使银行的资本收益保持在一定的限额之下，适用较低的所得税税率，从而使银行获得更多的净收益。

复习与思考题

1. 简述商业银行的贷款种类。
2. 简述商业银行的贷款政策。
3. 影响商业银行贷款定价的因素有哪些？
4. 简述商业银行证券投资的功能。
5. 商业银行证券投资的种类有哪些？

第五章

商业银行中间业务

学习目标

◆了解中间业务的概念和分类。

◆掌握中间业务各分类业务的经营内容。

◆熟悉支付结算方式和结算工具。

第一节　商业银行中间业务概述

一、中间业务和表外业务的概念

商业银行的中间业务是商业银行利用其机构、信息、技术、信誉和资金等优势，不动用自身资金，代理客户承办支付和其他委托事宜，并据以收取手续费和佣金的一种业务。其主要业务有结算、代理、咨询、信托等业务，其服务对象是各类银行及非银行金融机构、企事业单位、社会团体和个人。

商业银行的表外业务是指商业银行从事的，按通行的会计准则不列入资产负债表内，不影响其资产总额，但能影响商业银行当期的损益，改变商业银行的资产报酬率的经营活动。商业银行的表外业务主要包括贷款承诺、担保、互换、期货、期权、远期合约等。

广义上的中间业务包括表外业务，但中间业务和表外业务既有联系，又有区别。中间业务和表外业务的联系，主要表现在：

（1）中间业务和表外业务都是收取手续费的业务。手续费是商业银行向客户提供各种金融服务所得的报酬和佣金，扩大了商业银行的利润来源，增强了商业银行的盈利能力，这是商业银行开展中间业务和表外业务的根本动力。

（2）中间业务和表外业务都是以接受委托的方式开展业务活动。中间业务的特点是不直接作为信用活动中的一方出现，不动用或少动用商业银行自己的资金，不以债权人或债务人的身份进行融资活动，只是以中间人身份提供各种金融服务；表外业务也是一种受托业务。

（3）中间业务和表外业务的透明度很低。中间业务和表外业务大多不反映在资产负债表上，其规模和质量不在财务报表上反映，金融管理当局难以了解银行整体的经营水平，从而使整个业务经营透明度降低。

中间业务和表外业务的区别，主要表现在：

（1）中间人的身份不同。中间业务是银行利用自身的机构、技术、设施和信息等优势开展的中介性服务，既不是资产业务，也不是负债业务；在开展业务时，商业银行都是以交易双方当事人之外的第三方身份接受委托，为第三方办理委托事项的业务；表外业务的初衷不仅仅是获取手续费和佣金收入，更多的是转移或防范风险，使得业务中间人角色发生变化，成为交易双方中的一方，即交易的直接当事人。

（2）风险程度不同。中间业务只是按照客户要求办理相关业务，属于代理性质，商业银行只承受操作风险，因此风险较小；表外业务风险相对较大，如贷款承诺一旦变为实际的贷款业务，如果银行资金紧张，那么就很可能发生流动性风险。

（3）受金融监管部门的管理严格程度不同。中间业务由于在经营过程中，只面临操作风险，并不存在利率风险和信用风险，金融监管机构监管相对宽松，而表外业务则金融监管严格。

（4）发展的时间长短不同。中间业务与银行资产负债业务相伴而生，长期存在，而表外业务发展时间在近20年，时间较短。

西方发达国家商业银行中间业务的发展，经历了从不自觉阶段发展到自觉阶段的历程。20世纪80年代以后，随着世界经济的发展，国际资本流动频繁，汇率、利率波动剧烈，出现了金融创新，也极大地刺激了商业银行中间业务的发展，中间业务收入已是银行营业收入的重要来源，如英国汇丰银行等国际先进银行在非利息收入中，中间业务占比在40%~70%。国际先进银行的发展经验表明，要保证商业银行可持续发展，应严格控制信贷等资产负债业务，大力发展中间业务。中间业务收入同银行盈利能力呈正相关关系，发展水平越高的银行中间业务占比越高。研究资料表明，近年来汇丰银行等国际先进银行在非利息收入高达40%的基础上，仍保持了中间业务年均17.4%的增长，远高于其他资本总额年均7.8%的增速。同业已将中间业务作为经营结构转型的标杆，作为长期发展战略的重要内容。

二、中间业务发展的原因

20世纪70年代以后，商业银行中间业务得到迅速发展，既有外部金融环境的因素，也有商业银行内部经营策略的因素。其主要原因有：

（一）规避资本管制，增加盈利渠道

在20世纪70年代，西方许多发达国家为了维护商业银行体系安全，就开始对商业银行的资本规模提出了要求，特别是英、美等国，美国在20世纪70年代还提出了著名的"纽约公式"，对商业银行的资本需要量做出了具体的规定。

1988年7月，美国、英国、法国、意大利等12国中央银行在瑞士巴塞尔签署了

《巴塞尔协议》，对商业银行的资本结构和各类资产风险权数做出了统一的规定。它一方面起到了保护商业银行经营管理安全的作用，使商业银行不一味追求资产的规模，而要注重资产的质量管理；另一方面也限制了表外业务的发展，从而使银行的盈利水平受到限制。商业银行为了维持银行的盈利水平，纷纷设法规避资本管制给银行经营管理的限制，注重发展对资本没有要求或资本要求很低的中间业务，使得银行在不增加资本的情况下，仍可以扩大业务规模，增加收入，提高银行的盈利水平。

（二）适应金融环境变化，扩展业务范围

20 世纪 70 年代中期以来，西方主要发达国家放松了对金融的管理限制，使金融环境发生了变化。主要变化表现在两方面：一是由于减少了对证券交易的限制，促进了融资证券化发展；二是金融监管机构逐步放松了对利率的管制，促进了利率市场化。

融资证券化给非银行金融机构和非金融机构大量进入证券市场提供了方便，投资银行业有了长足的发展，直接融资规模迅速扩大，这些非银行金融机构和非金融机构通过发行利率水平较高的有价证券，吸引了大量的社会资金，以此和银行争夺资金来源，导致"脱媒"现象出现，使商业银行的资金来源减少，直接威胁着商业银行的生存和发展。

利率市场化虽然使商业银行获得了决定存贷利率的自主权，但是商业银行的资金成本要受到许多限制。在通常情况下，商业银行不可能通过大幅度提高存款利率来争夺资金；同时，商业银行为了保持一定的利差收益，也不可能大幅度降低贷款利率水平；再加上商业银行的审查又比较严格，在直接金融较快发展的情况下，资金需求者在融资市场上的选择余地较多，因此，商业银行原来拥有的贷款需求市场不断受到"蚕食"。

在融资证券化和利率市场化的环境中，商业银行资产来源减少，商业银行存贷差缩小，商业银行的资产运用受到诸多限制，商业银行经营又面临着更大的困难。许多商业银行因无法摆脱此种困境而步履维艰，一些中小商业银行被迫关门；一些资产实力雄厚、规模较大的商业银行依靠自身客户众多、技术先进、信息灵通、人才优秀、信誉良好、实力雄厚、经验丰富、资金充裕等优势，扩展经营业务范围，选择和转向开展中间业务的经营，从而促使了中间业务迅速发展。

（三）改变经营策略，转移和分散风险

自 1973 年布雷顿森林体系瓦解后，各主要资本主义国家普遍实行浮动汇率制，汇率多变又给各国商业银行的国际业务和外汇头寸管理带来重重困难，商业银行经营经常要面对汇率变动带来的风险；同时，国际市场又爆发了石油危机，加剧了西方发达国家的滞胀，也使许多国家陷入国际收支不平衡的困境。进入 20 世纪 80 年代，又发生了拉美国家债务危机，严重影响了国际商业银行的资产质量和资信等级。在商业银行资信等级下降的情况下，商业银行的存款来源减少，商业银行面临着资金缺口扩大、流动性风险增大的问题。这些问题的出现，迫使银行寻找新的经营方式和经营策略，以达到分散风险的目的，而中间业务如互换、期货、期权等则有分散风险或转移风险的功能，给商业银行提供了控制资金成本和套期保值的投资手段，中间业务也因此而有了较大的发展。

（四）发展金融创新服务，满足客户多样化需要

中间业务具有多样性、灵活性，只要交易双方同意，便可达成交易协议。随着金融管制放松和金融自由化，金融创新也层出不穷，各种非银行金融机构也相继推出许多集融资与服务于一体的金融业务，资金来源越来越广泛。客户对商业银行的需求不再仅仅局限于借款，同时也对商业银行的服务提出了更多的要求，客户往往在向商业银行存款或借款的同时，要求银行能为他们提供各种防范风险和转移风险的方法，使他们能避免或是减少因利率、汇率波动造成的损失。商业银行为了巩固和客户的关系，便大力发展代理客户进行的金融衍生工具业务，这也推动了中间业务的发展。

（五）发挥银行自身优势，促进中间业务发展

商业银行在从事中间业务中有其独特的有利条件。和其他金融机构相比，商业银行的优势在于机构众多、信誉良好、技术先进、资金雄厚等，并且具有规模经济效益，集聚大量优秀的专业人才。这些优势使得商业银行在从事中间业务中成本较低，风险相对较少，容易取得客户的信任。特别是商业银行为往来客户办理担保业务，就是充分利用商业银行资产雄厚、信誉良好等优势，不动用商业银行自身的资金，成本支出较低。同时，客户得到商业银行的担保，所支付费用也比较低廉，对客户也具有较大的吸引力。因此，商业银行从事中间业务，既加强了与客户的联系，又获取了良好的经济效益，共同促进了中间业务的发展。

（六）广泛应用信息技术，推动中间业务发展

20世纪80年代以来，计算机技术的应用和信息产业的迅速发展，对商业银行中间业务的开展起了广泛的积极的推动作用。信息技术在商业银行业务中得到广泛运用，数据处理计算机化、资金划拨电子化、信息传递网络化，乃至出现了网络银行和电子银行，既大大地加快了银行处理业务的速度，同时也为商业银行从事中间业务获得较高经济效益提供了帮助。借助于信息网络和先进的信息处理技术，商业银行还可以推出许多金融工具，对风险进行比较准确的预测，提高了风险监控效果。商业银行可以在更广阔的市场上大力发展各种服务性的业务和金融衍生工具交易，为客户提供更有效的财务管理、投资咨询业务，从而使商业银行中间业务规模逐步超过了其传统的业务，中间业务成了商业银行经济效益新的增长点。

三、中间业务的种类

（一）支付结算类中间业务

支付结算类业务是指由商业银行为客户办理因债权债务关系引起的与货币支付、资金划拨有关的收费业务。

1. 结算工具

结算业务借助的主要结算工具包括银行汇票、商业汇票、银行本票和支票。

（1）银行汇票是出票银行签发的、由其在见票时按照实际结算金额无条件支付给收款人或者持票人的票据。

（2）商业汇票是出票人签发的、委托付款人在指定日期无条件支付确定的金额给收款人或持票人的票据。商业汇票分银行承兑汇票和商业承兑汇票。

（3）银行本票是银行签发的、承诺自己在见票时无条件支付确定的金额给收款人

或者持票人的票据。

（4）支票是出票人签发的、委托办理支票存款业务的银行在见票时无条件支付确定的金额给收款人或持票人的票据。

2. 结算方式

结算方式主要包括同城结算方式和异地结算方式。

（1）汇款业务，是由付款人委托银行将款项汇给外地某收款人的一种结算业务。汇款结算分为电汇、信汇和票汇三种形式。

（2）托收业务，是指债权人或售货人为向外地债务人或购货人收取款项而向其开出汇票，并委托银行代为收取的一种结算方式。

（3）信用证业务，是由银行根据申请人的要求和指示，向收益人开立的记载有一定金额、在一定期限内凭规定的单据在指定地点付款的书面保证文件。

3. 其他支付结算业务

其他支付结算业务包括利用现代支付系统实现的资金划拨、清算，利用银行内外部网络实现的转账等业务。

（二）代理类中间业务

代理类中间业务指商业银行接受客户委托，代为办理客户指定的经济事务、提供金融服务并收取一定费用的业务，包括代理政策性银行业务、代理中国人民银行业务、代理商业银行业务、代收代付业务、代理证券业务、代理保险业务、代理其他银行银行卡收单业务等。

（1）代理政策性银行业务，指商业银行接受政策性银行委托，代为办理政策性银行因服务功能和网点设置等方面的限制而无法办理的业务，包括代理贷款项目管理等。

（2）代理中国人民银行业务，指根据政策、法规应由中央银行承担，但由于机构设置、专业优势等方面的原因，由中央银行指定或委托商业银行承担的业务，主要包括财政性存款代理业务、国库代理业务、发行库代理业务、金银代理业务。

（3）代理商业银行业务，指商业银行之间相互代理的业务，例如为委托行办理支票托收等业务。

（4）代收代付业务，是商业银行利用自身的结算便利，接受客户的委托代为办理指定款项的收付事宜的业务，例如代理各项公用事业收费、代理行政事业性收费和财政性收费、代发工资、代扣住房按揭以及消费贷款还款等。

（5）代理证券业务，是指银行接受委托办理的代理发行、兑付、买卖各类有价证券的业务，还包括接受委托代办债券还本付息、代发股票红利、代理证券资金清算等业务。此处有价证券主要包括国债、公司债券、金融债券、股票等。

（6）代理保险业务，是指商业银行接受保险公司委托代其办理保险业务的业务。商业银行代理保险业务，可以受托代个人或法人投保各险种的保险事宜；也可以作为保险公司的代表，与保险公司签订代理协议，代保险公司承接有关的保险业务。代理保险业务一般包括代售保单业务和代付保险金业务。

（7）其他代理业务，包括代理财政委托业务、代理其他银行银行卡收单业务等。

（三）担保类中间业务

担保类中间业务指商业银行为客户债务清偿能力提供担保，承担客户违约风险的业务。它主要包括银行承兑汇票、备用信用证、各类保函等。

（1）银行承兑汇票，是由收款人或付款人（或承兑申请人）签发，并由承兑申请人向开户银行申请，经银行审查同意承兑的商业汇票。

（2）备用信用证，是开证行应借款人要求，以放款人作为信用证的收益人而开具的一种特殊信用证，以保证在借款人破产或不能及时履行义务的情况下，由开证行向收益人及时支付本利。

（3）各类保函业务，包括投标保函、承包保函、还款担保函、借款保函等。

（4）其他担保业务。

（四）承诺类中间业务

承诺类中间业务，指商业银行在未来某一日期按照事前约定的条件向客户提供约定信用的业务，主要指贷款承诺，包括可撤销承诺和不可撤销承诺两种。

（1）可撤销承诺附有客户在取得贷款前必须履行义务的特定条款，在银行承诺期内，客户如没有履行义务条款，则银行可撤销该项承诺。可撤销承诺包括透支额度等。

（2）不可撤销承诺是银行不经客户允许不得随意取消的贷款承诺，具有法律约束力，包括备用信用额度、回购协议、票据发行便利等。

（五）交易类中间业务

交易类中间业务，指商业银行为满足客户保值或自身风险管理等方面的需要，利用各种金融工具进行的资金交易活动，主要包括金融衍生业务。

（1）远期合约，是指交易双方约定在未来某个特定时间以约定价格买卖约定数量的资产，包括利率远期合约和远期外汇合约。

（2）金融期货，是指以金融工具或金融指标为标的的期货合约。

（3）互换，是指交易双方基于自己的比较利益，对各自的现金流量进行交换，一般分为利率互换和货币互换。

（4）期权，是指期权的买方支付给卖方一笔权利金，获得一种权利，可于期权的存续期内或到期日当天，以执行价格与期权卖方进行约定数量的特定标的的交易。按交易标的分，期权可分为股票指数期权、外汇期权、利率期权、期货期权、债券期权等。

（六）基金托管业务

基金托管业务是指有托管资格的商业银行接受基金管理公司委托，安全保管所托管的基金的全部资产，为所托管的基金办理基金资金清算款项划拨、会计核算、基金估值、监督管理人投资运作。基金托管业务包括封闭式证券投资基金托管业务、开放式证券投资基金托管业务和其他基金的托管业务。

（七）咨询顾问类业务

咨询顾问类业务，指商业银行依靠自身在信息、人才、信誉等方面的优势，收集和整理有关信息，并通过对这些信息以及银行和客户资金运动的记录和分析，形成系统的资料和方案，提供给客户，以满足其业务经营管理或发展的需要的服务活动。

（1）企业信息咨询业务，包括项目评估、企业信用等级评估、验证企业注册资金、资信等级证明、企业管理咨询等。

（2）资产管理顾问业务，指为机构投资者或个人投资者提供全面的资产管理服务，包括投资组合建议、投资分析、税务服务、信息提供、风险控制等。

（3）财务顾问业务，包括大型建设项目财务顾问业务和企业并购顾问业务。大型建设项目财务顾问业务指商业银行为大型建设项目的融资结构、融资安排提出专业性方案。企业并购顾问业务指商业银行为企业的兼并和收购双方提供的财务顾问业务，银行不仅参与企业兼并与收购的过程，而且作为企业的持续发展顾问，参与公司结构调整、资本充实和重新核定、破产和困境公司的重组等策划和操作过程。

（4）现金管理业务，指商业银行协助企业，科学合理地管理现金账户头寸及活期存款余额，以达到提高资金流动性和使用效益的目的。

（八）银行卡业务

银行卡，是指商业银行向社会发行的具有消费信用、转账结算、存取现金等全部或部分功能的信用支付工具。银行卡业务的分类方式一般包括以下几类：

（1）依据清偿方式，银行卡业务可分为贷记卡业务、准贷记卡业务和借记卡业务。借记卡可进一步分为转账卡、专用卡和储值卡。

（2）依据结算的币种不同，银行卡可分为人民币卡业务和外币卡业务。

（3）按使用对象不同，银行卡可以分为单位卡和个人卡。

（4）按载体材料的不同，银行卡可以分为磁性卡和智能卡（IC 卡）。

（5）按使用对象的信誉等级不同，银行卡可分为金卡和普通卡。

（6）按流通范围，银行卡还可分为国际卡和地区卡。

（7）其他分类方式，包括商业银行与营利性机构/非营利性机构合作发行联名卡/认同卡。

（九）其他类中间业务

其他类中间业务包括保管箱业务及其不能归入以上八类的业务。

四、我国商业银行中间业务的发展概况

我国商业银行在进入 21 世纪，特别是我国加入世贸组织之后，我国商业银行面临着越来越强的市场竞争和经营风险，依靠传统的存贷款利差获取利益的能力正在逐步削弱。在生存压力与发展需求的推动之下，我国商业银行纷纷开展中间业务，但其发展还处于起步阶段，在经营管理上还存在着许多问题。主要存在的问题有：

（一）经营理念落后，盈利观念淡薄

我国银行长期在"统收统支，统存统贷"的体制下，我国银行只重视资产和负债业务的发展，不重视中间业务的发展。随着我国经济金融体制改革的不断深化，我国商业银行的中间业务有了一定程度的发展，但与社会经济发展对商业银行拓展中间业务的要求、与西方商业银行发达的中间业务发展相比，无论是在业务数量还是在业务质量上，都存在较大的差距。其主要原因是经营理念落后，市场竞争意识差，盈利观念淡薄，对中间业务的重要性认识不足，对中间业务的创新发展缺乏动力，没有形成对中间业务有效的监督管理机制。

（二）分业经营限制，金融市场欠发达

我国《商业银行法》规定银行业实行严格的分业经营，商业银行在涉及证券、保险业务领域时不能提供相应的综合理财业务。分业经营极大地限制了中间业务的拓展

空间，割裂了商业银行与资本市场的联系，商业银行的中间业务受到很大的局限。

我国金融市场相对不发达，企业债券市场和商业票据市场在规模、流通机制等方面还都很不完善；股票市场虽历经改革，有所发展，但仍存在市场分割、投机严重等问题；金融衍生品中的担保类、承诺类等中间业务与企业债券市场、商业票据市场的兴衰高度相关。而更高层次的中间业务如金融衍生品交易服务等要以高度发达的金融市场特别是金融衍生品市场为依托。我国现阶段金融市场欠发达，严重阻碍了我国商业银行中间业务的发展。

（三）发展规模较小，业务品种单一

现阶段我国商业银行中间业务的发展规模较小，业务品种较为单一，其中间业务规模一般占资产总额的比例很低，中间业务品种也主要是一些传统的服务性和风险性业务，如备用信用证以及银行承兑汇票、保函等与贸易服务密切相关的金融服务业务。在咨询业务方面，也仅开办了查账等简单的服务业务；而为企业担当财务顾问、投资顾问，为公司的合并、收购、重组提供咨询服务等方面业务则涉及很少。各类担保、贷款或投资承诺、货币互换与利率互换、票据发行便利、远期利率协议等新兴中间业务未得到有效开展。

从管理上看，目前我国商业银行在中间业务的发展上，从上到下缺乏主管机构和总体规划，缺乏明确的业务范围和发展目标。从政策法规看，我国金融监管当局重表内轻中间业务的现象，十分缺乏配套的政策法规，中间业务基本处于无法可依的状态，同时缺乏自上而下的激励与规范，不利于我国商业银行中间业务的整体发展。

（四）技术力量不足，缺乏专业人才

随着科学技术革命的飞速发展，特别是计算机技术和通信技术前所未有的发展，并广泛应用于金融领域，彻底改变了金融业的传统操作方式，银行业务成本大幅降低。数据处理电脑化、信息传递网络化和资金转账电子化为中间业务实现规模经济创造了有利条件，特别是信息处理技术的发展，使银行有条件不断设计出新的衍生金融工具，并将全球主要金融市场的业务紧密联系起来。我国商业银行虽然拥有较先进的网络服务系统，但与西方国家商业银行相比，计算机技术与信息产业的发展以及其他科技水平仍明显落后，与中间业务快速发展的要求仍存在着一定差距，特别是软件程序开发能力不足，计算机应用配套能力欠佳，管理信息系统有待完善。

商业银行是一个高技术、高智能型行业，而中间业务更是知识与技术密集型的产品，是集人才、技术、资金、网络、信息和信誉于一体的集合，涉及金融、财会、法律、税收、管理、计算机等诸多领域。商业银行要拓展中间业务需要大批复合型金融人才，这些人才需要熟悉国际金融业务，精通先进电子技术，掌握现代管理和了解法律法规等多方面知识。但目前在我国商业银行的从业人员中普遍存在的现象是：懂得一般操作的人员多，缺乏精通管理的人员；懂得传统业务的人员多，缺乏精通创新业务的人员；懂得单项业务的人员多，缺乏精通计算机、外语和国际业务等多项业务的人员。我国商业银行中间业务经营及管理人员的数量与素质明显不足。

五、加快我国商业银行中间业务发展的措施

根据我国商业银行在发展中间业务过程中存在的问题，为加快我国商业银行中间

业务发展，需要进一步采取多种正确的措施。主要措施有：

（一）切实转变观念，提高思想认识

我国商业银行的各级领导必须在经营思想、经营方式和经营策略等方面尽快转变观念，要把拓展中间业务上升到关系本行前途命运的高度来认识，切实将拓展中间业务工作纳入重要的日程，与做好存款业务、提高信贷资产质量工作一起，齐抓并进；要正确把握好开拓创新的中间业务和开展传统的资产负债业务的关系，确立双并重、同开展的基本业务思想，加快中间业务的发展。

我国商业银行的广大员工要提高对开办中间业务的重要性的认识，认识到开办中间业务是增强市场竞争力、转移和分散风险、满足客户多样化需要、增加效益渠道的措施。广大员工通过强化服务意识，转变服务态度，改变服务作风，运用服务技巧，提高服务质量，树立一切工作都是为了商业银行发展的全新观念，进一步推动中间业务发展，增加商业银行自身的利润来源。

（二）推进混业经营，营造宽松环境

现阶段我国金融机构实行分业经营、分业管理，这一现状限制了银行、证券、保险企业之间的业务互通，使我国商业银行在拓展中间业务时受到许多限制。金融机构由分业经营向混业经营转变是现代商业银行发展的趋势，特别是在我国金融业开放后，金融市场竞争更加激烈，扩大商业银行业务范围，允许商业银行适度混业经营，不但可以提高我国商业银行自身的收益水平，而且更重要的是能够有效地发挥我国商业银行拓展中间业务范围带来的经济效应。

我国商业银行中间业务创新需要有一个宽松的金融政策环境。我国一些金融政策和制度制约着我国商业银行的中间业务发展，使得我国商业银行的部分中间业务品种仍不能得到开发，特别是出于防范风险的目的，衍生金融工具业务的开展受到严格的限制，不仅政策空间较小，而且交易市场十分狭窄。因此，我国商业银行的中间业务的创新，不仅需要我国商业银行自身的努力，而且需要营造相应的金融环境，特别是金融政策环境，积极推进金融业混业经营。只有放开对中间业务的限制、放开金融市场、推出创新产品、创造有效需求，才能够从根本上推动我国商业银行中间业务的发展。

（三）扩大经营规模，丰富业务品种

西方国家金融业的监管相对宽松，以及混业经营的发展，使得西方商业银行的金融服务能够顺利地向存贷款业务延伸和发展，自主经营中间业务，因而其中间业务不但品种丰富，而且技术成熟，中间业务呈多样化发展。我国商业银行的中间业务品种虽然在近年来有了较大程度的增加，但相对于西方商业银行中间业务的创新品种，我国商业银行中间业务不但规模较小，而且品种单一，对盈利的贡献度较低，不能满足中间业务全面发展的需要，而且受我国金融市场不成熟和金融业分业经营的影响，金融创新受到一定程度的抑制，衍生金融工具交易等新兴的、高附加值的中间业务品种开展比较缓慢。

我国商业银行中间产品开发要按市场机制进行，并从有针对性地满足客户需要着手。从新产品创意开始，要明确中间业务新产品的利益点，明确新产品的主要购买者或购买群体；在中间业务创新产品设计前首先要对新产品开发的成本、利润、资金回收、营销方案以及银行资金的预算进行分析；在产品试销阶段，要确定潜在的客户是否会接受该项新产品，要保证产品能够发挥其应有的功能；在建立了供货系统并实施了市场营销计划之后，就要开始组织新产品的批量生产，将产品推向市场。因此，为了更好地进行中间业务创新，我国商业银行应尽快建立根据成本—收益的分析方式，通过对客户的需求调查，建立严格地按新产品开发程序进行中间业务产品开发的机制，以扩大中间业务规模，开发出更多的中间业务品种，满足市场需要。

（四）加大科技投入，引进培养人才

我国商业银行建立现代计算机信息网络系统是开展中间业务的基础和关键，加大对现代通信技术、计算机技术、网络技术、数据采集及处理技术等的投资力度，建立完善的计算机网络和信息系统，形成多功能、多元化、高效率的网络服务，提高中间业务的科技含量，提高中间业务综合竞争力，能为加速发展中间业务提供技术的支持和可靠的保证。

我国商业银行要加快对中间业务的发展，要采取切实可行的用人机制，主要措施有：一是大量培养中间业务人才。我国商业银行可以从现有的从业人员中选拔精通中间业务、善于钻研中间业务的人员，安排到中间业务岗位上，对他们进行中间业务方面较高层次的知识培训，为中间业务的拓展奠定基础。二是引进中间业务人才。我国商业银行可以面向社会、大专院校以及其他金融机构等，引进一些具有较高理论知识和丰富实践经验的专门人才，充实到中间业务发展的人才队伍中来，以促进中间业务的管理与发展。

第二节　商业银行支付结算类中间业务

一、支付结算类中间业务概述

（一）支付结算类中间业务的概念

支付结算是指商业银行对经济单位之间因商品交易、劳务供应、资金调拨及其他往来而产生的债权债务关系或货币收付关系进行清偿的一种传统业务。中国人民银行在 2002 年 4 月 22 日颁布的《商业银行中间业务暂行规定》中明确了支付结算的概念：支付结算类业务是指由商业银行为客户办理债权债务关系引起的与货币支付、资金划拨有关的收费业务。商业银行在办理支付结算业务时主要利用汇票、本票、支票等结算工具，结算方式主要有同城结算方式和异地结算方式。它是商业银行一项业务量大、风险度小、收益稳定的典型的传统的中间业务。

（二）支付结算类中间业务的意义

支付结算类业务是在银行存款业务基础上产生的中间业务，是商业银行业务量最大的一项中间业务，充分体现了商业银行支付中介职能的作用，商业银行通过支付结算业务成为全社会的转账结算中心和货币出纳中心。规范和发展商业银行的支付结算类中间业务，对于促进市场经济和稳定社会发展具有重大的意义：①拓宽商业银行收入渠道，为商业银行带来安全、稳定的收益；②集聚社会闲散资金、扩大商业银行信

贷资金来源；③加速资金周转，促进商品流通，提高资金运转效率；④节约现金，调节货币流通，节约社会流通费用；⑤加强资金管理，提高票据意识，增强信用观念；⑥严格实行经济合同制度和经济核算制度；⑦综合反映结算信息，监督国民经济活动，维护金融秩序稳定。

（三）支付结算的任务、原则和纪律

1997 年 9 月 19 日中国人民银行颁布的《支付结算办法》对于支付结算的任务、原则和纪律做出了明确的规定：

1. 支付结算任务

支付结算工作的任务，是根据经济往来组织支付结算，准确、及时、安全办理支付结算，按照有关法律、行政法规和本办法的规定管理支付结算，保障支付结算活动的正常进行。

2. 单位、个人和银行办理支付结算必须遵循的原则

（1）恪守使用、履约付款；

（2）谁的钱进谁的账，由谁支配；

（3）银行不垫款。

3. 支付结算纪律

（1）单位和个人办理支付结算，不准签发没有资金保证的票据或远期支票，套取银行信用；不准签发、取得和转让没有真实交易和债权债务的票据，套取银行和他人资金；不准无理拒绝付款，任意占用他人资金；不准违反规定开立和使用账户。

（2）银行办理支付结算，不准以任何理由压票、任意退票、截留挪用客户和他行资金；不准无理由拒绝支付应由银行支付的票据款项，不准受理无理由拒付、不扣少扣滞纳金；不准违章签发、承兑、贴现票据，套取银行资金；不准签发空头银行汇票、银行本票和办理空头汇款；不准在支付结算制度之外规定附加条件，影响汇路畅通；不准违反规定为单位和个人开立账户；不准拒绝受理、代理他行正常结算业务；不准放弃对企事业单位和个人违反结算纪律的制裁；不准逃避向人民银行转汇大额汇划款项。

二、结算工具

结算工具是指商业银行用于支付结算过程中的各种票据。票据是由出票人签发的，自己承诺或委托付款人在见票时或在指定日期无条件支付一定金额并可以流通转让的有价证券。我国《票据法》规定：我国所称的票据主要是指银行汇票、商业汇票、银行本票、支票，各种票据的签发、取得和转让，必须有真实交易关系和债权债务关系。票据是办理支付结算的工具，票据是国际通行的支付结算工具。由于票据具有要式性、无因性和流通性等特点，票据的签发、取得和转让必须具有真实的交易关系和债权债务关系，因而票据具有支付功能、汇兑功能和信用功能。

（一）银行汇票

银行汇票是出票银行签发的，由其在见票时按照实际结算金额无条件支付给收款人或者持票人的票据。银行汇票的出票银行为银行汇票的付款人。单位和个人各种款项结算，均可使用银行汇票。银行汇票可以用于转账，填明"现金"字样的银行汇票也

可以用于支取现金。签发银行汇票必须记载下列事项：标明"银行汇票"的字样；无条件支付的承诺；出票金额；付款人名称；收款人名称；出票日期；出票人签章。欠缺记载上列事项之一的，银行汇票无效。

银行汇票的提示付款期限为自出票日起1个月，持票人超过付款期限提示付款的，代理付款人不予受理。申请人使用银行汇票，应向出票银行填写"银行汇票申请书"，填明收款人名称、汇票金额、申请人名称、申请日期等事项并签章，签章为其预留银行的签章。申请人和收款人均为个人，需要使用银行汇票向代理付款人支取现金的，申请人须在"银行汇票申请书"上填明代理付款人名称，在"汇票金额"栏先填写"现金"字样，后填写汇票金额。申请人或者收款人为单位的，不得在"银行汇票申请书"上填明"现金"字样。出票银行受理银行汇票申请书，收妥款项后签发银行汇票，并用压数机压印出票金额，将银行汇票和解讫通知一并交给申请人。签发转账银行汇票，不得填写代理付款人名称，但由人民银行代理兑付银行汇票的商业银行，向设有分支机构地区签发转账银行汇票的除外。签发现金银行汇票，申请人和收款人均必须为个人，收妥申请人交存的现金后，在银行汇票"出票金额"栏先填写"现金"字样，后填写出票金额，并填写代理付款人名称。申请人或者收款人为单位的，银行不得为其签发现金银行汇票。收款人受理申请人交付的银行汇票时，应在出票金额以内，根据实际需要的款项办理结算，并将实际结算金额和多余金额准确、清晰地填入银行汇票和解讫通知的有关栏内。未填明实际结算金额和多余金额或实际结算金额超过出票金额的，银行不予受理。

收款人可以将银行汇票背书转让给被背书人。银行汇票的背书转让以不超过出票金额的实际结算金额为准。未填写实际结算金额或实际结算金额超过出票金额的银行汇票不得背书转让。持票人向银行提示付款时，必须同时提交银行汇票和解讫通知，缺少任何一联，银行均不予受理。银行汇票的实际结算金额低于出票金额的，其多余金额由出票银行退交申请人。

（二）商业汇票

商业汇票是出票人签发的，委托付款人在指定日期无条件支付确定的金额给收款人或者持票人的票据。商业汇票分为商业承兑汇票和银行承兑汇票。商业承兑汇票由银行以外的付款人承兑。银行承兑汇票由银行承兑。

商业汇票的付款人为承兑人。在银行开立存款账户的法人以及其他组织之间，必须具有真实的交易关系或债权债务关系，才能使用商业汇票。

商业承兑汇票的出票人，为在银行开立存款账户的法人以及其他组织，与付款人具有真实的委托付款关系，具有支付汇票金额的可靠资金来源。

银行承兑汇票的出票人必须具备下列条件：在承兑银行开立存款账户的法人以及其他组织；与承兑银行具有真实的委托付款关系；资信状况良好，具有支付汇票金额的可靠资金来源。出票人不得签发无对价的商业汇票用以骗取银行或者其他票据当事人的资金。

签发商业汇票必须记载下列事项：标明"商业承兑汇票"或"银行承兑汇票"的字样；无条件支付的委托；确定的金额；付款人名称；收款人名称；出票日期；出票人签章。欠缺记载上列事项之一的，商业汇票无效。

商业承兑汇票可以由付款人签发并承兑，也可以由收款人签发交由付款人承兑。银行承兑汇票应由在承兑银行开立存款账户的存款人签发。商业汇票可以在出票时向付款人提示承兑后使用，也可以在出票后先使用再向付款人提示承兑。见票后定期付款的汇票，持票人应当自出票日起 1 个月内向付款人提示承兑。汇票未按照规定期限提示承兑的，持票人丧失对其前手的追索权。

商业汇票的付款人接到出票人或持票人向其提示承兑的汇票时，应当向出票人或持票人签发收到汇票的回单，写明汇票提示承兑日期并签章。付款人应当在自收到提示承兑的汇票之日起 3 日内承兑或者拒绝承兑。付款人拒绝承兑的，必须出具拒绝承兑的证明。

商业汇票的付款期限，最长不得超过 6 个月。商业汇票的提示付款期限为自汇票到期日起 10 日。商业承兑汇票的付款人开户银行收到通过委托收款寄来的商业承兑汇票，将商业承兑汇票留存，并及时通知付款人。

银行承兑汇票的出票人应于汇票到期前将票款足额交存其开户银行。承兑银行应在汇票到期日或到期日后的见票当日支付票款。承兑银行存在合法抗辩事由而拒绝支付的，应自接到商业汇票的次日起 3 日内，出具拒绝付款证明，连同商业银行承兑汇票邮寄持票人开户银行转交持票人。银行承兑汇票的出票人于汇票到期日未能足额交存票款时，承兑银行除凭票向持票人无条件付款外，对出票人尚未支付的汇票金额按照每天万分之五计收利息。

（三）银行本票

银行本票是银行签发的，承诺自己在见票时无条件支付确定的金额给收款人或者持票人的票据。单位和个人在同一票据交换区域需要支付各种款项，均可以使用银行本票。银行本票可以用于转账，注明"现金"字样的银行本票可以用于支取现金。银行本票分为不定额本票和定额本票两种。

银行本票的出票人，为经中国人民银行当地分支行批准办理银行本票业务的银行机构。签发银行本票必须记载下列事项：标明"银行本票"的字样；无条件支付的承诺；确定的金额；收款人名称；出票日期；出票人签章。欠缺记载上列事项之一的，银行本票无效。

银行本票的提示付款期限为自出票日起最长不得超过 2 个月。持票人超过付款期限提示付款的，代理付款人不予受理。银行本票的代理付款人是代理出票银行审核支付银行本票款项的银行。申请人使用银行本票，应向银行填写"银行本票申请书"，填明收款人名称、申请人名称、支付金额、申请日期等事项并签章。申请人和收款人均为个人，需要支取现金的，应在"支付金额"栏先填写"现金"字样，后填写支付金额。申请人或收款人为单位的，不得申请签发现金银行本票。出票银行受理银行本票申请书，收妥款项签发银行本票。用于转账的，在银行本票上划去"现金"字样；申请人和收款人均为个人需要支取现金的，在银行本票上划去"转账"字样。

出票银行在银行本票上签章后交给申请人。申请人或收款人为单位的，银行不得为其签发现金银行本票。申请人应将银行本票交付给本票上记明的收款人。收款人受理银行本票时，应审查下列事项：收款人是否确为本单位或本人；银行本票是否在提示付款期限内；必须记载的事项是否齐全；出票人签章是否符合规定，不定额银行本票是否有压数机压印的出票金额，并与大写出票金额一致；出票金额、出票日期、收款人名称是否更改，更改的其他记载事项是否由原记载人签章证明。收款人可以将银行本票背书转让给被背书人。被背书人受理银行本票时，除按照《票据法》第一百零六条的规定审查外，还应审查下列事项：背书是否连续，背书人签章是否符合规定，背书使用黏单的是否按规定签章；背书人为个人的，需核实身份证件。

银行本票见票即付。跨系统银行本票的兑付，持票人开户银行可根据中国人民银行规定的金融机构同业往来利率向出票银行收取利息。在银行开立存款账户的持票人向开户银行提示付款时，应在银行本票背面"持票人向银行提示付款签章"处签章，签章须与预留银行签章相同，并将银行本票、进账单送交开户银行。银行审查无误后办理转账。未在银行开立存款账户的个人持票人，凭注明"现金"字样的银行本票向出票银行支取现金的，应在银行本票背面签章，记载本人身份证件名称、号码及发证机关，并交验本人身份证件及其复印件。持票人对注明"现金"字样的银行本票需要委托他人向出票银行提示付款的，应在银行本票背面"持票人向银行提示付款签章"处签章，记载"委托收款"字样、被委托人姓名和背书日期以及委托人身份证件名称、号码、发证机关。被委托人向出票银行提示付款时，也应在银行本票背面"持票人向银行提示付款签章"处签章，记载证件名称、号码及发证机关，并同时交验委托人和被委托人的身份证件及其复印件。

持票人超过提示付款期限不获付款的，应在票据权利时限内向出票银行做出说明，并提供本人身份证件或单位证明，可持银行本票向出票银行请求付款。申请人因银行本票超过提示付款期限或其他原因要求退款时，应将银行本票提交到出票银行。申请人为单位的，应出具该单位的证明；申请人为个人的，应出具该本人的身份证件。出票银行对于在本行开立存款账户的申请人，只能将款项转入原申请人账户；对于现金银行本票和未在本行开立存款账户的申请人，才能退付现金。如银行本票丧失，失票人可以凭人民法院出具的其享有票据权利的证明，向出票银行请求付款或退款。

（四）支票

支票是出票人签发的，委托办理支票存款业务的银行在见票时无条件支付确定的金额给收款人或者持票人的票据。支票上印有"现金"字样的为现金支票，现金支票只能用于支取现金。支票上印有"转账"字样的为转账支票，转账支票只能用于转账。支票上未印有"现金"或"转账"字样的为普通支票，普通支票既可以用于支取现金，也可以用于转账。在普通支票左上角划两条平行线的，为划线支票，划线支票只能用于转账，不得支取现金。

单位和个人在同一票据交换区域的各种款项结算，均可以使用支票。支票的出票人，为在经中国人民银行当地分支行批准办理支票业务的银行机构开立可以使用支票的存款账户的单位和个人。签发支票必须记载下列事项：标明"支票"的字样；无条件支付的委托；确定的金额；付款人名称；出票日期；出票人签章。欠缺记载上列事项之一的，支票无效。

支票的付款人为支票上记载的出票人开户银行。支票的金额、收款人名称，可以由出票人授权补记。未补记前不得背书转让和提示付款。签发支票应使用碳素墨水填写，中国人民银行另有规定的除外。签发现金支票和用于支取现金的普通支票，必须符合国家现金管理的规定。

支票的出票人签发支票的金额不得超过付款时在付款人处实有的存款金额。禁止签发空头支票。支票的出票人预留银行签章是银行审核支票付款的依据。银行也可以与出票人约定使用支付密码，作为银行审核支付支票金额的条件。出票人不得签发与其预留银行签章不符的支票；使用支付密码的，出票人不得签发支付密码错误的支票。出票人签发空头支票、签章与预留银行签章不符的支票、使用支付密码地区支付密码错误的支票，银行应予以退票，并按票面金额处以5%但不低于1 000元的罚款；持票人有权要求出票人赔偿支票金额2%的赔偿金。对屡次签发违规支票的，银行应停止其签发支票权。

支票的提示付款期限为自出票日起10日，但中国人民银行另有规定的除外。超过提示付款期限提示付款的，持票人开户银行不予受理，付款人不予付款。持票人可以委托开户银行收款或直接向付款人提示付款。用于支取现金的支票仅限于收款人向付款人提示付款。

持票人委托开户银行收款的支票，银行应通过票据交换系统收妥后入账。持票人委托开户银行收款时，应进行委托收款背书，在支票背面背书人签章栏签章、记载"委托收款"字样、背书日期，在被背书人栏记载开户银行名称，并将支票和填制的进账单送交开户银行。持票人持用于转账的支票向付款人提示付款时，应在支票背面背书人签章栏签章，并将支票和填制的进账单交送出票人开户银行。收款人持用于支取现金的支票向付款人提示付款时，应在支票背面"收款人签章"处签章；持票人为个人的，还需交验本人身份证件，并在支票背面注明证件名称、号码及发证机关。出票人在付款人处的存款足以支付支票金额时，付款人应当在见票当日足额付款。存款人领购支票，必须填写"票据和结算凭证领用单"并签章，签章应与预留银行的签章相符。存款账户结清时，必须将全部剩余空白支票交回银行注销。

汇票、本票和支票都可流通转让，票据收款人在票据到期日前，可将票据及其所载权利自由转让予他人，受让人也可同样再转让予他人。票据转让的方式一般有交付转让和背书转让两种。无论是出让还是受让，都有法律明文规定，受法律保护。在所有票据中，只有远期汇票在到期前，才需办理承兑。因为即期汇票和已到期汇票，仅须付款提示，无须办理承兑；本票是承兑式信用证券，更无须向自己申请承兑。银行对远期商业汇票承兑，意味着同意贴现，故存在一定风险，必须坚持谨慎原则，进行严格审查。

三、支付结算方式

（一）汇款

1. 国内汇兑

汇兑是汇款人委托银行将其款项支付给收款人的结算方式。单位和个人的各种款项的结算，均可使用汇兑结算方式。汇兑分为信汇、电汇两种，由汇款人选择使用。签发汇兑凭证必须记载下列事项：标明"信汇"或"电汇"的字样；无条件支付的委托；确定的金额；收款人名称；汇款人名称；汇入地点、汇入行名称；汇出地点、汇出行名称；委托日期；汇款人签章。汇兑凭证上欠缺上列记载事项之一的，银行不予受理。汇兑凭证记载的汇款人名称、收款人名称，其在银行开立存款账户的，必须记载其账号。欠缺记载的，银行不予受理。委托日期是指汇款人向汇出银行提交汇兑凭证的当日。

汇兑凭证上记载收款人为个人的，收款人需要到汇入银行领取汇款，汇款人应在汇兑凭证上注明"留行待取"字样；留行待取的汇款，需要指定单位的收款人领取汇款的，应注明收款人的单位名称；信汇凭收款人签章支取的，应在信汇凭证上预留其签章。汇款人确定不得转汇的，应在汇兑凭证备注栏注明"不得转汇"字样。

汇款人和收款人均为个人，需要在汇入银行支取现金的，应在信汇、电汇凭证的"汇款金额"大写栏，先填写"现金"字样，后填写汇款金额。汇出银行受理汇款人签发的汇兑凭证，经审查无误后，应及时向汇入银行办理汇款，并向汇款人签发汇款回单。汇款回单只能作为汇出银行受理汇款的依据，不能作为该笔汇款已转入收款人账户的证明。

汇入银行对开立存款账户的收款人，应将汇给其的款项直接转入收款人账户，并向其发出收账通知。收账通知是银行将款项确已收入收款人账户的凭据。未在银行开立存款账户的收款人，凭信汇、电汇的取款通知或"留行待取"的，向汇入银行支取款项时，必须交验本人的身份证件，在信汇、电汇凭证上注明证件名称、号码及发证机关，并在"收款人签盖章"处签章；信汇凭签章支取的，收款人的签章必须与预留信汇凭证上的签章相符。银行审查无误后，以收款人的姓名开立应解汇款及临时存款账户，该账户只付不收，付完清户，不计付利息。支取现金的信汇、电汇凭证上必须有按规定填明的"现金"字样，才能办理。未填明"现金"字样，需要支取现金的，由汇入银行按照国家现金管理规定审查支付。

收款人需要委托他人向汇入银行支取款项的，应在取款通知上签章，注明本人身份证件名称、号码、发证机关和"代理"字样以及代理人姓名。代理人代理取款时，也应在取款通知上签章，注明其身份证件名称、号码及发证机关，并同时交验代理人和被代理人的身份证件。转账支付的，应由原收款人向银行填制支款凭证，并由本人交验其身份证件办理支付款项。该账户的款项只能转入单位或个体工商户的存款账户，严禁转入储蓄和信用卡账户。转汇的，应由原收款人向银行填制信汇、电汇凭证，并由本人交验其身份证件。转汇的收款人必须是原收款人。原汇入银行必须在信汇、电汇凭证上加盖"转汇"戳记。汇款人对汇出银行尚未汇出的款项可以申请撤销。申请撤销时，应出具正式函件或本人身份证件及原信、电汇回单。汇出银行查明确未汇出款项的，收回原信、电汇回单，方可办理撤销。

汇款人对汇出银行已经汇出的款项可以申请退汇。对在汇入银行开立存款账户的收款人，由汇款人与收款人自行联系退汇；对未在汇入银行开立存款账户的收款人，汇款人应出具正式函件或本人身份证件以及原信、电汇回单，由汇出银行通知汇入银行，经汇入银行核实汇款确未支付，并将款项汇回汇出银行，方可办理退汇。转汇银行不得受理汇款人或汇出银行对汇款的撤销或退汇。汇入银行对于收款人拒绝接受的汇款，应即办理退汇。汇入银行对于向收款人发出取款通知，经过 2 个月无法交付的汇款，应主动办理退汇。

2. 国外汇款

国外汇款指商业银行凭借自己的资信度，通过国外分支行或代理行之间的资金划拨，为各类客户办理汇款受授或了结债权债务关系的一种业务。国外汇款的方式与国内汇兑相同。根据结算工具传递方向与资金运动方向是否一致，国际汇款可分为顺汇和逆汇。两者一致的称为顺汇，又称汇付法；两者相反的称为逆汇，又称出票法。顺汇的种类可分为：电汇（T/T）、信汇（M/T）和票汇（D/D）三种。电汇成本较高，所以费用较高；信汇、票汇成本较低且银行无偿占用客户款项的时间较长，所以费用较低。

国际汇款结算方式一般涉及四个当事人，即付出款项的汇款人、接受汇款的收款人、办理汇出汇款的银行（汇出行）、受汇款行委托解付汇款的银行（汇入行或解付行）。此外，如汇出行和汇入行之间没有建立直接的账户往来关系，还要由其他代理银行参与汇款业务。

银行汇出的汇款如发生收款人不在当地或收款人拒收等情况，可以退汇。退汇是指汇款在解付以前撤销手续。若汇款已解付而汇款人要求退汇时，汇入行不能向收款人追索，只能由汇款人自己向收款人交涉退回。在票汇的情况下，在寄发汇票之前可要求注销汇票退款；如汇款人已将汇票寄出而又要求退汇，汇出行一般不予受理。汇款人若遗失汇票，可以书面形式向汇出行提出申请，要求挂失止付。如在挂失止付前汇款已被冒领，则由汇款人自行负责。汇出汇款后如超过预计解付期限而收款人尚未收到款项，汇款人可持汇款回单向汇出行查询，经查明未接到国外付款行的解讫通知，汇出行应立即向汇入行发出查询。

国外汇入汇款，原则上应在汇款头寸收妥后解付。若双方约定或代理合约已有规定，可在汇款头寸收到之前根据通知列明的提前解付办法，经上级批准后垫款解付，但仍须严格审查，谨慎从事。在汇入行通知收款人取款后，若超过一定期限（对该期限各国有不同规定）收款人仍不来取款，该项汇款就告失效，由汇入行通知汇出行注销；票汇超过规定期限后，收款人来银行取款时，汇入行要在取得汇出行的重新授权后才能照付。

汇款结算中使用何种货币，一般由汇款人确定。汇款人从现汇账户中支取原币，以原货币汇出国外时，不需要按买卖价格折算；如需汇出不同货币时，应按买入价和卖出价套算后汇出。当汇出银行向汇款人收取本币、汇出外币时，按银行买入外汇汇率计算。汇入行代解汇款时，如汇款货币是本币，则不存在货币套算问题；如汇款货币是外币，汇入行可根据收款人的意见直接支付外币或套算成本币后解付。

（二）托收承付

托收承付是根据购销合同由收款人发货后委托商业银行向异地付款人收取款项，由付款人向银行承诺付款的结算方式。使用托收承付结算方式的收款单位和付款单位，必须是国有企业、供销合作社以及经营管理较好并经开户银行审查同意的城乡集体所有制工业企业。

办理托收承付结算的款项，必须是商品交易，以及因商品交易而产生的劳务供应的款项。代销、寄销、赊销商品的款项，不得办理托收承付结算。收付双方使用托收承付结算必须签有符合《民法典》的购销合同，并在合同上订明使用托收承付结算方式。

收付双方办理托收承付结算，必须重合同、守信用。收款人对同一付款人发货托收累计三次收不回货款的，收款人开户银行应暂停收款人向该付款人办理托收；付款人累计三次提出无理拒付的，付款人开户银行应暂停其向外办理托收。

收款人办理托收，必须具有商品确已发运的证件（包括铁路、航运、公路等运输部门签发运单、运单副本和邮局包裹回执）。没有发运证件，属于下列情况的，可凭其他有关证件办理托收：

（1）内贸、外贸部门系统内商品调拨，自备运输工具发送或自提的；易燃、易爆、剧毒、腐蚀性强的商品，以及电、石油、天然气等必须使用专用工具或线路、管道运输的，可凭付款人确已收到商品的证明（粮食部门凭提货单及发货明细表）。

（2）铁道部门的材料厂向铁道系统供应专用器材，可凭其签发注明车辆号码和发运日期的证明。

（3）军队使用军列整车装运物资，可凭注明车辆号码、发运日期的单据；军用仓库对军内发货，可凭原总后勤部签发的提货单副本，各大军区、省军区也可比照办理。

（4）收款人承造或大修理船舶、锅炉和大型机器等，生产周期长，合同规定按工程进度分次结算的，可凭工程进度完工证明书。

（5）付款人购进的商品，在收款人所在地转厂加工、配套的，可凭付款人和承担加工、配套单位的书面证明。

（6）合同规定商品由收款人暂时代为保管的，可凭寄存证及付款人委托保管商品的证明。

（7）使用铁路集装箱或将零担凑整车发运商品的，由于铁路只签发一张运单，可凭发运证件单位出具的证明。

（8）外贸部门进口商品，可凭国外发来的账单、进口公司开出的结算账单。

托收承付结算每笔的金额起点为1万元。新华书店系统每笔的金额起点为1000元。托收承付结算款项的划回方法，分邮寄和电报两种，由收款人选用。签发托收承付凭证必须记载下列事项：标明"托收承付"的字样；确定的金额；付款人名称及账号；收款人名称及账号；付款人开户银行名称；收款人开户银行名称；托收附寄单证张数或册数；合同名称、号码；委托日期；收款人签章。托收承付凭证上欠缺记载上列事项之一的，银行不予受理。

1. 托收

收款人按照签订的购销合同发货后，委托银行办理托收。

（1）收款人应将托收凭证并附发运证件或其他符合托收承付结算的有关证明和交易单证送交银行。收款人如需取回发运证件，银行应在托收凭证上加盖"已验发运证件"戳记。

对于军品托收，由驻厂军代表检验产品或由指定专人负责财务监督的，收款人还应当填制盖有驻厂军代表或指定人员印章（要在银行预留印模）的结算通知单，将交易单证和发运证件装入密封袋，并在密封袋上填明托收号码，同时，在托收凭证上填明结算通知单和密封袋的号码。然后，将托收凭证和结算通知单送交银行办理托收。没有驻厂军代表使用代号明件办理托收的，不填结算通知单，但应在交易单证上填写保密代号，按照正常托收办法处理。

（2）收款人开户银行接到托收凭证及其附件后，应当按照托收的范围、条件和托收凭证记载的要求认真进行审查，必要时，还应查验收付款人签订的购销合同。凡不符合要求或违反购销合同发货的，不能办理。审查时间最长不得超过次日。

2. 承付

付款人开户银行收到托收凭证及其附件后，应当及时通知付款人。通知的方法，可以根据具体情况与付款人签订协议，采取付款人来行自取、派人送达、对距离较远的付款人邮寄等。付款人应在承付期内审查核对，安排资金。承付货款分为验单付款和验货付款两种，由收付双方商量选用，并在合同中明确规定。

（1）验单付款。验单付款的承付期为3天，从付款人开户银行发出承付通知的次日算起（承付期内遇法定休假日顺延）。付款人在承付期内，未向银行表示拒绝付款，银行即视为承付，并在承付期满的次日（法定休假日顺延）上午银行开始营业时，将款项主动从付款人的账户内付出，按照收款人指定的划款方式，划给收款人。

（2）验货付款。验货付款的承付期为10天，从运输部门向付款人发出提货通知的次日算起。对收付双方在合同中明确规定，并在托收凭证上注明验货付款期限的，银行从其规定。付款人收到提货通知后，应即向银行交验提货通知。付款人在银行发出承付通知的次日起10天内，未收到提货通知的，应在第10天将货物尚未到达的情况通知银行。在第10天付款人没有通知银行的，银行即视为已经验货，于10天期满的次日上午银行开始营业时，将款项划给收款人；在第10天付款人通知银行货物未到，而以后收到提货通知又没有及时送交银行的，银行仍按10天期满的次日作为划款日期，并按超过的天数，计扣逾期付款赔偿金。采用验货付款的，收款人必须在托收凭证上加盖明显的"验货付款"字样戳记。托收凭证未注明验货付款，经付款人提出合同证明是验货付款的，银行可按验货付款处理。

（3）不论验单付款还是验货付款，付款人都可以在承付期内提前向银行表示承付，并通知银行提前付款，银行应立即办理划款；因商品的价格、数量或金额变动，付款人应多承付款项的，须在承付期内向银行提出书面通知，银行据以随同当次托收款项划给收款人。付款人不得在承付货款中，扣抵其他款项或以前托收的货款。

3. 逾期付款

付款人在承付期满日银行营业终了时，如无足够资金支付，其不足部分，即为逾期未付款项，按逾期付款处理。

（1）付款人开户银行对付款人逾期支付的款项，应当根据逾期付款金额和逾期天数，按每天万分之五计算逾期付款赔偿金。逾期付款天数从承付期满日算起。承付期满日银行营业终了时，付款人如无足够资金支付，其不足部分，应当算成逾期1天，计算当天的赔偿金。在承付期满的次日（如法定休假日，逾期付款赔偿金的天数计算相应顺延，但在以后如法定休假日应当计算逾期天数）银行营业终了时，仍无足够资金支付，其不足部分，应当算成近期2天，计算2天的赔偿金。其余以此类推。银行审查拒绝付款期间，不能算成付款人逾期付款，但对无理的拒绝付款而增加银行审查时间的，应从承付期满日起计算逾期付款赔偿金。

（2）赔偿金实行定期扣付，每月计算一次，于次月3日内单独划给收款人。在月内有部分付款的，其赔偿金随同部分支付的款项划给收款人，对尚未支付的款项，月终再计算赔偿金，于次月 3 日内划给收款人；次月又有部分付款时，从当月 1 日起计算赔偿金，随同部分支付的款项划给收款人，对尚未支付的款项，从当月 1 日起至月终再计算赔偿金，于第 3 月的 3 日内划给收款人。第 3 月仍有部分付款的，按照上述方法计扣赔偿金。赔偿金的扣付列为企业销货收入扣款顺序的首位。付款人账户余额不足全额支付时，应排列在工资之前，并对该账户采取"只收不付"的控制办法，待一次足额扣付赔偿金后，才准予办理其他款项的支付。因此而产生的经济后果，由付款人自行负责。

（3）付款人开户银行对付款人逾期未能付款的情况，应当及时通知收款人开户银行，由其转知收款人。

（4）付款人开户银行要随时掌握付款人账户逾期未付的资金情况，在账户有款时，必须将逾期未付款项和应付的赔偿金及时扣划给收款人，不得拖延扣划。在各单位的流动资金账户内扣付货款，要严格按照国务院关于国有企业销货收入扣款顺序的规定（从企业销货收入中预留工资后，按照应缴纳税款、到期贷款、应偿付货款、应上缴利润的顺序）扣款；同类性质的款项按照应付时间的先后顺序扣款。

（5）付款人开户银行对不执行合同规定、三次拖欠货款的付款人，应当通知收款人开户银行转通知收款人，停止对该付款人办理托收。收款人不听劝告，继续对该付款人办理托收的，付款人开户银行对发出通知的次日起 1 个月之后收到的托收凭证，可以拒绝受理，注明理由，原件退回。

（6）付款人开户银行对逾期未付的托收凭证，负责进行扣款的期限为 3 个月（从承付期满日算起）。在此期限内，银行必须按照扣款顺序陆续扣款。期满时，付款人仍无足够资金支付该笔尚未付清的欠款的，银行应于次日通知付款人将有关交易单证（单证已做账务处理或已部分支付的，可以填制应付款项证明单）在 2 日内退回银行。银行将有关结算凭证连同交易单证或应付款项证明单退回收款人开户银行转交收款人，并将应付的赔偿金划给收款人。对付款人逾期不退回单证的，开户银行应当自发出通知的第 3 天起，按照该笔尚未付清欠款的金额，每天处以万分之五但不低于 50 元的罚款，并暂停付款人向外办理结算业务，直到退回单证时为止。

4. 拒绝付款

对下列情况，付款人在承付期内，可向银行提出全部或部分拒绝付款：

（1）没有签订购销合同或购销合同未订明托收承付结算方式的款项。

（2）未经双方事先达成协议，收款人提前交货或因逾期交货付款人不再需要该项货物的款项。

（3）未按合同规定的到货地址发货的款项。

（4）代销、寄销、赊销商品的款项。

（5）验单付款，发现所列货物的品种、规格、数量、价格与合同规定不符，或货物已到，经查验货物与合同规定或发货清单不符的款项。

（6）验货付款，经查验货物与合同规定或与发货清单不符的款项。

（7）货款已经支付或计算有错误的款项。

不属于上述情况的，付款人不得向银行提出拒绝付款。

5. 重办托收

收款人对被无理拒绝付款的托收款项，在收到退回的结算凭证及其所附单证后，需要委托银行重办托收，应当填写四联"重办托收理由书"，将其中三联连同购销合同、有关证据和退回的原托收凭证及交易单证，一并送交银行。经开户银行审查，确属无理拒绝付款，可以重办托收。

收款人开户银行对逾期尚未划回，又未收到付款人开户银行寄来逾期付款通知或拒绝付款理由书的托收款项，应当及时发出查询。付款人开户银行要积极查明，及时答复。付款人提出的拒绝付款，银行按照本办法规定审查无法判明是非的，应由收付双方自行协商处理，或向仲裁机关、人民法院申请调解或裁决。

未经开户银行批准使用托收承付结算方式的城乡集体所有制工业企业，收款人开户银行不得受理其办理托收；付款人开户银行对其承付的款项除应按规定支付款项外，还要对该付款人按结算金额处以 5% 的罚款。

（三）委托收款

委托收款是收款人委托银行向付款人收取款项的结算方式。单位和个人凭已承兑商业汇票、债券、存单等付款人债务证明办理款项的结算，均可以使用委托收款结算方式。委托收款在同城、异地均可以使用。委托收款结算款项的划回方式，分邮寄和电报两种，由收款人选用。签发委托收款凭证必须记载下列事项：标明"委托收款"的字样；确定的金额；付款人名称；收款人名称；委托收款凭据名称及附寄单证张数；委托日期；收款人签章。欠缺记载上列事项之一的，银行不予受理。

委托收款以银行以外的单位为付款人的，委托收款凭证必须记载付款人开户银行名称；以银行以外的单位或在银行开立存款账户的个人为收款人的，委托收款凭证必须记载收款人开户银行名称；以未在银行开立存款账户的个人为收款人的，委托收款凭证必须记载被委托银行名称。欠缺记载的，银行不予受理。

收款人办理委托收款应向银行提交委托收款凭证和有关的债务证明。

银行接到寄来的委托收款凭证及债务证明，经审查无误办理付款。以银行为付款人的，银行应在当日将款项主动支付给收款人。以单位为付款人的，银行应及时通知付款人，按照有关办法规定，需要将有关债务证明交给付款人的应交给付款人，并签收。

付款人应于接到通知的当日书面通知银行付款。按照有关办法规定，付款人未在接到通知之日的次日起 3 日内通知银行付款的，视同付款人同意付款，银行应于付款人接到通知之日的次日起第 4 日上午开始营业时，将款项划给收款人。付款人提前收到由其付款的债务证明，应通知银行于债务证明的到期日付款。付款人未于接到通知之日的次日起 3 日内通知银行付款，付款人接到通知之日的次日起第 4 日在债务证明到期日之前的，银行应于债务证明到期日将款项划给收款人。

银行在办理划款时，付款人存款账户不足以支付的，应通过被委托银行向收款人发出未付款项通知书。按照有关办法规定，债务证明留存付款人开户银行的，应将其债务证明连同未付款项通知书邮寄被委托银行转交收款人。

付款人审查有关债务证明后，对收款人委托收取的款项需要拒绝付款的，可以办理拒绝付款。以银行为付款人的，应自收到委托收款及债务证明的次日起 3 日内出具拒绝证明，连同有关债务证明、凭证寄给被委托银行，转交收款人。以单位为付款人的，应在付款人接到通知之日的次日起 3 日内出具拒绝证明，持有债务证明的，应将其送交开户银行。银行将拒绝证明、债务证明和有关凭证一并寄给被委托银行，转交收款人。

在同城范围内，收款人收取公用事业费或根据国务院的规定，可以使用同城特约委托收款。收取公用事业费，必须具有收付双方事先签订的经济合同，由付款人向开户银行授权，并经开户银行同意，报经中国人民银行当地分支行批准。

（四）信用证结算

信用证结算通用于国际和国内，是当今世界国际贸易领域使用最广泛的结算方式。信用证是指开证银行根据申请人的要求和指示，向受益人开立的具有一定金额、在一定期限内凭规定的单据在指定地点付款的书面保证文件。信用证结算方式就是付款人根据贸易合同，请当地银行开立以收款人为受益人的信用证，银行经审核同意并收取一定保证金后即开具信用证，收款人接到信用证后履行合同，开证银行接到有关单据后向收款人付款，付款人再向开证银行付款的结算方式。

信用证结算涉及的基本当事人有：

（1）开证申请人，一般为进口商或购货商；

（2）开证行，即应开证申请人要求开立信用证的银行；

（3）受益人，即信用证保证金额的合法享有人，一般为出口商或销货商。

信用证结算的其他当事人有：

（1）通知行，即代理开证行将信用证或开证电报的内容通知受益人的银行；

（2）保兑行，指接受开证行的委托和要求，对信用证的付款责任以本行名义实行保付的银行；

（3）议付行，指具体办理议付的银行；

（4）偿付行，一般指开证银行的付款代理行。

信用证可从不同的角度划分为若干种类：

（1）根据开证行是否可以撤证划分，可分为可撤销信用证和不可撤销信用证；

（2）根据是否要求受益人提供规定的单据划分，可分为光票信用证和跟单信用证；

（3）根据有无另外保证划分，可分为保兑信用证和不保兑信用证；

（4）根据受益人可否转让使用信用证的权利划分，可分为可转让信用证和不可转让信用证；

（5）根据付款要求划分，可分为即期付款信用证、远期付款信用证、承兑信用证和议付信用证。

此外，还有预支信用证、背对背信用证、对开信用证和循环信用证等。在国际贸易中普遍使用的是不可撤销的跟单信用证，这种信用证需出口商提供货运单据后才由开证银行付款。

信用证结算方式的基本特点：

（1）有商业银行信用作为保障。由开证行负第一位的付款责任，付款承诺是一定要兑现的，因而出口商收款有保证。

（2）信用证是独立的文件。它虽然以贸易合同为依据，但不依附于贸易合同。开证行只对信用证负责，只要表面上"单证一致""单单一致"，银行就需履行付款责任。

（3）只管单据。在信用证结算方式下，受益人要保证收款，就一定要提供相应单据，开证行要拒付也一定要以单据上的不相符点为理由。

（五）保函结算方式

保函是指银行应某商业交易一方当事人的要求，以其自身的信誉向商业交易的另一方担保该商业交易项下的某种责任或义务的履行，而做出的一种具有一定金额、一定期限、承担某种支付责任或经济赔偿责任的书面付款保证承诺。保函有两个基本特征：

（1）保函是由保证人为债务人向债权人做保证，保证其履行合约中的义务。因此保函有三个当事人：委托人，一般是债务人；受益人，一般是债权人；保证人，通常是银行或其他金融机构。

（2）在保函中，委托人负有首要责任；只有在委托人不清偿债务时，保证人才有责任支付，保证人的责任是从属性的。

随着国际贸易的发展，国际市场上的竞争日趋激烈，国际贸易方式也相应发生了一些变化，招标购买和投标竞卖已成为当前的一种趋势，这使得保函结算方式在贸易合同项下有了广泛的发展。一般说来，贸易合同项下的保函，主要有投标保函、履约保函、定金保函、付款保函、质量保函、延期付款保函和补偿贸易保函等类型。

四、其他支付结算业务

（一）国际银行支付结算系统

随着电子计算机和现代通信设施在银行业中的广泛应用，改变了过去商业银行资金往来完全通过票据交换和邮电部门转移的局面。国际性和地区性的网络化电子资金调拨系统的建立，使异地包括国家间的银行资金结算业务时间缩短，从原来的几周、几天缩短到 3~5 分钟。国际著名的电子资金清算系统有：全球银行间金融电讯协会（SWIFT）、纽约银行支付清算系统（CHIPS）和伦敦自动支付清算系统（CHAPS）等。现代国际银行业的支付结算系统正在向着"无人自动服务、无现金交易、无凭证结算"的方向发展。现将其主要内容简述如下：

1. 无人自动服务

无人自动服务是指由银行设置大量的自动付款机（CD）、自动存款机（AD）、自动出纳机（ATM）及币券兑换机等为客户提供的服务。这些自动服务设备的效率很高，一次自动取款时间平均为 33 秒左右。如中国香港特区的汇丰银行一台 ATM 每天可处理 600 多笔业务，相当于 4 个柜台营业员的工作量；美国花旗银行仅在纽约街头巷尾就设置了 468 个 ATM 办理存取款业务，承担了该行全部出纳业务的 30%左右；在日本，城市银行的 ATM 普及率达 100%，地方银行也在 90%以上；新加坡有当地 5 大银行组建的全国计算机网络，客户利用自动提款卡（EASI-CSRD）能在世界各地 33 个国家和地区的 3 万个 ATM 上取款。近年来，随着计算机多媒体技术的发展和应用，以及信息高速公路建设在世界范围的飞速发展，出现了电话银行、电视银行、企业银行、跨国多功能同步交易等崭新的自动服务项目。

2. 无现金交易

无现金交易主要是指银行同业自动财务转账系统和售货点终端机转账系统。

（1）银行同业自动财务转账系统（被称作 GIRO 系统）。目前许多国家的企业、公司在发放工资、退休养老金、社会保险金和股息红利时，不再向有关人员支付现金，而是把记录有每个收款人的实发金额的数据磁带交给其开户行，然后集中在票据交换所进行数据交换，再由各银行将录有收款人账号及金额的数据磁带取回，并利用本行计算机记入顾客事先指定的账户。同时，顾客如需交纳各项公用事业费、电话费等款项，也可由银行按预先签订的协议，根据委托单位提交的录有付款人账号及金额的数据磁带，通过数据交换，由各行把有关数据磁带取回，在顾客的往来账户或活期储蓄账户中扣除。每月月末，由开户行分别向顾客寄送一份对账用的清单。

（2）售货点终端机转账系统（被称作 POS 系统），是指连接银行和商店的供顾客选购商品的一种自动支付的专用设备。使用时，顾客将由开户银行发给的提款卡并入终端，即可把货款由银行从自己的账户转入商店的账户上。这是连接银行商店和顾客的一体化网络，它比只能处理银行和顾客间存取款和收付业务的 ATM 更完善。

3. 无凭证结算

在计算机技术高度普及的情况下，快速高效的电子信息交换或电子数据处理正在代替传统结算记账必须有纸面凭证的做法，无凭证结算正成为发展趋势。

（1）银行间的资金收付处理系统。这种系统是由各商业银行利用终端设备，通过MODEM（调整解调器）及通信专线，同装置在中央银行的主处理机连接。划转资金时，必须经双方银行确认后，方可在各自的中央银行往来存款账户上转账。为确保这一系统的安全可靠，每个国家都设置了多重的密码管理措施。

（2）银行间电子转账系统。计算机大型化和远距离网络化改变了异地和国际资金调拨通过电传、电报及邮寄等传统通信手段进行处理的方式。现在欧、美、日等一些金融高度发达的国家和地区，通过电子资金调拨系统办理一笔异地或国际银行间的资金结算业务，只需 3~5 分钟的时间，而在将来的信息高速公路上则只需要几秒钟。这种电子转账系统有美国的 FERWLRE、瑞士的同业往来清算系统等。其中，最主要的还是全球银行间金融电讯协会（SWIFT）。近年来，西方还出现了卫星银行，通过卫星通信网络将国内总行和国外分行连接起来，办理客户的国际结算业务。

（二）中国现代化支付系统

中国现代化支付系统（CNAPS）是中国人民银行按照我国支付清算需要，并利用现代计算机技术和通信网络自主开发建设的，能够高效、安全处理各银行办理的异地、同城各种支付业务及其资金清算和货币市场交易的资金清算的应用系统。它是各银行和货币市场的公共支付清算平台，是中国人民银行发挥其金融服务职能的重要的核心支持系统。

中国人民银行通过建设现代化支付系统，将逐步形成一个以中国现代化支付系统为核心，商业银行行内系统为基础，各地同城票据交换所并存，支撑多种支付工具的应用和满足社会各种经济活动支付需要的中国支付清算体系。中国现代化支付系统已建成了包括第一代人民币跨行大额实时支付系统、小额批量支付系统、支票影像交换系统和境内外币支付系统、电子商业汇票系统以及中央银行会计集中核算系统，形成了比较完整的跨行支付清算服务体系。现代化支付系统由大额支付系统（HVPS）和小额批量支付系统（BEPS）两个应用系统组成。

中国现代化支付系统为各银行业金融机构及金融市场提供了安全高效的支付清算平台，对经济金融和社会发展的促进作用日益显现。随着我国社会经济的快速发展，金融改革继续深入，金融市场日益完善，支付方式不断创新，对中国人民银行的支付清算服务提出了许多新的、更高的要求，因而要建立满足社会各种经济活动支付需要的、功能更加完善的中国现代化支付系统。

第三节　商业银行代理类中间业务

一、代理类中间业务的概述

（一）代理类中间业务的概念

代理类中间业务是指商业银行接受政府、企事业单位、其他商业银行和金融机构，以及居民个人的委托，以代理人的身份代客户办理指定的经济事务、提供金融服务并收取一定的手续费的业务。代理类中间业务具有显著的特点：

（1）委托人和代理银行签订契约。委托人和代理商业银行一般要用契约方式规定双方的权利和义务，明确代理的范围、内容、期限以及违约处理等，并因此而形成一定的法律关系。

（2）委托人不转移财产所有权。在代理过程中委托人的财产所有权不变，商业银行则充分运用自身的机构、信誉、技能、信息等资源优势，代客户行使监督管理权，提供各种金融服务。

（3）在代理业务中，商业银行一般不动用自己的资产，不为客户垫款，不参与收益分配。

（4）代理业务是有偿服务。按代理业务数量和风险程度收取代理手续费，是风险较低、收益稳定的典型的中间业务。

（二）发展代理类中间业务的意义

商业银行代理类中间业务的种类繁多，服务范围广泛，并随着市场经济和社会的发展，在不断改进和完善传统代理类中间业务的基础上，源源不断地推出创新品种。特别是改革开放以来，我国商业银行的代理类中间业务的服务对象不断扩大，原来只局限于服务政府部门和企事业单位，但随着个人金融服务需求的增长，扩大到了以居民个人为服务对象，因此，发展代理类中间业务有着重要的积极的意义。其意义主要表现在：

（1）发展代理类中间业务对提高企业的经济效益和社会的经济效益有着巨大的推动作用。企事业单位在为社会服务和日常经营过程中，有大量的定期和不定期的、规则和不规则的公共事业费用收支，还有企业股票、债券、基金等红利、本息等支付。这些费用涉及面广，收付频繁。如果由企事业单位自身办理，不但由于网点少，不方便客户收付，而且还因设立机构、购买设备、招聘人员而提高了企事业单位的成本支出。因此，商业银行发展代理类中间业务可以充分利用自身的网点众多、技术先进、设备齐全、信息集中、业务娴熟等优势为企事业单位和个人办理委托代理业务，不仅对于降低企事业单位的成本费用支出，提高企业经济效益有着积极的意义，而且对于方便客户办理业务，提高社会整体效益有着巨大的推动作用。

（2）发展代理类中间业务对稳定社会经济秩序、促进单位和个人行为的规范化有着积极作用。商业银行通过办理代理类中间业务，特别是对企业单位的无形财产进行保存和保护，能有效防止商业秘密的泄漏和被盗；通过代理遗产处置之类的经济事务，能保证居民个人的正当权益不受侵害，有利于维护良好、稳定的经济秩序。商业银行通过办理代理类中间业务能及时发现企业经营管理中存在的问题，并向企业提出相关合理化建议，实施纠正措施，从而有利于企业改善经营管理，促进企业经营行为的规范化。

（3）开办代理类中间业务能增加商业银行的收入渠道，提高商业银行的利润水平。商业银行充分发挥商业银行电子化程度高、资金实力强、人才素质好、业务网点多的资源优势，从而能在不改变银行资产负债规模的条件下，通过开展代理类中间业务，拓宽商业银行的收入渠道，使商业银行获得更多的利润，成为商业银行新的利润增长点；同时，有利于稳定和扩大商业银行的客户关系，增加商业银行的资金来源，为商业银行的业务拓展提供了一个崭新的天地。

二、代理类中间业务种类

代理类中间业务包括代理政策性银行业务、代理中国人民银行业务、代理商业银行业务、代收代付业务、代理融通业务、保付代理业务、基金托管业务、其他代理业务等。

（一）代理政策性银行业务

代理政策性银行业务是指商业银行接受政策性银行委托，代为办理政策性银行因服务功能和网点设置等方面的限制而无法办理的业务，包括代理结算、代理专项资金管理、代理现金支付、代理贷款项目管理等。目前，我国的政策性银行有：国家开发银行、中国农业发展银行和中国进出口银行。这三家政策性银行是由政府创立的，不以营利为目的，专门为贯彻、配合政府社会经济政策或意图，在特定的业务领域内，直接或间接地从事政策性融资活动，充当政府发展经济、促进社会进步、进行宏观经济管理工具的金融机构。

（二）代理中国人民银行业务

代理中国人民银行业务是指根据政策、法规应由中国人民银行承担，但由于机构设置、专业优势等方面的原因，由中国人民银行指定或委托商业银行承担的业务，主要包括财政性存款代理业务、国库代理业务、发行库代理业务、金银代理业务。

（三）代理商业银行业务

代理商业银行业务是指商业银行之间相互代理的业务。由于受商业银行规模大小、服务产品、服务手段等因素的影响，各商业银行形成了规模大小不一、服务产品不同、服务手段多样的状况。为方便顾客，商业银行之间互相代办业务。代理商业银行业务可分为以下两类：

1. 代理国内商业银行业务

对于实行单一银行制的国家的商业银行而言,代理商业银行的业务较为普遍和重要。如美国是实行单一银行制的典型的国家,代理商业银行业务是历史上长期的商业银行之间业务的主要形式。自20世纪80年代以来,美国对商业银行的单一银行制进行了改革,对商业银行开设分支行的限制逐渐放宽,但代理商业银行业务至今仍是各商业银行的一项重要业务。我国商业银行实行的是总分行银行制,国有银行的分支机构众多、遍布全国,从而限制了国内代理商业银行业务的发展。但自改革开放以来,新建立的股份制商业银行纷纷诞生,由于其机构网点少,其辐射不到的地区和领域的业务就需要由其他商业银行代理,国内代理商业银行业务应运而生,并随之迅速发展。

2. 代理国际商业银行业务

跨国商业银行规模巨大,但都不可能在世界所有国家和地区遍设海外机构,国际业务的全球性和海外机构的局限性,是产生代理国际商业银行业务的主要原因。因此,商业银行的国际业务在未设有海外机构而又有国际业务的地方和领域,都可以通过其他国际商业银行代为办理,代理国际商业银行业务就为不同国家或地区或不同货币金融中心的商业银行提供了业务上的沟通手段。代理商业银行为对方商业银行或对方商业银行的客户提供各种商业银行业务,主要业务有:为对方接受存款、发放贷款、调拨资金、国际结算、买卖有价证券等。代理国际商业银行业务关系一般都是双向的,即一家商业银行以对方商业银行为代理银行时,对方商业银行也同时以这家商业银行为代理银行。在一般情况下,一家商业银行的代理银行的数量要远远超过其海外机构的数量。

(四) 代收代付业务

代收代付业务是商业银行利用自身网点众多、技术先进等优势,接受客户的委托,代客户办理指定款项的收付事宜的业务。代收代付业务具有涉及面广、收付频繁、金额不大、笔数较多、资金成本低等特点,它是商业银行结算工作中的主要部分。

1. 代收代付业务的主要种类

(1) 代收业务主要是为企事业单位和个人代理各项公用事业收费、行政事业性收费和各项经营性收费,具体代收业务项目有:水费、电费、煤气费、电视收视费、交通违法罚款、学校收费、医疗费、税收款项、固定电话费、移动电话费、个人住房及汽车分期付款业务等。

(2) 代付业务主要是为企事业单位和个人支付各项公用事业费和各项经营性支出费用,具体付费项目有:代发工资、养老保险金、医疗保险金、股票股利、股票分红、债券利息、社保 (含失业保险金) 等。

2. 代收代付业务的服务渠道

商业银行的代收代付业务的主要服务渠道有委托批量扣款、网上银行、电话银行、自动终端机和营业柜台等。

3. 代收代付业务的办理程序

企事业单位在委托商业银行代理收付款时,需事先与商业银行签订代理收付业务协议,明确代理收付业务的内容、范围、对象、时间、金额、方式和费用等。在办理收付业务之前,委托单位要向商业银行出具收付款项目的合法依据及有关单据。在办理代理付款时，委托人还必须先将代付款项交存商业银行，商业银行将代收款项收妥后，即转入委托单位的银行账户。商业银行代理收付款项时，只负责按规定办理具体的收款手续，不负责收付双方的任何经济纠纷。代理手续费由委托人与商业银行按金额和业务笔数协商计收。

（五）代理融通业务

代理融通业务又称代收账款或应收账款权益售与，是指商业银行接受客户委托，以代理人的身份代为收取应收账款，并为委托者提供资金融通的一种代理业务。

代理融通业务的产生和发展，主要是出于满足工商企业扩大销售和收回货款的需要。国外工商企业经常采取赊销方式来扩大产品销路，一旦购买方拖延不付，赊销方就会陷于资金周转不灵的困境，因此需要有一种力量和办法来维持和保证商业信用关系，使之不受干扰和中断，以利于各经济单位的正常运作。尤其是国际贸易的发展，国际市场竞争日益加剧，出口商为争取海外市场，更需要商业银行为其在海外的客户提供信用服务。而商业银行分支机构众多，在本国和世界范围形成巨大的网络，具有较高的信誉，故有能力为工商企业提供代理融通服务。

代理融通业务通常涉及三个方面的当事人：一是商业银行，二是出售应收账款、取得资金融通的工商企业，三是取得商业信用、赊欠工商企业货款的顾客。三者的关系在于工商企业向顾客赊销货物和劳务，然后把应收的赊销账款转让给银行，由银行向企业提供资金融通并到期向顾客收账，并由工商企业向银行支付一定的手续费和垫款利息。

商业银行从事代理融通业务，有较高的利息收入和其他服务的手续费收入，对赊欠顾客事先有资信调查，并规定授信额度，因此资金风险较小，而且对赊销企业的资金融通有法律追索权，也比较可靠。但商业银行从事代理融通业务必须投入很多人力、物力进行资信调查，如放款对象是经营出口的企业，调查范围就要扩大到国际领域，所花费用更大，同时还要承担债务风险和被欺诈的风险。

由于工商企业与赊账顾客之间的往来具有延续性，因此代理融通是一项有发展潜力的业务，是国外商业银行普遍从事的一种长期的代理业务。我国商业银行目前尚未开展这一业务，但我国正处于经济深化改革和转轨时期，巨大的企业应收账款问题亟待解决，代理融通业务有着很大的发展潜力。通过开办代理融通业务，可以探索出适合我国国情的商业信用和银行信用的结合点，进一步密切和客户的关系，有利于拓宽和促进其他业务的发展，给商业银行带来新的利润增长点。

（六）保付代理业务

1. 保付代理业务的概念

保付代理（factoring）业务，简称保理业务，是指商业银行以购买票据的方式购买借款企业的应收账款，并在账款收回前提供融通资金之外的各项服务，如信用分析、催收账款、代办会计处理手续、承担倒账风险等。

2. 保付代理业务的程序

出口商以赊销方式出售商品，是因为能将其应收账款出售给保付代理机构。其业务办理程序为：

首先，出口商要向本国商业银行保付代理机构提出申请，在双方签订协议以后，由出口商将进口商的名称及有关交易的具体情况提供给保付代理机构。

其次，由出口方的保付代理机构要求进口方的保付代理机构对进口商的资信度进行调查，并将调查结果及可以向进口商提供赊销金额的具体建议反馈给出口方保付代理机构。如进口商的资信度可靠，进口方保付代理机构就对进口商的交易加以确认，并对出口商确定一个信贷额度，额度内的坏账由保付代理机构负责，超额部分由出口商自负。出口商待货物装运后，立即将发票、汇票、提单等全部单据售与出口方的保付代理机构，保付代理机构在扣除利息和承购费后，在给定的贷款额度内按汇票金额的 80%~90% 立即或按双方确定的日期把货款支付给出口商，其余 10%~20% 的金额留存银行，以供充抵退货或其他货物风险，待账款收妥后再归还出口商。进口方的保付代理机构则负责向进口商催收货款，并向出口方保付代理机构划付。

3. 保付代理业务的特点

（1）保付代理业务对出口商来说，将单据卖断给保付代理机构以后，只要出口的商品品质和交货条件符合合同规定，就能收到货款。

（2）保付代理机构对出口商没有追索权，全部信贷风险和汇率风险都转嫁给保付代理机构承担。

（3）作为出售应收债权的出口商，大多数是中小企业，对国际市场了解不多，而商业银行保付代理机构却熟知海外市场的情况，有条件对进口商进行深入的资信调查。因此保付代理业务可以帮助中小出口商打入国际市场。

4. 保付代理业务的作用

保付代理机构除了为企业进行融资外，还提供托收、催收账款、代办会计处理等一系列综合服务，其作用十分明显：

（1）对出口商而言，有利于出口商加速资金周转，节省管理赊账的人力物力。此外，出口商通过保付代理业务出卖票据后，可以立即收到现金而又不增加企业的负债，从而有利于出口商进一步融资的需要。

（2）对进口商而言，保付代理业务节省了向银行申请开立信用证和交付押金的手续，从而减少了资金积压，降低了进口成本，同时也能迅速得到进口物资。其不利之处是货价成本相应提高。

（3）对商业银行保付代理机构而言，除了可按应收账款的 1%~2% 收取手续费外，还可获得一定的利息收入，这些费用通常都会转移到出口货价中。但货价提高的金额一般仍低于因交付开证保证金而使进口商蒙受的利息损失。

5. 保付代理业务的分类

（1）按出口商出售单据后是否可以立即获得现金划分，可分为到期保付代理业务和标准保付代理业务两类。到期保付代理业务是指保付代理机构在出口商出售单据时不立即支付现金，而是允诺在票据到期时再无追索权向出口商支付票据金额，这是最传统的保付代理业务。标准保付代理业务是指出口商运出货物取得单据后，立即把单据卖给保付代理机构，获取现金，这是目前流行的保付代理业务。

（2）按保付代理业务是否公开划分，可分为公开保付代理业务和不公开保付代理业务两种类型。公开保付代理业务是在票据上写明让进口商将货款付给某一保付代理机构；不公开保付代理业务是按一般托收程序收款，而进口商并不知道该票据是在保付代理业务下承办的。

6. 保付代理业务的费用构成

保付代理业务费用由两部分构成：承购手续费和利息。承购手续费是保付代理机构为出口商提供服务而收取的酬金，手续费的多少取决于出口交易的性质、金额和风险的大小，一般占应收账款金额的1%~2%。利息是指保付代理机构从向出口商付现到票据到期收回货款这一段时期的融资成本。利率通常参照当时市场的优惠利率而定，一般情况下高2个百分点左右。

（六）基金托管业务

1. 基金托管业务的概念

基金托管业务是指有托管资格的商业银行接受基金管理公司委托，安全保管所托管的基金的全部资产，为所托管的基金办理基金资金清算款项划拨、会计核算、基金估值、监督管理人投资运作。基金托管业务包括封闭式证券投资基金托管业务、开放式证券投资基金托管业务和其他基金的托管业务。

2. 基金托管业务的相关规定

商业银行既开展基金托管业务，又从事基金代理业务，两种业务可能给投资人带来潜在的利益冲突。为此，我国的《商业银行中间业务暂行规定》第九十七条、第九十八条、第九十九条、第一百条对商业银行开展基金托管业务中的内部控制做出了规定：商业银行从事基金托管业务，应当在人事、行政和财务上独立于基金管理人，双方的管理人员不得相互兼职；商业银行应当以诚实信用、勤勉尽责的原则保管基金资产，严格履行基金托管人的职责，确保基金资产的安全，并承担为客户保密的责任；商业银行应当确保基金托管业务与基金代销业务相分离，基金托管的系统、业务资料应当与基金代销的系统、业务资料有效分离；商业银行应当确保基金托管业务与自营资产相分离，对不同基金独立设账，分户管理，独立核算，确保不同基金资产的相互独立。

（七）其他代理业务

1. 代理保险业务

代理保险业务是指商业银行接受保险公司委托代其办理的保险业务。商业银行代理保险业务，可以受托代个人或法人投保各险种的保险事宜，也可以作为保险公司的代表，与保险公司签订代理协议，代保险公司承接有关的保险业务。代理保险业务的业务范围主要涵盖财产保险、人寿保险、代收保险费、代售保单业务和代付保险金业务。

2. 代理证券业务

代理证券业务是指银行接受委托办理的代理发行、兑付、买卖各类有价证券的业务，还包括接受委托代办债券还本付息、代发股票红利、代理证券资金清算等业务。有价证券主要包括国债、公司债券、金融债券、股票等。

商业银行开办代理证券业务，属于受托代理性质，应与委托方签订业务协议，明确业务与责任；商业银行既不是发行人，也不是有价证券的买卖人，只负责经办代理发行、收款、付息、资金转账等事务，从中收取手续费，不承担资金交易损失、还本付息等责任。根据我国的《商业银行中间业务暂行规定》第七条和第八条，代理证券业务中，除代理发行、代理兑付和承销政府债券业务外，其他代理证券业务适用审批制。为防止商业银行资金违规流入股市，目前我国商业银行不能开办代理股票买卖业务。

3. 现金管理业务

现金管理业务是指商业银行协助企业科学地分析现金流量，使企业能科学、合理地管理现金（包括活期存款）余额，并将闲置的现金进行投资，增加企业收益。商业银行协助企业进行现金管理，使企业既不占压资金，又能保证灵活周转，通过合理安排资金而获取最佳经济效益；同时，商业银行按规定也可收取一定的手续费，并进一步加强与客户的紧密关系。应特别指出的是，作为代理业务的现金管理完全不同于长期以来我国商业银行的现金管理工作。我国商业银行的现金管理是按现金收支计划和有关政策管理社会现金流通量，是属于国家行为的宏观管理职能；而作为代理业务的现金管理则是商业银行的一种服务行为，是一种微观经营性管理。

4. 代理清欠业务

代理清欠业务是指商业银行接受单位和个人的委托，对委托人被拖欠的款项进行催款、清理，并按清欠的性质、金额和难易程度收取手续费的业务。代理清欠的业务范围主要包括：商品交易的货款、劳动供应的款项以及被长期拖欠的其他款项等。代理清欠业务的手续费一般分两次收取：第一次是在商业银行受理催收业务时收取的业务手续费，无论欠款是否收回一概不退还；第二次是收回欠款后商业银行按实际收回金额的一定百分比收取手续费。

5. 代理监督业务

代理监督业务是指商业银行接受经济合同当事人的委托，代为监督签约各方认真履行合同的有关规定，以保证当事人的合法权利，银行相应收取一定费用的业务。代理监督业务的内容主要有：监督供货合同的执行，保证供货方按时、按质、按量交货，购货方按时、按期付清货款；监督工程合同的执行，保证建设项目的质量，检查所用材料是否合格、费用是否超支；监督其他委托事项，如基金的托管、赠与款项的使用等。

6. 代理会计事务业务

代理会计事务业务是指商业银行接受单位或个人经济户的委托，代为办理某些财务会计事项并收取一定费用的业务。该项业务既有综合性事务，也有单项事务，具体内容有受托帮助建账，制定财务会计的有关规章制度，编制预算、决算报告和财务管理的建议，受聘担任常年会计顾问，辅导培训会计人员等。商业银行代理会计事务必须严格遵守法规、条例和财经制度，手续费则按事务工作量的大小由双方商定。

7. 代理保管业务

代理保管业务是指商业银行以自身所拥有的保管箱、保管库等设备条件，接受单位和个人的委托，代为保管各种贵重金属、契约文件、设计图纸、文物古玩、珠宝首饰以及股票、债券等有价证券的业务。代理保管的方式主要有出租保管箱、密封保管、露封保管等。银行按保管物品的不同，按年一次收取手续费。

8. 代购代销业务

代购代销业务是指商业银行接受委托单位的委托向国外寻求客户，代购进口商品或代销出口商品并收取一定手续费的业务。银行在办理这种业务时，可代为询价、洽谈、签约、办理国际结算。

9. 代客理财业务

代客理财业务是指客户将一定数量的金额交存商业银行，委托商业银行代为管理，商业银行则将该资金灵活运用于报酬率较高的资产，到期按协议支付给客户一笔高于同期存款利率的收益。

10. 代办集资业务

代办集资业务是指地方政府或经济组织为兴办某一重点项目，经上级有关部门和中央银行的批准，委托商业银行代为集资的业务。商业银行可立账代收资金，代办到期还本付息，代理集资款项的使用与监督事务。

11. 个人外汇、证券买卖业务

个人外汇、证券买卖业务是指商业银行接受客户委托，代理买卖外汇、证券，以取得证券收入或手续费收入的业务。我国的中国银行、交通银行率先开办了个人外汇买卖的"外汇宝"业务。目前代客买卖证券业务因受分业经营的限制而暂时停办。由于这项业务的风险较小，银行除可取得手续费收入外，还可吸收保证金存款，因而颇有发展潜力。

总之，商业银行的代理业务种类繁多，除上述代理业务品种外，还有执行遗嘱、代理客户买卖房地产、黄金，代理客户安排旅游、婚礼、子女教育等业务。

第四节　商业银行咨询顾问类中间业务

一、咨询顾问类中间业务概述

（一）咨询顾问类中间业务的概念

咨询顾问类中间业务是指商业银行依靠自身在信息、人才、信贷、信誉等方面的优势，收集和整理有关信息，并通过对这些信息以及银行和客户资金运动的记录和分析，形成系统的资料和方案，提供给客户，以满足其业务经营管理或发展的需要的服务活动。目前我国商业银行咨询顾问类中间业务主要有企业信息咨询业务、资产管理顾问业务、财务顾问业务和现金管理业务四类。

咨询顾问类中间业务按照信息的银行属性和社会属性的不同划分，可分为无偿信息咨询业务和有偿信息咨询业务。无偿信息咨询业务包括初期信息咨询、义务性信息咨询和交换性信息咨询等；有偿信息咨询业务是指商业银行运用已有的信息资源向客户提供信息并收取费用的一般信息咨询，以及商业银行追加一定的劳动量进行信息资料收集、加工、处理后才能正确提供的高级信息咨询。我们介绍的主要是有偿信息咨询业务。

（二）开展咨询顾问类中间业务的意义

商业银行开展咨询顾问业务是现代后工业信息社会发展的必然趋势。在现代市场经济社会里，信息是一种宝贵的资源，也是一种宝贵的财富。商业银行凭借其社会资金运动总枢纽这一得天独厚的条件，以及拥有大型计算机信息数据库和高素质金融人才的优势，能及时捕获大量的信息资源，并通过科学的加工处理迅速向社会反馈，以适应知识经济社会各方面征询信息的需求。商业银行开展咨询顾问类中间业务对社会经济的发展具有重大的意义。其重要意义主要表现为：

（1）商业银行开展咨询顾问类中间业务能为社会提供信息，促进社会经济的有效发展。在现代化的市场经济社会中，要充分利用市场机制来调节经济，其前提是各行各业必须能广泛地获取信息，及时了解市场动态。商业银行作为社会经济信息的聚集地，通过咨询顾问类中间业务，不断地传递、反馈信息，为社会各界提供信息服务，使各经济单位能依据市场信息的变化不断修正其生产和交易计划，从而使整个社会的生产交易行为能与社会经济的发展需要相适应。同时，信息服务还可以加强商品市场、金融市场、技术市场和劳务市场的沟通和联系，促进市场机制的完善，进而实现生产、流通和消费的良性循环。

（2）商业银行开展信息咨询类中间业务能增进企业间的相互了解，提高企业的经济效益。商业银行为社会提供信息能使经济活动中的交易双方彼此了解对方的资信情况，通过信息沟通而减少纠纷，使交易双方的经济利益不受损失，并加速资金周转，进而提高企业的经济效益。尤其是在国际经济交往中，由于国际市场瞬息万变，稍有不慎，就极易在激烈竞争中导致本国经济单位的经济损失。商业银行通过咨询业务，发挥参谋作用，可以有效维护本国经济单位的利益。如商业银行可通过咨询业务为国内企业引进技术出谋划策，通过多家对比帮助企业选定最佳方案，使引进的技术设备既适合本国国情，又降低费用成本。

（3）商业银行从事咨询顾问类中间业务能拓宽自身的业务领域，增加商业银行收益。商业银行利用所掌握的国内外资料和国际电信设备，可为客户提供短期汇率预测信息，使客户减少汇率变动的损失。此外，商业银行还可以利用国内外银行间的咨询网络，对交易的有关方面进行资信调查，及时识破各种掮客的诈骗活动等。商业银行从事咨询顾问类业务，能充分利用和挖掘银行固有的资源优势，大大拓宽了商业银行的业务领域，增加了银行收益，因而成为商业银行新的利润增长点。

（三）我国商业银行咨询顾问类中间业务的发展状况

我国商业银行的咨询顾问类中间业务起步于20世纪80年代中期。在20世纪80年代中期以前，我国商业银行为社会提供的经济金融信息咨询业务是以无偿为主要特征的。自20世纪80年代中期以后，我国商业银行的有偿信息咨询业务发展较快，已成为商业银行业务扩张的重要的业务领域，并为我国社会经济的持续高速增长做出了相应的贡献。特别是中国工商银行在改革开放初期以提供经济金融信息为主；20世纪80年代中期以资信评估为主；进入20世纪90年代后，对信息咨询顾问类中间业务进行了多样化、系统化和规范化的建设，业务品种增多，业务范围广泛，主要具体业务有：信息咨询、资信评估、资产评估、工程监理和审价、审计等业务，以及有关经济、金融、法律等信息的服务咨询。

我国商业银行的咨询顾问类中间业务虽然发展迅速，但与国际商业银行相比，还存在较大的差距，主要表现为业务发展不平衡、业务范围不宽、经营水平不高和服务手段单一等。在今后发展咨询顾问类中间业务时，应重点健全和完善商业银行的咨询顾问机构，加大先进设备和技术的投入，建设具有系统性、广泛性、有用性和动态性的信息数据库，努力引进和培养咨询顾问的从业人员，重点研究和制定我国咨询顾问类中间业务的风险处理办法等，以加速我国商业银行咨询顾问类中间业务与国际接轨的步伐，促进我国商业银行咨询顾问类中间业务的快速健康发展。

二、咨询顾问类中间业务的种类

（一）评估类信息咨询业务

评估类信息咨询业务主要包括工程项目评估、企业信用等级评估和验证企业注册资金。

1. 工程项目评估

工程项目评估包括市政工程项目、建筑项目、企事业单位和个人的各类固定资产投资项目、企业的技术改造项目等的评估。对工程项目进行评估的意义重大：一是可以为政府、企事业单位和个人的投资决策提供科学依据；二是为商业银行自身的投资性贷款提供安全保障，它是实现资源优化配置、保证工程项目实施、提高经济效益的重要手段。

工程项目评估依据委托单位提出的咨询委托书、项目建议书和可行性研究报告等，运用系统工程和价值工程的理论和方法，通过大量的定量分析，对项目的市场前景、原料供应、工艺技术、投资概算、经济效益等方面做出综合评价，推出定性结论。其评估的主要内容有：

（1）项目概论；

（2）市场前景预测；

（3）工艺技术和设计分析；

（4）投资概算计划；

（5）财务预算和财务效益分析；

（6）经济效益和社会效益分析；

（7）不确定性分析；

（8）总结和建议。

工程项目评估的一般程序为：

（1）受托单位接受委托单位的委托书后，预审评估条件是否齐全完备；

（2）受托单位组织有关专家成立评估小组，到委托单位进行评估；

（3）评估结束形成书面报告后，受托单位领导及有关专家组成评审小组对评估报告进行审定；

（4）受托单位向委托单位通报评估结果，送交评估报告。

2. 企业信用等级评估

企业信用等级评估是商业银行信息咨询部门开办的一项信用认定业务。开展企业信用等级评估业务对商业银行开展有关业务具有重大的意义，也对企业开展经营活动有着重要作用。它是商业银行在开展信贷业务时，择优选择贷款企业的前提，是企业市场定位的重要标识，因而是促进企业改善经营管理、提高信誉等级的有效措施。

按国际惯例，企业信用等级评估一般从企业的资金信用、经济效益、经营管理和发展前景四个方面进行评估，企业的信用等级分为 AAA、AA、A，BBB、BB、B，CCC、CC、C 共三等九个信用等级。

企业信用等级评估的程序为：

（1）委托企业提出申请，填写委托书，与受托单位签订合同；

（2）受托单位组织评估小组到企业进行调查，写出评估报告；

（3）由专家评审委员会进行评审，确定委托单位的信用等级；

（4）颁发信用等级证书，并予以跟踪监测，及时加以调整。信用等级证书的有效期为一年。

3. 验证企业注册资金

验证企业注册资金业务是指商业银行咨询部门接受工商行政管理部门的委托，对准备登记开业和已登记开业的新老企业法人自有资金数额的真实性和合法性进行核实和验证的业务。这项业务的主要对象不仅包括新办企事业单位和私营、个体工商企业登记注册资金的验证，也包括老企业、事业单位确认和变更注册资金的验证。

验证企业注册资金业务的主要要求：

（1）验证注册资金的真实性。验证注册资金的真实性指注册资金必须实有和自有，任何借入资金都不得视为自有资金。企业单位可以用技术、专利、商标等无形资产进行投资，但不能作为注册资金。

（2）验证注册资金来源的合法性。国有企业投资注册开办的国有企业，可用企业公积金和上级主管部门的拨款；集体企业投资注册开办的集体企业，可用公积金和生产发展基金；事业单位投资注册开办的第三产业，原则上用自有资金，不得以任何形式动用当年经费和各项专用资金等。验资程序较为简单，主要是申请验资手续，进行验证，最后出具验资证明。

（二）委托中介类信息咨询业务

委托中介类信息咨询业务主要包括技术贸易中介咨询、资信咨询、专项调查和委派常年咨询顾问等业务。

1. 技术贸易中介咨询业务

商业银行开展技术贸易中介咨询业务，对开拓技术市场、沟通技术贸易渠道、促进科技成果迅速转化为现实生产力具有十分积极的作用。

商业银行开展这项业务的主要内容是：

（1）参与技术转让；

（2）参与技术开发；

（3）提供技术咨询；

（4）参与技术服务；

（5）参与技术协作。

商业银行从事这项业务时，应注重积极沟通信息，实事求是地评价和介绍技术项目，协助双方认真审定技术内容、交易方式、交易价格等，协助签订交易合同，并督促双方履行合同条款。

商业银行开展技术贸易中介业务，须与社会科研部门、技术部门、技术市场管理部门、科技咨询部门等密切协作或联合开展业务，并聘请信息员，密切科技部门和生产部门的联系。

2. 资信咨询业务

商业银行开展资信咨询业务，是以中间人的身份，通过提供企业主要财务资料和对企业资信度做出公正评价，以满足企业在生产经营活动中了解交易对方信用程度的需要。

资信咨询业务有一般性资信咨询和风险性资信咨询之分。对一般性资信咨询业务的办理，要求委托方必须签订咨询委托书，并提供有关资料，明确咨询内容和要求，商定经济责任和收费标准；商业银行则按合同要求签发资信等级证明，为委托单位提供交易双方的经营状况、付款（交货）的信用能力等情况。对于风险性资信咨询，商业银行除向委托单位提供交易双方的一般资信资料外，还负有监督、保证按期付款（交货）的经济责任。

3. 专项调查咨询业务

专项调查咨询业务是根据特定的目的和要求，在指定的范围内，由商业银行咨询部门组织力量，运用多种方法，收集相关资料，通过加工整理出咨询报告，为经济组织和工商企业出谋划策。

专项调查是一种适应性很强的业务，范围可宽可窄，灵活确定。其主要内容有：

（1）行业和产品的市场现状、趋势或供销中某一特定问题的调查；

（2）投产某个商品的市场销售、经济效益、资金需求等方面的调查；

（3）同行业、同产品对比、找差距、上等级的调查；

（4）横向经济联合项目调查；

（5）补偿贸易的可行性调查；

（6）外汇行情、物价趋势的调查等。

4. 委托常年咨询顾问业务

委托常年咨询顾问业务指的是客户委托银行对其日常经营管理提供咨询。鉴于这种需要的经常性和重复性特点，商业银行咨询部门可以委托群体或个人常年咨询顾问的方式满足客户的需要。这项业务要求咨询顾问经常或定期进驻客户单位，全面深入地了解客户单位的经营管理情况，关注其动态的发展变化，使单位决策和咨询论证密切结合，进而提出正确的建议。

（三）综合信息类咨询业务

1. 企业管理咨询业务

企业管理咨询业务是指根据企业的要求，由商业银行咨询部门委派专门人员，在调查研究的基础上，运用科学的方法，对企业经营管理中存在的问题进行定性和定量分析，提出切合实际的改善企业管理状况的建议，并在实施过程中进行指导的业务。

企业管理咨询业务有综合管理咨询业务和专题管理咨询业务之分。综合管理咨询业务指对企业经营管理全过程或经营方针进行咨询；专题管理咨询业务是对企业经营管理的某个方面、某个系统提供咨询，如组织机构设置、市场营销或新产品开发、成本管理等。企业管理咨询业务是以提高企业管理素质和经济实效为目的的创造性劳动和服务工作。随着我国市场经济的发展，企业间竞争日趋激烈，对这一业务有着广泛的需求。

2. 常年经济信息咨询业务

常年经济信息咨询业务是指商业银行充分利用众多信息网络和丰富的信息资源优势，通过提供信息资料、召开信息发布会和举办业务技术辅导讲座等途径，把各种动态信息，包括综合金融信息、宏观经济信息、行业产品信息和有关政策、法规、制度等及时、准确地传播给咨询客户和社会各界的业务。

3. 个人理财业务

商业银行个人理财业务是指商业银行利用其网点、技术、人才、信息和资金等相关的资源优势，凭借其长期以来形成的可靠可信度，以个人客户为服务对象，针对其短期、中期和长期需求或收益目标，合理分配资产投资和融资的方式，提供包括个人财务设计、投资理财、代理首付、代理保管、转账汇兑结算、资金融通、信息咨询等在内的全方位、综合性金融服务。

（四）投资银行业务

投资银行业务是指商业银行为客户提供财务咨询、担任投资顾问、从事企业产权交易和收购、兼并、重组等中介性服务的业务。投资银行业务是商业银行经营观念转变的产物，现阶段盛行于西方金融界。

投资银行业务使银企关系由传统的主从关系转变为相互依存关系，从单纯的信贷关系转变为银行参与企业的发展，作为企业财务顾问，为企业如何在国内外金融市场低成本筹集资金、最有效地运用资金出谋划策。从国际银行业的经营实践看，一旦商业银行介入投资银行活动，商业银行的收益便顿然改观，商业银行的竞争力便能超过非银行金融机构。因为投资银行业务是一项多种金融服务相结合的和特定条件下的金融创新，是一种高附加值的高级智力服务。投资银行业务不仅可为商业银行带来丰厚的非利息收入，而且有利于加强对贷款企业的监督，密切与客户的联系，巩固和扩大商业银行业务的市场份额。

我国商业银行的投资银行业务刚开始起步。1996 年 8 月招商银行正式成立了投资银行部，专门负责开展投资银行业务，率先填补了我国银行界在这一领域的空白。随着经济、金融体制改革的全面深化进行，我国的投资银行业务有着十分广阔的前景。特别是随着政府机构职能的转换和国有企业改革的全面加速展开，大量的企业将要进行股份制改造，企业的兼并、收购、重组将不断发生，企业的产权转让将十分频繁，这一切都迫切需要提供投资银行的全面中介性金融服务。另外，随着现代企业制度的建立，必将突破计划经济时代的银企关系模式，除了贷款外，企业将越来越要求银行能提供全面的金融中介服务，以获得长期稳固的全方位金融支持。现阶段，发展投资银行业务正逐渐成为我国商业银行的共识，投资银行业务必将成为我国商业银行新的业务领域，也是收益新的增长点。

第五节 商业银行担保类中间业务

一、担保类中间业务的概念

担保类中间业务是指商业银行应某一交易中的一方申请，承诺当申请人不能履约时由商业银行承担对另一方的全部义务的行为。担保类中间业务不占用商业银行的资金，但形成商业银行的或有负债，即当申请人（被担保人）不能及时履行其应尽的义务时，商业银行就必须代为履行付款等职责。商业银行在提供担保时，要承担信用风险、汇率风险和政治风险等多项风险，因此是一项风险较大的中间业务。1988年西方10国中央银行签订的《巴塞尔协议》将商业银行担保业务的信用转换系数定为100%。

二、担保类中间业务的种类

（一）备用信用证

1. 备用信用证的概念

备用信用证（standby credit letter，SCL）是商业银行担保类中间业务的一种主要类型，一般用作为债务人的融资提供担保。当某个信用等级较低的企业试图通过发行商业票据或债券筹资时，通常会面临许多不利的发行条件，在此情况下发行企业可以向一家商业银行申请备用信用证作为担保，当发行企业破产或因某种因素无法及时还本付息时，则由发证商业银行承担债务的还本付息的责任。备用信用证是一种银行信用，当商业银行发放备用信用证给企业，银行信用则代替了商业信用，使发行企业的信用等级提高，即从较低企业信用等级提高到了一个较高企业信用等级。

备用信用证是一种广泛的担保文件，其支付只凭出示特定的证据，而不允许商业银行介入事实上或法律上的纠纷。从开证银行角度看，备用信用证业务中商业银行担负的付款责任和信用证业务中一样都是第一性的，"备用"一词主要体现在开证银行通常是第二付款人，即只有当借款人自己不能履约时，才由商业银行承担付款责任。但在多数情况下，备用信用证是"备而不用"的，这一点也是备用信用证与信用证的区别。而开证行一旦付款，借款人必须补偿银行的损失。在实际办理业务中，为防范风险，商业银行一般只给信誉好的客户开立备用信用证。商业银行开立备用信用证要收取一定数额的手续费。

2. 备用信用证的类型

（1）按照用途的不同划分，可分为履约保证备用信用证、预付款保证备用信用证、投标备用信用证、直接付款备用信用证等。

①履约保证备用信用证是指用于支持一项除支付金钱以外的义务的履行，包括对由于申请人在基础交易中违约所致损失的赔偿的保证。

②预付款保证备用信用证是指用于担保申请人对受益人的预付款所应承担的义务和责任。这种备用信用证通常用于国际工程承包项目中业主向承包人支付的合同总价10%~25%的工程预付款，以及进出口贸易中进口商向出口商支付的预付款等。

③投标备用信用证是指用于担保申请人中标后执行合同义务和责任，若投标人未能履行合同，开证人必须按备用信用证的规定向受益人履行赔款义务。投标备用信用证的金额一般为投保报价的1%~5%（具体比例视招标文件规定而定）。

④直接付款备用信用证是指用于担保到期付款，尤指到期没有任何违约时支付本金和利息。其已经突破了备用信用证备而不用的传统担保性质，主要用于担保企业发行债券或订立债务契约时的到期支付本息义务。

（2）按可否撤销来划分，备用信用证可分为可撤销的备用信用证和不可撤销的备用信用证。

①可撤销的备用信用证（Revocable SCL）。在可撤销的备用信用证中附有在申请人财务状况出现某种变化时，开证行可以撤销或修改信用证的条款，以保护自身的利益。

②不可撤销的备用信用证（Irrevocable SCL）。不可撤销的备用信用证的开证行不可以单方面撤销或修改信用证。对于受益人而言，开证行不可撤销的付款承诺使其有了一个确定的收款保障，但不可撤销的备用信用证的手续费要高一些。

3. 备用信用证的作用

（1）借款人利用备用信用证，可使其自身由较低的企业信用等级上升到一个较高的企业信用等级，在融通资金中处于一个相对有利的地位，能以较低的成本获得资金。

（2）商业银行开立备用信用证业务的成本较低。由于申请备用信用证的客户大多是与商业银行业务关系稳定、信誉良好、经济效益好的客户，这就大大降低了商业银行调查审查、信用评估所耗费的支出。

（3）商业银行开立备用信用证给商业银行自身带来较高的盈利。在通常情况下，备用信用证发生议付的情况很少，这就使商业银行在几乎不占用自有资金的情况下，仅仅靠商业银行自身良好信誉的优势就可以获得一笔可观的手续费收入，从而拓宽了商业银行的收益渠道。

（4）商业银行开立备用信用证使受益人获得很高的信用安全等级，特别是在交易双方不很熟悉、不很了解的情况下，更显示出这种高安全等级的重要。

4. 备用信用证的交易程序

（1）订立合同。

借贷双方先就开立备用信用证条件进行磋商，订立开立备用信用证合同，明确规定以备用信用证方式提供担保，其中包括规定备用信用证的开证商业银行、种类、金额、到期日、开证日等有关内容。

（2）申请开证。

借款人向开证商业银行递交申请书。在开证申请书中，明确提出开立备用信用证的要求，以及受益人的名称、地址等详细情况，备用信用证的种类、到期日，还需要开证申请人向开证商业银行提交保证与声明。借款人申请备用信用证时，有的要根据开证商业银行的要求缴纳一定的押金，是否吸取押金与收取多少取决于开证申请人的资历、信誉等因素。

（3）开证与通知。

开证商业银行经过调查审查、信用评估接受开证备用信用证申请后，必须按开证申请书规定的内容，向指定的受益人开立备用信用证，并将备用信用证直接或间接传递给受益人。

（4）审核与修改。

受益人在收到备用信用证之后，应立即认真审核，主要是审核备用信用证中所列条款与信贷合同中的有关条款是否完全一致。如有差错，应立即通知开证商业银行进行修改。修改信用证的传递方式与开证时一样。

（5）执行合同。

受益人收到信用证经审查无误，或收到修改通知书认可后，即可根据借款合同的规定向借款人提供贷款。受益人履行合同后，如果没有在合同规定的时间内得到借款人的偿还，则应编制并取得信用证规定的全部单据，开立汇票，连同信用证正本，通过一定方式传递给开证银行，要求开证银行履约付款。

（6）支付和求偿。

开证银行收到受益人寄来的汇票和借款人未履约付款的证明后，经检验，如认为与信用证中的规定相符，则应按票款对受益人进行支付，同时开证行随即取代受益人，成为借款人的债权人，获得具有要求赔偿所垫付资金的权利。

（二）商业信用证

1. 商业信用证的概念

商业信用证是指进口商请求当地商业银行开出的一种证书，授权出口商所在地的另一家银行通知出口商，在符合信用证规定的条件下，愿意承兑或付款承购出口商交来的汇票单据。信用证结算业务实际上就是进出口双方签订合同以后，进口商主动请求进口地商业银行为自己的付款责任做出的保证。商业信用证是国际贸易结算中的一种重要方式，

商业信用证的产生主要是因为在国际贸易中，进出口商之间可能因缺乏了解而互不信任。进口商不愿先将货款付给出口商，唯恐出口商不按约定发货；出口商也不愿先发货或将单据交给进口商，主要是担心进口商不付款或少付款。在这种情况下，银行就可以出面在进出口商之间充当一个中间人或保证人的角色，一面收款，一面交单，并代客融通资金，信用证结算方式由此产生。现在信用证结算已成为当今国际贸易和国内异地交易中使用最广泛、最重要的结算方式。

对于商业信用证，人们通常把它看成一种结算工具。而实际上，从银行角度来看，商业信用证业务又是一种重要的表外业务。在这项业务中，银行以自身的信誉来为进出口商之间的交货、付款做担保，一般来说不会占用其自有资金，因此是银行获取收益的又一条重要途径。

2. 商业信用证的种类

商业信用证的种类很多，按照不同的标准划分有不同的信用证种类：

（1）按是否跟单划分，可划分为跟单信用证和光票信用证。

跟单信用证是凭跟单汇票或仅凭单据付款的信用证。国际贸易结算中所使用的信用证绝大部分是跟单信用证。

光票信用证是凭不附带单据的汇票付款的信用证。

（2）按可否撤销划分，可划分为可撤销信用证和不可撤销信用证。

可撤销信用证是指开证行对所开信用证进行辙销不必征得受益人同意，即有权随

时撤销的信用证。

不可撤销信用证是指信用证一经开出，在有效期内，非经信用证各有关当事人的同意，开证行不能片面修改或撤销的信用证。此种信用证在国际贸易中使用最多。

（3）按付款期限方式划分，可划分为即期信用证和远期信用证。

即期信用证是开证银行或付款银行收到符合信用证条款的汇票和单据后，立即履行付款义务的信用证。

远期信用证是开证银行或付款银行收到符合信用证的单据时，不立即付款，而是等到汇票到期才履行付款义务的信用证。

（4）按可否转让划分，可划分为可转让信用证和不可转让信用证。

可转让信用证是指开证行授权通知行在受益人的要求下，可将信用证的全部或一部分转让给第三者，即第二受益人的信用证。可转让信用证只能转让一次，信用证转让后，即由第二受益人办理交货，但原证的受益人即第一受益人，仍须负责买卖合同上卖方的责任。如果信用证上允许可以转让，信用证可分别转让给几个第二受益人。信用证转让只能转让一次，但是第二受益人将信用证转回第一受益人不在禁止之列。

不可转让信用证是指受益人不能将信用证的权利转让给他人的信用证。

（5）按其他类型划分，可分为背对背信用证、对开信用证、循环信用证等。

背对背信用证是受益人要求通知行在原有的信用证基础上开立一个新的信用证，主要适用于两国不能直接进行贸易时，需要通过第三方来进行贸易。背对背信用证和可转让信用证都产生于中间交易，为中间商人提供便利。

对开信用证是指双方互为进口方和出口方，互为对开信用证的申请人和受益人。为实现双方货款之间的平衡，采用互相开立信用证的办法，把出口和进口联系起来。

循环信用证是指可多次循环使用的信用证，当信用证金额被全部或部分使用完后，仍又恢复到原金额。买卖双方订立长期合同，分批交货，进口方为了节省开证手续和费用，即可开立循环信用证。循环信用证可分为按时间循环的信用证和按金额循环的信用证两种。

3. 商业信用证的特点

（1）商业信用证是由开证银行承担第一付款责任的书面文件。商业信用证结算方式是一种银行信用，由开证银行以自己的信用做出付款保证，开证行提供的是信用而不是资金，在符合信用证规定的条件下，首先由开证银行承担第一性付款的责任。它不同于一般的担保业务中的保证人，只负第二性付款责任，即在被担保人不付款的情况下才代为付款。商业信用证的开证银行是第一付款人，出口商凭信用证发运货物后，就能取得银行付款，无须担心进口商是否按合同履行付款责任。因此，开证银行的资本和信用是出口商发运货物后是否能如期取回货款的主要原因。

（2）商业信用证是一项独立的、自足性的文件。商业信用证虽以贸易合同为基础，但它一经开立，就成为独立于贸易合同之外的另一种契约。贸易合同是买卖双方之间签订的契约，只对买卖双方有约束力；商业信用证则是开证银行与受益人之间的契约，开证银行和受益人以及参与信用证业务的其他银行均应受信用证的约束，但这些银行当事人与贸易合同无关，故不受合同的约束。对此，《跟单信用证统一惯例》第三条明确规定：信用证与可能作为其依据的销售合约或其他合同，是相互独立的两种交易。

即使信用证中提及该合同，银行亦与该合同完全无关，且不受其约束。因此，开证银行只需对信用证负责，只要出口商提供的单证符合信用证的规定，则开证银行就有付款的责任，而不管实际中的交易情况如何，即信用证业务是以单证而不是货物作为付款依据的。

（3）商业信用证业务处理的是单据，要求做到单单一致、单证一致。《跟单信用证统一惯例》第四条明确规定：在信用证业务中，各有关当事人处理的是单据，而不是与单据所涉及的货物、服务或其他行为。可见，信用证业务是一种纯粹的凭单据付款的单据业务。只要单据与单据相符、单据与信用证相符，只要能确定单据在表面上符合信用证条款，银行就得凭单据付款。因此，单据成为银行付款的唯一依据。这也就是说，商业银行只管单据是否与信用证相符，对于货物的品质、包装是否完好、数（重）量是否完整等，不负责任。所以，在使用信用证支付的条件下，受益人要想安全、及时地收到货款，必须做到"单单一致""单证一致"。

4. 商业信用证的作用

商业信用证是国际结算的重要组成部分，信用证业务集结算和融资为一体，为国际贸易提供综合服务，对进出口商及商业银行都有积极作用。

（1）对出口商的作用。

①凭借单据，收回货款。信用证支付的原则是单证严格相符，出口商交货后提交的单据，只要做到与信用证规定相符，"单证一致、单单一致"，商业银行就保证支付货款。信用证支付为出口商收取货款提供了较为安全的保障。

②履约交货，收取外汇。在进口管制和外汇管制严格的国家，进口商要向本国申请外汇得到批准后，方能向商业银行申请开证，出口商如能按时收到信用证，说明进口商已得到本国外汇管理当局使用外汇的批准，因而可以保证出口商履约交货后，按时收取外汇。

③资金融通，扩大出口。出口商在交货前，可把进口商开来的信用证作为抵押，向出口地银行借取打包贷款，用以收购、加工、生产出口货物和打包装船；或出口商在收到信用证后，按规定办理货物发运，并提交汇票和信用证规定的各种单据，改做押汇取得货款。这是出口地银行对出口商提供的资金融通，从而有利于资金周转，扩大出口。

（2）对进口商的作用。

①严格审核，保证收到单据。在信用证方式下，开证行、付款行、保兑行的付款及议付行的议付货款都要求做到单证相符。必须对单据表面的真伪进行审核。因此，在信用证方式下，可以保证进口商收到的是代表货物的单据，特别是提单，它是货物所有权的凭证。

②条款约束，保证收到货物。进口商申请开证时可以通过控制信用证条款来约束出口商出货的时间、交货的品质和数量，如在信用证中规定最迟的装运期限以及要求出口商提交由信誉良好的公证机构出具的品质、数量或重量证书等，以保证进口商按时、按质、按量收到货物。

③信誉良好，获取资金融通。进口商在申请开证时，通常要交纳一定的押金，如开证行认为进口商资信较好，进口商就有可能在少交或免交部分押金的情况下履行开

证义务。如采用远期信用证，进口商还可以凭信托收据向银行借单，先行提货、转售，到期再付款，这就为进口商提供了资金融通的便利。

（3）对商业银行的作用。

①不占用资金，收取手续费。商业银行开立商业信用证所提供的是信用保证，而不是资金。开立信用证既不必占用自有资金，又可以得到开证手续费收入。在办理商业信用证业务中，商业银行每做一项服务均可取得各种收益，如开证费、通知费、议付费、保兑费、修改费等各种手续费用。因此，开办商业信用证可增加商业银行的营业收入。

②收取押金，增加资金来源。开证行接受进口商的开证申请，即承担开立信用证和付款的责任，这是银行以自己的信用做出的保证。所以，进口商在申请开证时需向银行交付一定的押金或担保品，为商业银行利用资金提供了便利。

5. 商业信用证的交易程序

（1）进口商申请开证。

进口商（开证人）在与其交易对象订立商品买卖合同之后，通过填写开证申请书，向开证商业银行提出申请。开证申请书中主要包括两方面内容：一是要求开立的信用证中所含的内容，即进口商（开证人）按照买卖合同条款，要求开证行在信用证上所列明的条款；二是进口商（开证人）向开证商业银行的声明或保证，用以明确双方的责任。

（2）进口方银行开立信用证。

开证行根据进口商（开证人）的申请向受益人开立信用证。所开信用证的条款必须与开证申请书所列内容保持一致。

（3）出口方银行通知受益人。

出口方银行收到开证银行开来的信用证后，应对信用证的密押（电开）或签字印鉴（信开）进行核对，确认无误后立即通知受益人。

（4）审查与修改信用证。

受益人接到信用证后应立即根据合同条款认真审查信用证，如不能接受信用证条款，应及时要求进口商（开证人）通知开证银行进行修改。

（5）进口方银行接受单据。

开证银行收到议付行寄来的汇票和单据后，应立即根据信用证条款进行检验，如果认为单证与信用证条款相符，应在合理的时间内将票款偿还议付银行。

（6）进口商赎单提货。

开证银行将票款拨付议付行后，应立即通知进口商（开证人）付款赎单。开证人收到通知后，也应立即到开证行检验单据，在确认无误后将全部票款及有关费用一并向开证银行交付并赎取单据。进口商付款赎单后，即可凭装运单据提货。

（三）银行承兑汇票

银行承兑汇票是由在承兑银行开立存款账户的存款人出票，向开户银行申请并经银行审查同意承兑的，保证在指定日期无条件支付确定的金额给收款人或持票人的商业汇票。对出票人签发的商业汇票进行承兑是银行基于对出票人资信的认可而给予的信用支持。

商业银行的票据承兑是一种传统的银行担保业务。银行承兑汇票的出票人必须具备下列条件：在承兑银行开立存款账户的法人以及其他组织；与承兑银行具有真实的委托付款关系；资信状况良好，具有支付汇票金额的可靠资金来源。

商业银行在办理承兑汇票业务时，一般经过出票人或持票人向银行申请承兑，银行的信贷部门负责按照有关规定和审批程序，对银行承兑汇票出票人的资格、资信情况、购销合同和汇票记载的内容进行认真审查，必要时可由出票人提供担保。符合规定和承兑条件的，与出票人签订承兑协议。

银行承兑汇票票面必须记载的事项有标明"银行承兑汇票"的字样、无条件支付的委托、确定的金额、付款行名称、收款人名称、出票日期、出票人签章七项。欠缺其中任何一项的，银行承兑汇票无效。银行承兑汇票的出票人应于银行承兑汇票到期前将票款足额交存其开户银行。承兑银行应在银行承兑汇票到期日或到期日后的见票当日支付票款。

银行承兑汇票的出票人于银行承兑汇票到期日未能足额交存票款时，承兑银行除凭票向持票人无条件付款外，对出票人尚未支付的银行承兑汇票的金额按规定计收利息。

（四）银行保函业务

1. 银行保函业务的概念

银行保函业务是指银行应客户的申请而开立的有担保性质的书面承诺文件，一旦申请人未按其与受益人签订的合同的约定偿还债务或履行约定义务时，则由银行履行担保责任。它是一种银行保证文件。保函业务不占用银行的资金，但一经银行开出，就产生一笔或有的债务。在申请人未及时履行其应尽的义务时，商业银行就得无条件地承担付款责任。

2. 银行保函业务的特点

（1）银行信用作为保证，易被客户接受；

（2）保函是依据商务合同开出的，但又不依附于商务合同，是具有独立法律效力的法律文件。当受益人在保函项下合理索赔时，担保银行就必须承担付款责任，而不论申请人是否同意付款，也不管合同履行的实际事实，即保函业务是独立的承诺并且基本上是单证化的交易业务。

3. 银行保函业务的种类

根据保函在基础合同中所起的不同作用和担保人承担的不同的担保职责，保函可以具体分为以下几种：

（1）借款保函是指银行应借款人要求向贷款行所做出的一种旨在保证借款人按照借款合约的规定按期向贷款方归还所借款项本息的付款保证承诺。

（2）融资租赁保函是指承租人根据租赁协议的规定，请求商业银行向出租人出具的一种旨在保证承租人按期向出租人支付租金的付款保证承诺。

（3）补偿贸易保函是指在补偿贸易合同项下，商业银行应设备或技术的引进方申请，向设备或技术的提供方所做出的一种旨在保证引进方在设备或技术引进后的一定时期内，以其所生产的产成品或以产成品外销所得款项来抵偿所引进设备或技术的价款及利息的保证承诺。

（4）投标保函是指商业银行应投标人申请向招标人做出的保证承诺，保证在投标人报价的有效期内将遵守其诺言，不撤标、不改标，不更改原报价条件，并且在其一旦中标后，将按照招标文件的规定在一定时间内与招标人签订合同。

（5）履约保函是指商业银行应供货方或劳务承包方的请求而向买方或业主方做出的一种履约保证承诺。

（6）预付款保函又称还款保函或定金保函，是指商业银行应供货方或劳务承包方申请向买方或业主方保证，如申请人未能履约或未能全部按合同规定使用预付款时，则商业银行负责返还保函规定金额的预付款。

（7）付款保函是指商业银行应买方或业主申请，向卖方或承包方所出具的一种旨在保证贷款支付或承包工程进度款支付的付款保证承诺。

此外，其他的保函品种还有来料或来件加工保函、质量保函、预留金保函、延期付款保函、票据或费用保付保函、提货担保、保释金保函及海关免税保函等具体业务品种。

第六节　商业银行金融衍生工具类中间业务

一、金融衍生工具的概述

（一）金融衍生工具的概念

金融衍生工具，又称派生金融工具，是与原生金融工具相对应的一个概念，它是在原生金融工具如即期交易的商品合约、债券、股票、外汇等基础上派生出来的。衍生金融工具是指从传统金融工具中派生出来的新型金融工具。国际互换和衍生协会（ISDA）将金融衍生工具描述为："旨在为交易者转移风险的双边合约。合约到期时，交易者所欠对方的金额由基础商品、证券或指数的价格决定。"国际清算银行（BIS）对金融衍生工具的定义："金融衍生工具是一种金融合约，其价值取决于基础资产价格。"金融衍生工具是通过对货币利率、债务工具的价格、外汇汇率、股票价格或股票指数、商品期货价格等金融资产的价格走势预期而定值，并从这些金融产品的价值中派生出自身价值的金融产品。金融衍生工具的主要种类包括远期、期货、互换和期权。

（二）衍生金融工具的主要特点

（1）衍生性。金融衍生工具是由作为标的的基本金融工具派生而来的，是金融衍生工具的本质特征。金融衍生工具从基本金融工具的基础上发展、衍生而来，一般以一个或几个基本金融工具作为标的，其价值随着作为标的的基本金融工具的价格变动而变动。

（2）契约性。金融衍生工具是一种面向未来的、代表权利与义务关系的合约，具有明显的契约性质。这一特性表明金融衍生工具是在合约买卖后的未来某一时点或时期进行交易，而并非已经发生的交易事项。契约性的存在使得金融衍生工具具有很大的不确定性。

（3）杠杆性。杠杆性是指金融衍生工具可以以较少的资金成本获得较多的投资，从而提高投资的收益率。但从负面效果来说，初始净投资少的杠杆作用，也把市场风险成倍地放大了，加上衍生金融工具在未来结算，注定了它是高风险、高收益的交易。

（4）风险性。金融衍生工具的风险性就是指金融衍生工具作为资产或权益在未来发生损失的可能性。金融衍生工具交易的损失有时是无限的，投资者面临着极高的风险，其主要风险为信用风险、市场风险、流动性风险、结算风险、运作风险和法律风险等。金融衍生交易潜在的收益和风险不像基础金融业务那样透明，一旦交易者对行情判断失误且风险管理不够完善，投资者就会遭受惨重的损失。

（5）创新性。金融衍生工具的形式是多样的，即通过把不同的时间、不同的基础工具、不同现金流量的种种工具组合起来，形成不同的金融衍生工具。金融衍生工具不断创新，使得有关金融衍生工具的会计准则制定和实施总带有滞后性。

（三）金融衍生工具的产生与发展

1. 金融衍生工具的产生

在20世纪70年代初，在以美元为中心的布雷顿森林货币体系崩溃后，国际货币汇率制度开始从固定汇率制度走向浮动汇率制度。当时西方国家经济出现滞胀，造成利率和汇率日益剧烈波动，风险不断增大；随着高科技的迅速发展，国际金融出现证券化趋势，国际游资增大了投机的力度。面对日益增加的金融风险，企业和金融机构迫切需要能有效回避或减少风险的金融工具。在此情况下，1972年5月16日，美国芝加哥商业交易所设立的国际货币市场推出了世界第一张外汇期货合约，它是外汇风险的急剧增加等原因导致的结果，其标的货币最初有七种，分别是英镑、加拿大元、德国马克、日元、瑞士法郎、墨西哥比索和意大利里拉。国际货币市场开办外汇期货交易取得了巨大的成功，有力地推动了金融期货的发展。

2. 金融衍生工具的发展

（1）国际金融衍生工具的发展。随着20世纪90年代计算机技术突飞猛进地发展，促进了金融衍生工具的进一步发展。经过30余年的发展，国际市场上金融衍生品已从当初的几种简单形式发展到1 200余种，而由它们衍生出来的各种复杂的产品组合更是数不胜数。在现阶段的全球金融衍生工具市场中，特别是场外交易市场的规模仍在快速地增长。根据国际清算银行（BIS）的统计报告，2006年年底，全球场外衍生金融产品名义本金余额为415.2万亿美元，较2005年年底增长了39.5%。

（2）我国衍生金融工具的发展。我国自20世纪80年代初，开始逐步开展金融衍生工具交易。在我国出现金融衍生工具的时间不长，只有20年的历史，目前我国金融市场上的金融衍生品主要有远期外汇买卖、远期结售汇业务、可转换公司债、股票期权、买断式回购等。其主要的发展历程为：一是1992年12月，上海证券交易所推出了我国第一个金融衍生品国债期货；二是1993年3月10日，海南证券交易报价中心推出深圳综合指数的期货交易；三是1997年1月，《中国人民银行远期结售汇业务暂行管理办法》发布，并且中国人民银行于同年4月1日授权有着外贸背景的中国银行独家办理贸易项目下的人民币远期结售汇业务；四是2004年1月31日国务院发布9条意见，明确要求稳步发展期货市场，特别鼓励研究开发与股票和债券相关的新品种及其衍生品，同年，银监会正式颁布《金融机构衍生产品交易管理暂行办法》，为金融机构从事衍生品交易制定了专门的办法。五是中国人民银行于2005年6月15日在银行间债券市场推出债券远期交易，并积极推动利率互换等金融衍生品的研究与开发，同年中国外汇交易中心推出远期外汇交易以配合人民币汇率制度的改革。

二、金融衍生交易类中间业务的概念

金融衍生交易类中间业务是指商业银行为满足客户保值或自身风险管理等方面的需要，利用各种金融工具进行资金的交易活动。

三、金融衍生交易类中间业务的种类

（一）远期利率协议

1. 远期利率协议的概念

远期利率协议（forward rate agreement，FRA）是一种远期合约，是交易双方约定在未来某一日，交换协议期间内一定名义本金基础上分别以合同利率和参考利率计算的利息的金融合约。远期利率协议建立在双方对未来一段时间利率的预测存有差异的基础上，具有预先决定筹资成本或预先决定投资报酬率的功能，从而达到规避利率波动的目的。

远期利率协议的买方预测未来一段时间内利率将趋于上升，因此，希望现在就把利率水平确定在自己愿意支付的水平——协议利率上。如果未来利率上升，他将以从卖方获得的差额利息收入来弥补实际筹资所需增加的利息费用；如果未来利率下降，他在实际筹资中所减少的利息费用也将为支付给卖方的差额利息所抵销——无论如何，都可实现固定未来利率水平的愿望。

远期利率协议的卖方则预测未来一段时间内利率将趋于下降，因此，希望现在就把利率水平确定在自己愿意接受的水平——协议利率上。如果未来利率下降，他将以从买方获得的差额利息收入来弥补实际投资所带来的利息收入下降；如果未来利率上升，他在实际投资上所带来的利息收入增加也将为支付给买方的差额利息所抵销——无论如何，也可实现固定未来利率水平的愿望。

总之，远期利率协议是一种双方以降低收益为代价，通过预先固定远期利率来防范未来利率波动，实现稳定负债成本或资产保值的一种金融工具。

2. 远期利率协议产生的原因

（1）商业银行资产和负债期限不匹配是产生远期利率协议业务的主要原因。实现资产和负债的期限匹配是商业银行经营管理的目标，但商业银行在日常经营管理中，资产和负债的期限经常不能实现完全匹配，尤其是其经常会遇到资产期限比负债期限长的情况，致使商业银行经常面临利率敞口风险。特别是当资产与负债的期限严重失调时，如果商业银行对利率的预测的自信度过高，采取投机态度和行为，则有可能使自己陷入严重困境，从而引发危机。在此情况下，商业银行一般会采取传统的措施，即主要利用远期市场来抑制资产和负债的期限严重失调。其主要措施是：一是通过远期存款或贷款交易，即交易的一方约定在未来某一段时间内，以预定的利率在交易的另一方那里存一笔款或贷一笔款，以保证无论利率如何变化，都能以既定的利率存款或贷款。二是商业银行通过远期债券、存单等有价证券市场，进行与利率敞口期限相一致的前后反向买卖，以达到套期保值的目的。商业银行实施这些措施和行为，一方面能防止利率波动引起的风险，扩大了商业银行的资产和负债总额；另一方面也致使商业银行面临较大的信用风险，容易导致本利的巨大损失。

（2）国际金融市场上利率变化无常是产生远期利率协议业务的另一个原因。进入20世纪80年代以后，国际金融市场上利率变化无常而又波动剧烈，这给商业银行经营带来了更大的挑战，面临更大的风险，从而对资产和负债的期限匹配提出了更严格的要求。正是在此形势下，一些信誉卓著、规模巨大的商业银行开始尝试订立远期利率协议，开展办理远期利率协议业务。

（3）远期利率协议业务的优点促使远期利率协议业务迅速发展。远期利率协议业务的优点是利用了交易双方因借贷地位不同等原因所致的利率定价分歧，避免了在交易成立之初即支付资金的不便，同时还采取了名义本金、差额利息支付、贴现结算等有特色的方式。对于受资本充足比率困扰，面临增加收益压力的商业银行而言，远期利率协议有利于它们削减本来用于风险管理的现金资产总额，提高了经营效益。正因如此，远期利率协议业务迅速在国际金融市场上流行。

3. 远期利率协议的特点

（1）成本较低，无须支付保证金。

远期利率协议不但使商业银行的风险管理费用缩小，而且远期利率协议无须支付保证金即可进行交易；直到起息日结算之前，远期利率协议资金流动量小，不须支付大额的资金，只需一次支付少量资金。

（2）灵活性大，有利于双方交易。

远期利率协议业务在交易范围上极具灵活性；交易的币种主要有美元、英镑、德国马克、瑞士法郎和日元；交易的期限在3个月到2年，一般情况下，交易期限主要有3个月、6个月、9个月，但在实际操作中，有时期限更长，并不一定是整数的期限，其他非整数期限也可以通过交易双方的协商而达成；交易的金额通常为2 000万~5 000万美元，实际上，也可以交易更大金额；对交易者而言，远期利率协议业务具有较大的灵活性和方便性，极大地方便了双方的交易。

（3）保密性好，有利于促进业务发展。

远期利率协议交易不需要在交易所以公开竞价进行，避免了交易所公开竞价的形式，这使得一些信誉良好、规模巨大、不想引起市场关注的商业银行和公司更倾向于使用隐秘性好、保密性强的远期利率协议，满足了它们保密的要求，避免增加不必要的成本开支。

随着远期利率协议市场的迅速发展，英国银行家协会远期利率协议（简称FRABBA）已逐渐为伦敦、纽约等金融市场所接受，日益成为远期利率协议交易的标准化文件，这有利于提高远期利率协议交易的速度和质量，使每一笔远期利率协议交易仅需由一个电传确认即可成交，从而增加了远期利率协议的便利程度。

4. 远期利率协议的类型

（1）普通远期利率协议。

在普通远期利率协议中，交易双方仅达成一个远期利率合同，并且仅涉及一种货币。普通远期利率协议（plain vanilla FRA）交易量最大，它在币种、期限、金额、协议利率等方面都可因交易需要而调整，它是其他各类远期利率协议的基础。

（2）对敲的远期利率协议。

对敲的远期利率协议（FRA strip），是指交易者同时买入或卖出一系列远期利率合同的组合，通常包括一个合同的到期日与另一个合同的起息日，但各个合同的协议利率不尽相同。此时，远期利率协议充当了一种续短为长的连续式套期保值工具，由于其固定了每一次短期债务转期时的远期利率，从而使整个相对长期的利率得以提前确定。

（3）合成的外汇远期利率协议。

合成的外汇远期利率协议（synthetic FRA in a foreign currency），是指交易者同时达成远期期限一致的远期利率协议和远期外汇交易。通过远期外汇交易固定买入卖出的汇率，通过远期利率协议固定远期利率，从而变相地固定了相应外汇的利率。

（4）远期利差协议。

远期利差协议（forward spread agreement，FSA）被交易双方用来固定两种货币利率之间的差异。通常，典型的使用者是其资产和负债各由不同的货币构成的银行和公司，由于它们的这种财务结构隐含着这样一种风险，即负债货币利率上升的同时，资产货币利率可能下降，因此，唯恐利差扩大的一方成为利差协议的买方，唯恐利差缩小的一方成为利差协议的卖方。通常在结算日，交易双方由一方以美元的形式来完成差额利息的支付，从而使双方要承担结算上的美元汇率风险。

5. 远期利率协议的交易程序

远期利率协议是根据英国银行家协会远期利率协议（FRABBA）这一标准文件进行交易的。该协议的主要内容分 A、B、C、D、E、F 六部分：A 部分介绍了远期利率协议的发生、结算利率、远期利率协议文件的影响及今后的发展；B 部分是有关术语的定义，包括英国银行家协会远期利率协议指定银行（BBA designated bank）、营业日、买方、卖方、合约金额、合约货币、合约期限等 16 个专用术语定义；C 部分简要说明了报价的习惯做法，即除非协议双方指定以外，标准的远期利率协议的期限是指交易日后的一个整数的月份为起息日；D 部分是远期利率协议的条款和条件，包括陈述和担保、确认、结算、支付、取消、违约、豁免、适用法律等详细内容；E 部分是超过 1 年期的远期利率协议结算金额过程；F 部分是确认样本。

远期利率协议的交易程序为：

（1）交易者通过路透终端机画面得到远期利率协议市场定价信息，并向有关报价银行询价，进而表达交易意愿。远期利率协议的市场定价每天随着市场变化而变化，该市场定价仅作为参考，实际交易的价格要由每个报价银行来决定。远期利率协议的报价与货币市场上货币拆借利率表达方式类似，但远期利率协议多了合约的指定远期期限。如果一商业银行某日的美元远期利率协议报价是"3×6"和"7.94~8.0"。则其中"3×6"表示期限，表示从交易日后的第 3 个月开始为该交易的起息日，而交易日后的第 6 个月为到期日，期限为 3 个月；"7.94~8.0"表示利率价格，前者是报价银行的买价，后者是报价银行的卖价。如果报价银行向交易对方买一个 3×6 的远期利率，那么该银行在结算日支付美元合约利率 7.94% 给对方，而相应收取结算日的即期市场美元利率；如果报价银行出售一个 3×6 的远期利率，则它在结算日那天可以收取 8% 的合约美元利率，而相应支付结算日的即期市场美元利率。

（2）报价银行对交易者的资信状况做出评估后，在协议日以电传的形式对交易加以确认。举例如下：

远期利率协议合同

确认注意：

致：（交易对手方）

发自：××银行

我们很高兴在此确认以下我们之间达成的远期利率协议交易。该交易受1985年英国银行家协会制定的利率协议条款和条件的约束。

合约币种和金额：

决定利率日期：

结算日：　　　　　　　　到期日：

合约利率（年利率，利率基准日以360天或365天计算）

卖方名称：

买方名称：

非标准各项和条件（若有）：

任何远期利率协议的付款请贷记以下我行账户：

请速使用电话或电报确认以上交易。

如果交易者对电传内容无异议，并按要求的方式加以确认的话，则此交易就宣告成立。

（3）报价银行在结算日以电传形式确认结算。举例如下：

远期利率协议合同

协议日期：

结算日：

确认注意：

致：（交易对手方）

发自：××银行

我们之间根据1985年英国银行家协会制定的远期利率协议的条款和条件达成以下远期利率协议交易：

合约币种与金额：

决定利率日期：

结算日：

合约期限（天数）

合约利率（年利率，利率基准以360天或365天计算）

卖方名称：

到期日：

买方名称：

非标准各项和条件（若有）：

结算利率（年利率）：

结算金额（美元、英镑等）：

结算指示：

我方将在结算日支付××金额至贵方以下账户：

我方将在结算日收到××金额，请贷记我方以下账户：

值得一提的是，远期利率协议的结算日并不是整个交易期限的到期日，而是整个交易的起息日。在上述合同中，如果规定结算日即交易日后的第 3 个月后的这一天，那么由于是在起息日进行差额利息支付，因此就应当采用贴现方式。计算公式如下：

结算金额 =（本金×利差×实际天数/360 天或 365 天）/（1+市场利率×实际天数/360 天或 365 天）

6. 远期利率协议的定价

远期利率协议产生之时，它仅仅是单纯的风险管理工具。随着远期利率协议的优点逐渐为市场意识到，越来越多的规模巨大的金融机构和公司都倾向于利用它来管理风险。因此，商业银行利用自身善于洞察市场需求的特点，不失时机地承担起远期利率协议市场制造者的角色，通过不断地报价来充当交易的中介人，并从中获取收益。商业银行做出这种选择并不是偶然的，其主要原因是：

第一，商业银行利用自身拥有的资金、信息优势，这使它有可能成为远期利率协议的交易中介，通过自身风险管理和进一步寻求交易的对手方来冲销相应的远期利率协议风险头寸。

第二，商业银行作为经常性的大规模的市场制造者，利用其自身套期保值能力所提供的远期利率报价，较之其客户完全凭借自身套期保值所产生的实际远期利率而言必然更加经济些，这就使商业银行能够通过报价进而充当交易中介来与其客户分享这种套期保值转换所带来的收益。

就商业银行而言，远期利率协议的定价由三部分组成：

一是远期利率。远期利率的高低主要取决于交易期限、币种、金额等条件和报价银行的市场活动能力，远期利率构成整个定价的主要基础。

二是启用费或年差价。启用费的高低因报价商业银行自身实力和具体交易要求而不同，价差较大。

三是利差收益。利差收益即商业银行从事远期利率协议交易所需获得的服务报酬，通常是 25 个基本点。

以下就远期利率协议定价的核心——远期利率的创造举例说明。

由于商业银行通常通过现货资金市场来创造相应的远期利率，即出售一个远期利率协议意味着银行需要创造一个远期贷款利率，买入一个远期利率协议意味着银行需要创造一个远期存款利率。所以如果某商业银行向客户出售一个 3×6 的 1 000 万美元远期利率协议，就意味着该银行必须创造一个从 3 个月以后开始的为期 3 个月的 1 000 万美元贷款利率。如果此时现货资金市场美元利率如下：

3 个月（年利率）　　11.00%~11.20%

6 个月（年利率）　　11.802~12.00%

为保证能在交易日的 3 个月之后发放一笔为期 3 个月的 1 000 万美元贷款，银行必须按即期利率 12%借入一笔期限为 6 个月的资金，并以即期利率 11%把该资金即期拆放 3 个月，从而这笔即期拆入的资金数额应为 1 000/（1＋0.11×3/12）＝973.236 0（万美元），其 6 个月后的本利和为 973.236 0×（1＋12%×6/12）＝1 031.630 2（万美元）。因此，为保持借放款收支平衡，交易日的 3 个月之后为期 3 个月的 1 000 万美元贷款利率应为（1 031.630 2－1 000）/1 000×12/3×100%＝12.65%。利用现货资金市场操作具有期限、金额等方面的灵活性，容易与客户的需要相吻合，但缺点也存在，即如果银行要从事相应的抵补交易，则容易导致资产负债规模扩大。

商业银行提供远期利率的另一条途径是利用金融期货市场的远期价格发现功能。根据利率期货的买价确定出售的远期利率，根据利率期货的卖价确定买入的远期利率。如果银行要向客户出售一个 3×6 的远期利率，此时银行所能得到的利率期货市场 3 个月后到期的利率期货报价是 88.94/88.95，则银行根据期货的买价 88.94 元，出售给客户的远期利率，确定为 11.06%。在这种情况下，提供远期利率协议的银行假定在远期期间期货交易额有差价风险，将在整个远期期间收取启用费或年差价。利用利率期货来为远期利率定价，具有简便易行、抵补操作占用资金少的特点，但并不能保证远期利率协议的结构与期货合约的规模和日期完全一致。

7. 我国开展远期利率协议业务的可能性

远期利率协议是盛行于国际金融市场上的一种先进的风险管理工具，是西方国家成熟的市场经济体制和发达的金融业所孕育的产物。它要成为我国商业银行开辟的新型的风险管理之路，必须具备相关条件：

（1）利率市场化进程是远期利率协议产生的基本条件。

远期利率协议是针对利率的反复易变而产生的，因此，变化的信贷资金市场供求能否经常决定利率的涨落，便直接影响着远期利率的兴衰。就此而言，国内并不具备远期利率协议产生的市场环境，我国的利率水平目前基本上仍由中央银行制定，并且在一个时期内具有相当强的稳定性，这就使银行和客户缺乏来自利率风险方面的足够强的压力刺激。相比之下，国际金融市场上利率波动频繁，变幻莫测，因而我国从事国际金融业务的商业银行应当利用远期利率协议。

（2）银行和客户的资信度高是远期利率协议产生的主要条件。

远期利率协议是一种场外交易的金融工具，它没有交易所的监督，因此纯粹是交易双方之间的信用交易，对交易双方的信誉有着极高的要求。从国内来看，银行与大型企业之间甚至银行之间的债务拖欠时有发生，这种银行、企业之间不到位的信用意识将导致远期利率协议的信用风险非常突出。从国际上看，国际金融市场上拥有为数不少的高资信度银行和跨国公司，我国商业银行在国际金融市场上可望找到比较理想的合作者。

（3）金融市场发达程度是远期利率协议产生的根本条件。

远期利率协议的定价实质上反映了商业银行从事套期保值的能力，因而要求同业拆借市场、利率期货市场相当成熟，使商业银行有充分实现套期保值策略的场所。从国内来看，同业拆借市场和国债市场虽然已有了发展，但离发达的金融市场尚有相当大距离；然而从国际上看，我国商业银行尝试远期利率协议还是具有相当完善的市场条件的。

综上所述，我们从近期和远期来预测我国商业银行对远期利率协议的运用。一是从近期来讲，尽管国内不具备实现远期利率协议的基本条件，但国际金融市场上优越的市场环境以及我国商业银行外汇资金业务迅速上升所带来的外汇利率敞口风险，很有可能促成对远期利率协议的利用，从而获得此项金融创新技术的交流，并进而摸索、积累远期利率协议交易的经验，为人民币的远期利率协议交易做好准备。二是从远期看，随着我国利率市场化的实现以及人民币自由兑换等关键条件的改善，远期利率协议有望成为我国商业银行从事国际、国内金融业务中必不可少的工具。

（二）互换业务

1. 互换业务的概念

互换（swap），是两个或两个以上的交易对手方根据预先制定的规则，在一段时期内交换一系列款项的支付活动。这些款项有本金、利息、收益和价格支付流等，既可以是一项，也可以是多项，以达到多方互利的目的。通常，互换的最低交易单位是1 000万美元，美元以外的货币经换算后，要相当于这一金额，使用较多的货币是美元、欧元、瑞士法郎、英镑、日元和欧元；期限通常是5~7年，超过10年的也时常有；一般都是以市场利率、汇率或其他价格为基础，由双方协商决定价格条件；同时，有多种多样的资金流向安排可供协商选择，如到期一次偿还、分期偿还、本利均等偿还等。

2. 互换业务产生的原因

互换的产生可以追溯到20世纪70年代初期布雷顿森林体系的崩溃，汇率反复易变使得一些金融工具产生了，尤其是背对背贷款（back to back loan）。所谓背对背贷款，即交易双方彼此向对方提供各自所需要的币种的货币贷款，两份贷款的放款日期和到期日完全相同，同时贷款的一切支付流与现货和期货交易的支付流完全相同。背对背贷款使非居民有可能绕过外汇管制，获得所需货币的贷款。但在商业银行等金融机构看来，背对背贷款有两个令其望而却步的缺陷：第一，在大多数情况下，背对背的贷款在双方的资产负债表上都是一份新债务；第二，两份贷款是在两份协议上分别成交的，如果一方不能如约偿还债务时，另一方仍有义务继续履行债务的支付。货币互换正是为了克服背对背贷款的以上两个缺陷，而被作为新的金融交易技术并获得了普遍认可。货币互换在通常情况下，既不增加交易双方资产负债表的资产额，也不增加它们的负债额，一般以表外业务的形式出现。此外，互换交易是通过一份合同成交的，当一方不能如约偿还债务时，另一方也可中断债务支付的义务，因此在一定程度上互换交易限制了单个协议的信贷风险。既然互换可以用来把一种货币的债务转化为另一种货币的债务，作为货币互换思想的自然延伸，利率互换也应运而生。

互换业务因使参与交易的各方都能不同程度地获取利益而备受青睐。通常，筹资者的规模、收益能力、信用级别各不相同，同时不同筹资场所上信息的对称性程度也不同，其结果不仅使不同的筹资者在同一筹资场所的筹资成本存在差异，而且使同一筹资者在不同的筹资场所的筹资成本也有很大差异。一般来说，从银行借款时，银行有能力审查企业资信状况，而且期限短，优良企业的筹资优势较之一般企业并不明显；但是购买公司债券的一般投资者，作为债权人审查企业的能力是有限的，优良企业对债权人支付的风险费（risk premium）比一般企业要少得多。同样的道理，国际金融市场对比国内金融市场，对筹资者之间存在着的信用能力的差别反应要强烈、敏感得多。

如果市场是完善的，那么不同的市场对两个筹资者资信状况的相对评价应该是一致的。然而，现实经济中不同的市场对两个筹资者资信状况的相对评价总是存在着不一致，互换正是旨在借助各个筹资者的比较优势来对市场之间的这种差异进行套利，并将这部分好处分配给有关各方。这正是互换业务具有吸引力的原因所在。

互换业务实际上是指运用互换这种技术进行包括筹措资金在内的一系列财务活动，因此也称其为互换融资（swap finance）。企业在日常的财务管理中，总是力求保持适当的资产负债结构，以达到安全性、流动性和收益性的最佳组合。一般而言，资产具有较大的流动性和可转换性。与资产不同，债务一旦形成就必须履行下去，直至到期为止。因此相比之下，资产可以流动，而负债基本没有流动性可言。互换业务就是基于寻求使债务与资产一样可以互相交换而产生的交易方法。随着商品互换和股权互换的产生，互换业务的概念正在经济、金融领域中不断地延伸。

熟悉和掌握互换业务的商业银行，已经跨入了一个新的业务时代。第一，互换业务拓宽了商业银行的经营收益。借助于互换业务，商业银行充分发挥了其巨大的信息优势和活动能力，既分享了在不同金融市场之间的套利，又获得了撮合交易的手续费。由于互换业务交易的起始金额巨大，因此互换业务交易收入相当可观。第二，互换业务丰富了商业银行风险管理的手段。互换业务有利于商业银行规避不利的市场条件和管制，它是比较利益原理在国际金融领域的运用，既可降低商业银行的筹资成本，又可扭转其浮动利率负债和固定利率资产造成的结构上的劣势，从而有助于银行的稳定经营。第三，互换业务促进了商业银行提供全面的金融服务。目前欧洲债券市场上债券发行的 70%～80% 均与互换业务有联系。通过提供优越的互换业务交易方案，商业银行可以获得承担企业债券发行的业务，并进而设计出适合互换业务的债券。商业银行以互换业务作为有力的依托，业务正向各种直接融资服务领域拓展。

3. 互换业务的特点

互换是一种场外交易活动，所以它有着较大的灵活性，并且能很好地满足交易双方保密的要求。因此，互换业务有两个特点：

（1）可保持债权债务关系不变；

（2）能较好地限制信用风险。

一般而言，互换业务以企业的债务作为交易对象，受到法律制约。作为债务交换的互换交易，真正处理的只是债务的经济方面，而对原债权债务人之间的法律关系没有任何影响，即可保持债权债务关系不变，这是互换交易的主要特点。

由于互换交易是对手方之间通过一份合同成交的，双方相互交换资金，所以一旦一方的当事人停止了支付，另一方的当事人也可以不履行义务，因此在一定程度上限制了单个协议的信用风险。

4. 互换交易类型

互换的种类有利率互换、货币互换、商品互换和股权互换等。商业银行经常进行的互换交易主要是利率互换和货币互换。

（1）利率互换。

利率互换（interest swap）是指两笔债务以利率方式相互交换，一般在一笔象征性本金数额的基础上互相交换具有不同特点的一系列利息款项支付。在利率互换中，本金只是象征性地起计息作用，双方之间只有定期的利息支付流，并且这种利息支付流表现为净差额支付。利率互换是交易量最大的一类互换，它的类型主要有三种：

①息票利率互换（coupon swap），即从固定利率到浮动利率的互换。

②基础利率互换（basis swap），即从以一种参考利率为基础的浮动利率到以另一种参考利率为基础的浮动利率的互换。

③交叉货币利率互换（cross-currency interest rate swap），即从一种货币的固定利率到另一种货币浮动利率的互换。

（2）货币互换。

货币互换（currency swap）是指双方按约定汇率在期初交换不同货币的本金，然后根据预先规定的日期，按即期汇率分期交换利息，到期再按原来的汇率交换回原来货币的本金，其中利息的互换可按即期汇率折算为一种货币而只进行差额支付。货币互换实际上是利率互换，即不同货币的利率互换。

5. 互换的交易程序

（1）选择交易商。

互换使用者之间的直接交易，往往因高昂的搜寻成本、缺乏流动性和具有一定的信用风险等问题而难以成功，因此，互换使用者一般都倾向于借助互换交易商来完成互换交易。互换交易商都是活跃在利率和货币互换市场上的大型银行。使用者在选择互换交易商时，除了需要比较他们的信誉外，还需要比较他们收取的利率差价或佣金。在交易量最大的利率互换市场上，交易商提出的互换价格用利率来表示，以基点为单位。如果利率用美元来表示，那么固定利率通常以同期限的美国政府票据的收益率为基础，按半年复合计算法计算的年收益率标价，一年确定为 365 天；浮动利率通常以伦敦同业拆放利率为基础，按年拆放利率标价，一年确定为 360 天。

（2）参与互换的使用者与互换交易商就交易条件进行磋商。

通常，双方在电话中就互换的利率、支付的时间、互换的期限等主要问题达成口头协议后，在 24 小时之内用电报、电传、信件的方式加以确认。双方经过确认以后，需要正式签署互换文件，互换才正式在法律上生效。互换交易的协议是采用国际互换交易协会（international swap dealers association，ISDA）拟定的标准文本——利率和货币互换协议（interest rate and currency exchange agreement，简称主协议，1987 年版）。在主协议项下，交易双方的每一笔互换均受主协议条款和条件的约束。有了这样一个主协议，交易双方对于每一笔交易仅需有一个信件或电传，确认每笔互换交易日、生效日、到期日、利息、金额、结算账户等，即可迅速成交、履行合约。因此，主协议中所明确的权利和义务，对交易者来说是十分重要的。如果协议中的条款和条件有不妥当之处，对交易的某一方必定会不利，也许会造成潜在的经济损失。熟悉主协议和互换确认的各项内容，特别是有关的主要条款，是交易者的必备条件。

（3）互换交易的实施。

互换交易的实施主要是一系列款项的交换支付。

假定 A 公司在 1995 年 12 月 30 日发行了 1 亿美元的欧洲债券，银行做利率互换把它变成浮动利率债务，如图 5-1 所示：

图 5-1 利率互换示意图

该公司外债付息是每半年（每年 6 月 30 日和 12 月 31 日）按年利率 7% 支付。第一次利息交换清算是 7% 的固定利率和 8% 的伦敦同业拆借利率（LIBOR）之差额；第二次的利息交换清算是 7% 的固定利率与 6% 的 LIBOR 之间的差额。

所以，第一次利率互换，它应收取的利率是 7%，应支付的利率是 8%，两者之间的差额 1% 是应付的，所以该公司应支付银行利息 50 万美元。第二次利率互换的 LIBOR 利率低于固定利率，所以该公司收取的利息为 50 万美元。

6. 互换业务的定价

互换的定价主要涉及利率和汇率的确定。典型的一笔利率互换价格是指市场一定期限的浮动利率与一个固定利率的交易，而以固定利率表示利率互换价格。典型的一笔货币互换价格是用交换货币的远期汇率来表示，而远期汇率是根据利率平价理论计算出两种货币的利差，用升水或贴水表示，加减即期汇率。此外，在相当多的货币互换交易中，本金交换的通常做法是用即期汇率，其间的利息互换又是根据相应货币的利率互换价格来进行结算。因此货币互换从本质上讲也是种利率互换，以利率互换来说明互换的定价具有一般代表性。

利率互换价格取决于一个固定利率的报价状况，而浮动利率是根据市场利率决定的，一般是使用 6 个月 LIBOR。固定利率往往是指一定年限的国库券收益率加上一个利差作为报价。例如，一个 5 年期国库券收益率为 8.2%，利差是 68 个基本点，那么这个 5 年期利率互换的价格为 8.88%。按照市场惯例，这是利率互换的卖价，其意是按此价格，报价人愿意出售一个固定利率而承担浮动利率的风险。如果是买价，就是一个 5 年期国库券收益率 8.2% 加 63 个基本点，即 8.83%，其意是按此价格，报价人愿意购买一个固定利率而不愿承担浮动利率风险。由于债券流通市场上有不同年限的国库券买卖，因此国库券的收益率是组成利率互换定价的最基本部分，而利差的大小主要取决于互换市场的供需状况和竞争的程度。利率互换价格中的利差，是支付浮动利率的对手方抵补风险的一个费用。利差一般是 50 个基本点到 70 个基本点。不同的报价人根据各自头寸情况、市场供需情况，以及交易对手的国别、信用风险的不等，可以有不同的报价。

利率互换参考价格可以直接从路透终端机中得到。由于互换经常被用来满足客户的特殊需要，因此互换的定价往往因交易而异，而理解互换定价的关键又是套利。这种套利是基于不同资信级别的借款人之间的成本差异而产生的。通常，高资信度的借款人在固定利率与浮动利率两个市场上都具有筹资优势，但更倾向于发挥自己在固定利率市场上的比较优势；低资信度借款人在两个市场上都不具有绝对优势，但倾向于发挥自己在浮动利率市场上的比较优势。按照同一债务到期日和同一融资方式，不同资信级别的借款人的融资成本总是存在一个差异——资信利差（quality spread）。在任何一个给定的融资时期，它都是市场对借款人之间资信状况差异的一个度量，重要的是，这种资信状况差异随时间推移有放大的趋势，即低资信度借款人的筹资成本曲线较高资信度借款人的筹资成本曲线要陡峭。

如果某一 AAA 级资信度的借款人能够按照 LIBOR-30bps 的利率发行 6 个月的商业票据（CP1）和按照 8.95% 的固定利率进行 5 年期筹资，同时，某一 A 级资信度的借款人能够按照 LIBOR+60bps 的利率发行 6 个月的商业票据（CP2）和按照 10.55% 的固定利率进行 5 年期筹资，那么，在浮动利率市场上，两者的资信利差是 90 个基本点，在固定利率市场上，两者的资信利差是 160 个基本点，从而两个市场间的资信利差差异（quality spread differential，QSD）为 70 个基本点。一般认为，资信利差差异是互换交易的利益源泉，正是对此差异的套利导致了各交易对手方筹资成本的节约。如果对手方"1"是高资信度借款人，在互换中支付浮动利率。对手方"2"是低资信度借款人，在互换中支付固定利率，则总的资信利差差异可表示如下：

$$QSD = (Y_2 - Y_1) - [(LIBOR + X_2) - (LIBOR + X_1)]$$

其中，Y_1、Y_2 分别表示各自筹资的固定利率；$LIBOR + X_2$、$LIBOR + X_1$ 分别表示各自筹资的浮动利率。

由此可见，利率互换定价的实质，是如何根据交易各方的力量分割套利所得。分割的比例则取决于双方筹资需求的强烈程度对比、信誉实力对比等。如果银行作为互换的一方，还要视银行自身的互换组合情况。一般银行本身只要有可冲销的互换头寸，总是倾向于以较低的报价成交；反之，则要求较高的报价作为不相匹配风险的补偿。通常，相对于直接采用浮动利率筹资而言，高资信度借款人通过互换创造了复合的浮动利率借款；相对于直接采用固定利率筹资而言，低资信度借款人通过互换则创造复合的固定利率借款。如果双方实现了如下的利益分享：

$$QSD = G_1 + G_2$$

其中，G_1、G_2 分别表示各自从互换中的得利。该互换交易必然有如图 5-2 所示的价格设计。

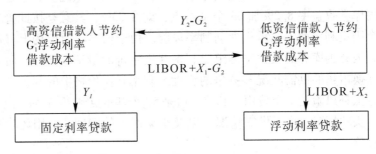

图 5-2 互换交易示意图

7. 我国发展互换业务的可能性

互换业务在我国的发展将取决于以下条件：

（1）经济主体融资渠道多元化。

互换是交易各方充分利用在不同市场上筹资的比较优势来实现利益共享，经济主体如果面临直接、间接、国际、国内等多重融资渠道的选择，必然有利于发现自己的比较优势，创造出潜在的互换机会。我国的一些银行、企业已有了债券融资、境外融资的经历，这是我国开展互换业务的基础。

（2）金融市场的发达程度。

金融市场的发展不仅为拓宽融资渠道创造出付息形式各异的债务工具，而且为开展互换的金融机构提供了套期保值和定价的场所。互换是一组远期合约的批量式组合，其定价需要发达的现货、期货、远期、期权市场所产生的连续的收益曲线。尽管我国金融市场还不是很发达，但由于互换是个国际性很强的业务，因此，国内金融市场的欠发达并不会严重阻碍互换业务的开展。

（3）商业银行获取金融信息的能力。

互换银行需要与大型机构有密切的关系，熟悉其财务状况、筹资能力及需求信息，同时还要精于分析，深谙金融行情，善于捕捉有利可图的交易机会。我国商业银行长期与各大企业有密切的联系，有望提出令人满意的互换方案。但是在国际金融市场上，与发达的商业银行比，信息获取能力则尚欠缺。

（4）具有高资信度的客户。

由于违约风险至关重要，因而互换交易基本限于在各国政府以及大的金融机构、企业之间进行，几乎没有个体交易者。国内银行、企业的信用意识不够强也势必增大开展互换的阻力，使互换交易的范围相当有限。相比之下，在国际金融市场上，则易于找到更为理想的交易对手。

总之，在我国开展互换业务虽已具备了一些基本条件，有的商业银行也开展了一些互换业务，但尚不成熟。我国的商业银行应加强与国际金融市场的联系，承担起我国与国际金融机构间的互换经纪人的角色，并随着时机的成熟，进一步向作为中介的互换交易商迈进。

（三）金融期货和金融期权

1. 金融期货

（1）金融期货的概念。

期货交易（futures transaction），是指交易双方在集中性的市场以公开竞价的方式所进行的期货合约的交易。而期货合约是指由交易双方订立的，约定在未来某日期按成交时所约定的价格交割一定数量某种商品的标准化合约。

所谓金融期货交易（financial futures）是指以某种金融工具或金融商品（例如外汇、债券、存款证、股票指数等）作为标的物的期货交易方式。一般情况下，金融期货交易是以脱离了实物形态的货币汇率、借贷利率、各种股票指数等作为交易对象的期货交易。

世界上第一张金融期货合约是 1972 年 5 月 16 日由美国芝加哥商业交易所设立的国际货币市场所推出的外汇期货合约。它是外汇风险的急剧增加等原因导致的结果。其标的货币最初有七种外币，分别为英镑、加拿大元、德国马克、日元、瑞士法郎、墨西哥比索和意大利里拉。之后又增加了荷兰盾、法国法郎、澳大利亚元，与此同时又停止了意大利里拉和墨西哥比索的交易。

国际货币市场开办外汇期货交易取得了巨大成功，有力地推动了金融期货的发展。这种发展主要体现在三方面：一是金融期货品种不断丰富，从外汇期货的产生开始，人们就不断对金融期货加以创新，主要表现为 20 世纪 70 年代推出了各种利率期货，20世纪 80 年代又推出了各种股票指数期货。目前实际交易中金融期货种类繁多，仅利率期货这一类就有数十种之多。二是金融期货市场不断发展，出现了一批著名的专业性金融期货市场，如伦敦国际金融期货交易所（LIFFE）、新加坡国际货币交易所（SIMEX）、东京国际金融期货交易所（TIFFE）和法国国际期货交易所（MATIF）。另外，20 世纪 80 年代以来出现的金融期货市场之间的国际连接（international links）更促进了金融期货交易的国际化。最典型的例子就是 SIMEX 与芝加哥商品交易所 CMD 之间的相互对冲（mutual offset）交易方式，不仅增加了市场流动性，延长了交易时间，而且还为投资者或投机者规避隔夜风险提供了可能。三是金融期货交易的规模不断壮大。这种规模的扩大不仅表现为绝对数量的增加，而且也表现为在期货交易总量中的比例提高。从 1985 年开始，美国的利率期货交易量超过了其他农产品期货交易量，成为成交量最大的一种期货交易。

（2）金融期货的种类。

商业银行经营的金融期货交易主要有三种：货币期货、利率期货和股票指数期货。黄金期货性质尚存有争议，这里不予叙述。

①货币期货（currency futures）。货币期货又称为外汇期货（foreign exchange futures）或外币期货（foreign currency futures），是指在集中性的交易市场以公开竞价的方式进行的外汇期货合约的交易。外汇期货合约是指由交易双方订立的，约定在未来某日期以成交时所确定的汇率交收一定数量的某种外汇的标准化契约。

②利率期货（interest rate futures）。利率期货是指交易双方在集中性的市场以公开竞价的方式所进行的利率期货合约的交易。利率期货合约是指由交易双方订立的，约定在未来某日期以成交时确定的价格交收一定数量的某种利率相关商品（各种债务凭证）的标准化契约。利率期货以各种利率的载体作为合约的标的物，实际上利率期货就是附有利率的债券期货。

最早出现的利率期货是美国芝加哥商品交易所（CBOT）于 1975 年 10 月推出的美国国民抵押协会（government national mortgage association）抵押证期货。利率期货一经产生，便迅速发展壮大，目前利率期货交易量占了全世界衍生工具场内交易量的一半还多。中国一度推出的国债期货就属于利率期货的一种类型。

③股票指数期货（stock index futures）。股票指数期货，全称为股票价格指数期货，又可简称为股指期货或期指，是指以股票市场的价格指数作为标的物的标准化期货合约的交易。

最早出现的股票指数期货是美国堪萨斯市期货交易所（KCBT）于 1982 年 2 月 24 日推出的价值线综合指数期货合约。目前被作为股指期货合约标的物的股票指数主要有如下几种：道琼斯股价平均指数（Dow Jones Averages）、标准普尔综合股价指数（Standard&Poors Composite Index）、纽约证券交易所综合股价指数（New York Stock Exchange Composite Index）、主要市场指数（Major Market Index）、价值线综合股价指数（Value Line Composite Index）、金融时报指数（Financial Times Stock Exchange Index）、日经 225 股指数（Nikkei 225 Index）、东京证券交易所股价指数（TOPIX）、恒生指数（Hang Seng Index）等。

2. 金融期权

（1）金融期权的概念。

金融期权（financial options）是一种能够在合约到期日之前（或在到期日当天）买入或卖出一定数量的基础金融产品的权利。通常买方可以有权执行合约，也可以放弃执行该合约，而卖方只有执行的义务而无放弃的权利。

最早出现的金融期权是以现货股票作为交易对象的股票期权。这种股票期权早在19世纪即在美国产生。但在1973年之前，这种交易都分散在各店头市场进行，因而交易的品种单一，交易规模也相当有限。金融期权获得真正发展的契机是在1973年4月26日，全世界第一家集中性的期权交易市场——芝加哥期权交易所（Chicago board options exchange，CBOE）正式成立。此后金融期权交易得到了极大的发展，主要表现在：①作为期权合约标的物的股票的种类大大增加；②越来越多的交易所竞相开办股票期权业务；③业务种类从原来的看涨期权扩展到看跌期权交易；④交易量大幅增加。

（2）金融期权的分类及盈亏分析。

①金融期权的分类。根据金融期权合同和期权交易行为的不同，可把金融期权交易分为四种：买入看涨期权（buy call 或 long call）、卖出看涨期权（sell call 或 short call）、买入看跌期权（buy put 或 long put）、卖出看跌期权（sell put 或 short put）。

②金融期权的盈亏分析。合同的买入者为了获得以后的选择权，必须支付一定数量的权利金（premium）给卖出者。从权利、义务角度来看，合同双方的权利与义务具有明显的不对称性，具体表现为：合同签订后，买方有执行交割的权利，而无必须执行的义务，主动权在他手中；而卖出者只有被动接受执行交割指令的义务，而无相应的权利，但有一定的经济补偿，即获得权利金。

下面分别是对四种交易情况的盈亏分析：

在买入看涨期权中，买方预期合约价格会上涨。合同的买方有权在到期日或到期日之前按协议价买入合约规定的金融工具，他为此付出的代价是交付一笔权利金给合同的卖方。在合同有效期内，当合约市价低于协议价时，买方将选择不执行合约，其损失是权利金；当合约市价高于协议价，买方会选择执行合约。此时随着合同市价的上升，合同买方的损失逐渐减少；当市价超过盈亏平衡点后，执行合同就会给买方带来一定的收益，这种收益是随着市价的上升而增加的，理论上可以达到无穷大。

在买入看跌期权中，买方预期合约价格会下跌。如果合约市价真的下跌，并低于合约中的协议价格，那么买方可通过执行合约即以协议价出售标的物，从而获取一定的利润；如果市价高于协议价，则买方不会执行合约，只损失权利金。与买入看涨期权不同，买入看跌期权的收益有一个比较明确的上限。

与买入期权相反，期权的卖出方的损益状况是：有收益时，收益存在一个上限，即权利金；而发生损失时，其可能的损失却是无限的，一般来说要远大于权利金。即当期权买方要求执行期权合约时，对卖方来说就意味着收益小于权利金甚至亏损；当期权买方放弃执行合约时，即意味着卖方可获得权利金收入。

（3）金融期权的衍变。

经过几十年的发展，金融期权已由最初的股票期权衍变出三大类：股权期权、利率期权、货币期权。此外还有其性质尚存争议的黄金及其他商品期权。

①股权期权是指买卖双方以某种与股票有关的具体的基础资产为标的物所达成的期权协议。主要又分为两种：

A. 股票期权。它以某种股票作为合约的标的物。

B. 股票指数期权。它以某种股票价格指数作为合约的标的物。

②利率期权是指买卖双方以与借贷票据有关的具体的基础资产为标的物所达成的期权协议。主要分为三种：

A. 实际证券期权，即在一定的时间里按照一定的价格买进或卖出国库券、政府票据、政府债券的权利。

B. 债券期货期权，即在一定的时间里按照一定的价格买进或卖出政府债券期货的权利。

C. 利率协定。利率协定是一种以减少利率波动的不利影响为目的而达成的期权协定。利率协定有三种形式，即上限协定、下限协定和上下限协定。

③货币期权是指买卖双方以与外汇有关的基础资产为标的物所达成的期权协议。主要有货币现货期权和货币期货期权之分。

④黄金及其他商品期权是指买卖双方以与黄金及其他商品相关的基础资产为标的物所达成的期权协议。黄金期权又包括金块期权和黄金期货期权。

（4）商业银行对期权交易的参与。

商业银行主要从三个层次参与期权交易。

①第一个层次是场外期权交易。商业银行通过电话或路透交易系统直接与客户进行交易，这种交易既包括面向非银行客户的零售市场，又包括面向金融机构的批发市场。由于场外交易市场具有保密性好、交易成本低、可以根据客户特别需要制定期权等特点，其交易规模已远远超过了交易所中的期权交易量。

②第二个层次是交易所期权交易。在这种交易中，商业银行通常以获得交易席位的方式来成为交易所的做市者。参与标准化程度高的交易所期权交易，可以使商业银行从忙于促成交易中解脱出来，致力于期权交易战略策划。

③第三个层次是隐含型期权交易。它主要是把期权经营思想与商业银行日常业务融合而产生的创新。如可转换债券、货币保证书和包销协议等。这些由期权与其他金融工具相融合创新出的金融产品大大地拓宽了商业银行的期权经营领域。

（5）期权交易对商业银行经营管理的意义。

①期权是商业银行进行风险管理的有力工具。期权的优点体现在它能够在降低风险管理成本的同时，使商业银行不丧失在有利条件下获利的可能性。这一点在对或有资产和或有负债的风险管理中体现得尤其明显。

②期权使商业银行获得了有力的财务杠杆。商业银行可以充分利用自身在融资、信息收集、规模交易方面的优势，运用适当的期权交易获得巨额收入。

③期权为商业银行管理头寸提供了一种进取型管理工具。商业银行可以通过出售期权来对其日常经营的巨额外汇、债券、股权头寸进行积极管理，从而获取可观的权利金收入。

目前，我国国内开展期权业务的基本条件尚未具备，但是随着商业银行对外业务的增加，完全可以介入国际金融市场的期权交易，一方面作为期权买方进行风险管理，另一方面也可作为期权卖方进行积极的管理头寸。通过对国际期权市场的了解，在摸索、积累期权业务的经验中，可以尝试低风险的交易战略，从而为在条件成熟时向全面的期权经营过渡做好技术准备。

第七节　商业银行承诺类中间业务

（一）票据发行便利

1. 票据发行便利的概念及其产生的原因

票据发行便利（note-issurance facilities，NIFs）是一种具有法律约束力的中期周转性票据发行融资的承诺，是商业银行的一种承诺业务。借款人根据事先与商业银行等金融机构签订的一系列协议，可以在一定期限内，而期限一般为5~7年，以自己的名义周转性发行短期票据，从而以比较低的成本取得中长期的资金融通。承诺包销的商业银行依照协议负责承购借款人未能按期售出的全部票据，或承担提供备用信贷的责任。商业银行的包销承诺为票据发行人提供了转期的机会，从而有力地保障了企业获得资金的连续性。对商业银行借款者而言，票据通常是短期存款凭证；而就非银行借款者来说，票据通常采取本票的形式。

在票据发行便利中，发行的票据是可以循环的，大部分票据的期限为3个月或6个月，有时票据期限范围可以更大一些，长的可达一年，短的可至一个星期或零星的几天。大多数欧洲票据以美元计值，面额很大，通常为50万美元或更多，其销售对象主要是专业投资者或机构投资者，而不是私人投资者。持票人在他们的资产负债表中把票据列为一项资产，而商业银行的包销承诺通常不在资产负债表中列示，因此票据发行便利是一种表外业务。

票据发行便利起源于辛迪加（Syndicate）贷款，是近年来国际金融市场上证券化浪潮的结果。在辛迪加贷款中，银团贷款的主要商业银行有三种：牵头银行、代理银行和参与银行。在辛迪加贷款中，各家商业银行合并为一个集中的整体为客户服务，每一家商业银行既提供资金，又承担风险。主要的几家大的商业银行一般是集贷款安排、贷款管理、资金提供与风险承担于一身，即商业银行在参与辛迪加贷款后，增加了盈利，但也增加了经营的风险。而商业银行所独有的贷款组织、贷款安排上的优势以及信息集中的优势却没有得到充分的利用。

随着世界信息网络和新的服务公司的发展、先进的计算机技术在国际支付系统和交易处理上的广泛应用，国际金融市场上各种类型的参与者都可以获得比以前更多的信息。这促使资金盈余者更多地把资金投向直接金融市场，而不再像过去那样主要依赖于商业银行的中介作用。特别是新兴的投资银行，正在逐步地经营一些本属于商业银行的业务，而对这种新的融通资金趋势的挑战，商业银行必须勇于挑战，改变过去一些旧的经营观念。于是票据发行便利应运而生了。

票据发行便利业务作为辛迪加贷款的低成本替代品，其优点有：

（1）票据发行便利业务和辛迪加贷款业务一样，有众多商业银行参与，一方面能满足对巨额资金的需求，另一方面又能有效地分摊风险。

（2）票据发行便利业务充分发挥了商业银行在金融市场安排和信息提供上的优势，帮助借款人实现了以短期资金的利息成本来获得中期资金的利益。

（3）票据发行便利业务最重要的是，原来在辛迪加贷款中由单个商业银行承担的不同职能可以分解开来由不同的商业银行来承担。发行银行只提供纯粹的票据营销服务和在借款人需要资金时的融资机制，从而使商业银行在没有资金盈余的情况下，也可以参与该项业务，为自身增加收益。承包银行只是提供临时性的融资。

（4）票据发行便利也充分利用了借款人自身良好的信誉。通过票据发行便利融资的借款人一般都是具有良好信誉的企业，运用票据发行便利可以使它们以比商业银行优惠利率还低的短期票据利率来获得中期资金，充分发挥了其本身的优势。

总之，票据发行便利业务是商业银行适应国际金融市场上的证券化趋势而进行的一项成功的金融创新业务。它把本属于表内业务的银团贷款成功地转化为表外业务，减轻了对资本充足率要求的压力，同时使商业银行与企业建立了一个更广泛的合作，适应了融资发展的需要。

2. 票据发行便利的种类

票据发行便利根据有无包销可分为两大类：包销的票据发行便利和无包销的票据发行便利。其中前者又可分为循环包销便利、可转让的循环包销便利、多元票据发行便利和无包销的票据发行便利。

（1）循环包销便利。

循环包销便利（revolving underwriting facility，RUF）是最早形式的票据发行便利。在这种形式下，包销的商业银行有责任承包摊销当期发行的短期票据。如果借款人的某期短期票据推销不出去，承包银行就有责任自行提供给借款人所需资金，其金额等于未如期售出部分的金额。

（2）可转让的循环包销便利。

可转让的循环包销便利（transferable revolving underwriting facility）是指包销人在协议有效期内，随时可以将其包销承诺的所有权利和义务转让给另一家机构。这种转让，有的需要借款人同意，有的则无须借款人同意，完全是根据所签的协议而定。可转让的循环包销便利的出现增加了商业银行在经营上的灵活性和流动性，便于相机抉择，更加符合商业银行的经营原则。

（3）多元票据发行便利。

多元票据发行便利（multiple component facility）允许借款人以更多的、更灵活的方式提取资金，它集短期预支条款、摆动信贷（swing line）、银行承兑票据等提款方式于一身，使借款人无论在选择提取资金的期限上，还是在选择提取何种货币方面都获得了更大的灵活性。

（4）无包销的票据发行便利。

无包销的票据发行便利是于 1984 年下半年开始出现的一种 NIFs 形式。1985 年由于一些监督官员在测定银行资本适宜度时采取了把包销承诺也包括进去（包销承诺也转为表内业务的一部分）的做法，有力地刺激了无包销的票据发行便利的发展。近年来所安排的票据发行便利中，更多的是部分或全部没有包销承诺的。无包销的票据发行便利就是没有"包销不能售出的票据"承诺的 NIFs。无包销的 NIFs 一般采用总承诺的形式，通常安排银行为借款人出售票据。无包销的票据发行便利出现的最根本原因是采取这种形式的借款人往往是商业银行的最高信誉客户。它们有很高的资信，完全有信心凭借其自身的信誉就能够售出全部票据，而无须银行的承诺包销支持，从而可为自己节省一笔包销费用，降低融资成本。

3. 票据发行便利的交易主体构成

票据发行便利主要由四部分交易主体构成：借款人、发行银行、包销银行和投资者。

（1）借款人。

票据发行便利业务的产生是为了满足一些资信度较高的借款人通过直接融资渠道筹资的需要。因此票据发行便利市场上的借款人一般都是资信度比较高的企业，它们都认为自身的高信誉在融资中是一种有利条件，应充分利用。因此它们大都开始从原来的间接融资转向直接融资方式。从商业银行角度来讲，它把票据发行便利特别是其中的承诺包销看成一种表外业务。商业银行只希望在不占用自有资金的情况下取得承诺费收入。借款人的信誉越高，商业银行需要实际履行包销业务的可能性就越小，因此，商业银行在选择票据发行便利业务的对象时，为了自己的利益，通常会从严把关，只让一些真正信誉好的借款人进入这一市场。

（2）发行银行。

票据发行便利业务中的发行银行的票据发行功能类似于银团贷款中的贷款安排。发行银行先后经历了两种形式。最初，发行银行是由牵头银行来承担，牵头银行作为独家出售代理人发挥作用，并负责出售所发行的任何票据。1983 年，市场上开始出现了由商业银行投标小组负责的票据发行便利。投标小组成员对所发行的任何一种票据，在预先确定的最大幅度内都可投标。这一技术允许借款人从市场条件的改善中获利，同时也让借款人知道按最高成本所能获得的资金。由于是以竞价投标所得出的票据发行方案，其价格等发行条件更合理一些，比以前的由牵头银行独家垄断发行有了较大的进步。1984 年以后，投标小组方法通过连续投标小组制度得到了进一步推广。

（3）包销银行。

包销银行承担了相当于承担风险的票据包销职能。其最主要的职责就是按照协议约定，提供期限转变便利，以保证借款人在期内不断获得短期资金。一旦借款人的票据未能如期售完，包销银行就有责任购买所有未售出的票据，或提供同等金额的短期贷款。包销人（包销团的成员银行）采用投标小组方法，有权在票据销售期限内的任何时间里，按票据在市场上的销售价格，向牵头银行购买它们所能买到的不超过其分配额度的票据，这样包销银行也能够得到可以出售给客户的票据，使票据发行不再完全由牵头银行或投标小组垄断，竞价投标方式形成的票据发行也使包销银行履约包销的可能性大大降低，使其真正发挥了保证的职能。

（4）投资者。

投资者即资金提供人或票据持有者，他们只承担期限风险。当借款人在票据到期前遭受破产而不能还款时，票据持有人就会受到损失。但进入票据发行便利市场的借款人资信度都比较高，特别是一些采用无包销票据发行便利的借款人，因此这种期限风险比较小，投资于这种票据比较安全，且流动性也比较高。

4. 票据发行便利的程序

在办理票据发行便利时，主要程序为：

（1）由发行人（借款人）委任包销人（underwriter）和投标小组（Tender Panel）成员。

（2）在发行人与包销人和投标小组成员之间签订一系列文件。其中包括便利协议（facility agreement）、票据发行和付款代理协议（notes issuing and paying agency agreement）、投标小组协议（tender panel agreement）。

（3）在各项协议签订后，如果发行人是美国某一公司，则所安排发行的时间表如下：

①发行日前5天，发行人向便利代理人提出要求，代理人邀请投标小组成员投标；

②发行日前3天，代理人将收到投标；

③发行日前2天，将中标的投标人的名字通知发行人，并将分配额度通知中标的投标小组成员，随后决定伦敦银行同业拆放利率；

④发行日前1天，通知中标的投标小组成员和发行人总的包销价格；

⑤发行日，由投标小组成员将资金划付到发行人在纽约的账户上。

5. 票据发行便利在市场经营中应注意的事项

票据发行便利作为表外业务，虽然不直接形成银行负债的增加，但其承诺履约的不确定性也同样使商业银行面临一些风险，其中最主要的有流动性风险和信用风险。

票据发行便利作为一项金融业务的创新，在看到其带来的利益的同时，也要充分关注到它可能带来的风险。实践证明，严格把关、谨慎经营是商业银行开展票据发行便利业务成功的关键所在。商业银行开展票据发行便利业务必须严格遵守流动性、安全性、盈利性的"三性"原则。具体应注意的事项有：

（1）严格把好市场准入关。

商业银行作为市场中介主体，无论是以发行银行还是以包销银行的身份出现，都应该对提出票据发行便利要求的借款人的资信状况做详细认真的调查，绝不可为了获得一点手续费或承诺费，就轻易让信誉较差的企业进入票据发行便利市场。包销银行在与借款人签订的便利协议中一定要订有在承诺有效期内借款人资信度下降时的特别处理条款。此外，银行对票据发行人的信用风险问题要给予特别关注，一定要定期分析借款人的经营状况、财务状况，以及市场对借款人的评价，保持迅速反应的能力。

（2）加强自我约束性的内部管理。

为了有效控制票据发行便利可能带来的风险，银行就必须加强自身的约束管理，建立起一套完善的评估体系，使银行所从事的所有票据发行便利业务的风险处于一个安全的范围内。《巴塞尔协议》（1988年）为各国银行提供了一个度量表外业务风险的方法：以信用转换系数乘以项目金额，得出的数额按照表内同等性质的项目进行风险加权；并将此纳入评估银行资本充足与否的风险管理中去。根据《巴塞尔协议》的规定，票据发行便利的信用转换系数为50%，这也为银行进行内部管理提供了一个很有价值的参考。

（3）注意保持银行的流动性。

银行在从事票据发行便利时，一定要注意自身的流动性问题。一定要把对商业银行的流动性要求与票据发行便利的承诺额挂钩，以加强对流动性风险的防范。当银行承接了承诺额较大的票据发行便利业务时，要在表内资产负债上做相应的调整：如适当增加流动性资产，减少流动性负债，提高流动性比例。同时要注重客户的分散问题。如果一家银行的所有票据发行便利业务都集中在一家借款者身上，甚至是一笔业务上，其风险是显而易见的。因此银行在开展此项业务时一定要努力使每笔业务量大小适中，但客户较多，且分散性好。最好不是同一行业的借款人，从而不会因某个行业的整体不景气而使流动性出现危机。要限制对单个借款人的承诺额，比如说不能超过银行自有资本的10%等，一定要有效地防范风险的过度集中。

（4）选择高资信度的企业和银行。

票据发行便利是高资信度客户的自发需求，它本质上是一种直接信用，主要依赖于借款人自身的信誉来筹资。因此，选择在国际、国内金融市场上享有较高声誉的客户进行合作，对于票据发行便利的成功至关重要。

我国商业银行虽已具备了一些在国内从事票据发行便利的条件，但还不成熟，从事票据发行、包销的经验也不足。因此，一方面，我国商业银行可以先利用成熟的国际金融市场，积极探索从事国际票据发行便利的经验，为国内借款人筹措资金，争取跻身于国际性票据发行便利市场，分享国际业务收入；另一方面，积极参与完善国内金融市场，选择资信度高、业务关系稳定的客户，为其在国内提供票据发行便利创造条件，并以此为契机带动商业票据的广泛应用。

（二）贷款承诺

贷款承诺（loan commitment）是银行与借款客户之间达成的一种具有法律约束力的正式契约，银行将在有效承诺期内，按照双方约定的金额、利率，随时准备应客户的要求向其提供信贷服务，并收取一定的承诺佣金。贷款承诺业务也是银行承诺业务之一。

1. 贷款承诺的类型

（1）定期贷款承诺（Term Loan Commitment）。在定期贷款承诺下，借款人可以全部或部分地提用承诺金额，但仅能提用一次。如果借款人不能在规定的期限内提用所承诺的全部资金，那么承诺金额实际就降至已提用的金额。

（2）备用承诺（standby commitment）。备用承诺又可分为如下三种：

①直接的备用承诺（straight standby commitment）。在这种备用承诺下，借款人可以多次提用承诺，一次提用部分贷款并不会失去对剩余承诺在剩余有效期内的提用权利。然而一旦借款人开始偿还贷款，尽管偿还发生在承诺到期之前，已偿还的部分就不能被再次提用。

②递减的备用承诺（reducing standby commitment）。这种备用承诺是在直接的备用承诺基础上，附加承诺额度将定期递减的规定，当剩余未使用的承诺不足以扣减时，银行可要求借款人提前偿还本金，以补足扣减的承诺额。这种承诺意在鼓励提用承诺的借款人尽早提用或尽早偿还。

③可转换的备用承诺（convertible standby commitment）。这是在直接的备用承诺基础上，附加一个承诺转换日期规定。在此日期之前，借款人可按直接的备用承诺多次提用。如果一直未用，那么在此日期以后，备用承诺将变成定期贷款承诺，仅能提用

一次。如果已发生了提用（在此日期前），那么在此日期后，承诺额就降至已提用而又未偿还的金额，未提用部分自动失效。

（3）循环承诺（revolving commitment）。循环承诺又可分为如下三种：

①直接的循环承诺（straight revolving commitment）。在这种循环承诺下，借款人在承诺有效期内可多次提用，并且可反复使用已偿还的贷款。只要借款在某一时点上使用的贷款不超过全部承诺额即可。

②递减的循环承诺（reducing revolving commitment）。在直接的循环承诺的基础上，附加一个定期递减的规定，每隔一定时期扣减一定承诺额。

③可转换的循环承诺（convertible revolving commitment）。在转换日之前是直接的循环承诺，在转换日之后是定期贷款承诺，承诺额就降至已提用而又未偿还的金额，未提用的承诺自动失效。

2. 贷款承诺的定价

贷款承诺的定价是指承诺佣金的确定。收取承诺佣金的理由是，为保证将来应付所承诺的贷款需求，银行必须保持一定的放款能力，这就需要放弃高收益的贷款和投资，保持一定的流动性资产，这使银行丧失了获利机会，需要借款人提供一定费用作为补偿。

贷款承诺定价的核心是佣金费率的确定。佣金费率的确定是非规范且不统一的，通常由银行和借款人协商确定。影响佣金费率的因素主要有借款人的信用状况、借款人与银行的关系、借款人的盈利能力、承诺期限长短、借款人借款的可能性等，通常佣金费率不超过1%。在佣金费率确定以后，可从整个承诺金额、未使用的承诺金额、已提用的承诺金额中商定一个作为计费基础。习惯上，多采用未使用的承诺金额，根据承诺期限计算总的承诺佣金。

3. 贷款承诺的交易程序

（1）借款人向银行提出贷款承诺申请，并提交详细的财务资料，由银行进行信贷审查，确定提供承诺的可行性。

（2）需要承诺的借款人和有承诺意向的银行就贷款承诺的细节进行协商，主要在承诺类型、额度、期限、佣金、偿还安排、保护性条款等方面谋求一致，并在此基础上签订贷款承诺合同。

（3）借款人在借款之前，在合同规定的时间内通知银行，银行将在限定的时间内把借款金额划至借款人存款账户。

（4）借款人按期缴纳佣金和利息，并按合同规定的偿还计划归还本金。

4. 贷款承诺的优点

（1）对借款人而言，贷款承诺有如下优点：

首先，贷款承诺有较大的灵活性，获得贷款承诺保证后，借款人可以根据自身的经营情况，灵活地决定使用贷款的金额、期限，从而达到有效、合理地使用资金，减少资金冗余。

其次，贷款承诺保证了借款人在需要资金时有资金来源，提高了他的资信度，从而可以使其在融资市场上处于一个十分有利的地位，降低融资成本。

（2）对承诺银行而言，贷款承诺为银行获得额外的收益。因为一般情况下，借款人只是把贷款承诺作为一个后备的保障，而不会经常使用。因此银行在不需要动用资金的情况下，仅凭信誉实力就可获得收入。

复习与思考题

1. 什么是中间业务？中间业务的种类有哪些？
2. 中间业务和表外业务有哪些区别和联系？
3. 商业银行结算业务应遵循什么基本原则？主要的结算方式和工具有哪些？
4. 商业银行的咨询顾问类中间业务有哪些类型？
5. 商业银行担保类中间业务的类型有哪些？
6. 简述互换业务的交易程序和特点。
7. 简述票据发行便利的特点。
8. 试分析远期利率协议的发展趋势。

第六章

商业银行国际业务

学习目标

◆ 了解商业银行国际业务的组织机构。

◆ 掌握商业银行的国际业务。

◆ 掌握国际信贷、国际结算等业务的风险。

◆ 了解商业银行业务国际化的历史趋势及国际银行业面临的问题。

◆ 了解我国商业银行经营国际业务的意义和发展战略。

随着金融市场逐步完善并趋于一体化，以及国际分工的不断深化，跨国公司的资产规模、经营方式、产业结构发生了重大的变革，国际金融市场迅猛发展，资金流量大大超过世界所有国家的实物经济生产的发展，外汇交易额增速也远远超过国际贸易的增长速度。国际经济和金融形势的迅速发展，为各国商业银行拓展国际业务提供了广阔的空间和巨大的商机，商业银行业务国际化成了商业银行寻求自身发展的重要手段。为扩大国际业务的范围与规模，越来越多的商业银行抓住机遇，纷纷到国外设立分支机构，成了跨国银行。它们通过提高金融服务的水平和质量，扩大了商业银行的资产规模，增加了商业银行的收入水平。

第一节　商业银行国际业务概述

一、商业银行国际业务的概念

商业银行国际业务的定义有多种，从广义上来说，商业银行国际业务是指所有涉及非本国货币或外国客户的业务。从这个定义而言，商业银行的国际业务包括两层含义：一是指跨国银行在国外的业务活动，二是指本国银行在国内所从事的与外币有关的业务。根据此两层含义，商业银行国际业务可分为进出口融资业务、国际信贷业务、国际结算业务、外汇业务和其他业务等几种类型。商业银行的国际业务起源于国际贸易的发展。在传统业务划分上，贸易融资是一种主要的国际银行业务。国际银行业务的真正发展是在20世纪70年代以后。主要发达国家开始先后放宽金融管制，国际金融市场逐步完善并趋于一体化，加之计算机的广泛应用，国际银行业务便成为各国商业银行逃避本国管制、寻求更大发展空间、追逐更高利润的重要手段。现阶段，很多跨国银行的国际业务收入已超过了国内收入，商业银行业务国际化成为当前商业银行发展的大趋势之一，而且这种发展趋势还将继续深入发展。

二、商业银行国际业务的组织机构形式

商业银行的国际业务必须通过一定的组织机构才能完成。现阶段，大型银行乃至跨国银行大多数通过其国外分行和分支机构或国外代理行等来经营国际业务，这些境外机构的性质和业务范围常常受到所在国家或地区的法律环境、规章制度、对外开放程度、金融管制、文化历史传统等影响。中小型银行则直接通过总部的国际业务部进行有关业务。因此，商业银行的国际组织机构的形式存在较大的差异。主要有以下几种组织机构形式：

（1）国际业务部。国际业务部设在总行，它负责经营和管理银行所有国际业务，包括国际借贷、融资租赁和国际市场上的证券买卖等。行内其他国际业务机构的经营情况通过国际业务部上报总行。

（2）国外代表处（representative office）。一般情况下，在不允许开设分行或认为有必要建立分行但尚没有条件建立的国家或地区，商业银行可先设立代表处。这是商业银行在国外设立机构、经营国际业务的第一步。国外代表处的主要作用是扩大总行在该国家和地区的声誉和影响，为总行招揽业务，宣传和解释总行所在国政府的经济政策，调查、收集和分析东道国的政治和经济等方面的信息以及东道国客户的信用状况和环境，为总行是否在该国家和地区开设分行，进一步发展业务，以及今后在该地区采用的经营战略提供决策依据。国外代表处不对外经营，仅向总行及其客户提供支持性服务，因此，各国对商业银行在国外设立代表处的限制相对较少。国外代表处是跨国银行进入一个新的国家或地区开展业务的方便途径，也是设立国外分行前的必经之路。

（3）国外代理行（agency bank）。国外代理行是指与跨国银行建立了长期、固定业务代理关系的当地银行。跨国银行的国际业务有着广泛的地区性，而跨国银行受成本等因素影响，不可能在世界各地均开有国外分行，银行国际业务的广泛性与其国外分行数量的有限性往往形成矛盾。为拓展自身在海外的国际业务，商业银行必须在海外寻找代理行，建立代理关系，签订合约，相互委托业务。代理行按是否在跨国银行开有账户分成两类：一是互有账户关系的代理行，建立这种关系的代理行间可直接划拨头寸；二是虽无账户，但有印押关系的代理行，这些代理行间的头寸须通过有账户关系的第三家银行来进行。代理行关系往往是双向的，互相提供服务，并为身处不同国家或不同货币金融中心的银行之间提供财务上的沟通便利，方便不同系统银行间资金划拨清算、代收、代付的处理。银行国际业务的处理在很大程度上依赖于国外代理行，

它们是银行国际业务的重要组织机构，就国外代理行机构的数量而言，它往往多于国外分行。在无法设立分支机构的情况下，国外代理行形式有利于跨国商业银行有效地处理相关的国际业务。

（4）国外分行（foreign branches）。银行的国外分行从法律上讲是总行的一个组成部分，不是独立法人实体，不能独立地承担法律责任，其对外开展的各项业务要得到总行的授权，是从属于总行的能独立经营业务的分行，其资产、负债等均为总行的一部分，其财务数据要并入总行的财务报表。国外分行的业务经营受东道国法律法规的约束，可以在当地法律允许的范围内从事存款、贷款、国际结算、贸易融资、证券买卖业务以及中间业务等一般性银行业务。国外分行是大型银行和跨国银行开展业务的主要形式。国外分行一般都设在国际金融中心，有广泛的市场，有机会迅速地收集各方面信息，并在银行之间和货币市场上吸收更多的存款。国外分行的设立是银行业务国际化的产物，其数量的多少是衡量跨国银行规模大小的重要标志。跨国银行将设立国外分行作为其国际业务组织机构的主要选择。美国商业银行的国际业务约有六成是通过其国外分行的经营实现的。

（5）国外子银行（foreign subsidiary）。商业银行国外子银行不同于国外分行，从法律上看，商业银行国外子银行是一个独立的法人实体，是在东道国境内按照东道国的法律注册的银行，能独立地开展业务并承担法律责任。它的财务独立于总行，其资产、负债和信用政策并非总行的完整的组成部分，其财务数据只有在满足一定的股权比例要求时才并入总行。国外子银行与其在国内的母行之间的关系是被控股与控股关系。国外子银行经营的国际业务以国际借贷为主，同时也包括融资租赁、信息咨询等业务。随着投资银行与商业银行的相互渗透，许多跨国银行在海外组建投资银行或商业银行的子银行，从事证券买卖业务等。

（6）国际联合银行。国际联合银行是几个跨国银行一起投资组建的银行，其中任何一家银行都不能持有国际联合银行 50% 以上的股权。国际联合银行的组建是跨国银行国际性贷款面广、量大的特征对跨国银行组织形式提出的必然要求，其主要目的是有利于经营辛迪加贷款。目前，国际联合银行主要以国际货币市场为依托从事欧洲货币贷款。

（7）银行俱乐部。银行俱乐部是一种松散的组织形式，银行俱乐部成员仅仅是一种国际合作关系。由于银行俱乐部成员大多来自欧洲，也被称为欧洲银行集团。这类集团已有一定的数量，比较有名的如欧洲银行国际公司、阿尔法集团、欧洲联营银行公司、欧洲联合合作金库等。银行俱乐部的组织形式以及成员的来源决定了银行俱乐部建立的目的为：协调和促进各成员行间的国际业务；分散各自的经营风险，适应欧洲货币联盟的发展前景；与美、日等跨国银行抗衡等。

国际业务组织机构的形式与跨国银行的组织结构、业务范围、市场布局、竞争策略、垄断方式等密切相关。跨国银行的经营环境在近几十年来发生了巨大的变化：一是随着金融自由化的发展，增强了资本的国际间流动；二是因国际贸易的迅速发展，提高了国际结算和资金融通的需求。这些环境的变化，促使跨国银行改变了经营策略，主要表现为：一是加强了跨国银行的垄断和集中度；二是形成了全球化的国际银行网络，提高了银行国际化程度；三是银行业务因竞争需要出现了多样化和全能化趋势；四是更加注重利用货币市场，尤其是加强与欧洲货币市场和日渐成长的亚洲货币市场的联系；五是加强了对发展中国家和外国银行的资本渗透。为了适应环境的变化，商业银行纷纷想方设法，花大气力设计和设立国际业务的组织机构，并在国际业务组织机构的法律规范、业务经营、区域选择、组织形式和利益定位方面做出合理的决策。

三、商业银行国际业务的主要种类

（一）进出口融资

进出口融资（trade finances）是传统的商业银行国际业务，其产生可追溯到 13 世纪金融服务出现的初级阶段。在当时，由于国际贸易主要是欧洲各国之间的贸易的融资需求，欧洲出现了在国外开设分行的商人银行。到 19 世纪，为掠夺殖民地的财富，英国、比利时以及后来的德国、日本等国的商业银行先后在外国开设了银行及分支机构。如在中国，1865 年成立的汇丰银行公司（Hong Kong and Shanghai Banking Corporation），其主要目的是支持有关商人与中国进行茶叶、真丝与鸦片的贸易。在印度，1863 年成立的印度国民银行（National Bank of India）经营对印度的贸易融资，它在众多和印度有进出口贸易关系的国家都设有分行。在非洲，为与南非进行羊毛交易，1853 年成立了标准银行（the Standard Bank），即现在的标准渣打银行（the Standard Chartered Bank）的前身。该银行的总部虽设在英国伦敦，却不从事任何英国国内业务。所有这些银行在当时都是具有殖民地性质的银行，它的主要功能是为殖民地和宗主国之间的贸易融资。在经过一个多世纪以后，虽然国际环境已经发生了翻天覆地的变化，但是进出口融资仍然是跨国银行的主要业务之一。

许多中小银行在国外没有设立机构，但也可以参与一些贸易融资业务活动，这些业务活动主要包括信用证、银行承兑汇票（Banker's Acceptance）等短期贸易融资业务。跨国银行也经常从事这些业务。

本书在进出口融资方面主要介绍信用证业务。信用证业务的主要内容有：

1. 信用证的概念

信用证（letter of credit，L/C）方式。信用证方式是最主要、最广泛的国际结算方式。信用证是指开证银行根据申请人（进口商）的申请和要求，对受益人（出口商）开出的授权出口商签发以开证银行或进口商为付款人的汇票，并对提交符合条款规定的汇票和单据保证付款的一种银行保证文件。信用证是由开证银行向出口商签发的以开证银行为付款人的信用担保函。

2. 信用证的特点

信用证的结算方式具有以下三个特点：

（1）开证银行负第一性付款责任；

（2）信用证是一项独立文件，不受商品交易合同的约束；

（3）信用证业务的处理以单据为准，而非货物。开证银行只对信用证负责，认单不认货，只要出口商提供的单据符合信用证要求，即予付款。

3. 信用证的基本内容

信用证的基本内容有：

（1）信用证的性质、号码、开证日期和有效期；

（2）信用证开证申请人、受益人、开证银行的名称及签字；

（3）付款行、通知行的名称和地址；

（4）信用证规定的出票人、付款人、汇票期限、出票条款；

（5）信用证规定提供的发票、提单、保险单及其他有关单据的名称等。

信用证方式的基本业务程序如图6-1所示。

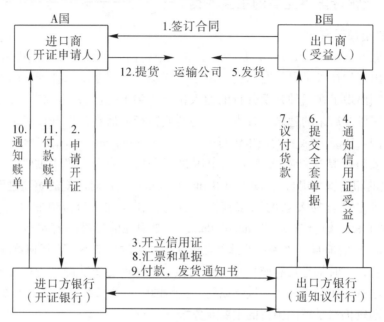

图6-1 信用证基本业务程序

4. 信用证的种类

信用证按其性质、形式、付款期限和用途的不同，可分为不同的种类。其基本种类如下：

（1）根据是否附有货运单据，可分为跟单信用证和光票信用证；

（2）根据开证行对信用证所承担的责任，可分为可撤销信用证和不可撤销信用证；

（3）根据信用证有无开证行以外的其他银行保兑，可分为保兑信用证和不保兑信用证；

（4）根据受益人使用信用证的权利是否转让，可分为可转让信用证和不可转让信用证。

其他还有即期信用证和远期信用证、循环信用证、对开信用证和背对背信用证。

（二）国际银团贷款

国际银团贷款，也称为辛迪加贷款（syndicated loan），是指由一家或几家银行牵头，多家跨国银行参与，共同向某一国政府、某一工商企业或某一项目提供数量巨大、期限较长的一种国际贷款的方式。

1. 国际银团贷款的产生

国际银团贷款产生于20世纪60年代后期。在当时比较严重的国际债务危机的形势下，各大商业银行不敢大胆贷款，同时各国政府也出台政策限制本国银行的对外贷款规模，如瑞士政府规定，对外贷款累计总额不得超过该银行资本的15%。随着技术革命的兴起，以自动化为特征的资本密集型行业逐渐增加，国际资金需求巨大，动辄上亿美元，甚至高达几十亿美元，大大超过了单独一家商业银行的承担能力。欧洲货币市场首先采取银团贷款方式，由几家商业银行联合起来向一个项目贷款，商业银行间彼此合作，共同调查研究，共同承担风险，从而提高了借贷双方的安全性。

2. 国际银团贷款的发展

银团贷款具有明显的经营优势，促使其迅速发展起来。1970 年银团贷款总规模为47 亿美元，1980 年增长到 760 亿美元，随后增长更为迅速，尤其表现为单个项目资金需求量大幅度增长。特别是 1987 年英吉利海峡海底隧道工程采用国际银团贷款形式，共有 150 家商业银行联合参与，涉及三种不同的货币，贷款总金额高达 86 亿美元。目前国际资本市场借贷总额 60% 以上是银团贷款，银团贷款占发展中国家长期借款的85% 以上。银团贷款成了国际中长期信贷的主要形式。

为了增加银团贷款的流动性，便于商业银行的资产管理，近年来出现了银团贷款交易。商业银行可以根据自身资产结构、贷款结构及收益性的需要，重组自己的贷款，进入银团贷款二级市场买卖银团贷款。因贷款项目的特殊性，银团贷款交易虽然比不上证券交易那样活跃和广泛，但是为商业银行进行动态信贷资产管理开辟了新的渠道，并提高了银行开展银团贷款的积极性，对银团贷款的扩大具有巨大的推动作用。如1997 年美国大通银行进行了 35 亿美元的银团贷款交易，正是这些交易支持了美国大通银行资金的流动性，并使其能够在 1997 年安排和组织 1 000 多亿美元的银团贷款。

我国银团贷款业务起步较晚。1986 年，我国首次运用国际银团贷款为大亚湾核电站项目筹集资金 131.4 亿法郎及 4.29 亿英镑。我国加入世界贸易组织后，银团贷款业务有了一定的发展，大中型项目开始获得美元贷款，从此国际银团贷款成为我国获得国际商业贷款的主要形式。其中有由外国银行牵头组织的银团贷款大型项目，如 2010年 10 月，山东钢铁集团公司获得由东方汇理银行、汇丰银行、渣打银行三家外资银行提供的 3.05 亿美元的银团贷款。从 20 世纪 90 年代开始，中国银行、中国建设银行、中国农业银行等国有控股商业银行也开始参与国际银团贷款，向境外企业或项目提供银团贷款。但目前我国的银团贷款在全国每年新增贷款中的占比仍然很低，业务开展在金融业日益市场化的背景下也表现出一定的局限性。

3. 国际银团贷款的种类

为了满足资金供求双方不断增长的需要，银团贷款创新出一系列金融工具。按照不同的标准，银团贷款有不同的分类形式，主要的分类形式有：按贷款期限可分为定期贷款和循环贷款；按贷款人与借款人的关系可分为直接银团贷款和间接银团贷款。此外还有备用贷款、备用信用证担保贷款等。

（1）定期贷款和循环贷款。

定期贷款是在确定时期内由贷款人提供一笔特定数量资金的贷款。在贷款有效期内，借款人通常有权利一次或分批提用贷款。贷款的偿付按双方协议规定的方法可以进行分期偿付，也可在贷款到期日一次付清。已偿还的贷款不可再提款使用，对贷款的这种限制是定期贷款与循环贷款的主要不同点。

循环贷款与定期贷款不同的是，循环贷款的借款人可按自己的意愿灵活使用、偿付及反复使用全部或部分贷款。这种循环特征一般贯穿整个贷款过程中，贷款一般在到期日一次还清全部余额。

（2）直接银团贷款和间接银团贷款。

直接银团贷款是指银团内各参与贷款银行直接向某国家的借款人放贷，但必须与各参与贷款银行协商，在贷款总协议中指定代理人办理具体贷款事宜。

间接银团贷款是指由牵头银行先向借款人贷款，然后再由该行将总贷款权分割售给其他各参与银行。放贷后的管理工作由牵头银行长期负责，直到贷款全部偿还。

（3）备用贷款。

备用贷款是辛迪加贷款市场上常用的工具之一，是循环贷款业务的一种变种。它与循环贷款的区别在于备用贷款只是留做备用，借款人通常依靠发行商业票据获得融资。如果所发行的票据不能满足借款人的需要，借款人就可以支用备用贷款。

（4）以备用信用证提供担保的贷款。

银行开立信用证作为担保，正常情况下受益人（卖方）只需出示备用信用证便可按信用证项下金额提款使用。这一工具常用来支持私募债券的发售、行业票据的融资、杠杆租赁和出口信贷项下的融资等交易。

4. 国际银团贷款的参与者

国际银团贷款的参与者主要包括借款人、打包人与贷款银行，银团中的银行有不同的角色和分工。主要角色有牵头银行、管理银行、代理银行、参与银行和安排银行等。

（1）牵头银行。

牵头银行可以是一家，也可由多家组成管理小组。牵头行是银团贷款的组织者，通常选择声望高、实力强的大银行担任。牵头银行的主要职责是：辛迪加贷款的组织者和管理者；与借款人直接接触，商定贷款期限和贷款的其他条件；与其他参与贷款银行协商各自的贷款份额及各项收费标准；发挥牵头银行的技术优势，为借款者和各银行提供金融信息，分析金融市场动向。为了更好地控制贷款全局，借款人可以选择与自己有良好关系的银行作为牵头银行，有时有的资信状况良好、实力雄厚的国际大银行也会主动向借款人提出由自己充当牵头银行。被确定为牵头银行后，牵头银行立即准备向市场发布一份筹资备忘录，向各商业银行说明借款人的借款意向，介绍借款条件、借款人的经营状况、财务状况及资信状况，组织贷款招标或邀请其他银行参与这项贷款。

（2）管理银行。

若干管理银行与牵头银行组成管理小组，共同管理借贷中的一切业务事务。管理银行在贷款中承担相对大的份额，管理银行要协助牵头银行做好全部贷款工作。在贷款中，如出现贷款总额低于借款要求时，管理银行有责任补足缺额。它可以向借款人全部承贷，即担保不足贷款的不足部分，也可以向借款人表示承担部分缺额。若确实不能补足缺额，借款人只好减少借款额。

（3）代理银行。

代理银行是牵头银行中的一家银行，受借贷双方的委托。其职责是按各参与银行在贷款中所占份额分配给有关银行，并收取借款人应负担的各项费用等开支。无论是直接银团贷款还是间接银团贷款，代理银行都将发挥应有的作用。

（4）一般参与银行。

一般参与银行是指由牵头银行组织招标或邀请而以本行资金参与贷款的银行。一般参与银行可以是十几家、几十家甚至是上百家银行。参与银行也可以由借款人选择，采用招标制或密商制即公开或不公开的方式选择产生，各自承诺其贷款份额。参与银行一般是分散在不同国家的大银行。

（5）安排银行。

安排银行类似于上述管理银行的职能，但其作用越来越大。它不仅仅承担组织和协调责任，有时候还以包销团的方式对借款人做出承诺。借款人越来越喜欢选用安排银行联合包销的形式组织银团贷款，银团安排银行在银团贷款中越来越多地出现。

5. 国际银团贷款的操作

银团贷款一般先由借款人公开招标，各家银行提出报价后从中选出一家银行作为牵头银行为其安排银团贷款。在收到借款人的委托书后，管理银行就可以安排银团筹组工作。

一是测试市场反应，从而了解该贷款能否为市场所接受。

二是编制信息备忘录分发给对此项贷款计划有兴趣的银行，作为邀请其参加银团贷款的一份重要法律文件。

三是银团金额分配和贷款文件的签署。具体程序如下：

（1）接受安排银团贷款委托；

（2）进行项目评估和现金流量分析，包括了解项目的基本情况；向有关部门和项目单位提供国际金融市场上有关汇率、利率和获得国际银团贷款的可能程度信息，进行项目的评估和现金流量分析等；

（3）审阅项目的主要商务合同；

（4）制定融资结构，帮助企业进行借款的成本分析；

（5）制作项目融资备忘；

（6）经国家主管部门批准后，对外披露信息备忘录；

（7）对外询价并比较报价：国内银行要向国外银行提交一系列文件，包括借款人的申请书、本国政府的批准文件、借款人的法律地位证明文件、律师意见书以及国外银行要求的其他文件；

（8）主要贷款分工，邀请国外资信度高的银行作为代理银行，组成管理小组；

（9）拟定贷款条件清单，国外贷款银行将对其提出反馈意见；

（10）谈判贷款条件清单；

（11）谈判贷款文件；

（12）签署贷款协议并刊登贷款通告，即在一流的国际报刊上刊登广告，以表明借款人的筹资能力及良好的信誉。

银团贷款协议是借贷双方按已同意的条款拟定的协议，详细列明贷款的执行细则。主要包括借款和还本付息的程序以及对借款人有约束力的条款以保障适当使用，并便于贷款人对借款人或借款项目的监督。贷款协议的另一个重要部分是违约事件，主要列明各种不同的违约情况，以便赋予贷款人中止贷款和要求提前还款的权利。通常一份贷款协议必须包括以下要点：

（1）银团的法律地位及成员间的关系；

（2）借款人在贷款前必须满足的先决条件；

（3）借款人的陈述与保证；

（4）关于法律变更引起的成本增加的条款；

（5）税收和折扣条款：贷款人若取得借款国免征利息预扣税的证明，则借款国税务机构应视同已经纳税，以此来换取银团贷款降低利率的优惠；

（6）消极保证条款，即借款人对其他债权人的抵押保证问题所做的保证；

（7）交叉违约，签约时必须严格确定交叉违约的范围，否则将招致许多法律纠纷；

（8）提前偿还贷款，该条款必须是在有利于借款人的情况下才列入。

多数国际银团贷款通常包括外国出口信贷和国际商业信贷两大部分。外国出口信贷期限长，能够提供 10 年期以上的贷款，一般由借款国的大银行转贷。国外银行比较愿意提供大额贷款，但是借款人不仅要在设备采购方面受到特定国家的限制，而且还要多支付出口信贷保险费和国内机构转贷费。外国出口信贷项下，借款人所需支付的成本包括：

（1）经济合作与发展组织国家不定期公布美元 CIRR 利率，这是经济合作与发展组织国家通行的出口信贷利率，而且大多采用固定利率形式。

（2）一次性支付的贷款管理，一般为贷款金额的 0.1%~0.5%。

（3）一次性支付的出口信贷保险费，一般为贷款金额的 1%~5%。

（4）国内银行转贷费，一般为贷款金额的 0.5% 左右。

（5）其他费用，如承诺费及其他杂费。

国际商业贷款提款前提条件少，比较灵活，借款人可以在全世界范围内采购设备，资金使用不受限制，但是较难在国际金融市场上以合理的成本筹措到长期资金，而且这类贷款一般采用浮动利率，借款人需要承受一定的汇率和利率风险。国际商业贷款的成本包括贷款利率——LIBOR+利差（利差大约为 0.5%~3%，具体数额随贷款期限和借款人的信用等级而变动），各种贷款费用（代理费、承诺费、安排费、车马费、律师费）为 1% 左右，国内银行转贷费为 0.5% 左右。

（三）外汇买卖

外汇买卖是商业银行重要的基本国际业务，是将一种货币按照既定的汇率兑换成另一种货币的活动。商业银行开展外汇买卖业务的主要原因是：客户有进行货币兑换的需要；跨国银行持有的外汇头寸和外汇债权或债务受汇率变化而导致银行外汇头寸风险；外汇债权债务风险和对外贸易结算风险。为此，银行有通过外汇买卖降低外汇风险的需要。与上述几个原因相对应，商业银行在外汇市场上从两个方面开展外汇买卖：一是受客户的需要办理外汇买卖；二是为平衡外汇头寸、防范外汇风险而在银行同业市场上进行轧差买卖。

1. 外汇交易的方式

外汇市场特别是国际外汇市场上的外汇交易极其丰富，交易的方式多种多样，随着金融衍生工具的发展，外汇交易方法更是层出不穷，其中最基本的外汇交易方式有：

（1）现货交易（spot transaction）。

现货交易是指交易双方以即期外汇市场的价格成交，并在成交后的第二个营业日交割的外汇交易。定义中所指的交割是指买卖合同到期日，交易双方在该日互相交换货币。比如，甲、乙两家商业银行按 1 美元：12 日元汇率达成一笔现货交易，金额 1 000 万美元。第三天甲银行将 1 000 万美元划入乙银行账户，而乙银行则将 12 000 万日元划入甲银行账户，这笔现货交易就此结束。

现阶段，现货交易被广泛使用，是外汇交易中最基本的交易。银行在资金划拨、汇出汇款、汇入汇款、出口收汇、进口付汇等时，常常需要满足客户对不同货币的需求，建立各种货币的头寸。此外，现货交易还可以用于调整持有外汇头寸的不同货币的比例，以避免外汇风险。

（2）远期交易（forward transaction）。

远期交易是指买卖交易双方成交后，按双方签订的远期合同，在未来的约定日期进行外汇交割的交易方式。最常见的远期外汇买卖期限为 1~6 个月和 1 年。为方便起见，在日常交易中，通常将成交 2 个交易日以后的任何一个交易日都视为远期外汇买卖交割日。

商业银行采用该交易的目的是满足进出口商和资金借贷者为避免商业或金融交易遭受汇率波动的风险的需要，或商业银行本身为了平衡期汇头寸，或为了获取汇率变动的差价的需要。

远期交易较现汇交易有着更强的灵活性，交割时间、交易的价格等均可由商业银行与交易对手方商定。

远期交易交割日的起算日为成交后的第 2 个营业日，至于交割日期的确定，则由交易双方在遵循"日对日、月对月、节假日顺延、不跨月"的规则下商定。通常有固定交割日和择期交割两种，前者交易双方按在交易合同中规定的日期交割，如果其中一方延误交割日，则它必须向另一方支付利息和罚金。后者是指交易双方在约定的某一时日交割。

银行在交易价格的确定上，通常在考虑了诸如进出贸易 1：5 的应收和应付款、对外负债规模等影响未来外汇供求的因素后提出报价。

远期交易的报价有直接远期报价和掉期报价。直接远期报价情况下，外汇的远期汇率等于即期汇率加升水或即期汇率减贴水；掉期报价情况下，以基本点表示的远期汇率与即期汇率的差额作为报价。掉期汇率与远期汇率可以转换，在升水、贴水已知的情况下，可按表 6-1 的规则将掉期汇率转换为远期汇率。

表 6-1　掉期汇率与远期汇率的转换

掉期汇率形式	计算方法	基本货币	标价货币
高/低	减	贴水	升水
低/高	加	升水	贴水

在业务操作中，交易员一般都采用掉期汇率报价方式，原因在于即期与远期之间的差额对即期与远期汇率的波动不敏感。

商业银行在远期外汇交易中应注意外汇风险的转移。在远期外汇交易中，客户将外汇风险转移给了商业银行。因此，商业银行必须将小笔的与客户的远期交易汇总起来，再通过银行间做一笔反向的远期交易，将风险转移到银行间的市场中。

（3）外汇期货交易（currency futures option）

外汇期货交易是指在有形的外汇交易市场上，由清算所（cleaning house）向下属成员清算机构（cleaning firm）或经纪人以公开竞价方式进行具有标准合同金额和清算日期的远期外汇买卖。

外汇期货交易与远期交易在交割时间、合同形式等方面极为相似，但是在具体运作上，外汇期货较之于外汇远期交易，其主要特点有：

一是外汇期货交易有具体的市场，比如国际货币市场和伦敦国际金融期货交易所等，其中前者的交易额占世界外汇期货交易总额的50%。

二是外汇期货交易是一种固定的、标准化的形式，具体体现在合同规模、价格、交割期限、交割地点均标准化，而非通过协商确定。

三是外汇期货交易的买方只报买价，卖方只报卖价，并由交易所确定每日现价。

四是外汇期货交易的远期合约大多很少交割，交割率甚至低于1%。

五是外汇期货交易的买卖双方无直接合同责任关系，买卖双方与清算所则有合同责任关系。

六是外汇期货交易也是一种采取按一定比例的保证金进行交易的方式。

外汇期货交易也是商业银行进行套期保值、防范汇率风险的手段之一。外汇期货交易的风险巨大，在外汇期货交易中如何控制风险是银行外汇期货交易经营管理的重要内容。

（4）外汇期权交易（foreign exchange option）。

外汇期权交易是买卖远期外汇权利的交易。在此交易中，外汇期权的买方和卖方在规定时期内按双方商定的条件，比如一定的汇率，购买或出售指定数量的外汇。在行市有利于买方时，买方将买入看涨期权，可以获得在期权合约有效期内按某一具体履约价格购买一定数量某种外汇的权利；在行市不利时，卖方将卖出看跌期权；在行市捉摸不定时，投资者倾向于购买双向期权，即买方同时买进看涨期权和看跌期权。在外汇期权交易中，期权买方向卖方支付期权费，该费用被视为买方购买期权的价格。

外汇期权交易对买方而言，在期权有效期内无需按预定价格履行合同交割义务。这种状态有利于买方对外汇资产和收益的保值。

外汇期权交易的本意是提供一种风险抵补的金融工具。商业银行在外汇期权交易中既充当买方，也充当卖方。商业银行作为期权买方时，承担了买方可能违约的信用风险，因此，倾向于从同业批发市场和交易所场内而非客户处购买期权来消除信用风险。商业银行作为买方时，承担期权合约下金融标的价格变化的市场风险。对于这种源于汇率或利率波动的市场风险的控制，国际银行界有消极管理和积极管理之说。前者主张采用建立在彻底无为而治基础上的集中保险法；后者建议采用中性套期保值法。

（5）外汇互换交易（swap option）。

外汇互换交易是指互换双方在事先预定的时间内交换货币与利率的一种金融交易。双方在期初按固定汇率交换两种不同货币的本金，随后在预定的日期内进行利息和本金的互换。

外汇互换交易主要包括货币互换和利率互换。这些互换内容也是外汇互换交易有别于掉期交易的标志，因为后者是套期保值性质的外汇买卖交易，其双面性的掉期交易中并未包括利率互换。

商业银行在外汇互换交易中，可充当交易一方，或充当中介人。商业银行通过货币互换可以降低筹资成本；可以通过货币互换工具消除其敞口风险，尽量避免汇率风险和利率风险；货币互换属于表外业务，可以规避外汇管制、利率管制和税收方面的限制。因此，近年来，这种交易在国际金融市场上发展迅速。

商业银行作为中介参与互换的安排时，运用公开或非公开介绍的方式进行。在公开方式下，商业银行安排互换双方面对面直接谈判。商业银行在该过程中充当咨询和中介，因此不承担风险，仅收取包含介绍费和咨询费等在内的手续费。非公开方式下，互换双方分别与银行签订合约，为此，银行承担了交易双方的违约风险，这种风险是双重的。另外，银行为撮合这类交易，向交易双方或一方出售灵活性和适应性，这将导致互换双方在期限或利息支付等方面承受不完全匹配的差额风险。因此，在非公开方式下，银行必须加强对风险的管理与控制，否则将与运用这种金融工具的本意相违背。

2. 商业银行经营外汇交易的策略

商业银行经营外汇交易能给它带来巨大的收益，但也带来了对应的风险。因此，商业银行在外汇交易中，除了遵守盈利性、安全性和流动性的经营原则之外，还要考虑其他方面因素，在总体的经营原则下，制定出合理的经营策略。

（1）对汇率进行预测，做好外汇交易决策。

汇率的波动经常受经济和非经济因素的影响，在这些因素中有宏观和微观两个方面，因此，其应采取基本分析法和技术分析法对外汇市场进行分析，以此考察汇率的中长期趋势，并据此判断是否进行交易，以及采用何种方式进行交易。但建立在短期波动预测上的过度短期投机行为不利于商业银行外汇业务的拓展。

（2）选择合适的交易方，确保外汇交易安全。

在外汇交易中，选择资信状况良好、作风正派的交易方是外汇交易是否能安全、顺畅实现的前提。在选择交易方时主要考虑的因素有：

一是交易方的服务。交易方的服务应包括及时向对方提供有关交易信息、市场动态以及它们对经济指标或未来汇率波动产生影响的程度预测等。

二是交易方的资信度。资信度与交易方的实力、信誉与形象等密切相关。交易方资信度的高低直接影响到交易的风险，如果交易方资信度不高，商业银行在外汇交易过程中就会加大承担信用转移风险的概率。

三是交易方的报价速度。报价速度的快慢也是一个衡量标准。良好的交易方报价速度快，有利于商业银行抓住机会，尽快促成外汇交易。

四是交易方报价的水平。极好的交易方应该在报价上显示出很强的能力，它们的报价能基本反映市场汇率的动向，具有竞争力和代表性。

（3）建立外汇交易程序，完善外汇交易规则。

外汇交易是商业银行中具有高风险的一种国际业务，建立和完善外汇交易程序及规则，具有控制风险的功能。稳健原则应贯穿整个外汇交易过程。在进行外汇交易前，商业银行应详细了解和掌握外汇交易程序和规则，特别是面临一个新的市场或面临一种新的金融工具时，应及时了解交易环境，充分认识交易对方，做到全面了解、充分把握后才开始交易。在进行外汇交易时，应遵循各项交易规则，保证外汇交易正常进行。

（4）选择素质高的交易员，确保获取丰厚利润。

商业银行应当选择心理素质高、专业能力强、道德修养好的交易员。选择和培养高素质的交易员，能使商业银行做好外汇交易业务，给商业银行带来丰厚的利润。

（四）离岸金融业务

离岸金融业务（off-shore banking activities）是商业银行国际业务中的重要组成部分。离岸金融是金融自由化、国际化的产物。从离岸金融历史沿革及其对国际金融市场的推进作用看，它的产生使信贷交易实现了国际化，并为国际金融中心的扩散创造了条件。

1. 离岸金融业务的产生

离岸金融业务的产生是生产国际化、贸易国际化和资本国际化的结果。生产国际化、贸易国际化要求商业银行的金融业务面向世界，跨国公司业务国际化使银行扩展了其海外的业务，商业银行业务国际化必然增加其在海外的分支机构，从而推动了离岸金融业务的发展。资本国际化流动及合理配置是对离岸金融业务发展的内在要求，离岸金融市场的出现，为资本的国际化提供了广阔的舞台和高效顺畅的渠道。作为离岸银行机构，由于其在国际资本流动方面所受限制和约束较少，从而提高了资本流动的效率，有助于资金、资源在全球市场按效益性、安全性和流动性原则进行合理配置和有效利用。

离岸金融业务产生的理论基础是金融创新理论和金融市场全球一体化理论。金融创新是各种金融要素的重新组合，是为了追求利润而形成的市场变革。西方关于金融创新的理论颇多：根据约束诱导型创新理论，只要外部环境变化导致改变对企业的金融约束，出现了扣除创新成本之后的利润最大化机会，金融企业就会去创新；根据回避管制理论，金融机构会通过创新逃避政府管制以获得企业应得利润和管制以外的利润机会；根据希克和涅汉斯的金融创新理论，金融创新的主要动机是交易成本下降。从西方金融创新的动因理论分析可知，离岸金融业务的产生和发展是金融创新的结果。

金融市场一体化要求国内金融市场和传统的国外市场紧密连接；要求市场环境具备信息沟通灵敏、金融交易自由、交易成本低且呈一致性的特点；要求市场的覆盖面广，且极少甚至不受各国金融监管及其法律法规的影响。离岸金融市场具备了金融市场一体化的功能，符合一体化的要求和条件；同时，技术进步是离岸金融业务产生的直接推动力，它降低了交易成本，使全球的金融机构和市场连成一体成为现实。

2. 离岸金融业务的种类

现阶段，世界上已出现了几十种形式的离岸金融市场。按不同的标准划分，有不同的离岸金融市场，其中按离岸金融市场的业务经营和管理来划分，有内外混合型离岸金融市场、内外分离型离岸金融市场和避税港离岸金融市场。不同种类的离岸金融市场有着不同的业务特点。

3. 离岸金融业务的形式

商业银行从事离岸业务的形式很多，并且不少形式是离岸金融业务和在岸业务均采用的。通常银行从事离岸业务的形式有存款形式、贷款形式和创新形式。

（1）存款形式。

存款形式有通知存款、定期存款和存单等。通知存款就是隔夜至7天存款，可随时发出通知提取。定期存款为7天、1个月、3个月，最长不超过5年，尤以1个月与3个月的定期存款最为常见，每笔存款不得低于5万美元。存单是由商业银行发行的一种存款证明，具有不记名和可转让的特点，可在二级市场出售。存单按期限可分为短期存单和中期存单（1~5年），按利率可分为固定利率存单和浮动利率存单。存单的币种以美元居多，其最低面额为10万美元，发行对象主要是银行或非银行金融机构投资者。20世纪70年代以来，存单很快就成为一种主要的筹资工具。存单在欧洲货币市场和亚洲货币市场比较流行。但在某些离岸金融市场，因担心美元资产外流而对存单的发行进行了限制。

（2）贷款形式。

贷款形式有银行同业短期拆放、中长期放款和发行欧洲债券三种。商业银行同业短期拆放主要凭信用，期限短则隔夜，长则不超过1年。中长期贷款金额大，期限长，一般采用银团贷款形式，采用定期浮动计息，每3个月或6个月定期浮动一次。发行欧洲债券可分为发行固定价格债券、浮动利率票据、可转换债券以及合成债券四种做法。欧洲货币市场上还出现了新的离岸金融业务形式，主要有多种货币贷款、灵活偿还期限、分享股权贷款和多种选择贷款等。其中分享股权贷款是指贷款人愿意接受低于市场的利率来分享贷款项目的股权，这种放款方式可使贷款双方共同分担项目风险，而多种选择贷款是一种灵活的辛迪加贷款，银行允许借款人在商业银行的帮助下选择几种融资方式。

（3）创新形式。

创新形式与规避风险、实现资产保值、降低经营成本、争取客户的要求一致。创新形式多为表外业务形式，最常见的有金融期货、期权、互换、远期利率协议和票据发行业务等。其中远期利率协议是交易双方为防范利率风险而把远期利率确定在某一水平上的一种远期合约。而票据发行业务（NIF）允许借款人以发行短期票据来获得承销机构包销每一期票据并承担不能全额出售的风险的承诺，借款人则以向包销机构支付有关费用和利息为代价。

从上述商业银行经营离岸业务的形式看，有其突出的特点：一是期限的短期性，二是业务的灵活性，三是业务的兼容性，其兼容性表现在不同业务的互相交叉上。

第二节　商业银行国际业务管理

商业银行国际业务发展与国际化已经成为当前商业银行发展的趋势之一，而且此种趋势将继续不断强化。因此，加强商业银行的国际业务管理，对于商业银行的发展有着重要意义。

一、商业银行国际信贷业务的风险管理

商业银行的国际信贷业务风险是指一定时期内，在特定环境下，客观存在的导致国际信贷活动损失的可能性。主要存在的国际信贷业务风险有：国家风险、市场风险、管理风险、信用风险、法律风险、利率风险等。

国际信贷业务是一种跨国界的经济行为，其风险与国内信贷业务存在的风险相比更大，而且更难预测。在风险管理的策略上虽然两者有相同之处，但是也不完全相同。因此，对商业银行国际信贷业务的风险管理应采取行之有效的措施：

（一）加强对客户信用分析，防范国际信贷业务风险

商业银行对客户信用的分析是国际信贷业务工作的基础，也是做出国际信贷决策的主要依据，分析的重点一般集中在贷款对象的偿还能力和贷款项目的经济可行性上。西方商业银行根据不同的借贷对象相应采取了不同的信用分析方法：

（1）若借款主体为个人，应采用"5C"信用分析法。"5C"法是商业银行进行信用分析中常用的一种分析方法，主要是从五个方面进行分析，因其英文的第一个字母是"C"，故称为"5C"法，即品格（character）、资本（capital）、能力（capacity）、担保（collateral）、环境（condition）。

（2）若借款主体为国家，要进行宏观经济总体评估。在借款主体为国家时，通常要对其进行经济政策、产业结构、国际收支状况等政治、经济方面的分析，同时可以通过一系列的经济指标，对该国的偿债能力和具体的贷款项目所面临的宏观经济形势进行总体评估。

（二）慎重选择币种和计息方式，防范汇率和利率风险

商业银行在防范汇率风险上，可以要求以"硬货币"作为借贷货币，以及采用外汇保值条款、物价指数保值条款或者是外汇交易保值等形式来防范汇率波动带来的风险。商业银行在制定出合理的利率水平的条件下，可采取浮动利率或者利用期货利率协定和欧洲货币期货合同的方式来消除将来市场利率变动而带来的风险。

（三）合理选择适当的信贷形式，规避或减少信贷业务风险

商业银行常用的信用贷款、抵押贷款和担保贷款等几种信贷形式，在风险防范上各有利弊，因此，商业银行要根据贷款对象或者每一项目的风险程度，合理选择信贷方式。

（四）加快贷款证券化的步伐，转移信贷业务带来的风险

贷款证券化是指商业银行将那些流动性较低或可靠性较差的贷款，按照一定的折扣率出售给专门的中介机构，中介机构再把购来的贷款组合起来，以此为担保发行证券，然后再利用发行证券的收入购入新的贷款。这种做法有利于银行贷款风险的转移，提高了资产质量，同时能及时回笼资金，加速资金周转。

（五）建立贷款风险保险制度，分散信贷业务带来的风险

建立贷款风险保险制度是指由保险公司开办贷款风险保险，商业银行一旦出现不良贷款，保险公司就要按保险合同中的有关条款规定负担一定的赔偿责任，以分担一部分商业银行的损失。

（六）提高贷款损失准备金，增强商业银行抵御风险的能力

要加强商业银行自行承担客户不能按期归还贷款本息的财务损失的能力。要做到这一点，关键就在于提高呆账准备或坏账冲销的提取比例。在国内信贷和国际信贷风险都加大的现实情况下，中央银行应在呆账准备金提取、坏账冲销上赋予商业银行更多的自主权。同时，商业银行也应多渠道地筹措资本金，提高自有资本比率，以增强自身抵御风险的能力。

（七）加强内部控制制度建设，减少信贷业务风险发生的可能性

商业银行内部控制作为一种自律机制，包括组织机构的职责界定、贷款审批的权限和决策程序等，会计原则的对账、控制单、定期核算，"双人原则"的不同职责的分离、交叉核对、资产双重控制和双人签字以及对资产和投资的实际控制四方面的内容。通过建立健全有效的内部控制制度，商业银行一方面可以确保把风险控制在适当的范围内，另一方面也有利于其自身发展战略和经营目标的实现。

（八）强化监管主体的作用，制定法规控制信贷业务风险

商业银行监管当局即银监会，作为金融机构监管者，有权制定审慎法规并利用其要求来控制风险，其中包括资本充足率、贷款损失准备金、资产分类、流动性和内部控制等诸多方面，目的就是要规范银行行为，防止其无限度地增加风险。同时，中央银行作为国家货币政策的制定者和实施者，要尽可能地消除各种宏观经济风险的影响，保持经济的稳定发展。

二、国际结算业务的风险管理

（一）国际结算业务的风险特点

由于商业银行的国际结算业务本身具有国际性、科学性、融资性、知识性和业务惯例较多、业务发展较快等特点，使商业银行国际结算业务过程中产生的风险具有以下特点：

（1）商业银行国际结算业务产生的风险涉及范围的国际性；

（2）商业银行国际结算业务产生的风险与结算方式和结算工具的相关性；

（3）商业银行国际结算业务产生的风险与融资活动的相伴性；

（4）商业银行国际结算业务产生的风险形成原因的多样性；

（5）商业银行国际结算业务产生的风险表现手段的欺诈性；

（6）商业银行国际结算业务产生的风险防范过程的复杂性。

（二）防范国际结算业务风险的措施

商业银行国际结算业务的风险性质和特点，决定了国际结算业务风险是指在国际间的货币收支调拨过程中，由于技术上、经营上和管理上的问题而引起的一系列可能发生的危险。其种类主要包括：决策风险、经营风险、市场风险、政策风险、收益风险、汇率和利率风险。因此，为防范商业银行办理国际结算业务过程中带来的风险，商业银行必须采取有力的措施。其主要措施有：

1. 大力提高国际结算业务从业人员的素质，严格把好用人关

商业银行要大力提高国际结算业务从业人员的素质，不断提高其专业技术水平和分析问题的能力，除了存在不可抗力因素之外，业务风险的产生大多来自业务人员的

操作行为。商业银行要从根本上防范风险，铲除风险毒苗，必须提高从业人员各方面能力：

（1）提高国际结算业务专业人员的业务能力。特别是对进出口商和进出口方银行资信状况以及有关国家和地区的外贸体制、外汇管制等情况的调查研究和判断能力，提高国际结算专业人员处理票据、单据的能力，即能高速度、高质量地审查票据和单据，处理国际结算业务中的疑难问题。

（2）提高信用证专业人员开证和审证的能力。即开证时适当掌握信用证条款的宽松程度，审证时能明白什么信用证、什么条款能接受，什么信用证、什么条款不能接受，什么条款必须修改。

（3）提高国际结算从业人员熟练、准确运用外语的能力（内容略）。

2. 提高对国际结算风险的认识，树立安全与效益并重的观念

商业银行的从业人员要端正经营思想，强化风险意识，使业务发展和经济效益切实建立在安全经营之上，并使三者成为有机整体，决不偏废。对国际结算业务必须制定统一风险管理标准。商业银行的国际结算业务与信贷业务一样，国际结算业务也存在安全性和效益性之间相互统一的问题，即在经营国际结算业务时在遵守安全性的情况下，增加国际结算业务的效益性；在增加国际结算业务的效益性的同时，采取安全的措施增加经营国际结算业务的安全性，避免商业银行经营国际结算业务风险的产生或将经营国际结算业务的风险降低到最低程度。因此，商业银行中，无论是经营管理层，还是业务人员，都必须对经营国际结算业务的风险有一个正确的认识，增强经营安全意识，降低经营风险。

3. 加强对国际结算业务从业人员的培训，实行必要的奖惩机制

商业银行国际结算业务政策性强，涉及知识面广，风险性大，需要商业银行各级管理人员在端正自身经营思想的前提下，加强对业务人员的敬业爱行、遵纪守法、防范风险教育和对业务人员的业务技术、文化知识培训，并配合以适当的奖惩措施，保证业务风险的控制。

4. 加强国际结算的业务管理，对业务重点实施严格的监督控制

商业银行经营国际结算业务职能部门必须坚持开办业务要制度先行的原则，完善各项业务规章制度。一是要抓住业务的风险环节，对远期信用证的开立、保证金的落实、信用证的加保、贸易融资及有关账务管理等进行重点监控。坚持业务过程中的事中监督，部门内部坚持定期自查，防止业务链产生脱节现象。二是要根据业务发展变化的现状及趋势，逐月逐季制定检查重点，并由专人负责进行检查，切实发挥业务部门的自我发现、自我反馈、自我修正的功能，从而确保外部检查、监督无问题发生。三是要发挥内部稽核监督的作用，定期对国际结算业务的合法合规经营和贸易融资业务方面进行重点监控。

5. 严格遵守和执行国家外汇与外贸政策，防范政策风险的出现

商业银行除了业务经营风险外，有许多来自外汇与外贸政策等方面的政策风险，商业银行要严格执行国家外汇外贸政策的各项规定，严格审核。同时要严格按照国际惯例办事，要避免国际银行间和银企间不必要的纠纷，以免给商业银行造成资金和声誉上的损失和影响。要严格审查客户资格，坚持按客户委托指示行事。在受理客户首

次委托之前，应对客户的进出口经营权资格进行严格审查，要求客户提供授权人签字样本及印模授权书。对客户的委托须凭书面指示受理，商业银行不得自行其是，以区分银企双方责任，从而确保商业银行资金受法律保护，不受侵犯。

6. 区分重点业务种类和环节，进行分门别类的风险管理

商业银行要区分重点业务种类和环节，进行分门别类的风险管理。主要业务种类有：

（1）开立信用证。其业务重点环节为：

①审核开证申请书、贸易进口付汇核销单、进口合同及外汇管理局要求的有效凭证；

②落实开证保证金；

③审核信用证条款是否有利于银行风险控制，是否会使银行陷入商业纠纷。

（2）贸易融资业务，其业务重点环节为：

①严格按统一授信额度执行；

②对授信额度内的融资业务要求企业提供抵押担保；

③管理人员要每天查看贸易融资的收回情况，发现逾期要立即组织催讨，直至归还；

④对逾期融资业务要实施罚息办法；

⑤对授信开证的，要设台账管理，督促企业按期缴足资金。

（3）受理保兑业务，其业务重点环节为：

①要根据开证行资信度、业务往来情况、收汇考核情况及所在国政治、经济情况决定是否加保；

②对非代理行来证和超过 180 天的远期来证不予加保。

三、外汇业务风险管理

商业银行在经营外汇业务过程中，面临着许多经营外汇业务带来的风险。为了防范经营外汇业务的风险，商业银行主要采取的措施有：

（一）健全和完善外汇业务规章制度，吸取国际先进的管理经验

健全和完善商业银行外汇业务制度应以《中华人民共和国民法典》《中华人民共和国票据法》等法律以及各项外汇管理法规为依据，并且要符合国际银行业务惯例，吸取国外商业银行的先进管理经验。

从防范风险的角度看，商业银行特别是国有控股商业银行外汇业务制度应该包含的主要内容有：以整体风险控制为目标的资产负债比例管理；以局部风险控制为内涵的内部授权管理，以具体风险评估和控制为核心的外汇信贷风险管理和外汇资金业务管理。

（二）加强稽核和检查力度，做到有法必依、执法必严、违章必究

商业银行切实保证制度的执行是商业银行外汇业务管理工作的重点之一。为此，商业银行要明确职责，对上逐级负责，对下逐级督导。对于商业银行开展的外汇信贷业务、外汇买卖及资金市场业务、外汇存款业务、外汇会计核算、国际结算和国际清算、代理行业务等都要坚持进行定期和不定期的稽核和检查，及时发现薄弱环节，堵

塞管理上的漏洞。对违反规章制度的责任人要按制度条款给予处分，对于造成经济损失的要依法、依纪追究责任。

（三）强化账户集中管理，提高外汇资金运用效益，防范同业风险

商业银行针对目前存在的外币账户较分散、各家商业银行对外汇资金的调控力度不足的问题，应组织力量认真深入调查研究，清理和适当集中境外外币账户。要通过各种渠道了解和掌握各家代理行的资信状况和经营情况。对代理行根据其国别风险和自身资信状况实行区别对待，对某些代理行限制办理风险较大的业务。对可能出现信用问题的银行及时采取暂停或调低授信额度、抽回存放资金、对议付信用证要求其保兑等防范措施。外汇资金的同业拆放和其他资金业务要分散在多家银行进行，根据各家银行的资信状况以及所在国的国别风险，确定不同的授权额度，达到分散风险、预防风险的目的。

（四）培养和造就大批外汇专业人才，提高从事外汇业务人员素质

商业银行不断培养和造就外汇专业人才，对于提高商业银行的外汇业务管理水平具有特别重要的意义。国内的商业银行要通过岗位培训、在职学习、专题研讨、院校进修、海外实习和深造等途径，培养外汇专业的实干家和管理人才。对外汇业务经办人员和管理人员要定期进行专业考试或考核，不合格的要调整工作岗位，对表现出色的要委以重任，以此促进商业银行内部员工刻苦学习和认真实践，提高业务人员的业务素质。

四、国际金融衍生品业务的风险管理

商业银行在经营金融期权、金融期货和互换业务等金融衍生品业务过程中存在着业务带来的风险。为防范金融衍生品业务的风险，商业银行必须采取的措施有：

（一）优化金融衍生品业务的经营和业务管理队伍

商业银行从业务组织上要保证金融衍生品业务的操作质量。在实际操作上，就是优化前方交易力量，强化后方复核、清算和分析队伍。前后台严格分清其工作范围和工作职责，将前方交易人员分成两部分进行管理：第一部分是金融衍生品的设计和交易人员，负责金融衍生品的开发和金融衍生品交易的市场风险管理，交易后必须在第一时间将详细交易内容送达后台；第二部分是金融衍生品的推广人员，负责金融衍生品的推销、介绍，代表商业银行与客户进行联系，严格按照有关规章制度办理业务。

（二）商业银行应加大内部稽核、审计和检查力度

金融衍生品业务作为一种新型的银行业务，有的大商业银行往往只注重该类产品的开发、推广和运用，而忽视了有关规章制度的建立健全，稽核、审计人员也由于对技术性很强的金融衍生品业务缺乏认识和理解，导致在开展稽核、审计工作时常常不得要领，难以击中要害。如英国巴林银行破产和日本大和商业银行纽约分行巨额亏损事件曝光前，这两大银行的审计人员每年都进行了内部审计，但都因为对日经指数交易和国债期货交易一知半解而无功而返。我国商业银行也有类似的事件发生。因此，审计人员要对金融衍生品业务有充分的认识和理解，更应加强对金融衍生品业务的稽核、审计和检查工作。

（三）建立一整套严密的高效的授信制度，确定交易权限与调整机制

商业银行可先由交易部门提出业务需求，再由独立性很强的信用分析、评估部门提出具体的实施方案，最后由业务决策层讨论决定。在确定国家授信额度时，主要考虑的因素有：

（1）国家资信等级。一般参照美国的著名评估机构标准普尔公司和穆迪投资服务公司的评估结果，原则上资信等级越高，授信额度余额越大；反之，资信等级越低，授信额度余额越小。

（2）市场规范和成熟程度。

（3）法规健全和成熟度。

（4）综合经济国力。

（5）政治稳定度。必须时刻关注世界重大政治经济事件，加强风险意识。

在确定交易行的授信额度时主要考虑的因素有：交易行资信等级、国际知名度、国别、业绩表现、银行经营特色。

（四）注重运用先进的科技手段，提高风险控制能力

商业银行应加强计算机联网监管建设，建立计算机风险管理网络系统，这是一个十分重要的环节。将各项有关金融衍生品风险管理的数量指标预先设置在计算机系统中，从技术上加强风险防范。商业银行高层管理人员，可在任何时刻掌握交易产品的进展情况，随机了解商业银行的风险状态，以便对交易做出相应的调整。

（五）改进传统的清算交割规则，提高清算交割能力

传统的清算交割规则采用交易行之间对收对付方法，由于不同货币发行国处于不同时区，造成不同货币的清算因时差而无法实现同步对收对付，或者即使两个货币发行国处于同一时区，也因某一银行无力支付或出现技术故障，导致另一银行的资金风险。解决的办法有：一是同步配对的对收对付的清算法。延长各主要时区货币的清算时间，延长亚、欧国家货币的清算时间，同时将美洲国家货币的清算起始时间提前，从而相对增加亚、欧、美国家清算的交叉时间，并将同一笔交易的两种货币清算进行配对，配对成功后才完成最终交割。二是差额结算法。若同一笔交易涉及同一货币，可将两笔不同的金额进行对冲，确定差额后由其中一方商业银行完成单向支付。

（六）尊重和遵守国际惯例，保证交易顺利进行

国际金融衍生品交易一般都在国际银行间进行，因而交易的形成、清算交割的处理、争议纠纷的解决也必须遵照国际通行规则和国际惯例。

第三节 商业银行国际业务发展

商业银行国际业务的发展是一种历史趋势、商业银行国际业务的发展，与世界经济和贸易的增长、国际经济关系的日益紧密和交通运输、邮电通信等的发展密切相关。

一、商业银行国际业务的发展趋势

第一批从事国际业务的商业银行产生于中世纪后期，开展业务的范围主要分布在地中海沿岸地区。当时的地中海沿岸地区，特别是意大利，由于地理环境优越，社会生产力获得了较大发展，与各国各地的商业往来不断增多，随着商品经济迅速发展，成了当时的世界经济贸易中心，于是以意大利的银行为主，开展了国际业务。

随着世界经济和贸易中心逐渐转移到大西洋两岸，荷兰的阿姆斯特丹和英国的伦敦先后崛起，成为具有全球影响力的国际金融中心，因此，在16世纪以后，荷兰和英国的商业银行先后主宰了这个时期的国际业务。到了第一次世界大战以前的1914年，英国的银行业在世界各地建立起了约100家分支机构，当时的伦敦城还聚集了28家外国银行机构，使得当时英国的银行在世界金融市场中处于支配地位。

在第一次世界大战至20世纪60年代这段时期，由于各国政府对国际资本流动的限制，尤其是对货币兑换的管制，大大制约了国际银行业的发展。直至20世纪60年代以后，银行业务的国际化发展才明显加快。商业银行业务国际化在初始阶段时，只是从事为本国的工商企业提供外汇买卖、国外汇款、进出口押汇、国际市场调查及征信等较为传统的服务。这些传统服务可在本国境内由银行的专业职能部门联系国外代理行进行，不需要跨国开设分支行。但随着国际贸易的发展、国际资本流动的增长和国际间经济交流的扩大，传统的业务方式已不适应经济形势和社会发展的需要，于是发达国家的资产规模巨大、信誉良好的银行纷纷在国外设立分支行和附属机构，形成了跨国银行，大力开展国际业务。据有关资料统计，1960年美国仅有8家商业银行在国外设立了124家分行，海外分行的资产总额为119亿美元；但到1984年，美国已有163家商业银行在国外设有905家分行，海外分行的资产总额已达到4 522亿美元。其他发达国家的商业银行业务国际化也在迅猛发展。

商业银行国际业务的发展，与世界经济和贸易的增长、国际经济关系的日益紧密和交通运输、邮电通信等的发展密切相关。其主要原因为：

其一，第二次世界大战结束后，跨国公司在国外的投资力度惊人，发展速度奇快。商业银行为了适应客户的需要，不能不向国外发展，否则无法立足于国际金融界。

其二，各国商业银行在国内面临的竞争对手增多以及金融管制严格等压力，也迫使商业银行不得不制定国际分散和扩展的战略，寻求更大发展空间；否则难以开拓新的业务领域，保证银行的市场地位、市场份额和盈利水平的增长。

其三，欧洲货币市场的发展也为商业银行开拓国际业务提供了良好的环境和发展的机遇。由于欧洲货币市场不受政府的管理，因此发达国家的大型银行都竞相开展欧洲货币市场业务。任何规模巨大且信誉良好的银行在面对庞大的贷款需求而感到资金不足时，都可以从欧洲货币市场拆借资金，满足自身的资金需求。

其四，在20世纪70年代初期的石油危机后，产油国的美元及外汇储备激增，而非产油国的储备则大大减少，这一严重失衡现象也为国际商业银行扩大媒介作用提供了新的机遇。

二、商业银行国际业务发展存在的问题

商业银行的国际业务发展面临越来越激烈的竞争，面临越来越多的问题。主要的问题有：

（一）国际业务客户从证券市场筹集资金的渠道日益扩大

现阶段，国际银行的贷款业务面临的竞争，主要来自这几个方面：

一是来自证券市场的竞争。20 世纪 80 年代，大量的国际贷款都面对同一个还债问题时，国际银行从全球债务市场抽回了巨额资金。证券公司乘虚而入，在欧洲货币市场上为借款人发行票据和债券，使客户减少了对银行的贷款需求。

二是大型保险公司和其他大型非银行金融机构加入了竞争。当国际银行为自己购买大量证券时，银行的贷款业务日益收缩，被迫进入低增长甚至负增长时期，同时向国际客户提供的贷款利润率也不断下降。

三是由于限制银行在世界范围承担风险的规定，使公众对银行的声誉抱怀疑态度，同时证券交易商、保险公司和其他非银行金融机构欲进一步开拓有利可图的公司融资市场，限制了银行的发展。

因此，银行必须努力寻找新的利润和资本来源满足银行和非银行金融服务的需要，如提供良好的信用评估服务、重新组合贷款和证券以便再销售、为客户的全球融资活动提供信用担保等。

（二）选择更好的国际贷款风险评估方法，防范国际贷款风险的产生

当前许多国际银行面对的最大风险来自外国客户借款。因为海外信息的可信度没有国内信息的可信度高，对于国内的贷款管理要比远在万里之外的国家和地区容易，国际领域又缺少强制执行合同和执行破产程序的法律系统，国际贷款的风险往往大于国内贷款的风险。这种与国际贷款相关的风险构成国家风险。与国家风险相似但范围较小的国际贷款风险，即称为主权风险，也是外国政府干预国际贷款偿还的风险。

鉴于此种情况，商业银行在向国外发放贷款时，不但要对借款人的信用状况进行分析，而且也要对借款人所在地的国家风险和主权风险进行评估。

三、商业银行国际业务的发展战略

商业银行进入国际金融市场从事国际业务，必须制定独特的、科学的发展战略。商业银行从事国际业务的发展战略应根据不同的历史发展阶段而有所侧重，制定发展战略的总体原则是要从自身的实力和客观条件出发，制定出适合自己的经营目标和策略。由于商业银行从事国际业务所处的环境较为复杂，必须与国际政治经济形势相适应，因此，在经营管理上应更加科学、更为严谨，只有这样才能赢得竞争并推动国际业务的不断发展。

商业银行制定国际业务经营管理战略，主要考虑的因素有：

（一）地区网点战略

商业银行根据国际业务全球布局的战略，区别主要地区、战略侧翼和卫星据点，选择和配置经营网点。商业银行再根据其所在国家和城市的政治、经济、地理、市场、社会、人口、交通、环境等情况，确定国际业务经营范围。

（二）客户结构战略

客户是商业银行从事国际业务发展的决定因素，商业银行要根据其所在国家和城市人口的规模和性质，对客户进行分析，细分客户市场，分析不同类型的行业、不同类型的客户结构，建立客户档案，从而确定客户主辅层次，制定客户营销策略，选择

重点营销客户。

（三）业务经营战略

商业银行根据其所在国家及城市的货币政策、外汇政策和财政政策、产业结构和企业分布情况，以及资源种类和储量、技术水平、投资环境等情况，确定提供金融产品和金融服务的种类，以及业务开发重点和业务推广顺序。

（四）竞争发展战略

商业银行根据所在国家和城市有关外资银行、合资银行管理及金融法规和税收法律等各项规定，东道国银行和外国银行的基本情况、经营特点、业务关系、经营范围和业务重点，以及银行之间的竞争情况、市场结构和控制能力等，确定业务竞争发展战略。

（五）发展前景战略

在商业银行国际业务领域中，商业银行之间的竞争日益激烈，使许多商业银行因市场竞争加剧造成成本增加，对于无利可图的金融产品、金融服务甚至分支银行，则可以完全放弃，以降低成本费用，提高利润水平。商业银行应付复杂的国际市场的战略之一就是运用网络方法，提供网络服务，如美国著名的国际银行——花旗银行、美洲银行、大通曼哈顿银行都采用了全球网络战略，为跨国公司提供世界范围的服务网络。

四、我国商业银行从事国际业务的意义

我国已加入世界贸易组织，我国的商业银行要适应市场经济发展的需要，必须顺应世界金融的潮流，全面开拓和发展国际业务。我国商业银行从事国际业务有着深远的意义，其意义主要体现在：

（一）有利于贯彻我国对外开放政策，为企业参与国际竞争提供金融服务

当前我国正在建立现代企业制度，大中型企业为集中优势、扩大市场势力，正在纷纷组成集团公司，并积极迈向国际市场，成为跨国公司。为此，更需要我国商业银行全面发展国际业务，帮助我国企业走向国际市场，以更好地为我国跨国公司提供本币和外币的配套金融服务及国际和国内的配套结算服务。

（二）有利于利用多种渠道、多种信用方式为我国现代化建设筹措外汇资金

我国商业银行发展国际业务，既是吸收世界银行等国际金融机构贷款和各国政府优惠贷款的必要条件，也是开通国际金融市场以各种国际借贷方式和在国际金融市场发行证券方式吸引投资的主要渠道；同时，也可为争取更多的外商来华投资兴办"三资"企业提供一个十分重要的投资环境，即为外商提供一个既有全面、高效的金融服务而又符合国际规范的商业银行体系。

（三）有利于发挥我国商业银行的整体功能优势，提高外汇资金的使用效益

我国商业银行从事全面的国际业务，能使国际金融和国内金融结合起来，使人民币资金和外汇资金紧密配合，从而有利于发挥银行的整体功能作用；我国商业银行集中经营外汇业务，能改变目前我国外汇资金使用的分散化和多元化、外汇收支缺乏统筹安排的弊病，将有利于管好、用好外汇资金，有效提高外汇资金的经济效益；同时我国从事国际业务的商业银行既要积极参与国际金融市场的竞争，客观上又要求开放

本国的货币市场和资本市场，发展本国的金融中心和离岸市场，这对规范和完善我国的金融体系无疑有着巨大的推动作用。

（四）有利于我国商业银行增加自身收入，提高商业银行资产的流动性

我国商业银行从事国际业务，开拓国外市场，能增加商业银行的营业收入，提高自身的利润水平。特别是自 20 世纪 80 年代以来，有的大量从事国际业务的跨国银行，通过国际业务所获取的收益已达到或超过利润总额的 50%。我国商业银行从事国际业务能提高商业银行资产的流动性。由于本币和多种外币的配套使用，商业银行能在本国的本币市场和外汇市场、欧洲美元市场和各开放国家的外汇市场灵活调度头寸，开辟了多渠道、多方式融通资金的大市场，从而大大提高了银行资产的流动性。

（五）有利于培养大批从事国际业务的高质量复合型金融人才

我国商业银行从事国际业务，参与国际竞争，能更好地学习和借鉴国际商业银行的经营理论和经验与技巧，有利于提高我国银行的经营管理水平，培养和造就一大批从事国际业务的高质量复合型金融人才。

复习与思考题

1. 商业银行国际业务的组织机构有哪些？
2. 商业银行国际业务有哪些类型？
3. 国际银团贷款主要有哪些参与者？
4. 简述国际信贷风险的几种具体形态及如何进行管理。
5. 如何进行国际金融衍生品的风险管理？
6. 如何认识国际银行业面临的问题？
7. 简述我国商业银行经营国际业务的意义。
8. 简述商业银行国际业务发展战略。

第三篇
商业银行业务拓展

第七章

商业银行市场营销管理

学习目标

◆ 了解商业银行市场营销管理的概念及其产生与发展。
◆ 熟悉市场营销管理的环境与市场分析。
◆ 掌握市场营销管理的营销组合策略。

第一节　商业银行市场营销概述

随着商业银行改革的深化，银行业的市场竞争也日趋激烈，保持和扩大市场份额是每家商业银行谋求发展、增强自身竞争能力、提高经营效益的必然选择。因此，各家商业银行更加重视市场营销管理，并运用市场营销策略，以顾客为导向，最大限度地满足客户的产品和服务要求，创造更多的利润。

一、商业银行市场营销的概念

美国著名营销学家菲利普·科特勒（Philip Kotler）教授这样描述市场营销的定义，并强调了营销的价值导向：市场营销是个人和集体通过创造并同他人交换产品和价值以满足需求和欲望的一种社会经营管理过程。

商业银行市场营销是指商业银行以金融市场为导向，利用自身的资源优势，通过运用整体营销手段，向客户提供金融产品和服务，在满足客户对金融产品和服务的需求的过程中实现利益目标的一系列社会行为活动。

商业银行市场营销的概念包含着四方面的具体要素：

（一）商业银行市场营销以市场为导向

以市场为导向，即要求商业银行的产品设计开发、业务品种创新，都要以市场的需要为出发点，主要经营管理业务活动要围绕有效市场展开，坚持"一切以市场的需要为中心"已成为现代商业银行市场营销活动的基本准则。商业银行的业务发展和产品创新都是为了满足和适应市场的需要，而商业银行在满足市场需要的同时，也会促进自身的金融业务发展，扩大自身的市场份额，取得良好的经济效益，从而实现总体的战略目标。

（二）商业银行市场营销以客户为中心

商业银行市场营销管理是围绕客户展开的一系列业务活动。客户的需求是商业银行开展市场营销活动的根本出发点。商业银行必须从客户的角度出发，以客户为中心，对客户的需求进行认真的分析研究，这样才能制定出与市场相符的市场营销策略，为客户提供满意的服务，最终实现商业银行自身的营销目标。商业银行的客户主要分为两大类：一类是公司客户，主要包括国内与国外的工商企事业单位、金融机构、政府及政府职能部门；另一类是零售客户，主要指个人消费者或个人投资者。

（三）商业银行市场营销以盈利为目的

商业银行的市场营销对内不断实现很好的经营效益，使内部达到各方均衡统一的发展，对外也不断提升客户忠诚度，提高自身经济实力，巩固和提高市场占有率，这是现代商业银行在经济全球化、金融一体化条件下的必然选择。因此，以盈利为目的是商业银行企业属性的要求，是商业银行的经营目标，是商业银行市场营销的根本目标。

（四）商业银行市场营销以创新为使命

商业银行的产品和服务能够满足客户的要求是相对于其他产品和服务而言的。商业银行的产品具有易模仿性等特点，一个产品的投入，容易被同业或其他金融机构模仿，速度快捷，普及面广。一种新的产品和服务的开发和产生，很难阻止其他银行效仿，这使得一家银行能独占一种服务的时间越来越短，竞争也越来越激烈。因此，任何一种产品都不可能长期独占市场。商业银行服务的特殊性要求商业银行根据市场形势，不断推陈出新，因为服务的品种越多、服务的范围越广，商业银行的利润也越大。

二、商业银行市场营销的产生及发展

商业银行营销始于市场营销管理，但晚于工商企业市场营销。在市场资金短缺、金融管制较为严格的条件下，商业银行受到一系列特别的保护，商业银行一般处于资金营运中的主导地位，缺乏研究和实施市场营销战略的内在动力和外在压力。直到20世纪50年代，西方商业银行才开始借鉴工商企业的做法。1958年，全美银行业协会对金融业经营管理进行了客观的分析，第一次公开提出了银行业应该树立市场营销观念。以商业银行为代表的金融企业开始在日常工作中运用市场营销管理，从此改变了商业银行对市场营销管理观念的态度，商业银行开始了市场营销管理业务。

20世纪70年代以后，随着市场经济的不断发展，商业银行同业间的竞争日趋激烈，金融监督管理日益宽松，商业银行逐渐失去了垄断保护下的特权，筹资者可以从证券市场筹集资金，投资者可以自由进入货币市场和资本市场。商业银行与工商企业客户之间的关系发生了很大的变化，商业银行不得不大范围借鉴工商企业市场营销的方法，商业银行经营管理进入市场营销管理阶段。

商业银行的市场营销管理初期阶段采取的主要营销手段是广告和促销的形式。当时商业银行和其他金融机构正经历着资金来源的激烈竞争的情况下，为了争取更多的客户，有的商业银行通过向客户赠送礼品吸引更多新的客户，有的商业银行则通过新闻传播媒体直接向客户传递金融信息，建立与客户互动的信息反馈机制，以达到市场营销的目的。然而，通过开展一个时期的市场营销业务后，各商业银行认识到，吸引和开拓一批新的客户并不困难，困难的是如何使这些新的客户成为忠实于商业银行的客户。于是有的商业银行创新出更为全面的、更为现实的、更为可行的公共关系营销手段，即商业银行为改善与社会公众的关系，促进社会公众对商业银行的认识、理解和支持，树立良好的商业银行形象，促进商业银行金融产品和服务销售目的的一系列促销活动。商业银行要善于开展广泛的公共关系活动，协调与公司股东、内部员工、工商企业、同业机构、社会团体、新闻传播媒体、政府机构和消费者的关系，为商业银行树立良好的形象，最终达到营销管理的目的。

商业银行的市场定位是商业银行做好市场营销业务的前提。当商业银行在注重广告、服务和创新金融产品取得成效后，商业银行又意识到没有能够成为所有客户心目中的最佳银行，没有能够向客户提供其所需要的全部金融产品。商业银行要成为客户心目中的最佳银行，必须要确定商业银行的自身市场定位，即必须有选择地树立自己的形象和确定业务发展的重点，注重金融产品和服务与目标客户的差异性，以及自身的经营条件，然后根据需要和可能去不断探求或创造新的金融产品和服务，以满足不断增长的客户需要。

在确定市场定位的过程中，商业银行要做好市场营销管理工作，一方面要考察市场需求、经济环境和自身实力，另一方面还要考察竞争对手的营销行为，加强对市场营销环境的调查和分析，确定商业银行的战略目标和经营策略，制订长期和短期的市场营销计划，谋求商业银行与目标客户之间互利共赢，达到自身发展的终极目标，使商业银行市场营销创新发展到一个全面的高效的共赢的高度。

现代商业银行市场营销管理的产生与发展，是商业银行对传统的经营管理理念的一种变革，使商业银行经营管理从以往过分重视物的因素、重视制度的因素、重视组织结构管理的因素，转而到现在重视人的因素、重视员工的创造力。商业银行营销管理内容也从传统的产品观念、推销观念，发展到现代盛行的对市场营销的环境分析、市场定位、细分市场和目标市场的选择，以及市场营销的产品策略、定价策略、分销策略和促销策略等营销组合策略方式。商业银行营销渠道的拓宽。营销手段的创新，都极大地丰富了商业银行的市场营销管理内容，提高了商业银行的市场营销管理能力。

第二节　商业银行市场营销环境

商业银行市场营销环境是指影响商业银行营销活动的内部因素、外部因素和相应条件的总称。商业银行是经营金融产品的企业，其市场营销活动是在一定的环境中进行的。商业银行市场营销环境主要有两方面：一是宏观营销环境，主要包括人口、经济、政治法律、社会文化、科学技术、自然地理等；二是微观营销环境，即客户、社会公众、市场、同业竞争者、营销中介等。商业银行必须研究和分析市场营销环境，密切关注营销环境因素的变化，有利于商业银行把握宏观营销环境形势，掌握微观营销环境情况，才能抓住环境中潜在的商机、规避环境中可能的风险，才能获得市场营销活动的成功。因此，商业银行开展市场营销管理业务是正确建立商业银行营销战略的基础和前提。

一、商业银行宏观营销环境

商业银行宏观营销环境主要包括人口环境、经济环境、政治法律环境、社会文化环境、科学技术环境和自然地理环境等。对于宏观营销环境，商业银行要进行认真分析。

（一）人口环境

人口是商业银行市场营销面临的主要环境因素。商业银行市场营销的对象是客户，而客户的基本问题是人口环境问题。人口环境是由人口构成的，人口环境包括人口增长状况、人口的地理分布、人口流动状况、年龄结构、受教育程度、婚姻家庭状况等。人口的变动将导致市场规模和市场结构的变化，从而对整个商业银行的市场营销活动产生重大影响。商业银行对人口环境进行的调查和分析不仅要从量的角度来分析，而且还要注重从质的角度进行分析。

（二）经济环境

经济环境是指影响商业银行市场营销的宏观经济因素。它主要包括经济发展水平、经济周期变动、物价水平、投资和消费趋势、市场现状和潜力、城市化水平、居民收入水平等方面。它反映经济环境对商业银行业务营销活动以及其他业务的发展产生的极大影响。经济发展水平决定了商业银行资金供给的规模和经济主体对商业银行货币资金的需求程度；经济周期变动影响社会货币资金供求状况，进而影响商业银行资产负债业务；物价水平影响商业银行负债的规模和商业银行的成本。经济环境是对商业银行的市场营销影响最大的环境因素，商业银行应该随时关注经济环境变化的最新动态，以把握商业银行市场营销战略的总体方向。

（三）政治法律环境

政治法律环境主要是指商业银行市场营销活动的外部政治法律形势和状况，以及国家方针、政策、法律的变化对商业银行市场营销活动带来的影响。政治环境分为国内政治环境和国际政治环境两大类，主要包括所在国的政治局势、经济制度、方针政策和国际关系。国家的政局稳定，社会公众则会保持较强的储蓄倾向和投资倾向，商业银行经营管理就能正常运行，并可获得较快的发展。经济制度对商业银行组织形式的构造、资本的结构、业务经营的目标以及功能的发挥等方面，都会带来较大的影响。法律环境是指商业银行所在国家和地方制定的各种法令、法规。法律环境对商业银行业务经营活动的范围、内容、方式等都有着直接的有效的影响和约束。

（四）社会文化环境

社会文化环境是指一定社会形态下发展形成了社会成员共有的民族特征、风俗习惯、道德信仰、价值观念和生活准则等被社会所公认的各种行为规范，并以此为基础，形成了社会核心文化。商业银行市场营销的社会文化环境较为广泛，尤其重视价值观念、伦理道德、社会习俗、宗教信仰、生活方式等多方面内容，特别是商业银行在跨国市场营销活动中着重研究客户所属群体及地区的风俗习惯、民族特征、道德信仰、了解目标客户的禁忌、习俗、避讳、信仰、伦理等，设计、开发和推广适合客户需求的金融产品和服务，以获取最大的社会效益和经济效益。

（五）科学技术环境

科学技术环境是指技术的更新、发展和应用的状况。市场经济是优胜劣汰的竞争性经济，其技术水平是重要的竞争因素。技术的进步不仅影响着商业银行的外部竞争，而且还可以提高商业银行内部的营销管理水平，给商业银行带来商机，也带来挑战。科学技术环境对商业银行的影响主要表现在自动化程度提高，商业银行电子计算机技术和现代通信设备的迅速发展，使商业银行能够设计更多、更新的金融产品和服务，并能够以更多样、更便捷、更优质的手段向客户提供金融服务。

（六）自然地理环境

自然地理环境是指商业银行市场营销所需的自然资源投入或受商业银行营销活动影响的资源。人类环境保护意识的增强与可持续发展战略的实施使得自然地理环境与经济发展的关系越来越紧密，自然地理环境在银行营销环境中的地位越来越重要。自然地理环境因素不能以直接方式提高或降低商业银行的经营效率，而是通过影响与银行业务有密切关系的客户来间接作用于商业银行本身。特别是在商业银行贷款的具体发放中，自然地理环境因素应该成为评估贷款对象的一项重要内容。

二、商业银行微观营销环境

商业银行微观营销环境是指与商业银行市场营销活动直接发生关系的具体环境，主要包括客户、市场、同业竞争者、营销中介和社会公众等。商业银行要对微观环境进行详细的分析。

（一）客户

客户对商业银行市场营销的影响表现在三个方面：一是客户的需求在不同的时间和地点条件下是不一样的，不同类型和层次的客户的需求也存在着差异；二是客户的经济实力雄厚与否直接关系到商业银行的生存基础，如客户的经济实力雄厚，商业银行的生存基础牢固；反之，商业银行的生存基础就不牢；三是客户的信用度高，讲究信用、遵守法律的优质客户群会有利于商业银行的各项业务的顺利开展，能够降低经营风险；反之，则会使商业银行面临极大的经营风险。因此，能够认识到满足客户需要和要求是生存之本的商业银行将会竭尽全力地去了解客户对银行的态度，他们对银行服务的需要和偏好，以及对银行员工所提供的服务的满意程度等方面的信息。

（二）市场

金融市场是以货币资金为融通和交易对象的市场。主要金融市场有同业拆借市场、票据贴现市场、证券交易市场等。对金融市场的参与者而言，由于存在资金需求和供给在时间上和空间上的差异，通过金融市场就可以利用资金上的时间差、空间差融通资金。金融市场的发展程度对商业银行提高资产流动性和内在质量有着基础性的作用，也使客户对商业银行产品和服务的需求增加，从而也对商业银行的市场营销提出了更高的要求。同时，商业银行开展市场营销活动，都是在一定的、规范的市场环境下进行的，只有有序的市场，才能真正做到真实、客观、公正，也才能保证商业银行营销活动的正常开展。金融市场越规范，商业银行市场营销越有效。

（三）同业竞争者

商业银行同业竞争者是指现有及潜在的从事吸收消费者存款、发放贷款、提供支票账户，并推出其他曾经是商业银行专有服务领域项目的企业。主要竞争者包括其他商业银行、融资公司、信用合作社、投资公司、经纪公司、共同基金，以及经营大部分业务的货币市场基金公司等。

商业银行重视对竞争者环境的分析，搜集竞争者的信息情报，随时了解和掌握竞争者的经营状况，意义重大，这直接关系到商业银行在金融市场营销策略的选择和运用，真正做到"知彼知己，百战不殆"。商业银行在对竞争者环境做分析的过程中，主要收集的信息类型包括各种经营数据、所提供的服务信息、传播方案对比、场地硬件设施、员工素质等。通过对竞争者环境的分析，商业银行能有效地制定市场营销策略，保证商业银行自身的市场营销活动顺利进行，掌握业务市场发展先机，巩固和提高商业银行业务市场占有率。

（四）营销中介

营销中介是指包括各种为商业银行提供服务的机构、金融评价机构、各类经纪公司等。使用营销中介的主要原因在于它们能高效地将商业银行的产品和服务送达目标市场，从而有效地降低交易成本，减少信息不对称和逆向选择。

（五）社会公众

社会公众是指拥有影响商业银行实现目标能力的群体。在制订市场营销计划过程中，商业银行必须敏感地关注那些可能对营销计划感兴趣或受营销计划有关内容影响的内部和外部公众。其中，外部公众主要包括：一是银行股东和投资群体，尤其是评论股票的银行股票分析师，他们的言论会影响到其他公众的投资动机。二是媒体，主要包括服务于所在市场的报纸、电视台和广播电台，这些媒体对商业银行的报道会影响一般公众对商业银行的看法。三是当地政府和政府官员，商业银行与他们保持良好的关系对于开展业务非常重要。四是商业银行所在服务地区的一般大众，他们对商业银行的认识和印象直接影响到商业银行吸收和开发新的客户的能力。

商业银行内部公众是雇员和董事。他们对银行的看法和态度，不论好坏，都会影响到其处理与客户及内部员工关系的方式。商业银行在制订市场营销计划时，要做好内部公众的工作：一是应该让商业银行内部的各层次的员工了解银行各项计划，熟悉各项计划内容；二是对于参与实施计划的有关员工都必须进行相关的培训。商业银行只有对与各类公众的沟通和关系实行有效的管理，才能树立其良好的形象并提高自身的信誉。

第三节　商业银行市场细分策略

一、商业银行市场细分的概念

市场细分是指商业银行依据客户需求的差异性和类似性，把市场划分为若干个客户群，区分为若干个子市场。因此，市场细分不是细分商业银行产品和服务，而是细分客户。商业银行细分市场的方法很多，根据其行业特性，一般根据服务对象不同将市场细分为个人客户市场和企业客户市场，然后再按地理范围、人口密度、年龄结构、经济收入、教育程度、从事职业、消费心理和利益追求等标准进一步细分。通过细分市场，不同的细分市场表现为不同需求的客户群，不同的客户市场对商业银行的产品和服务的需求表现出一定的差异性；同时，由于客户的居住环境、文化背景、年龄结构及其消费倾向的趋同，又表现出对产品和服务需求的相同性或类似性。

二、商业银行市场细分的作用

（一）有利于商业银行发现新目标，确定目标市场

受能力和效率的约束，任何一家商业银行都不可能满足整个金融市场所有客户的需求。通过市场细分，在客户对众多银行产品和服务的需求中，了解和分析各客户群体的新的需求、需求满足程度和市场竞争状态，从而发现市场潜力，确定宜于自身发展的目标市场。

（二）有利于商业银行发挥资源优势，提高经济效益

商业银行经过市场细分后，在小的子市场开展营销活动，更加容易了解客户需求的特点和把握客户需求的变化，并及时调整和规划金融产品和服务的价格、结构、渠道和营销策略。商业银行在细分市场基础上的营销，可以把有限的人力、物力、财力等资源集中在一个或几个子市场上，开展针对性强的市场营销活动，以求得资源配置最优。同时，掌握竞争者的优势与劣势，提高自身竞争能力，获取更多的经济效益。

（三）有利于商业银行不断创新产品，满足客户需要

不同的细分市场对商业银行产品的需求差异很大，商业银行可根据特定的细分市场设计、开发和提供不同种类的产品，采用不同的价格、促销手段和分销渠道。同时，还有助于商业银行发现新的金融需求，不断创新，以品种繁多的金融工具和服务满足需求日益变化、差异悬殊的客户需要。

三、商业银行市场细分的标准

商业银行市场细分的标准是根据影响客户需求差异性的诸多因素，对整个市场进行细分。商业银行客户一般可区分为个人客户和机构客户。不同客户市场细分的标准有所不同。

（一）个人客户细分

商业银行个人客户的细分，主要考虑的因素有：

（1）地理因素，根据客户所处地理位置来细分市场。处在不同地理位置和使用不同通信工具的客户，对银行产品、服务、价格、分销渠道的需求、偏好有所不同。

（2）人口因素，根据年龄、性别、收入、职业、教育、种族、宗教等因素为标准，划分不同的细分市场。

（3）行为因素，根据客户购买银行产品的行为变数，将客户细分成不同的客户群，如根据客户利益追求、对产品的忠诚度、购买状况、购买时机以及购买频率进行划分等。

（4）心理因素，按客户的生活方式、个性特征等心理因素来细分市场，如按承受风险程度进行划分，可分为保守型和冒险型。

（二）机构客户细分

商业银行机构客户的细分，主要考虑的因素有：

（1）按地理因素细分。这种细分方式与个人市场细分相似。

（2）按企业规模细分。这种细分方式企业规模包括营业额、职工人数、资产规模等。根据这些具体因素的一个或多个将机构客户市场细分成不同的群体。

（3）按行业因素细分。根据不同产业特点，将企业分为不同的细分市场。在不同产业中，又可进一步细分为更具体的行业，如可按行业生命周期将不同的行业划分为"朝阳行业"或"夕阳行业"。

四、商业银行营销的目标市场选择

（一）目标市场的概念

市场细分是目标市场选择的前提，目标市场选择是市场细分的目的。商业银行无论规模有多大，实力有多雄厚，都难以用它自身所经营的金融产品和服务去满足所有客户的所有需求，占领整个客户市场。因为客户的金融需求既是多种多样的，又是不断变化的。商业银行只能用它经营的金融产品和服务，满足一部分客户的一部分需求。因此，商业银行如何经营金融产品和服务，经营什么金融产品和服务，满足哪些客户的哪些需求，是商业银行的重大问题。商业银行要解决这些问题，唯一的方法就是选择目标市场。

商业银行的目标市场是在市场细分的基础上，由商业银行选择确定的，并设计和开发出相应的金融产品或服务去满足其选择的一个或若干个细分市场的目标市场。目标市场在商业银行的细分市场中处于核心地位，它的开发和经营直接或间接地影响及带动其他细分市场。

（二）目标市场的选择策略

商业银行选择目标市场的策略主要有：

1. 无差异性市场策略

无差异性市场策略是把整个市场视为一个大目标市场，其市场营销活动只注重客户需求的相似性，无视客户需求的差异性。商业银行采取这一策略的前提是客户需求的同质性，即面对的市场是同质的，客户对金融产品或服务的需求是无差异的。因此只需推出单一的产品和标准化服务，设计一种营销组合策略即可。这种策略可降低管理成本和营销支出，易取得规模效益。但是由于市场狭小，容易受到竞争者的冲击。

2. 差异性市场策略

差异性市场策略是把整个市场划分成若干个细分市场，从中选择两个或两个以上细分市场作为目标市场，并根据不同的目标市场制定和实施不同的营销组合策略，多方位或全方位地开展有针对性的营销活动。如针对客户对储蓄期限长短不同、收益不同的需求，设计和推出储蓄期限、利率不同的银行产品等。采取这种策略时，应注重客户需求的差异性，要求实施多种产品、多种促销方式、多种分销渠道的营销组合策略。该策略能较好地满足客户需求，扩大市场份额，但该策略的营销成本也会增加，所以要在收益与成本之间进行权衡。

3. 集中性市场策略

集中性市场策略是商业银行既不面向整个金融市场，也不把力量分散到若干个细分市场，而是集中力量进入一个或两个细分市场，进行高度专业化服务。这种策略追求的不是在若干个较大市场上占有较小份额，而是在较小的细分市场上占有较大的份额。例如，美国花旗银行确定的市场策略是成为世界上最大的债券和商业票据交易商，有的商业银行则把信贷资金集中在发放短期商业贷款上等。采取这种策略可在选定的细分市场上占据优势地位、节约成本和营销支出，但风险较大。

（三）目标市场定位

商业银行一旦选择了目标市场，就要研究如何在目标市场上进行银行产品和服务的定位。所谓定位，是指根据竞争者的产品和服务在市场上所处的地位，以及客户对该种产品的重视和偏好程度，确定自己在目标市场上的适当位置的营销策略。

1. 商业银行市场定位的主要内容

（1）形象定位。商业银行形象是指与商业银行有关的各类公众对商业银行综合认识后形成的最终印象或整体评价。商业银行形象包括：一是有形形象，即产品形象、职工形象和实体形象等；二是无形形象，即银行信誉、职工的价值观等。商业银行形象定位是指通过塑造和设计银行的经营理念、标志、商标、银行外观建筑、户外广告、陈列展示等，在顾客心目中树立起独具特色的银行形象。恰当的定位不仅使银行及其产品或服务被更多的顾客接受和认同，而且使银行在市场中具有持久的竞争优势。

（2）战略定位。商业银行战略定位是指商业银行根据所处的竞争位置和竞争态势来制定竞争战略。竞争战略主要是指企业产品和服务参与市场竞争的方向、目标及其策略。其内容有：竞争方向——市场及市场的细分、竞争对象——竞争对手及其产品和服务、竞争目标及其实现途径——如何获取竞争优势等方面。

（3）顾客定位。商业银行的顾客定位是指对商业银行服务对象的选择。在现代社会，凡是拥有货币、进行商品交换引起资金运动的单位、团体和个人，都会不同程度地与商业银行发生这样或那样的联系，都有可能成为商业银行的顾客。商业银行的顾客定位是商业银行市场定位的重要内容，是市场细分的延伸和体现。

（4）产品定位。商业银行的产品定位是指根据顾客的需要和顾客对金融产品某种属性的重视程度，设计出区别于竞争对手的具有鲜明个性的产品，以在顾客的心目中找到一个"中心"的位置。它是继商业银行的顾客定位之后，为满足顾客需要而对所经营产品的确定，也是对商业银行所经营产品的选择。它是商业银行市场定位的细化。

2. 商业银行市场定位的主要步骤

（1）做好细分市场分析，确定定位层次；

（2）评价银行内部条件，识别重要属性；

（3）研究竞争对手特点，抓住对手要害；

（4）制定目标定位程序，选择目标市场；

（5）根据目标市场需求，制定营销策略。

第四节　商业银行市场营销组合策略

商业银行根据自己所处的地位以及自身的资源优势，通过制定市场营销策略，综合运用多种营销手段，组成一个系统化的整体的商业银行的营销组合，实现商业银行的经营目标，获取最佳经济效益。商业银行的营销组合策略可分为产品策略、定价策略、促销策略与分销策略四个组成部分。

一、商业银行市场营销的产品策略

（一）商业银行产品的概念

商业银行产品有广义和狭义之分。一是狭义的商业银行产品，是指由商业银行创造的可供资金需求者与供给者选择在金融市场上进行交易的各种金融工具，即反映资金供求双方债权债务关系或所有权关系的合约与文件，亦即有形的商业银行产品，如货币、各种票据、有价证券等。二是广义的商业银行产品，是指商业银行向市场提供并可由客户取得、利用或消费的一切服务。它既包括狭义的金融工具，也包括各种无形的服务，比如存款、贷款、转账结算、财务管理、咨询、信托租赁等。只要是由商业银行提供，并能满足人们的某种欲望与需求的各种工具与服务，都被列入广义银行产品的范畴。一般讨论的是广义的商业银行产品。

商业银行产品一般由核心产品、形式产品与扩展产品三个层次组成。

1. 核心产品

核心产品是指商业银行产品提供给客户的基本利益或服务，向人们说明了产品的本质，客户所能得到的基本利益，揭示了客户追求的核心内容与基本权利，所以它在商业银行产品的所有层次中处于中心地位。它是金融产品的使用价值所在，也是商业银行产品中最基本、最主要的组成部分。客户购买产品的最重要的目的就是满足其特定的某种需要，因此，商业银行产品的核心便是要使客户的这种基本需求得到满足。如果核心产品不符合客户的需要，那么形式产品与附加产品再丰富多彩，也无法吸引客户。

2. 形式产品

形式产品是指商业银行产品的具体形式，用来展现核心产品的外部特征，以满足不同客户的需求。商业银行产品多数是无形产品，主要通过服务质量与服务方式来表现。随着人们消费水平、文化层次的不断提高，人们对商业银行产品外在形式的要求也越来越高，并且这种对外在形式的需求会不断发生变化。因此，商业银行在营销时必须注重其形式产品，设计出不同的表现形式。产品的多样化使客户有更多的选择余地，可以增强商业银行对客户的吸引力。

3. 扩展产品

扩展产品也称附加产品，是指商业银行的产品在满足客户的基本需求之外，还可以为客户提供更多的服务与额外利益，它是银行产品的延伸与扩展部分。客户使用产品虽然是为了获得基本利益与效用，但是金融产品还可以满足客户的更多需求。这对商业银行来说更为重要，因为商业银行产品具有较大的相似性，不同银行为客户提供的多种服务本质上是相同的。为了使本商业银行的产品区别于其他商业银行的同类产品，吸引更多的客户，商业银行必须在附加产品上多下功夫，多加努力。

商业银行产品的三个层次构成了商业银行产品的整体概念，因此，商业银行产品=核心产品+形式产品+扩展产品。

（二）商业银行产品的特点

1. 无形性

商业银行产品虽然有货币等有形金融产品，但更多的是无形产品，如存款、贷款、结算、代理、信托、咨询等。客户在购买与使用这些产品时，商业银行多通过文字、数据、口头等方式与客户进行交流，让客户了解产品的性质、职能、作用等，并使客户得到服务。因此，无形性是商业银行产品区别于其他产品的一个重要特征。

2. 叠加性

一般的产品只是具有某项特殊的使用价值，而商业银行产品就不一样，得到商业银行产品的客户可以享受银行多种多样的服务。例如，某公司在申请并取得贷款之后，商业银行还可为其提供汇划转账、提取现金、账户管理、不同币种的兑换、期货交易、期权交易、投资咨询等各种服务。再如，某客户在购得信用卡之后便可享受银行的多项服务，如转账结算、存款、取款、消费信贷等其他服务。

3. 异质性

不同商业银行的服务之间不可能有一个统一的标准以供比较，服务质量的高低在很大程度上取决于服务由哪个人来提供，以及在什么时候什么地方提供服务，致使多数商业银行产品受到人为因素影响。不同商业银行、同一商业银行的不同分支机构、同一机构在不同时间所提供的商业银行产品和服务，其质量都可能有较大差别。现代商业银行服务的新产品开发趋势是淡化这种差异性，通过计算机化来采用一种标准化、统一化的服务，如自动取款机等自动化设备。

4. 易模仿性

由于商业银行的产品大多数是无形服务，它们不同于生产企业提供的产品，即其他许多产品的生产者都可以向有关方面申请专利或商标，使本企业的产品权益受到法律的保护，而商业银行产品则没有专利可言，容易被模仿。因此，在客户视觉下，这一家商业银行与另一家商业银行的产品非常相似。

5. 增值性

增值性也是商业银行服务的一个重要特征。客户之所以要购买商业银行服务，其目的常常是希望在一定时间之后能获得更大、更多的超值回报。如定期存款，商业银行就要对客户支付较高利息，使他们在到期时获得比存入时的资金大得多的资金。

（三）商业银行产品的种类

商业银行产品按照不同分类标准可以分为不同类型的产品。从总体上说，按有无实体进行分类，可分为有形产品和无形产品；按顾客类型的不同，可分为个人客户类银行产品和公司客户类银行产品；按业务类型的不同，可分为负债业务类银行产品、资产业务类银行产品、中间业务类银行产品等。商业银行产品的主要业务种类有：

1. 商业银行负债业务类产品

负债业务是形成银行资金来源的业务，是银行经营资产业务和中间业务的前提与基础，主要包括资本与存款、借款业务等。其中，存款是商业银行最基本的负债类产品，它是商业银行最主要的资金来源，也是商业银行发挥信用中介、支付中介、信用创造与资金转换职能的基础。

2. 商业银行资产业务类产品

资产业务是商业银行资金运用的业务，主要包括现金业务、贷款业务、证券投资业务等。现金包括在中央银行的存款，充当法定存款准备金，还包括存放同业余额。贷款业务是商业银行最基本的资产类产品，它是商业银行最主要的资金运用业务，也是商业银行盈利的主要来源，对商业银行的经营盈亏起着关键作用。证券投资业务的主要工具有国库券、政府债券和公司债券、市政债券、贸易账户证券、公司股票等。

3. 商业银行中间业务类产品

中间业务是指商业银行基本不运用自己的资金，而是通过利用其机构、技术、信息、信誉等优势，代客户办理支付与其他委托事项而收取手续费的业务。中间业务具有风险小、收益稳定的特点，是现代商业银行重点开发的业务产品。从商业银行的经营现状和发展趋势看，来自中间业务的利润所占比例将越来越高。中间业务收入比重的提高，可以从某一侧面反映银行资产盈利能力的增强和竞争实力的提高。商业银行的主要中间业务产品有结算业务、代理业务、银行卡业务、金融衍生工具业务以及咨询类、委托类服务等。

（四）商业银行产品策略

1. 商业银行产品扩张策略

商业银行产品扩张策略是指商业银行确立了自己的主要产品与服务项目，并在现有市场上具有一定地位的基础上，根据自身的资源能力积极主动地寻找客户、开拓市场的方法。

商业银行采取产品扩张策略的重点在于不断扩大银行的产品组合，而产品组合的扩大策略有：

（1）拓宽商业银行产品组合的广度。

商业银行产品的广度或宽度是指商业银行内具有高度相关性的一组银行产品即产品线的多少。商业银行可以增加一个或几个产品线以进一步扩大商业银行产品或服务的范围，实现产品线的多样化。如西方许多商业银行除办理原有的存款、贷款、结算等基本业务外，还广泛地开展证券中介、共同基金、保险、信托、咨询等业务，发展成为"全能商业银行"。这种策略会扩大市场占有率，吸引更多的客户，但是这要求商业银行有比较高的综合经营管理的能力。

（2）增加商业银行产品组合的深度。

商业银行产品组合的深度是指构成产品组合的各条产品线所含产品项目的多少。增加深度便是在商业银行原有的产品线内增设新的产品项目，以丰富商业银行的产品种类，实现多样化经营。比如，商业银行在一般存款的基础上增加通知存款品种，客户只要提前通知银行便可实现存款的自由支取，而且可以享受比普通存款更高的利率，使客户同时实现流动性与盈利性目标；在代收水、电、煤气等公用事业费的基础上，使代理业务的项目更加丰富。这种策略会适应不同客户不同层次的需要，但是开发新的产品会加大商业银行的成本。

2. 商业银行产品集中策略

商业银行产品集中策略与产品扩张策略相反，产品集中策略通过减少产品线或产品项目来缩小银行的经营范围，实现产品的专业化，将有限的资源集中于一些能给它们带来较大盈利的产品组合上。产品集中策略是以市场细分为基础的，商业银行通过对市场的调查与分割，选择出产品需求量较大的市场，集中精力在这些市场上开展业务。产品集中策略的优点是可以使商业银行发挥业务专长，提高服务质量，集中资源优势占领某一市场，并可大大降低经营成本，获得更多盈利。但产品集中策略的缺陷是商业银行经营集中于少数几个产品，不利于综合运用商业银行的各项资源。同时由于产品品种较少，客户过于集中，可能导致商业银行的应变能力有所下降，增加了经营风险。

3. 商业银行产品差异化策略

商业银行产品具有同质性特征，客户选择哪家银行开办业务在本质上说区别并不大。为了能在激烈的竞争中占据优势，吸引客户使用本行的产品，商业银行必须通过各种方式对其产品进行设计与包装，更好地体现出产品的特点，让客户感到使用该产品要比别的银行产品更加方便，也能得到更多的利益，从而树立产品在客户心目中的特殊形象，扩大产品销售。

4. 商业银行卫星产品策略

商业银行的卫星产品策略是指在商业银行核心服务的基础上创造出一种相对独立的产品即卫星产品，以扩大客户规模。它主要通过向不在本商业银行开户的客户提供贷款服务或利用信用卡等形式打开非开户人的产品销路，并可避免已在其他银行开户的客户转移账户的麻烦，增强产品的吸引力。商业银行的卫星产品策略可以为没有广泛设立分支机构或缺少大量核心开户客户的商业银行提供一个强有力的竞争手段。而对于规模较大的银行来说，运用这种策略，一方面可以向非开户客户推销产品、拓展市场，另一方面又可以为已在本商业银行开户的客户提供广泛的交叉服务，促进产品销售。

5. 商业银行产品系统销售策略

商业银行产品系统销售是指商业银行为客户提供系统的产品或服务来充分地满足其不同层次的需求。按照商业银行产品的系统销售方式的不同，商业银行产品系统销售策略又可分为统一包装策略与个别包装策略。

（1）统一包装策略。

商业银行产品的统一包装系统销售策略是指商业银行在市场细分的基础上，对某一特定的目标市场上的顾客进行深入细致的分析后设计出的一个产品系列组合，以向其提供全面服务。采取该策略时，商业银行可以对整个产品系列制定一个统一的价格，也可以根据顾客使用的服务数量分别定价。这样做既省去了客户的麻烦，也给商业银行带来了稳定的客户和收益。

（2）个别包装策略。

商业银行产品的个别包装系统销售策略是指商业银行给不同的顾客安排不同的联

系人，根据顾客的个别需求来组合商业银行产品的产品系统销售策略。即使是同一细分市场上的顾客，其需求也可能存在很大差异，为使顾客得到更好的满足，有实力的商业银行可以采取个别包装的产品策略，使商业银行成为某个顾客的"银行"，从而为某个顾客提供更加细致周到的银行产品，进一步拉进商业银行与顾客的关系。

（五）商业银行产品创新

1. 商业银行新产品开发的目标

（1）满足市场需要，树立良好形象。

商业银行产品的开发与创新必须要以树立更好的形象作为基本目标之一。对于经营无形产品的商业银行来说，商业银行产品没有专利可言，各家商业银行都可效仿，为了使本商业银行在众多竞争者中异军突起，因此，商业银行应该使自己的产品具有鲜明的特色，以得到客户的信任，增强产品对客户的吸引力。因此，在产品开发时，有关人员必须要本着形象观点，认真地对市场需求进行充分全面的调查，使产品能更好地满足客户，树立商业银行的声誉。

（2）开拓产品市场，吸引新老客户。

金融市场上客户的种类繁多，客户的需求也多种多样。商业银行已有市场之外的客户都是潜在的客户。对于这些客户，商业银行应该进行分门别类，针对他们不同的需求来开发新产品，从而广泛地吸引更多的客户，扩大产品销售，不断占领新市场。比如，我国的招商银行为吸引存款客户，推出了集各种本、外币，定期、活期存折、存单于一身的"一卡通"，受到广大客户的青睐。截至 2007 年 4 月底，该卡在全国已销售 4 000 万张，吸收储蓄存款超过 6 000 亿元，居全国银行卡首位。招商银行的存款产品开发之所以能取得成功，在一定程度上是得益于设立了争夺新市场目标。

（3）提高市场份额，扩大销售数量。

商业银行的产品开发与设计不仅要开拓与占领新的市场，还要努力巩固现有的市场，增加产品在该市场上的销售。比如，商业银行可以不断扩大与改善银行的服务范围，对银行产品进行重新组合以便为客户提供更加便利、全面的服务，增强银行对客户的吸引力，吸引竞争对手的核心客户以及非竞争对手的客户到本行的现有市场。总之，商业银行必须对现有市场上的客户需求进行调查分析，以巩固已有市场为目标，才能设计出吸引客户的有效金融产品，使这些市场朝着纵深发展。

（4）提高工作效率，降低产品成本。

在现代科学技术高速发展的今天，增加产品销售很大程度上取决于引进新技术、新设备与开发新产品，以最少的劳动取得最大的经营效益。商业银行产品的开发与创新应该以提高银行的融资效率、经营效率与工作效率，简化业务手续，减少流转环节，降低劳动成本与管理费用开支作为目标。

2. 商业银行新产品开发的过程

商业银行产品开发与创新的整个过程可以分为以下七个阶段：

（1）产品构思阶段。

商业银行新产品方案的搜集与构思的主要任务是从各个来源挖掘出对产品的设想，并提高构思的有效性。商业银行首先应仔细研究客户的需求，尤其要摸清潜在客户的需求，从各个方面搜集新产品的方案。新产品方案及构思可以由内部研发部门员工提出，也可以从客户及经营伙伴那里得到启发。

（2）产品筛选阶段。

通过产品构思，商业银行获得了许多关于新产品的构想，但这些设想只是初步的，必须要经过筛选，也就是根据一定的标准，如市场需求情况、商业银行营销目标等，对新产品构思进行取舍与选择。产品筛选是否有效将直接关系到商业银行产品开发成本的高低。

（3）产品概念的形成阶段。

对于经过筛选的产品构想，商业银行要用详细的文字或模型来表示，构建成型的产品概念，这也正是对原先的设想进行精心的、细致的勾勒过程。只有首先形成一个初步的产品概念，才能对产品进行深入的研制与开发。

（4）产品测试与分析阶段。

对于成型的产品概念，商业银行需要选择某一顾客群体进行测试。在测试时，一般由产品经理或开发人员集中一个客户小组，向他们详细描述新产品的功能、运作过程、给客户带来的利益、该产品与其他同类产品的不同之处等，以便客户全面了解该产品，并对其发表意见、进行评价。在测试的基础上，银行还要对新产品概念从财务上进行分析，预测产品的销售情况，以及开发产品的成本与利润，判断它们是否符合商业银行的经营目标。

（5）产品的试销阶段。

商业银行开发出新产品之后便可以进入试销阶段，即用少量的商业银行产品进行试验性销售。商业银行可以选择某一市场在一定期限内让客户试用该产品，以观察客户的反应，衡量产品的效果和购买情况，以便决定是否进行大批量的生产与销售。

（6）商品化阶段。

商业银行产品的试销为银行产品开发人员提供了足够的信息，如果试销成功则可以通过其他营销策略将产品全面推向市场，这个过程也正是产品的商品化阶段。

（7）评价与监测阶段。

商业银行新产品投放市场之后，商业银行还必须对客户的使用情况进行监测，以便更好地了解产品的销售。商业银行营销人员应该注意客户在不同阶段的各种反应，以便收集更多的信息，随时对产品的一些缺陷进行修正，或对营销战略进行适当的调整。

二、商业银行市场营销的定价策略

（一）银行产品定价概述

1. 商业银行产品价格的种类

商业银行经营的是特殊商品，即货币与信用，它所提供的产品价格具有特定的内容。商业银行产品定价的主要任务是确定存贷款利率水平和制定服务项目的收费标准。根据商业银行所提供产品和服务的不同，商业银行产品价格分为三类：利率、汇率、手续费。

（1）利率。

利率是商业银行产品的主要价格。商业银行主要从事的是信用业务，即通过吸收存款、借入款项等渠道取得资金，再通过贷款与投资等活动进行资金运用。在这个过程中，对于商业银行资金的提供者，商业银行需要支付利息；而对于资金的运用，商业银行可获得贷款收入或投资收益。因此，借款与贷款之间的利率差形成的利息收入构成了商业银行维持正常运转的收入，是商业银行获取丰厚的利润的前提。

（2）汇率。

汇率是指两国货币间的兑换比率，即把一单位的某国货币折算成另一国家货币的数量。随着世界经济一体化趋势的发展，国际贸易的范围不断扩大，国际资本流动日趋活跃，商业银行业务出现了国际化倾向，使得汇率成为商业银行营销活动中必须考虑的价格因素之一。

（3）手续费。

商业银行除发挥资金融通职能，进行最基本的负债和资产业务外，还可利用自身在机构、技术、信息、人才、资金、信誉等方面的优势开发和运用多种金融工具，为客户提供多种多样的其他金融服务即中间业务，从而取得手续费或佣金收入。商业银行的手续费收入主要来自结算类业务、担保类业务、衍生工具类业务，还有咨询类业务、代理类业务、信托类业务、租赁类业务等。随着商业银行不断地开拓中间业务，手续费或佣金的收入也不断增加，从而极大地提高了商业银行的利润水平。

2. 商业银行产品定价的目标

（1）扩大业务规模，实现利润最大化。

商业银行能够维持其正常经营的前提之一就是不断地获取更多利润。但这并不意味着制定更高价格，因为价格只是影响利润的重要因素之一，而绝非唯一的决定因素。除了价格，商业银行还要考虑金融产品的销售规模、营销成本及其他多种因素。同时利润的最大化又包括长期的利润最大化与短期的利润最大化。在现实市场营销活动中，商业银行可以在选择长期利润最大化作为最终目标的同时，再选择其他适应特定环境的短期目标作为制定价格的依据，从而推动商业银行长期目标的实现。

（2）增加产品种类，扩大市场份额。

市场份额是衡量商业银行经营状况与竞争能力的重要指标之一。巨大的市场份额可以保证商业银行产品有较大的销售数量，实现盈利水平的不断增长，因此许多银行都把争取市场份额作为一个重要目标。随着金融自由化浪潮的不断兴起，商业银行经营的产品越来越丰富，而电子技术与现代信息网络在金融领域的普及与推广，则为商业银行向客户提供更快捷、更优质的服务奠定了基础，同时也使商业银行之间的竞争更为激烈。因此，商业银行如何在众多的竞争对手中脱颖而出，占据更大的市场份额，是商业银行扩大业务规模、提高利润水平的关键。

（3）适应价格竞争，树立良好信誉。

在市场竞争中，价格竞争是一个很重要的方面。适应价格竞争目标主要是指商业银行以应付或防止价格方面的市场竞争作为定价目标。商业银行可以运用价格手段来应付金融市场上的激烈竞争。比如，降低价格以扩大金融产品的销路或通过提高价格来树立商业银行的声望。所以如何制定适应竞争的价格也是商业银行需考虑的定价目标之一。商业银行制定合理的价格，既可巩固市场占有率，确保客户不流失，又可保证商业银行自身的利益。

（4）树立良好品牌，遵守社会公德。

商业银行品牌是商业银行的无形资产，树立良好的形象是商业银行综合运用合适的营销组合而取得的成果，也是商业银行借以拓展业务的一项重要财富。因而许多银行都以树立银行品牌作为其重要的定价目标。商业银行定价也要严格遵守社会公德与商业银行职业道德规范，要顾及其他合作者的经济利益。

3. 影响商业银行产品定价的因素

（1）产品成本。

商业银行和任何企业一样，产品成本是商业银行定价必须首先考虑的重要因素。从一般意义而言，金融产品的价格应该能够补偿其成本，并要求有一定的合理利润，除非出于特殊因素的考虑。比如，新产品刚上市时想吸引更多的客户而压低价格，甚至可能低于成本价。低价销售的目的主要是开拓业务产品市场，扩大产品市场占有率。

（2）产品需求。

商业银行营销活动要以客户为中心，要根据客户的需求提供合适的服务，金融产品的定价也必须注重顾客需求的因素。不同的顾客对价格的敏感程度有所不同，如低收入的顾客对价格变化就较灵敏，为了满足他们的需求，商业银行就要推出一些价格低廉、风险较小的产品；而收入水平高的顾客一般对金融产品价格变动的反应不如低收入者明显和强烈，而且他们往往走在消费潮流的前端，所以商业银行应该根据他们的特点合理定价。商业银行对产品合理定价，能满足不同客户的需求，能扩大产品的销售规模，能巩固和扩大市场占有率。

（3）营销组合。

商业银行的价格战略是营销战略组合的一个重要组成，但商业银行的营销战略内容除了价格这一要素之外，还有产品、分销、促销等组成部分。为了使营销的各个要求相互配合，达到最佳配置，商业银行在产品定价时必须要与其他战略协调配合，促使商业银行产品销售顺利进行。

（4）法律法规。

商业银行在经营管理过程中都要受到各种法律法规的制约，商业银行的产品定价行为也同样受到法律法规的限制。商业银行制定的产品价格不能与国家有关法律法规相抵触，商业银行不可以通过共同制定垄断价格而操纵金融市场。另外，许多国家对于商业银行的存贷款利率有着严格限制，商业银行的服务费也可能受到有关部门的监督。

（二）商业银行定价策略的类型

1. 成本导向定价法。

成本导向定价法是指商业银行以产品的成本为基础，在成本之上考虑一定的目标利润，从而确定产品价格。它主要有几种形式：

（1）成本加成定价法。

成本加成定价法是指以商业银行金融产品的单位总成本加上一定比率的利润来确定价格的方法。其基本公式为

单位产品的价格 ＝ 单位产品的总成本 ×（1+成本加成率）

其中，总成本包括固定成本与变动成本，而成本加成率则是指预期利润占产品总成本

的百分比。

成本加成定价法的优点有：一是计算简便，在市场基本稳定时它可以使各商业银行获得正常的利润率，从而避免不同商业银行之间过于激烈的价格竞争。二是因为商业银行并未因为客户的需求过大而提高价格，所以这种方法在银行零售业务中得到广泛运用。

成本加成定价法的缺点有：一是成本加成定价法的定价比较呆板，没有考虑到市场上的竞争与需求，适应性较差，其成本加成率的确定也不一定与市场状况正好相符。二是新产品的销售量与成本更难测定。因此，这种定价方法比较适用于无差别的市场。

（2）目标收益定价法。

目标收益定价法是指商业银行按照预期利润大小来确定产品价格。商业银行根据总成本及预计销售量，确定一个目标利润额作为定价基础，即商业银行产品的价格由产品成本与商业银行的目标利润额决定。其计算公式为

单位产品的价格＝（产品的总成本＋目标利润额）／预计销售量

目标收益定价法的优点是可以保证商业银行实现既定的利润目标，计算简单，方便易行。目标收益定价法的缺点有：一是目标收益定价法未考虑到价格与需求之间的关系。因为商业银行制定的价格也会对销售数量产生反作用，特别是对于价格弹性较大的产品。二是对于其他商业银行对本行产品价格的反应，该方法也未做具体分析。因此，在市场竞争激烈、产品销售不稳定时，不宜采用该方法。

（3）收支平衡定价法。

收支平衡定价法是一种以盈亏平衡分界点作为基础的定价方法。所谓盈亏平衡分界点是指商业银行的投入等于商业银行预期收入时的销售数量。其计算公式为

盈亏平衡时的销售数量＝固定成本／（保本价格－单位可变成本）

由此可以得出：

保本价格＝（固定成本／盈亏平衡时的销售数量）＋单位可变成本

商业银行按这个价格出售金融产品，它所投入的固定成本正好得到全部补偿。

商业银行经营的目的是获取利润，故而引入预期利润对该价格进行纠正得到：

实际价格＝［（固定成本＋预期利润）／盈亏平衡时的销售数量］＋单位可变成本

收支平衡定价法的优点是侧重于固定成本的补偿，当完成预计销售数量时，保本价格可保证银行产品不受亏损，而实际价格则使商业银行可以如愿以偿地实现预期盈利。当市场销售数量未能达到预期销量时，则两个价格的差额就可使商业银行方便地控制价格调整幅度。其缺点也是未对市场需求与竞争给予足够重视。

2. 需求导向定价法

现代营销理论认为，判定价格是否合理的决策者并不是企业而是顾客，企业应根据市场上顾客所愿意支付的成本来定价。需求导向定价法充分体现了这一思想，它以消费者的需求而不是以企业成本作为定价的基础。商业银行应该通过营销组合中的其他因素，比如产品质量、产品性能以及广告等促销手段、分销渠道来提高客户对商业银行产品与服务的认识与理解，并按照市场需求制定价格。商业银行产品的价格只有与客户的心理、意识、承受能力等相一致时，才能促进产品的销售，实现商业银行的营销目标。需求导向定价法的主要种类有：

（1）觉察价值定价法。

觉察价值定价法是根据顾客对商业银行产品可以觉察的价值作为基础制定价格。其理论基础为：市场上某一产品的性能、质量、服务等各方面在顾客心目中都有特定的价值。顾客在选择产品时总会在不同产品之间进行比较，从而挑选出既符合他本身的需求，又不超过其支付能力的产品。如果商业银行提供产品的价格正好在顾客的选择区间内，则其就可能售出，否则顾客便会购买其他商业银行的产品。因此银行在定价时必须尽可能收集消费者对产品价值的评价，以及他们的价格标准、心理及对金融产品价格的需求弹性，从而制定顾客可以接受的价格。

（2）需求差别定价法。

需求差别定价法是一种建立在市场细分基础上的定价方法。由于不同市场、不同时间、不同地点的客户购买力与需求大不相同，因此，商业银行应该根据需求强度与消费感觉的差别制定不同价格。这种价格的差别不是由商业银行的成本差异引起的，而是取决于顾客的不同需求。

3. 竞争导向定价法。

竞争导向定价法主要以市场上竞争对手的产品价格作为依据来制定价格，而较少单独考虑产品成本及市场需求的变化。由于顾客经常以类似产品的价格作为衡量银行产品价值的依据，因此在市场竞争较为激烈的条件下，商业银行有时会较少地考虑自身成本和市场需求，而以竞争为导向来制定产品价格。竞争导向定价法主要有两种类型：

（1）竞争性定价法。

采用此法定价时，商业银行首先应对市场上竞争对手的产品价格做一个分析，再与本行同一层次的产品进行一个对比，找出造成价格差异的原因，并根据本行产品的优势、特色及商业银行在市场中的定位，来确定自己产品的价格，这种价格应具有较强竞争力。在该价格执行之后，商业银行还应对市场上竞争产品的价格变动进行跟踪，以便及时调整本行产品价格，保持其在市场上的竞争优势。那些实力雄厚、信誉较高、占有较大市场份额、在市场上处于领导地位的商业银行，可以采用这种方法。

（2）随行就市定价法。

这种定价方法是指商业银行参照市场上通行的价格水平来确定本行产品价格，从而使本行的产品与市场上竞争产品的价格保持一致。它减少了银行核算成本与省去估测需求的麻烦，使市场处于一种相对均衡的状态，避免了过度竞争，降低了风险。但这种定价方法的缺陷是较少考虑银行自身特点和具体情况，比较被动。

（三）定价策略的程序

1. 选择定价目标

商业银行应根据本身的发展方向、经济实力、资源潜力等内部条件，以及市场供求、竞争者状况等外部环境选择具体的定价目标。一般该目标应符合银行的总体经营目标，而且应该切实可行。

2. 测定需求的价格弹性

商业银行对不同价格弹性的金融产品要运用不同的定价方法及策略。银行应尽量收集该产品的有关信息，调查其市场潜力、占有率、价格水平及其变动可能对市场造成的影响等，以便正确测定产品需求的价格弹性。

3. 估算产品成本

商业银行通过调查金融产品的营销状况，投入的人力、财力、物力及营销过程中的费用开支等，全面地掌握产品的成本水平。

4. 确定盈亏平衡点

通过估算与不同价格水平对应的客户量及竞争对手对于价格的反应等，预计商业银行可能实现的产品销售量，确定其保本点。

5. 选择定价的方法与策略

商业银行在综合定价目标、成本费用及市场需求等因素的基础上，选择合适的定价方法，同时针对不同的商业银行产品与金融服务的特征来制定相应的定价策略，使其价格体现合理性与灵活性的统一。

6. 确定产品的最终价格

商业银行运用恰当的定价方法与定价策略，并考虑客户与竞争对手对价格的反应之后，即可确定金融产品的最终价格。同时，为了与不断变化的市场相适应，商业银行还应根据实际情况及时调整价格。

三、商业银行分销策略

（一）商业银行分销概念

商业银行分销是指参与增加和提高商业银行的金融产品和服务的可用性和便利性，使商业银行的金融产品和服务从商业银行顺利到达最终用户的过程中个人或组织所构成的体系，是一个金融产品使用价值和价值实现的过程，将金融产品进行有效的组织和传送，从而转换成有价值有意义的产品组合。

商业银行分销渠道的基本职能是根据客户的不同需要，将已经开发出来的产品及时、方便、迅速地提供给客户，以满足不同客户的需要。

商业银行制定和实施分销策略的主要目的：一是要维持现有客户和增加新客户；二是建立最佳的分销渠道，合理地选择把商业银行产品推向客户的手段和途径；三是使银行产品和服务能适时、适地、方便、快速、准确地销售给客户；四是使客户感到银行所提供的产品和服务既具有可接受性，又具有增益性、便利性。

（二）影响商业银行分销决策的因素

商业银行在直接渠道和间接渠道之间做出选择决策时，主要考虑的因素有：

（1）金融产品因素。金融产品因其种类不同而具备不同的特征，这对于营销渠道的选择是一个非常重要的影响因素。主要金融产品可分为便利品和特殊品，其中便利品可以使用间接渠道销售，而对于特殊的金融产品在既定地区的选择性分销决定了其营销渠道较为直接。对于技术复杂的产品或服务，一般采取直接渠道；如果产品或服务的技术要求较低，且相对分割和独立，一般采取间接渠道。

（2）客户需求因素。商业银行从客户需求出发，若客户对信息的要求高，对服务过程具有较高的参与度，对产品及服务的需求具有整体性，一般采取直接渠道；若情况相反，且客户需在一定时间和地点一次性购齐很多产品，一般采取间接渠道。另外，还应根据市场潜在客户数量的多少、客户地理分布的分散程度以及客户的购买和使用习惯来选择分销渠道。

（3）自身资源因素。商业银行规模大小、资金数量、信用高低、销售能力、提供的服务要求等都会影响其分销渠道的选择。特别是信息技术的发展也可促使商业银行通过自动取款机（ATM）和电话银行来提供金融服务，从而扩展分销渠道。

（4）利润水平因素。商业银行在各种渠道类型之间做出选择与其他决策一样，最终取决于其相对获利性。获利性与产品的销售量有关，即究竟使用自己的推销队伍的销售量大，还是使用代理商的销售量大。这需要分销渠道实际实施后才能得到验证，不同商业银行的具体操作效果也不同。

（三）商业银行的分销渠道

分销渠道最基本的分类是按商业银行产品与服务是否通过中间商提供来进行划分的，据此标准划分，商业银行分销渠道可分为直接分销渠道和间接分销渠道。

1. 直接分销渠道

直接分销渠道是指银行自己建立销售网络将产品出售给客户，商业银行较多地通过直接渠道是由于商业银行产品与服务和商业银行不可分割所导致的。商业银行所提供产品的无形性特点，决定了其分销往往要靠商业银行机构直接与客户联系，则采取直接销售渠道，将各种服务产品直接提供给客户。

商业银行直接分销渠道大体有以下几种类型：分支机构产品分销、直接邮寄产品分销、电子网络系统产品分销等。

2. 间接分销渠道

商业银行产品是一种动态化的服务过程，商业银行可将某些服务项目有形化，因此在这些产品的某些分销环节上，则可与商业银行自身相分离，通过一定的中间商，间接地将其销售出去，诸如信用卡业务、消费贷款业务及很多中间业务都要通过中介机构销售。当客户在地理分布上很分散时，商业银行服务与产品中间商往往可以有效地促销服务与产品。由于经销商更了解客户，这对于进行商业银行新产品、新服务的营销尤为重要。在实际业务中，中间商的介入会发挥很大作用：给客户带来更多的方便和收益，并且能吸引新的用户，提高商业银行的市场份额。

四、商业银行促销策略

（一）商业银行促销的概念

商业银行促销是指商业银行为了向目标顾客传递有效的信息，刺激客户对金融产品或金融服务的购买欲望，引导其消费行为，扩大商业银行金融产品或服务的销售而进行的一系列联系、沟通、引导等方面活动。

商业银行市场营销在向顾客传递各种信息的过程中，已经不满足于将商业银行自身的金融产品和服务等有关信息全部传递给所有顾客，而是要求商业银行在对顾客的潜在需求进行调查研究、客观分析的基础上，将最能激发客户购买欲望的信息以最恰当的方式传递给主要顾客和核心顾客。

商业银行在促销过程中要明确的主要内容是：促销的对象是目标客户，促销的任务是传递信息，促销的目的是激发客户的购买欲望，促销的手段是宣传与说服。

（二）商业银行促销的作用

1. 有利于向客户提供信息

商业银行促销的根本目的是与客户之间通过信息交流建立起交易关系。通常，客户比较喜欢购买他们了解的金融产品，他们对某一商业银行及其信息了解得越多，就越有可能选择该商业银行的金融产品和服务，因此，商业银行全面地、准确地、及时地向市场和目标客户传递金融产品和服务的信息是发展客户的前提。

2. 有利于刺激客户需求

商业银行通过促销信息的传播，不仅可以告知客户产品的性能、用途等知识，使顾客对商业银行推出的金融产品和服务有所关注，还可以宣传产品的特点等，促使顾客对所传递的关于金融产品和服务的信息能认同、接纳，并逐渐受其影响，产生或强化购买这些金融产品和服务的欲望与动机，从而诱导需求、刺激需求。特别是运用一些艺术手法增强促销效果，对刺激需求的作用更大。

3. 有利于指导客户消费

商业银行通过市场促销，所传递的信息除了指向特定的顾客外，还向一般顾客、准顾客等传递了有关信息，并使得他们在无意间留下印象。而对商业银行的原有顾客，一次又一次的市场促销活动，都在以不同的方式、从不同的角度，刺激着他们的购买欲望，加深其对商业银行及其产品和服务的印象，从而强化他们对商业银行金融产品的了解，有效地指导客户对商业银行产品的消费。

4. 有利于扩大产品销售

随着金融业竞争的日益加剧，商业银行经营环境越来越不稳定，通过有计划地开展对金融产品和服务的各种促销活动，商业银行可以扩大各种金融产品和服务的销售量，提高市场占有率，特别是在推出新产品或某一金融产品销售量下降时，通过促销活动，可以取得立竿见影的效果。

5. 有利于树立银行形象

商业银行通过有效的促销活动，让更多的人关注商业银行及其提供的产品和服务，了解商业银行及其产品和服务的特点，以及给顾客带来的独特利益，感受商业银行以满足顾客需要为核心的经营服务宗旨、经营服务特色等，使得顾客在潜移默化地接受商业银行的促销宣传中，逐渐形成了商业银行的品牌效应，不仅可以扩大产品的影响，提高产品的知名度，同时可以塑造银行的良好形象，增强银行在市场竞争中的优势地位。

（三）影响商业银行促销决策的因素

1. 金融产品类型

按商业银行的服务对象划分，商业银行产品主要有两种类型：一种是以企业客户为主要对象的金融产品，另一种是以个人客户为主要对象的金融产品。不同的金融产品类型对各种促销方式效果的影响是不同的。

2. 产品生命周期

商业银行的一般产品处于不同的生命周期阶段，市场态势、消费者态度和企业促销目标都不相同，因而，各种促销方式的效果相差很大。

3. 产品促销费用

商业银行能用的各种促销方法所需费用不同，为提高促销效益，应根据促销目标，对银行的财力状况、各种促销方式的费用、可能提供的经济效益，以及竞争者的促销预算等多方面因素进行全面权衡，应力求以最少的促销费用达到最好的促销效果。

4. 产品市场特性

商业银行产品市场特性包括市场规模、市场潜力和市场分布状况等。商业银行面对不同的金融产品市场，各种促销方式的作用也不相同。

（四）商业银行促销手段

1. 商业银行人员促销

人员促销是指商业银行通过专职销售人员直接与客户进行接触和沟通，并说服与引导顾客购买商业银行的金融产品和服务的一种促销方式。

（1）人员促销的特点。

商业银行人员促销是最传统的方式，也是最有效的方式，人员促销有着明显的特点：①人员促销的针对性强，灵活机动，能有效地发现并接近顾客；②能与客户进行信息的双向沟通，掌握客户的性格与心理，可直接向客户提供咨询服务，做好客户的参谋，促进顾客的购买行为；③能与客户保持良好的关系，建立友谊，增强客户对银行的信任感，为长期交易打下坚实的基础；④在与客户的直接沟通中可及时了解市场信息，适时调整产品和服务。

（2）推销人员的类型。

从商业银行开展业务的特点来看，广义上的推销人员，即凡是为销售产品或服务进行业务推广而与潜在客户或现有客户直接打交道的商业银行工作人员，其中包括固定人员和流动人员。固定人员包括柜台人员和坐席人员；流动人员包括业务推销员、客户经理和投资顾问。

（3）人员推销的形式。

商业银行人员推销的形式主要有坐席销售、电话推销、面访推销、专题研讨、路演推介、宣传讲座、社区咨询等形式。

2. 商业银行广告促销

广告促销是指商业银行通过报纸、杂志、广播、电视、户外广告、直接邮寄等传播媒介，对金融产品或服务进行的非人员形式的展示，以引起客户关注，诱导客户的注意力或刺激客户购买欲望的宣传活动。广告是企业用来对目标顾客和公众进行直接说服性沟通的主要工具之一，是促销组合的一个重要因素。

（1）广告促销的特点。

广告和其他促销手段相比，具有突出的特点：一是有价性，因为广告是一种投资行为；二是非人员性，是指广告是通过媒体传播而不是人员直接传播；三是广泛性，指广告通过大众传媒传播信息，在同一时间或空间接收信息的人员比人员促销要广泛得多，引起注意的作用也大得多；四是潜在性，即广告刺激需求，促进销售的作用相对滞后，但由于媒体的宣传可反复多次，其传播的渗透力对吸引潜在客户的作用是巨大的；五是艺术性，即广告是一种说服的艺术，通过艺术化的语言、图片、声音展示企业形象和产品特征，易加深消费者印象和引起偏爱。一个成功的广告能长期停留于消费者脑海中，与其艺术化的表现是分不开的。

（2）广告促销的媒体类型。

广告媒体是指广告借以传播信息的载体。主要媒体类型有：

一是印刷媒体，如报纸、杂志、书籍、说明书等；

二是电子媒体，如电视、广播；

三是户外媒体，如路牌、招贴、车船等；

四是销售现场媒体，如商业银行营业大厅的橱窗等。

不同的广告媒体在传播的空间、时间、效果、广告费用等方面各有其不同的特点和差异。

3. 商业银行营业推广

营业推广是指除广告、人员促销和公共关系与宣传之外，商业银行在特定目标市场上，为迅速起到刺激需求作用而采取的一系列促销措施的总称。营业推广的主要手段有降价、免费提供配套服务、使用信用卡消费抽奖等。营业推广对在短时间内争取顾客购买、达成交易具有特殊的作用，因此也称为特殊推销。商业银行营业推广的主要特征是见效快、变化快。

（1）商业银行营业推广的工具。

营业推广的工具繁多，银行应根据市场类型、顾客心理、销售目标、产品特点、竞争环境以及各种营业推广的费用和效率等有选择地加以使用。根据营业推广活动所面对对象的不同，营业推广方法可分为三大类：

第一类是面对消费者的，有赠品、奖券、有奖销售、数量折扣、配套或免费服务等；

第二类是面对中间商的，有销售折扣、广告津贴、公关活动等；

第三类是面对销售人员的，有通过销售竞赛给予一定的物质和精神奖励等。

（2）营业推广的目标。

营业推广主要有两个目标：促进短期销售和提高长期市场份额。

促进短期销售是指通过刺激客户试用新产品，吸引其他品牌的忠实消费者，促进成熟品牌的销售量，奖励忠实顾客达到该目标。

提高长期市场份额是与客户建立长期信赖关系，帮助商业银行建立市场份额，提高品牌的形象，巩固市场地位。

但是商业银行如果过度使用营业推广，特别是过多地使用以降价为主的营业推广工具，可能会降低客户对品牌的忠诚度，增加客户对价格的敏感度，并且营业推广经常注重短期营销效果，将会损坏商业银行品牌质量形象。因此，营业推广要经常与广告或人员促销结合使用，营业推广一般必须做广告才能增强推广的力度。

复习与思考题

1. 商业银行营销管理的内容是什么？

2. 简述构成商业银行营销环境的主要因素。

3. 什么是市场细分？它对商业银行营销管理有什么作用？

4. 商业银行怎样选择目标市场策略？

5. 商业银行产品策略有哪几种？

6. 分销策略的渠道有哪些？

7. 简述商业银行进行促销的方式。

第八章

商业银行的资产负债管理理论

学习目标

◆ 了解商业银行资产管理理论的主要思想及方法。

◆ 了解商业银行负债管理理论的主要思想及方法。

◆ 了解商业银行资产负债综合管理理论主要思想及方法。

第一节　商业银行的资产管理理论

20 世纪 60 年代以前，商业银行所注重的是单纯的资产管理理论，该理论是与当时的商业银行所处的经营环境相适应的。商业银行的资产管理主要是指商业银行如何把所筹集到的资金科学地分配到现金资产、贷款、证券投资以及其他银行资产上。商业银行资产管理理论是指导其资产管理实践的科学，并随着经济的发展、法律等外部环境的变化而不断发展。在资产管理理论的发展过程中，先后出现了三种不同的主要理论：商业性贷款理论、资产转移理论和预期收入理论。

一、资产管理理论概述

（一）商业性贷款理论

商业性贷款理论是最早的资产管理理论，也称"真实票据理论"或"生产性贷款论"，由 18 世纪英国经济学家亚当·斯密在《国民财富的性质和原因的研究》（《国富论》）中提出。该理论认为：存款是商业银行贷款资金的来源，而商业银行存款的大多数是流动性很强的活期存款，此种活期存款随时可能被客户提取，因此商业银行在资金运用时要着重考虑保持高度的流动性。基于配合存款的流动性，商业银行只能发放短期的、与商品周期相关的，或与生产物资相适应的自偿性贷款。自偿性贷款是指用于生产和流通过程中，期限较短，并以真实的商业票据作为抵押的贷款。由于自偿性贷款是用于生产和流通过程中的短期资金融通，所以它是以商业行为为基础的，并以商业票据为抵押，因此，借款人可以通过物资的购进、生产、销售商品获得货款而偿还贷款。若借款者到期不能偿还贷款，商业银行可以自行处理作为抵押的商业票据，收回贷款。自偿性贷款是以商品生产和商品流通为基础的，不会引起通货膨胀和信用膨胀。

商业性贷款理论产生于商业银行发展初期。其产生的背景为：一是当时英国的产业革命刚开始，大机器工业尚未形成，工场手工业占支配地位，并且当时的商品经济不够发达，信用关系不够广泛，社会化大生产尚未形成，企业规模较小，企业所需资金主要来自企业内部的自有资金，从商业银行借入的资金主要是商业性流动资金。二是此时的金融机构的管理处于较低水平，中央银行没有产生，没有作为最后贷款人角色的机构能在发生清偿危机时给予资助，流动性风险是商业银行经常面临的主要风险，因此，商业银行经营管理者不得不谨慎对待和维护自身的流动性。三是在早期的金本位制下，商业银行的信用创造力也受到限制，其原因是商业银行除了受到货币材料的限制外，还受到贷款市场需求的限制。当时企业的规模较小，其资金需要主要是来自企业的自有资本，它对商业银行的贷款特别是长期贷款需求较小，因此，派生存款的来源较少。为此，商业银行的经营管理重点放在短期的商业性贷款上，这样既保持了资金的流动性，又保证了资金运用的安全性。

商业性贷款理论第一次确定了现代商业银行经营管理的一些重要原则，为商业银行保持流动性和安全性提供了理论依据，为商业银行进行资金配置、稳健经营提供了理论基础，从而避免或减少了商业银行因流动性不足而产生的风险，也适应了商品交易对商业银行信贷的需要。商业性贷款理论在相当长的时期受到人们重视，它对商业银行的经营管理起着指导性作用，也是资产负债管理理论的基础。但是，由于这一理论形成于银行经营的初期，随着商品经济和现代银行业的发展，其局限性越来越明显。主要表现在：

（1）商业性贷款理论忽视了贷款需求的多样性。随着社会和经济的发展，社会和企业对贷款的需求多种多样。不仅需要短期贷款，而且需要长期贷款；不仅需要商业性贷款，而且需要消费贷款、农业贷款、不动产贷款；不仅需求的种类多种多样，而且需求的数量与日俱增。如果固守商业性贷款理论，不仅不能满足社会对商业银行贷款的需求，也限制了商业银行自身的发展。

（2）商业性贷款理论与中央银行的货币政策相违背。按照商业性贷款理论，在经济繁荣时，银行信贷会因贷款的扩大而膨胀，加剧物价上涨；而在经济衰退时，银行信贷又会因贷款的需求减少而自动收缩，加剧物价下跌。这与中央银行稳定货币的政策发生了矛盾。

（3）商业性贷款理论忽视了活期存款的相对稳定性。活期存款是不规定期限，可以随时存取款的存款。由于存款人在存取款的时间不同、存取款的数量不同，在此存彼取的过程中，一般总会形成一个相对稳定、数量可观的余额。这一余额是商业银行活期存款的沉淀部分，是商业银行发放长期贷款和投资的基础，可以用于中长期贷款和投资。

（4）商业性贷款理论忽视了短期贷款存在的风险。在经济衰退时期，即使是商业性贷款，也可能因商品无法实现销售而不能做到自偿，贷款收不回来的可能性非常大。同时，以真实票据为抵押的商业贷款的清偿性是相对的，而不是绝对的，在经济衰退时期，票据违约现象相当普遍，从而使真实票据的自偿程度大大降低，所以，短期贷款也同样具有风险性。

（二）资产转移理论

第一次世界大战结束后，由于西方资本主义国家经济迅速恢复，金融市场进一步发展和完善，金融资产多样化，流动性增强，商业银行对流动性有了新的认识。与此相适应，资产转移理论应运而生。资产转移理论亦称为转换性理论，最早由美国的莫尔顿于1918年在《政治经济学杂志》上发表的一篇论文《商业银行及资本形成》中提出。其基本观点为：商业银行流动性的强弱取决于资产迅速变现的能力，因此，为了保持足够的流动性，商业银行最好是将资金用于购买变现能力强的资产。这类资产具有信誉高、期限短、流通能力强、易于出售的优点。政府发行短期债券或政府担保债券以及大公司发行的债券是典型的可转换资产。

该理论产生于第一次世界大战结束之后，特别是美国因巨额军费开支而大量发行政府债券之时，由于发生了经济危机和第二次世界大战爆发，导致企业和个人对商业银行的借款需求急剧下降，而政府借款则急剧上升，商业银行将大量短期资金投资于政府债券。这样的资金运用，既降低了贷款要保持流动性的压力，又可以将一部分资金用于长期投资。因此，商业银行将一部分资金转换为有价证券，从而使商业银行既保持了一定的流动性，又增加了一部分的盈利。

资产转移理论的产生，放宽了商业银行资金运用的范围，使商业银行扩大了资产品种，丰富了资产结构，业务经营也日益多样化，突破了商业性贷款理论对资产运用的局限，使得商业银行在注重流动性的同时，扩大了资产组合的范围，提高了商业银行的盈利水平。但该理论也有其致命的弱点，主要表现在：

（1）当市场萧条时，证券价格大幅度下跌。证券价格受市场波动的影响很大，当市场萧条、银根紧缩时，资金短缺，证券市场供大于求，证券价格大幅度下跌，使得商业银行难以在不受损失的情况下顺利出售证券。

（2）当市场疲软时，证券转换变现困难。当经济危机发生而证券价格下跌时，市场需求疲软，商业银行大量抛售证券，而很少购买甚至不购买，这与商业银行投资证券保持资产的流动性初衷相矛盾。

这一理论的顺利实施要依赖于发达的证券市场和充足的短期证券。没有充足的短期证券可供挑选和投资，就难以保证投资资产价值和必要的投资规模。没有发达的证券市场，就难以达到短期证券快速变现的目的。

（三）预期收入理论

预期收入理论是一种关于商业银行资产投向选择的理论，产生于20世纪40年代，由美国经济学家普鲁克诺于1949年在《定期存款及银行流动性》一书中提出。其基本思想是：银行的流动性取决于贷款的按期偿还或资产的顺利变现。这与贷款人未来预期收入和银行对贷款的合理安排相关。而无论是短期商业性贷款还是可转让的资产，其偿还或变现能力都以未来的收入为基础。如果某项贷款的未来收入有保证，即使期限长，也可以保证其流动性；相反，某项贷款的未来收入不确定，即使期限短，也可能出现坏账或到期无法偿还。

第二次世界大战结束后，国家将经济的恢复和发展为首要任务，商业银行的贷款投向主要是设备和投资贷款。随着经济的恢复和发展，增加了消费贷款需求，贷款投向由商业转向工业。随着第二次世界大战结束后美国经济的高速发展，企业设备和生产资料急需更新改造，企业对中期贷款的需求迅猛增加。此时凯恩斯的国家干预经济理论在西方十分盛行，该理论主张政府应该扩大公共项目开支，进行大型基础设施建设，鼓励消费信用发展，以扩大有效需求来刺激经济的发展。面对这种形势，商业银行及时调整了资产结构，减少了证券投资，转向增加各种贷款。既发放短期贷款和经营短期证券，又可以对一些未来收入有保证的项目发放中长期贷款。

预期收入理论为银行进一步扩大业务经营范围和丰富资产结构提供了理论依据，也是商业银行业务综合化的理论基础。但这一理论也有其局限性，主要表现在：一是将预期收入作为资产经营的标准，而预期收入状况有商业银行自己主观预测的成分，与实际未来预测收入存在偏差，不可能完全精确。二是在资产期限较长的情况下，债务人的经营管理情况可能发生变化，到时并不一定具有偿还能力。

总之，资产管理理论是一种保守消极的理论，这三种理论各有侧重，都强调商业银行经营管理的重点是资产业务，目的是保持资产流动性。它们之间存在着互补的关系。每一种理论都为商业银行资产管理提供了一种新思想，促进了商业银行资产管理的进一步发展，是资产管理理论不断完善和发展的现实反映，对商业银行的发展和商业银行在金融业中地位的巩固起了重要的作用。

二、资产管理的一般方法

资产业务是商业银行的资金运用业务，资产管理主要是指资产管理理论的指导下资金运用的管理。资产管理的方法主要有：

（一）资金总库法

1. 资金总库法的概念

资金总库法，又称资金集中法或资金总体法。它是指商业银行将各种不同渠道形成的各项负债集中起来，然后再按资金需要的轻重缓急排列先后次序，把资金分配到各项资产上。在分配资金时通常要优先考虑资金的流动性。

在运用资金汇集法进行资产管理时，资金来源的构成并不重要，各种负债之和作为一个整体运用，资金水平的高低也是由于货币政策、工商业活动和人口增长等市场因素决定而独立于银行的决策过程之外的。资金分配构成只要能有助于银行经营目标的实现即可。在运用此方法时，一是商业银行要确定其流动性和盈利性标准，制定标准的主要依据是管理人员的经验，根据自我感觉和判断，参考银行有关方面的数据。二是按先后顺序，把资金分配到最能满足预定的流动性和盈利性需要的资产上去。

2. 资金总库法的操作程序

商业银行主要的资金来源有活期存款、储蓄存款、定期存款、借入款、票据及信用债券、股东产权等。其资金运用主要是一级准备金、二级准备金、各种贷款、有价证券和固定资产等。资金分配顺序如下：

第一优先顺序——一级准备金，它包括商业银行的库存现金、存放在中央银行及其他金融机构的存款、应收现金等。一级准备金一般记载于资产栏目中的"现金项目"上，主要用于应付银行日常营业提款和支票清算等，是商业银行资产中流动性最强的部分。虽然它在资产负债表上没有明确的反映，但由于商业银行经营的特殊性，各国政府或货币当局以法律形式要求一级准备金达到一定比例。所以，这一部分是商业银行资金分配中的第一优先顺序。

第二优先顺序——二级准备金，是指非现金但流动性较强的资产，一般可迅速变现，并有一定的收益，如国库券、政府机构债券、银行承兑票据、短期贷款等。它既可以补充一级准备金的不足，又可以兼顾银行资金运用的盈利性。二级准备金同一级准备金一起，共同保证银行资金的流动性，它也不反映在资产负债表中。

第三优先顺序——各种贷款，是商业银行资产中规模最大也是最为重要的部分，是银行盈利的主要来源。各种贷款是商业银行在满足了一级准备金和二级准备金之后，在可能的资金实力范围内，依据有关的贷款原则和条件发放的。在资金汇集法中，不需要分析贷款结构，因为贷款结构并没有被认为是影响资金流动性的因素。

最后一部分——长期有价证券和固定资产，是商业银行资金运用的最后方向。它是在满足贷款的需要后，以剩余部分资金进行较长时期的投资，主要投资对象是盈利较高的长期证券和一些利厚的产业。

3. 资金总库法的缺陷

资金总库法还存在许多不足，主要表现在：由于集中单一的资产管理，从而忽视了资金分配本身与负债来源之间的内在联系；资金分配比较死板，不能随负债来源结构的变化而相应变化，过分强调流动性的要求，但又无具体的可操作的标准，如没有规定一级准备或二级准备应占的比例等。

（二）资产分配法

1. 资产分配法的概念

资产分配法是指商业银行在选择资产种类时应首先考虑负债结构的特点，根据不同资金来源的流动性和法定准备金的要求来决定银行资产的分配。这一方法是针对资金总库法的不足而提出的。

资产分配法认为一个商业银行所需要的流动性资金的数量与其获得的资金来源有直接的关系。各种资金来源的稳定程度应由法定准备金比率的高低和资金周转速度来决定。法定准备金比率越高，资金周转速度越快，说明这种资金来源的波动性越大；反之，则稳定性越高。

2. 资产分配法的操作程序

在运用这种方法时首先要对不同的资金来源区别对待、分别处理，然后，对资金来源和运用的项目进行分类，再按每一资金来源自身流动性大小和对流动性的要求，将它们分别按不同的比重分配到不同的资产形式中。具体做法是，把资金来源划分为四类，建立若干个中心，每个中心进行的资金分配与其他中心的资金分配是相互独立的。一旦中心建立并得到承认以后，就要对每个中心的资金分配制定相应的管理政策。

（1）活期存款中心。

商业银行活期存款要缴存较高的法定准备金，而且每年要周转 30~50 次。因此，活期存款中心要把大部分资金分配到第一准备金中去，一部分分配到第二准备金中去，购买国库券和其他短期证券，极少用于放款。

（2）储蓄存款中心。

商业银行储蓄存款相对于活期存款而言，周转速度较慢，并有一个沉淀余额，流动性较小，可把这部分资金主要用于放款和购买长期证券，以获取较大利润。

（3）定期存款中心。

商业银行定期存款有较高的稳定性，周转速度慢，主要用于放款和购买长期证券，以获取较大盈利。

（4）资本金中心。

商业银行的这部分资金是最稳定的，包括股金、资本盈余和利润结存，它代表股东对商业银行资产的权利。没有法定准备金，一般也不会被提走。因此，资本金不需保留准备金，可将其主要用于长期放款、证券投资和购置固定资产等。

3. 资产分配法的利弊分析

（1）资产分配法的优点。

①商业银行通过对资金来源的划分，可以减少投放于流动性资产的资金数量，从而相应增加对贷款及投资账户的资金分配，以增加盈利。

②商业银行通过周转速度和流动性把资产和负债有机地联系起来，保持两者在规模和结构上的一致性，也提高了银行的盈利能力。

（2）资产分配法的缺点。

①资产分配法把各种存款负债的周转速度作为划分不同流动性－盈利性中心的基础，而存款实际上有存有取，经常变动，同一类负债来源其周转速度也可能不一致。由此看来，资产分配法所划分的资金流动性就不太精确和合理。

②资产分配法中的资金来源与运用相互独立的假定是不成立的。商业银行的资金来源与运用之间存在着一定的关系。银行对某客户放款，一般要求该客户要在银行保持一定的存款作为补偿；另一方面，客户在银行存款，则要求银行能满足其借款要求。因此，不论何种存款，都要有一部分用于放款，不可能按照来源严格划分其运用。

③资产分配法片面强调流动性要求，考虑了银行法定准备金和提存的可能，而忽视了客户对借款的需求。

（三）线性规划法

1. 线性规划法的概念

线性规划法是近年来西方商业银行为了制定业务经营管理战略而广泛采用的方法。其主要内容是：首先确定资产管理目标，然后根据各种资产与目标的关系建立目标函数，最后确定对各种目标函数的限制因素，并根据这些因素和目标函数求出线性规划模型的解。

2. 线性规划法的操作程序

（1）建立目标函数。

商业银行首先确定在某一时期资产管理的目标，再根据目标，在各种可供选择的资产中分配资金。因为选择不同的资产组合，就会有不同的盈利，银行通过改变各种资产的数量，能够增加或减少盈利。在此，盈利的最大化就是目标，各种资产的组合则是决策变量，两者之间的关系可用函数表示。

假设某银行可选择的资产有五种，它们是：①现金，收益率为0%；②短期政府债券，收益率为 5%；③长期政府债券，收益率为 7%；④商业放款，收益率为 8%；⑤公司债券，收益率为 10%。用 $A_1 \sim A_5$ 分别表示上述各种可选择资产的数量，P 为资产总收益，则目标函数可表示为

$$P = 0A_1 + 0.05A_2 + 0.07A_3 + 0.08A_4 + 0.1A_5$$

（2）确定限制性因素。

若没有限制性因素，银行就会将资产全部投放在收益率最高的业务上，但实际上，商业银行管理中存在许多限制条件，主要有：

①金融法规的约束，如法定存款准备金等；

②银行资产流动性的约束，如为了保证银行资金的流动性，短期资产至少应占一定的比重等；

③银行安全性的约束，如银行的安全性要求银行资产经营的分散化等；

④贷款需求量的约束，如商业银行对资产安排的种种规定等。

这些制约性因素都可以量化，列出一系列约束条件方程，与目标函数方程一起共同组成一个方程组，该方程组就是一个比较完整的关于资产管理的线性规划模型。

（3）线性规划模型的求解。

在建立线性规划模型后，就需要运用各种数字和分析手段，并借助图表和计算机等进行求解，最终得出目标函数的最优解。银行利用所得到的数据进行资产组合，以获得最大收益。因此，与前两者比较，线性规划是一种比较先进和科学的方法。它不但能在各种限制条件下获取最大收益，而且还能在一个或多个限制条件发生变化时，随之优化自己的资产组合。在条件比较复杂的情况下，我们甚至还可以应用多重目标线性规划来替代单一目标线性规划，并且可以为一组相互冲突的目标和多种解决方案进行权衡抉择，从而得出一组最可行的最优解法。线性规划法要求管理者们必须具备相当全面的知识和丰富的经验，了解各种假设和条件，能帮助数学人员和计算机人员分析问题，解释和评估分析的结果。

3. 线性规划法的利弊分析

（1）线性规划法的优点。

①线性规划法是一种较先进和科学的资产管理法，因为它是通过建立模型，运用严格的数学方法，借助于计算机等现代科技手段计算出结果，并以取得的数据指导资产组合。

②线性规划法有利于更深入地认识银行各项资产与经营目标之间的关系，因为线性规划法的分析结果是用具体的数字来反映的。通过这些具体数字，对资产和经营目标之间的相关性可以一目了然。

③线性规划法有利于改善银行的经营管理。线性规划法的实施，要求调研人员与决策者密切合作，管理者也须积极参与目标和限制条件的制定，这样有利于相互间的理解，改善银行的经营管理。

（2）线性规划法的缺点。

①制定模型所依据的资料质量不高会影响对约束条件的确定；

②所依据的经济环境的改变，要求改变目标、约束条件和模型参数，这样就会带来运用成本的提高。

第二节　商业银行的负债管理理论

20世纪60年代以后，金融环境发生了很大变化，传统的商业银行资产管理理论相对此时的商业银行经营管理而言显得比较保守、消极和落后了。此时，在金融创新的推动下，商业银行经营管理理论也发生了重大的变革，商业银行负债管理理论应运而生，并取代了资产管理理论，成为这一时期指导商业银行经营管理的主要理论。

一、负债管理理论的概述

商业银行负债管理理论兴起于20世纪50年代末期，盛行于20世纪60年代。在这一阶段，西方经济处于繁荣时期，生产流通不断扩大，通货膨胀率上升，对商业银行贷款的需求也不断增加；同时为制止银行间的利率恶性竞争，西方国家制定了各项法规，使商业银行无法通过利率的竞争来吸收资金。

商业银行为了追求利润最大化的目标，想方设法、另辟蹊径去吸收资金。随着商业银行业务国际化、非中介化的出现，加之欧洲货币市场的兴起、通信手段的现代化，大大方便了资金的融通，为商业银行负债经营创造了条件。商业银行采取多种融资方式，提高资金的灵活性，以缓和资金流动性的压力。存款保险制度的建立和发展，也在一定程度上刺激了商业银行负债经营的发展。以上各种因素，客观上为负债管理理论的产生创造了条件。

负债管理理论是以负债为经营重点来保证流动性的。该理论认为，商业银行保持流动性不需要完全靠建立多层次的流动性储备资产，一旦有资金需求就可以向外借款，只要能借款，就可通过增加贷款获利。负债管理的原则使商业银行改变了经营方针。在资产管理理论指导下，只有存款来源增加，才能增加贷款。如果存款来源减少，则只能缩减贷款或出售部分证券。总之，资产管理理论倾向于通过调整资产结构来实现流动性，而负债管理理论则通过积极创造负债的方式来调整负债结构，从而增加资产和收益。

负债管理有两种类型：一是当存款被提取时，商业银行可通过借入短期款项来弥补存款，如此负债方一增一减，正好持平；二是当借款需求增加时，银行可通过新的借入款来满足这一需求，这样，负债和资产都增加了。负债扩大，使银行生利资产扩大，从而能给银行带来更大的收益。

二、负债管理理论的主要内容

（一）存款理论

1. 存款理论的基本观点

存款理论是商业银行负债的主要传统理论。其基本理论为：存款是商业银行最主要的资金来源，是其资产业务的基础。而商业银行在吸收存款过程中是被动的，为保证商业银行经营的安全性和稳定性，商业银行的资金运用必须以其吸收存款沉淀的余额为限，否则将会产生风险。

存款理论的主要特征是它的稳健性和保守性，强调存款是存款者放弃货币流动性的一种选择，无论是保值还是营利动机，存款者的意向是决定存款形成的主动因素。存款者和商业银行都关心存款的安全性，存款者担心存款不能如期兑现或者贬值，商业银行则担心存款者同时兑现，引起银行危机或破产。所以，存款理论者得出结论：商业银行应按客户的意愿组织存款，按安全性原则管理存款，根据存款的具体情况安排贷款，参考贷款收益安排存款利息的支付。这一理论反对盲目存款和贷款，反对冒险谋取利润。存款理论的理论基础是一种传统的经济学观点，存款理论认为商品是第一性的，货币是第二性的，信贷规模取决于地区经济活动的总量，商业银行活动不能逾越一定的范围限制。

2. 存款理论的缺点

存款理论的缺点在于它没有认识到商业银行在扩大存款或其他负债资金来源方面的能动性，也没能认识到负债结构、资产结构以及资产负债综合关系的改善对于保证商业银行资产的流动性、提高商业银行营利性等方面的作用。

（二）购买理论

1. 购买理论的基本观点

购买理论是在存款理论之后出现的另一种负债理论，它对存款理论做了否定。其基本观点主要有：

一是商业银行对于存款不是消极被动的，而是可以主动出击，购买外界资金；

二是商业银行购买资金的基本目的是增强其流动性；

三是商业银行在负债方面的购买行为比资产方面的管理行为要更主动、更灵活，银行资金购买的对象除了一般公众以外，还有同业金融机构、中央银行、国际上的金融机构等；

四是商业银行吸收资金的适宜时机是在通货膨胀的情况下，此时，实际利率较低甚至为负数。

购买理论产生于西方发达国家经济滞胀年代。当时，它代表着更富进取心和冒险精神的新一代银行家的经营思想和战略，与以前的保守作风形成鲜明的对比。购买理论对于促进商业银行更加主动地吸收资金、刺激信用扩张和经济增长以及增强商业银行的竞争能力都具有积极的意义。

2. 购买理论的缺点

商业银行购买理论也存在着一定的缺点。主要表现在：

一是购买理论助长了商业银行片面扩大负债，加重债务危机；

二是该理论主张采用各种手段吸收资金，助长了商业银行盲目竞争；

三是该理论认为商业银行吸收资金的最佳时机是在通货膨胀时，由于此时利率较低甚至是负利率，从而有可能加重通货膨胀。

（三）销售理论

1. 销售理论的基本观点

销售理论是产生于20世纪80年代的一种银行负债管理理论，是金融改革和金融创新的产物。这种理论给银行负债管理注入了现代企业的经营思想，说明20世纪80年代以来金融业和非金融业相互竞争和渗透状况，标志着金融机构正朝多功能化和综合化方向发展。销售理论的基本观点：商业银行是金融产品的制造企业，商业银行负债管理的中心任务就是迎合顾客的需要，努力推销金融产品，放大商业银行的资金来源和收益水平。

2. 销售理论要求商业银行做好相关工作

销售理论认为要达到目的，商业银行要做好相关工作。主要工作有：

（1）围绕客户的需要来设计金融产品和服务。

商业银行在形式上是资金的汇集和融通者，而实际上涉及经济利益调配，关系到资金供应者、资金需求者和银行三者的利益，但商业银行的利益要依赖于前两者的利益和需要。因此，商业银行为了自身的利益，必须想方设法满足客户的需要，为客户设计所需产品和提供所需服务。

（2）改善金融产品的销售方式，完善配套服务。

商业银行要使金融产品销售顺畅，必须在销售方式上做文章。金融产品的推销，主要依靠信息的沟通、加工与传播。虽然金融产品本身就是信息的载体，但还有更多间接的、背后的、无形的信息需要处理，它们贯穿于金融产品销售后的全过程。服务态度、广告宣传、公共关系等方面，都是传递信息、推销产品重要的领域。同时，在金融产品的销售中，要做好配套服务。

（3）销售观念要贯穿负债和资产两个方面。

商业银行销售观念要贯穿负债和资产两个方面。因此，商业银行需要将负债和资产两方面联系起来设计金融产品。同时，金融产品的销售也要考虑资产和负债两个方面，不能将两者分割开来。

三、负债管理理论的利弊分析

（一）负债管理理论的积极意义

负债管理理论强调的重点是负债管理，重视组织吸收资金的多样化和负债的创造，重视负债结构的合理化，发展了金融产品，开拓了金融服务领域，为商业银行提供了更多盈利机会，有利于商业银行发展和强化商业银行的经营管理。主要表现为：

（1）有利于商业银行在流动性管理上变过去单一的资产管理为资产和负债两方面综合管理；

（2）为商业银行扩大信贷规模，增加贷款和投资创造了条件，增加了银行的盈利机会；

（3）有利于商业银行增强自身实力，提高商业银行的竞争能力。

（三）负债管理理论的消极影响

（1）增加了商业银行的经营风险。商业银行负债管理理论在一定程度上增加了商业银行的经营风险。追求盈利是商业银行的最终目标，但是如果商业银行片面追求盈利，在货币市场上大量举债、放款，就容易引起过度借入短期资金，贷出长期资金，造成资产与负债失衡。一旦货币市场紧缩，难以继续借款时，就会面临流动性风险。

（2）加大了商业银行的负债成本。商业银行主动负债利息一般比存款利息要高，如果商业银行大量采用主动负债方式筹措资金，势必提高银行负债的成本。

（3）助长了信用膨胀和通货膨胀。商业银行负债经营助长了信用膨胀和通货膨胀，容易引发债务危机，加剧了银行业乃至整个金融界的竞争。

四、负债管理的一般方法

商业银行负债管理的主要方法从 20 世纪 60 年代开始产生，经历了 30 多年的不断发展，其方法逐步得到丰富和完善。资产管理重点考虑的是在资金量一定的情况下，选择贷款的投资机会的问题。资产管理人员寻求的是在风险和收益性上取得某种平衡，即在贷款和投资收益、流动性、安全性之间取得平衡。负债管理则不同，它是通过使用购入资金来保持和增加其资产规模的。

（一）负债管理方法

负债管理方法主要有两种：一是用短期借入资金来弥补资产上的缺口，即储备头寸负债管理；二是对所有到期负债进行严密管理，即总负债管理或贷款头寸负债管理。

1. 储备头寸负债管理方法

储备头寸负债管理方法是商业银行通过增加短期负债而有计划地提供流动性的管理方法。这种方法容许银行持有较高收益的流动性资产，因此，在流动性紧张时，就要购入短期资金以弥补流动性不足。储备头寸负债管理的主要工具是购买期限为一天的同业拆放或使用回购协议。这样，当一家银行的储备由于存款人提款或增加对有收益资产的投资而暂时出现流动性不足时，就可用同业拆放来解决；反之，当储备出现盈余时，就可拆出资金。由此来看，这种负债管理办法提高了资金使用的效率，减缓了银行体系由于储备的突然减少而出现的震荡。

2. 贷款头寸负债管理方法

贷款头寸负债管理方法是被用来持续扩大银行资产负债规模的方法。它首先通过不同的利率取得资金，以扩大贷款能力，接着通过增加银行负债的平均期限，减少存款的可变性。

贷款头寸负债管理可以分为两个部分：一是计划部分，通过银行有计划的安排，扩大贷款，增加盈利；二是机动部分，即存款的变动和贷款需求的变动都有很大的随机性，负债管理就是对这些不确定因素进行管理，通过灵活机动的管理方法消除此类变动所造成的不稳定性。

（二）负债管理的工具

商业银行进行负债管理，不能单靠吸收存款这种被动型负债方式，而需要主动型负债方式，以争取主动增加商业银行资金的流动性。商业银行以主动负债形式解决流动性问题的途径主要有以下几个：

1. 发行大额可转让存单

商业银行这种大额可转让存单非常受欢迎，它在美国是银行执行负债管理政策的工具。根据发行的主体不同，可分为四种形式：一是国内定期存单，它是由美国的银行机构发行的；二是欧洲美元定期存单，它是美国境外银行发行的美元面额的存单；三是扬基定期存单，它是外国银行在美国的分行发行的存单；四是储蓄定期存单，它是由储蓄贷款社发行的。我国也发行过类似的定期存单。

2. 发行金融债券

商业银行在发行债券之初，不需要交纳准备金，也不受存款最高利率的限制，这样，发行债券所筹集到的资金，商业银行可以用于各种资产业务，利率也可以适当高一些，对投资者有较大的吸引力。我国商业银行也一直在发行金融债券以筹集资金。

3. 同业拆借

商业银行同业拆借调剂银行之间的资金余缺，方便灵活，是解决临时性资金需求的一种理想方式。

4. 向中央银行借款

中央银行是银行的银行，商业银行可以通过再贴现和再贷款的方式向中央银行借款。

5. 国际金融市场融资

国际金融市场融资的渠道很多，商业贷款的利率一般较高，手续也比较复杂。

第三节　商业银行的资产负债管理理论

不管是商业银行的资产管理理论，还是商业银行的负债管理理论，在保持商业银行安全性、流动性和盈利性的均衡方面，都带有一定的片面性和局限性。商业银行的资产管理理论过分偏重于安全性和流动性，在一定条件下甚至会以牺牲盈利性为代价，不利于鼓励银行进取经营；而商业银行的负债管理理论能较好地解决流动性和盈利性之间的矛盾，但盈利性与流动性之间均衡的实现要依赖外部条件，同时会给商业银行带来很大的经营风险。从 20 世纪 70 年代中期起，由于市场利率大幅度上升，负债管理在负债成本和经营风险上的压力越来越大，商业银行迫切需要一种新的更为有效的经营管理指导理论；同时，计算机在商业银行业务和管理上的应用越来越广泛，商业银行经营管理观念也在不断改变，由此，产生了资产负债管理理论。

一、资产负债管理理论的概述

20 世纪 70 年代末 80 年代初，美国通过了一系列金融法规：一是 1980 年通过的《放松对存款机构的管制与货币控制的法令》等；二是 1981 年通过的允许全国范围内的银行对活期存款支付利息的有关规定；三是 1982 年通过的允许银行开办不受 Q 条例利率上限制约的货币市场存款账户；四是 1983 年又同意开办可转让支付命令账户。这一系列金融法规的颁布和实施，使得对商业银行吸收资金的限制逐渐缩小，而业务范围则越来越大。这一方面有利于商业银行吸收存款和相互间的竞争，另一方面则造成银行同业竞争加剧，引起存款上升，提高了资金成本，对商业银行在安排资金结构和保证获取高盈利方面带来困难，客观上要求商业银行对资产负债进行综合管理。

商业银行资产负债管理理论现在已成为世界各国商业银行所遵循的基本原理，与商业银行资产管理和负债管理相比，其具有两大特点：

（1）综合性强。商业银行对资产和负债管理并重，这是商业银行向业务综合化、多样化发展的要求。

（2）适应性广。商业银行业务的自由化发展和外部竞争条件的变化，要求商业银行不断调整自己的经营行为，加强动态管理。经济环境不断变化要求商业银行有较强的适应性，根据经济环境的变化调整自己的经营行为。

二、资产负债管理的基本原则

在资产负债管理理论的指导下，在商业银行的业务活动中出现了最基本的最具普遍性的准则，这是所有商业银行都必须遵循的准则，这个准则就是资产负债管理的原则。这些基本原则是：

（一）规模对称原则

规模对称原则也可叫总量平衡原则，是指资产规模与负债规模相互对称，统一平衡。这里的对称不是简单的对等，而是建立在合理的经济增长基础上的动态均衡。规模对称原则是保持流动性、安全性、盈利性的最基本保证。该原则要求在动态的变化中，资金来源与资金运用要保持总量上的均衡，资产的安排即商业银行的资金流出量，必须以负债即商业银行的资金流入量为基础。

商业银行业务的特点是负债经营，但不能超负荷经营。实际上，商业银行的资产总量与负债总量不可能绝对平衡，其真实意义是要保证商业银行有足够的清偿能力。各国中央银行往往通过制定法律做出有关规定，如商业银行要按法律规定向中央银行上缴存款准备金，接受金融监管部门监管，同时备足备付金和现金以及贷款余额上限等。

（二）结构对称原则

结构对称原则也叫资产分配原则，它是商业银行资产负债管理的基本原则。其主要内容是指商业银行的资产结构和资金运用期限、利息率均要以负债结构和资金来源的流转速度及利率来决定。其内容包括两个方面：一是商业银行的资产偿还期与负债的偿还期应保持尽可能接近的对称关系，称之为偿还期对称；二是从成本的结构而言，高成本负债必须与高成本资产对称，即以高成本吸收的存款或借入负债，则要以高利率发放贷款出去。

根据偿还期对称的要求，商业银行资产的运用需要适应负债的可能。一般来讲，负债流转速度越快，偿还期越短，资产的流转速度也要相应提高，偿还期相应缩短。如在负债结构中，定期存款比重大，商业银行在资产结构中就应相应减少现金资产而增加长期放款；反之，活期存款比重较大，商业银行在资产结构中就要相应增加现金资产，增加短期放款，减少长期放款。实际上，这是一种原则上的大致对称，无论是偿还期还是成本高低，都不可能简单地一一对称。从成本方面分析，商业银行总是积极吸收存款，并愿意吸收利率较低的存款，而投资和放款中又偏向利率和投资收益高的。从偿还期方面分析，商业银行都在进行偿还期转化和资产转化，用活期存款和短期存款沉淀的稳定余额进行长期放款，这种转化要有量的限制，否则就会发生安全性风险。

在商业银行实践中，一般采用资产平均到期日与负债平均到期日的比率来安排资产的运用。如果资产平均到期日与负债平均到期日的比率等于1，说明资产与负债的流动性基本一致；如果该比率大于1，说明资金运用过度，长期性资金来源不足，商业银行应减少长期性资产或者增加长期性负债，使比率接近1；如果该比率小于1，说明资金运用不足，应增加资金运用的期限。这种对比只是一种粗略的对比，在具体运用资金时，商业银行要结合资产和负债的期限结构进行分析，才能保证商业银行资产与负债偿还期的基本对称。

（三）风险分散原则

在资产负债管理中必须遵循风险分散原则，即商业银行在将资金分配运用于贷款、证券投资时，应该尽量将贷款和证券的数量和种类分散，避免资金过于集中于某种贷款与证券以及单一贷款或投资项目数量过大而增加风险。

在实际业务中，商业银行可以采用多种分散方法。主要有：

1. 资产种类分散法

资产种类分散法是指商业银行在分配资金运用时，应该将资金分散在不同的贷款和证券投资上。贷款包括工商业贷款、农业贷款、房地产贷款、国际贷款等。证券投资包括政府或政府机构债券、公司债券、国际债券等。这样，商业银行的资产风险不会集中在某一种资产上，因而可能避免因某一种贷款和证券发生损失而引起全部损失的风险。

2. 行业分散法

行业分散法指商业银行将资金投放于多种行业。把资产分散于不同行业之中，包括高技术行业、迅速发展的新兴行业、基础行业等，可以避免集中投资于某一行业而带来全部损失的风险。

3. 地区分散法

地区分散法主要是指商业银行将资金投放于经济发达地区、经济正在发展的地区、有潜力的经济欠发达地区。换言之，商业银行在资金投放上，应着眼于全国甚至全世界。这样，商业银行就可能避免因某一地区的经济萧条或自然灾害带来的投资损失。

4. 客户和货币种类分散法

客户和货币种类分散法是指商业银行在发放贷款时，要将自己的客户分散在不同的层次、不同的行业、不同的国家。同时，在实行浮动汇率制的今天，要在贷款使用货币上分散，以避免汇率风险。

5. 期限分散法

期限分散法是指商业银行在利用资金进行放款和证券投资时，应发放不同期限的贷款，购买不同期限的证券，长短期搭配，时间要错开，以加强银行资金运用的流动性。

三、《巴塞尔协议》对资产负债管理的影响

尽管商业银行资产负债管理的方法各不相同，但其目标和任务却大体类似，即商业银行主要是通过资产负债的协调管理，降低商业银行的经营风险，增加商业银行的收益来保持合理的流动性、保持自有资本的正常比例；以资产收益率和资本收益率作为对收益的评价基准；设立专门的资产负债管理委员会，以研究和制定银行的经营策略、筹资方针和资金运用方向；对已实施的策略和方针进行跟踪调查，以完善和改进资产负债管理。《巴塞尔协议》对商业银行的资产负债有着全面的影响。

（一）促使商业银行管理思想全面转变

过去，商业银行的资产规模常作为衡量商业银行盈利能力高低和实力是否雄厚的

重要标志。而《巴塞尔协议》从商业银行资产规模及资本与风险资产的比率去评价商业银行的实力和抵御风险的能力，并要求经营国际业务的商业银行在规定的时间内达到目标比率。这使商业银行的管理思想发生了全面转变，即由过去的重视资产总值转变到重视资本与资产比率；由关注商业银行的盈利性转变到重视安全性和流动性。在资产管理具体措施上，商业银行要优先考虑应急资产计划，规定商业银行在流动性不正常的情况下如何筹集资金，避免在资产质量出现问题和国内外重大意外事件造成挤兑时出现清偿困难等。在资金投向上采取谨慎的经营战略，强调收益率至少要与所面临的风险相抵。

（二）扩大了商业银行资产负债管理范围

在《巴塞尔协议》以前，资产负债管理只是局限于对资产负债表表内的内容进行控制，而不涉及资产负债表表外业务的监管。《巴塞尔协议》强调商业银行资产负债管理包括表内表外业务的管理，因为商业银行最终要为表外业务项目提供资金，并会对资本比率产生连锁反应。所以，《巴塞尔协议》要求各国商业银行应该使资产负债管理的指导方针也适合于表外业务活动，加强表外业务的统一管理。

（三）促使各国商业银行采取有效的管理对策

为了遵守《巴塞尔协议》的规定，各国商业银行都想方设法增加资本，提高资本充足比率。要提高资本充足比率，就必须增加资本、缩减资产规模、调整资产组合中风险资产的比重。为实现这一目标，商业银行则要采取相关对策：

1. 增加资本的形式多样化

各商业银行要根据各自的资本结构、股息政策和市场情况采取不同的增资形式。如资本结构中核心资本比重低于《巴塞尔协议》规定的要求，该商业银行一般采取发行新股和增加利润留存的形式来增加核心资本。若核心资本已占全部资本的一半以上，该银行则可通过发行债券和增加内部储备等形式来扩大从属资本。

2. 优化资产质量

商业银行可出售部分有问题的资产或风险高、市价也高的资产以优化资产质量，也可以出售部分固定资产，将收益计入资本，以相应缩减资产规模，提高资本比率，改善资产质量。

3. 降低风险权重

商业银行可在资本额和资产总规模不变的情况下，通过减少高风险资产和增加低风险资产以降低风险比重，提高资本充足比率。

我国的商业银行要按《巴塞尔协议》要求实施监管还有一定的困难。根据国际惯例结合我国目前的具体情况，中国人民银行发布了《关于商业银行实行资产负债比例管理的通知》，对资本和风险权数做出了暂行规定，主要规定了资本充足率指标。该通知规定资本总额与加权风险总额的比例不得低于8%，核心资本不得低于4%，附属资本不得超过核心资本的100%。通知要求各商业银行在1996年底前，逐步按国际惯例达到资本充足率指标。

四、资产负债综合管理的方法

20世纪70年代末80年代初，由于市场利率经常剧烈波动，商业银行靠负债保持银行的流动性的成本大大提高，盈利减少。它表明负债管理方法已过时，不能解决商业银行的流动性和盈利性的协调问题。因此，在 20 世纪 70 年代后期，出现了资产负债综合管理理论，并指导商业银行的经营管理。资产负债综合管理是根据经济情况的变化，通过负债结构和资产结构的共同调整，以及资产与负债的协调管理，以实现商业银行的经营总方针，达到经营目标。资产负债综合管理是资产管理和负债管理在更高层次的结合。

资金流动性管理是资产负债管理的基础。其目标是在市场利率频繁波动的情况下，实现最大限度的盈利。资产负债综合管理的方法主要有：缺口管理法、利差管理法和系统管理法等。

（一）缺口管理法

缺口管理法是 20 世纪 70 年代以来美国商业银行资产负债综合管理中一种代表性的管理方法。

所谓缺口是指在一个既定的时期里，利率敏感性资产与利率敏感性负债之间的差额。具体可分为两类：一类是利率匹配形成的差额；另一类是期限匹配形成的差额。缺口管理是指在一定时期内为衡量和协调利率敏感性资产和利率敏感性负债所采取的措施。即是根据利率变动的趋势，通过扩大和缩小缺口的幅度来调整资产和负债的组合及规模，以实现盈利最大化。

1. 按利率匹配形成的缺口管理法

按利率匹配形成的缺口管理方法将商业银行所持有的资产和负债分为三大类：

（1）利率相匹配的资产和负债。它主要是指那些具有相同预定期限和有一个议定的利率差幅，并且在数量上相等的资产与负债，具体包括购入和再出售的联邦基金、相匹配的欧洲美元存款和贷款、承兑交易及其他相匹配的套汇交易等。

（2）利率变动的资产与负债。它是指其利率随市场资金需求状况变化而波动的资产和负债。主要有优惠利率贷款、短期投资、可出售的有价证券、大额定期存单、短期借入资金和回购协议以及不相匹配的欧洲美元等。

（3）固定利率的资产与负债。具体主要有不动产抵押、长期投资、分期偿还的贷款、固定利率贷款、资本金和准备金、长期债务等。

在上述三种类型中，完全相匹配利率的资产和负债，一般数量相等，因此在一家银行的资产和负债总额中，其差额为零，即该部分没有缺口。固定利率和变动利率的资产和负债之间一般是有缺口的。其中：一种是正缺口，此时变动利率资产大于变动利率负债，它的数量等于固定利率负债大于固定利率资产的那部分。商业银行在把长期资金作为短期资金使用时，就会出现这种情况。另一种是负缺口，此时变动利率负债大于变动利率资产，它的数量等于固定利率资产大于固定利率负债的那部分。商业银行若把短期资金长期使用就会出现这种情况。

缺口的变化对商业银行资产的安全性、流动性和盈利性具有重要的影响和作用。一种情况是由于一部分可变利率资产来源于固定利率负债，在市场利率上升的情况下，扩大缺口可增加盈利；反之，在市场利率下降时，扩大缺口则利润会下降。另一种情况，则是把变动利率负债转化为固定利率资产，它会给商业银行资金的流动性和盈利性带来巨大风险，其原因是当市场利率上升时，商业银行固定利率资产仍然维持原有水平，出现负债成本上升而资产收益不变的情况，商业银行利息收益减少，甚至会发生利差倒挂的现象，造成亏损。因此，商业银行总是努力保持正缺口，而避免出现负缺口。

2. 按期限匹配形成的缺口管理法

它是以"梯形投资"理论为指导管理商业银行资金流动性的一种方法。其主要内容是：在任何一个既定时期里，应该按资产和负债到期日的长短和资金数量的由少到多梯形排列，以便到期时需要清偿的负债都能顺利地由到期资产来满足。

在具体的实际操作中，通常要选择一定的权数，加权计算资产的加权平均到期日和负债加权平均到期日，资产的加权平均到期日减负债加权平均到期日的差额，就是期限匹配形成的缺口。若该值为正，说明资金运用过多，必须通过调整资产负债结构和引入新的资金来源加以解决。在利率上升阶段，消除正差额，会加大商业银行负债成本，减少盈利；在利率下降时，则有可能增加盈利。反之，若为负值，则说明资金没有充分运用，可扩大资产规模或调整资产负债结构，以增加盈利。

（二）利差管理法

利差管理就是要在利率频繁波动的情况下，设法实现最大限度的盈利。要达到这一目标，商业银行必须尽力扩大利差，要扩大利差就必须有科学的利差管理。利差就是利息收入与利息支出之间的差额，可用绝对利差和相对利差来衡量。

$$绝对利差＝利息收入－利息支出$$

$$相对利差＝绝对利差/盈利资产×100\%$$

利差管理法就是要控制利息收入和利息支出的差额，使其适应商业银行的经营目标。风险和收益是衡量商业银行经营好坏的重要标志，风险表现为利差的敏感性和波动性，利差大小及其变化决定了银行总的风险及收益状况。

商业银行管理利差的手段主要有：

1. 利率管理手段

影响利差的内在因素主要是资产和负债结构、贷款质量及偿还期、吸收存款和借入资金的成本及偿还期。外在因素是总的宏观经济状况、市场利率水平、金融机构竞争状况等。这些因素是银行无法左右的，只能进行预测，所以商业银行的利差管理主要是通过调整和改变内在因素来解决的。

增加利差的主要手段有：一是融资种类和利率的变化，二是增加盈利资产在总资产中的比重，三是延长投资的期限等。利差管理的重点在于利差的差异分析，分析利率变化、资产和负债的总量与结构变化对利差的影响程度。

利率的周期性波动也会影响利差。在利率波动周期的不同阶段，决定利差大小的因素主要有三个，即市场利率、资产和负债的总量及其组合。资产和负债总量的影响主要发生在经济扩张阶段，此时信贷需求大，从而导致资产负债总规模也相应扩大。对资产组合的影响主要是资产由低盈利资产向高盈利资产转移，此时，负债也往往增加。经济扩张阶段，利差会扩大；相反，经济萧条阶段，利差会缩小。事实上，利差的周期性波动与利率的周期性波动基本是一致的，利率上升阶段，利差增长迅速；利率下降阶段，情况则相反。

2. 市场交易手段

20世纪70年代以后，金融衍生品大量增加，商业银行纷纷采用这些新金融工具及交易方式，进行利差管理和资产的避险保值。

（1）金融期货交易。

金融期货交易是指在期货交易市场中成交一定数量的金融商品的买卖行为。金融期货的品种主要有利率期货、外汇期货及股价指数期货等。商业银行利用期货市场进行套期保值，以消除利率风险。常用的做法有两种：多头套期保值和空头套期保值。金融期货交易对商业银行的好处有：

①为商业银行提供了一种新的避险工具，通过金融期货套期保值交易可降低或避免利率、汇率等风险，增加商业银行的经营稳定性。

②增加了灵活性，商业银行可以提供更加广泛的金融产品和服务，吸引更多的顾客。

③降低了银行的经营风险，在某一利率环境下，银行既可选择盈利最高的投资，又可选择成本最低的资金，通过期货交易把利率风险限制在一定的范围之内，增加银行利益。

（2）金融期权交易。

金融期权交易就是期权的买方有权在期权期限内或到期时买进或卖出一定的金融产品。期权比期货更具有灵活性，期权最大的损失是期权费，而营利机会则是无限的；期权交易事先就可以知道交易成本，可以锁定风险。

（3）利率互换。

利率互换是指两笔借款，货币金额相同、期限一样，但付息方法不同，彼此进行互换。通常甲方以固定利率换取乙方的浮动利率，乙方以浮动利率换取甲方的固定利率，以达到控制资金成本的目的。现在不仅是固定利率与浮动利率的债务可以互换，即使不同类型的浮动利率债务也可以互换。利率互换的主要优点如下：

①有利于减少利率敏感性差额。例如，规模大的商业银行一般以浮动利率放款，属于利率敏感性负债，而储蓄机构资产多为长期固定利率放款，负债多为利率敏感性差的。所以，双方可在不改变现有资产负债结构的前提下，通过利率互换，调整各自利率敏感性差额，从而降低利率风险。

②有利于降低交换双方的筹资成本，调整债务结构。同时，因为利率互换交易双方信用等级不同，资信度高的商业银行可在互换中增加收益。

（三）系统管理法

系统管理法主要是采用技术手段预先评估出银行的经营效果，并以此作为凭据，调整资产负债结构，以达到预期经营目标。由于金融创新使商业银行的业务经营日益多样化，为适应环境的变化，并在经营管理上获得整体性和协调性，商业银行经常采用系统管理法。

1. 系统管理法的重点

系统管理法的重点是商业银行经营效果的预先评估。其评估的基本程序为：

（1）编制以天为基础的资产负债表。以应计基础逐日编制资产负债表，作为商业银行资金来源与运用的参考依据。

（2）预测市场利率走势。根据当前的经济金融形势和市场资金供求状况，预测出利率的基本走势，用以确定银行资产和负债的预期利率。

（3）编制利息差价表。用预测出的利率乘以相关的生息资产和付息负债，可以得出利息收入和利息支出，两者的差价就是利息差价，即

$$利息差价=生息资产×预测利率-付息负债×预测利率$$

（4）计算净边际利率。将利息差价除以生息资产，得到净边际利率，即

$$净边际利率=利息差价/生息资产$$

（5）评估出商业银行的非利息负担。将商业银行日常经营的非利息费用（工资及杂项费用）减去非利息收益（中间业务收入等）得到非利息负担，即

$$非利息负担=非利息费用-非利息收益$$

（6）评估商业银行的经营效果。将非利息负担相对于生息资产的比率与净边际利率相减后的差额和事先预定的税前生息资产报酬做比较，即可评估出银行的经营效果。

2. 系统管理法的优点

系统管理法的优点在于强调了商业银行的整体营运效果，并把非利息负担及净边际利率看成影响银行经营业绩的主要因素。

3. 系统管理法的缺点

系统管理法缺点在于这种管理方法是建立在预测基础上的，尤其是对市场利率的预测，预测的准确性直接影响着商业银行资产负债管理的效果，所以蕴含着极大的系统性风险。

复习与思考题

1. 简述三种资产管理理论的主要观点。
2. 简述负债管理理论的特点，分析其对商业银行经营战略的影响。
3. 试述资产负债管理理论的特点和基本原则。
4. 简述资产负债管理的一般方法。
5. 《巴塞尔协议》对商业银行的资产负债管理有哪些影响？

第九章 | 商业银行风险管理与内部控制

学习目标

◆了解商业银行风险的定义、成因和分类。

◆了解商业银行风险的内容、目标和意义。

◆掌握商业银行风险的预测和内部控制方法。

商业银行的性质决定了商业银行是一个不同于其他工商企业的特殊企业，其突出的特点是高风险性。商业银行的经营目标是盈利性、流动性和安全性。盈利性对商业银行的约束力比较强，商业银行在追求其利润最大化的经营过程中，与其经营目标相对应的是经营的高风险性。商业银行经营面临的风险有环境风险、管理风险、支付风险和宏观金融风险等。由于商业银行资产负债结构上的特点而使商业银行承受的这类风险具有特殊性。因此，商业银行的风险管理有着重要的意义。商业银行风险管理体现在其资产负债的全面经营管理及其各项具体业务之中，强调商业银行风险预测和内部控制。

第一节　商业银行的风险概述

一、商业银行风险的概念

商业银行风险是指商业银行在经营活动中，因事先无法预测的不确定因素的影响，商业银行蒙受损失或获取额外收益的可能性。商业银行的风险是客观存在的，这些风险源自商业银行所经营的所有业务。

在商业银行风险的含义中，包括四个基本要素，即商业银行风险承担者、收益与风险的相关度、不确定因素和风险量度。

（一）商业银行风险承担者

商业银行在经营过程中，以中介机构或交易人的身份与经济活动的有关机构或个人发生经济关系。这些机构或个人主要包括工商企业、其他商业银行、非银行金融机构、个人居民等。商业银行的风险具有可转移性，商业银行风险一方面来源于其委托方或交易对手的转移风险，商业银行的客户会采取金融工具将其风险转移过来，增加了商业银行的风险；另一方面商业银行风险也可以转移给客户。因此，商业银行及其客户都是商业银行风险的承担者。

（二）收益与风险的相关度

商业银行风险与收益成正比例关系。商业银行风险越高，商业银行遭受损失的可能性越大，但其取得高额收益的机会也随之增加。商业银行在确定其经营目标时，盈利性与安全性经常难以统一。如果商业银行过分强调利润的约束力，则会减弱商业银行免受损失的可靠程度。因此，商业银行的盈利性与安全性应在商业银行总体经营目标下进行有效的权衡。

（三）不确定因素

商业银行经营面临的不确定因素与商业银行经营的经济环境、经营策略、银行经营者、金融工具的选择等有很大关系。商业银行经营者对风险的好恶程度不同，商业银行在金融工具上的不同选择会直接影响其规避风险的效应，同业之间的竞争和来自非银行金融机构的竞争压力也会影响银行风险。因此，商业银行风险可以通过与经营过程中各种因素相互作用而形成一种自我调节和自我平衡的机制。

（四）风险的量度

商业银行可以通过风险量度来识别和判断其承受经营风险的程度，但是商业银行的某些风险并不能计量。商业银行风险由可计量和不可计量风险构成。因此，商业银行在风险分析方法上除了运用包括概率与数理统计在内的计量方法外，还要运用综合分析法等非计量方法评估风险及其影响程度。

二、商业银行风险的成因

商业银行的业务活动是在一定的经济环境下，依据其经营目标和策略进行的，其业务活动的结果则反映了一定经济环境及其经营策略的效应，以及商业银行业务人员在开展业务活动过程中的实际偏差与预期的差异。

（一）商业银行风险来源于客观经济环境

1. 宏观经济环境是产生商业银行主要风险的源头

从宏观经济环境的角度来看，一个国家的宏观经济条件、宏观经济政策以及金融监管当局等发挥效应的大小是商业银行风险的主要源头，并决定着一国商业银行风险的大小。宏观经济中通货膨胀的高低以及经济周期的不同阶段将对商业银行的信用管理、利率水平以及商业银行各项业务产生巨大影响，因此，通货膨胀、经济周期等是商业银行的主要风险源之一；宏观经济政策对一国的货币供应量、投资水平、投资结构、外汇流动等的调控，直接或间接地影响了商业银行的盈利性和安全性；金融监管当局的目标与商业银行的经营目标经常不一致，金融监管当局的目标是实现安全性、稳定性和结构性，它强调对商业银行实行监管，因此，各国金融监管当局的监管方式、监管力度和监管效果等，也是商业银行主要的风险环境因素之一。

2. 微观经济环境也是商业银行产生风险的源头

从微观经济环境而言，同业竞争、市场风险及法律条文的变更等也是商业银行风险的源头。特别是金融政策宽松后，商业银行受到来自非银行金融机构的竞争，商业银行在经营管理上的压力不断增加。市场激烈的竞争会增加商业银行的经营成本，增大盈利的不确定性，与商业银行追求的经营目标和稳健的经营原则相悖；金融市场上资金的供求、利率和汇率等市场变化的走势难以预测，因此，无论是资产负债总体运行状况，还是各项资产负债具体业务，商业银行在经营过程中，利率和汇率等市场的变化造成了无法回避的各种经营风险；法律条文的变更、基础设施的故障、管理人员的健康状况、意外事故的发生等可能使商业银行的经营范围、经营行为、经营环境等发生变化，这些变化可能使商业银行面临不利的竞争地位等非预期的风险。

（二）商业银行风险来源于商业银行自身的经营策略

每家商业银行都有其经营策略，经营策略是基于商业银行的管理目标而设计的。商业银行经营管理的基本目标是通过购买与出售金融产品与服务的银行活动来增加银行的内在价值，同时兼顾银行的安全性和流动性。在这样的经营目标下，商业银行的经营策略应体现出这样的思路，即引导商业银行的各种具体业务的管理在深化安全性、流动性的前提下，以实现银行市场价值最大化为目标。商业银行根据实现包括自身价值增值在内的多重目标所设计的经营策略，在理论上往往是合理的，但该经营策略会因为银行价值增值目标与其他目标发生冲突而最终不能完成或落实。因此，商业银行的经营策略不当会引发商业银行的风险。

（三）商业银行风险来源于商业银行自身的管理水平

商业银行经营管理水平是资产负债业务管理水平、财务管理水平、人事管理水平等的综合体现。财务管理的目标是通过提高资金运用效率来获取更多的盈利，但能否如愿则与银行投资决策、筹资决策和盈利决策的能力与水平有关，风险贯穿决策和执行的全过程。人事管理由劳动管理和人事管理构成，商业银行可以通过贯彻全面发展原则、激励原则、物质利益原则和经济效益原则来建立和完善其劳动人事管理制度，但是包括银行家在内的从业人员在追求银行目标过程中还会考虑到其自身的利益，这可能不利于银行目标的实现，并可能给银行带来风险。

三、商业银行风险的类别

商业银行风险分类的标准不同从而有不同的风险种类：

（1）按风险的主体构成不同划分，可分为资产风险、负债风险、中间业务风险和外汇风险；

（2）按风险产生的原因不同划分，可分为客观风险和主观风险；

（3）按风险的程度不同划分，可分为低度风险、中度风险和高度风险；

（4）按风险的性质不同划分，可分为静态风险和动态风险；

（5）按风险的形态不同划分，可分为有形风险和无形风险；

（6）按业务面临的风险不同划分，可分为流动性风险、利率风险、信贷风险、投资风险、汇率风险和资本风险等。这是最为常见的一种风险分类方法。

（一）流动性风险

流动性风险是指商业银行未有足够的现金来弥补客户取款需要和未能满足客户合理的贷款需求或其他即时的现金需求而引起的风险。该风险可能导致商业银行出现资金困难，甚至可能出现破产。商业银行具有流动性需求，即客户对商业银行所提出的必须立即兑现的现金需求，包括存款客户的提现需求和贷款客户的贷款需求。商业银行应进行有效的现金头寸管理，以满足客户不同形式的现金需要，体现商业银行经营管理的可靠性与稳健性。

商业银行满足流动性需求主要有两条途径：一是商业银行在其资产负债表中"储备"流动性，即持有一定数量的现金资产；二是商业银行在金融市场上"借入"流动性，即通过在金融市场上借入短期资产增加其流动性。但是，商业银行保持流动性往往以牺牲其收益为代价。因此，对商业银行流动性需求的测定就显得非常重要。商业银行流动性需求主要有短期流动性需求、长期流动性需求、周期流动性需求和临时流动性需求。这些流动性需求存在着短期变化、长期变化、周期变化和暂时现金需求变化等相对有规律可循的波动。商业银行流动性需求应在这些波动分析上进行预测。但是，商业银行流动性需求是否能得到满足，除了受需求量的测定值合理与否的影响之外，还受商业银行现金来源是否可得的影响。评判商业银行流动性风险及其程度的指标主要有存贷比率、流动比率、大面额负债率和存贷变动率等。

（二）利率风险

利率风险是由于市场利率波动造成商业银行持有资产的资本损失和对商业银行收支的净差额产生影响的金融风险。利率风险因市场利率的不确定性而使商业银行的盈利或内在价值与预期值不一致。通常，商业银行存贷的类型、数量和期限在完全一致条件下，其利率的变动对商业银行存款和贷款的影响呈反向变化，具有对冲性，也就不存在商业银行存贷间的利差净收益。因此，商业银行自身的存贷结构是产生利率风险的重要原因，但商业银行自身的资产负债结构和数量在现实中并不完全一致。

市场利率波动是造成商业银行利率风险的主要因素，而市场利率的波动受一国货币供求的影响。当中央银行扩大货币供应或金融市场的融资渠道畅通时，利率会随商业银行可贷资金供给量的增加而下降；当经济处于增长阶段，投资机会增多时，对可贷资金的需求增加，利率也随之上升；在通货膨胀情况下，市场利率等于实际利率加通货膨胀率之和，当价格水平上升时，市场利率也会相应提高。因此，在分析利率风险时，必须重点研究中央银行的货币政策、宏观经济环境、价格水平、国际金融市场等对市场利率的影响。随着世界金融市场一体化和金融自由化影响力的扩展，市场利率的波动性越发凸显，商业银行受利率风险的影响越来越大。商业银行利率风险的衡量指标是利率风险敞口和利率的变动。

（三）信贷风险

信贷风险是指接受信贷者不能按约偿付贷款的可能性。信贷风险是商业银行的传统风险，是商业银行信用风险中的一部分。这种风险将导致银行产生大量无法收回的贷款呆账，将严重影响商业银行的贷款资产质量，过度的信贷风险可使商业银行破产倒闭。

商业银行的信贷业务作为其核心业务，其收益是银行的主要收入，贷款资产是商业银行资产的主要部分。商业银行在贷款过程中，不可避免地会因为借款人自身的经营状况和外部经济环境的影响而不能按时收回贷款本息。因此，要认识信贷风险首先应认识影响商业银行信贷风险的因素。信贷风险受外部因素与内部因素的影响。外部因素是包括社会政治、经济的变动或自然灾害等在内的银行无法回避的因素；内部因素是商业银行对待信贷风险的态度，这类因素体现在其贷款政策、信用分析和贷款监管的质量之中。

信贷风险对商业银行的影响往往不是单一的。信贷风险常常是流动性危机的起因，贷款不能按时收回将直接影响银行的流动性。同时，利率风险会波及信贷风险，当利率大幅度上升时，借款人的偿债力下降，商业银行信贷风险加大。信贷风险与利率风险和流动性风险之间有着内在联系，具有互动效应。

（四）投资风险

投资风险是商业银行因未来的不确定性而使其投入的本金和预期收益产生损失的可能性。按商业银行投资内容分，投资风险包括证券投资风险、信托投资风险和租赁投资风险等。投资风险属于商业银行信用风险的一部分。

商业银行的投资性资产在提供流动性保障、创造收益、减少经营风险及贷款风险上起着十分重要的作用。但是，商业银行在进行投资时，本身也承担了一定的风险。尤其是它在证券投资方面承担了较大的风险。商业银行投资风险来自四个方面，即经济风险、政治风险、道德风险和法律风险。

（1）经济风险。它包括内部和外部风险，是商业银行投资风险的主要来源。内部风险是由被投资方本身经营不善而引发的，一是被投资方经营无方而使投资方得不到应有回报，二是被投资方财务运营得不到补偿而出现破产、违约的可能。外部风险由被投资方之外的经济因素引发，包括市场风险、购买力风险、利率风险与汇率风险。因此，投资风险对商业银行的影响也非单一性的。

（2）政治风险。它由政治体制变动和政策变动引发，会强烈地影响国内经济活动，并在投资收益的变化中反映出来。因此，它对商业银行投资的影响相对较大。

（3）道德风险。它是由被投资方的不诚实或不履行义务所引发，从而对商业银行投资造成损失的可能性。

（4）法律风险。它是由投资行为不符合法律规范而引发，从而使银行因投资行为失效而遭受损失的可能性。

（五）汇率风险

商业银行汇率风险是指银行在进行国际业务时，其持有的外汇资产或负债因汇率波动而造成价值增减的不确定性。汇率风险属于外汇风险范畴。随着银行业务的国际化，商业银行的海外资产和负债比重增加，商业银行面临的汇率风险加大。如何规避汇率风险成了商业银行风险管理的重要内容。

汇率风险源于国际货币制度。国际货币制度包括固定汇率制度和浮动汇率制度两大类。在固定汇率制度下，汇率风险较之于信贷风险、利率风险小得多；在浮动汇率制度下，汇率波动的空间增大，表现为波动频繁及波动幅度大，由此产生的汇率风险成为有较多国际业务的商业银行必须正视的重要风险之一。

汇率风险与国家风险、代理行信用风险和外汇交易风险等一道构成外汇风险。汇率风险与外汇风险的其他内容有关联。汇率风险的衡量指标主要有汇率风险敞口和汇率的变动等。

（六）资本风险

商业银行资本风险是指商业银行最终支持清偿债务能力方面的风险。该类风险的大小说明银行资本的雄厚程度。商业银行的资本愈充足，它能承受违约资产的能力就愈大。商业银行的资本风险下降，盈利性也随之下降。

商业银行的资本构成了其他各种风险的最终防线，资本可作为缓冲器而维持其清偿力，保证银行继续经营。随着金融自由化的进展，世界各国银行间的竞争加剧，来自非银行金融机构的竞争压力加大，商业银行的经营风险普遍加大，在这种情况下，加强资本风险管理尤为重要。国际金融监管组织、各国金融管理当局和各国商业银行均意识到资本风险的严峻性。为此，监管当局要加大对银行资本的监管力度，商业银行也要加强对资本风险的管理。

第二节　商业银行风险预测

由于商业银行风险是由多种不确定性因素引发的，从风险管理的要求看，如何从不确定的宏观和微观环境中识别可能使商业银行产生意外损益的风险因素，并用定量方法和定性方法加以确定，构成了商业银行风险管理的前提条件。商业银行应通过对尚未发生的潜在的各种风险进行系统归类和进行全面的分析研究，从中揭示潜在风险及其性质，对特定风险发生的可能性和造成损失的范围与程度进行预测。

风险预测是风险管理的一个重要环节，是商业银行的整个风险管理中最重要和最难以处理的一部分，也是风险控制的前提条件。商业银行的风险预测主要包括调查分析、风险识别和风险衡量三个部分。

一、调查分析

商业银行在其经营过程中，其所处的经营管理环境不同，所遇到的经营风险也不一样。为此，商业银行相关部门必须通过调查分析来识别风险和了解风险的状况。

（一）商业银行的营业环境分析

商业银行的营业环境由国外和国内环境组成。通过对商业银行所处的营业环境情况的分析，可以了解商业银行所处的金融系统的竞争结构和市场环境。在分析商业银行所处的国内和国外竞争环境的状况及其发展趋势的基础上，可以对其面临的国家风险与市场风险进行归类。

（二）商业银行的管理环境分析

商业银行管理环境由一个国家银行监管当局的管理质量和管理方法组成。应注意分析管理当局如下能力：当银行出现问题时，管理当局干预和清除问题的能力和意愿；管理当局平衡各金融机构在国内金融体系中的位置的能力。这有助于银行预测当其出现风险或危机时管理当局的行为。

（三）商业银行的地位分析

商业银行目前和未来在整个金融系统中的地位高低，对其在危机时从政府处得到的支持力度有着重要影响。在对商业银行风险识别和衡量前，必须对商业银行在国内金融系统中的地位进行了解。

二、风险识别

按商业银行业务面临的风险不同划分，商业银行风险可分为流动性风险、利率风险、信贷风险、投资风险、汇率风险和资本风险六种。商业银行在调查分析研究的基础上，应对风险进行综合归类，揭示和分析哪些风险应予以考虑、这些风险的动因是什么、它们引起的后果的严重性有多大等。

（一）商业银行经营环境引发的风险的识别

商业银行经营环境会引发包括国家风险、利率风险和竞争风险在内的商业银行风险。在识别国内经营环境所带来的风险时，应充分关注商业银行所在地竞争环境状况及发展趋势的特征，即其他金融机构的竞争力、在各个细分市场中同业的竞争力、商业银行享有政府支持和特权的情况、政府运用商业银行体系的程度、外国银行的竞争力等。这些特征表明商业银行潜在的风险有利率风险、国家风险和竞争风险。如果商业银行风险来源于同业的竞争压力过大，则竞争风险必须予以考虑和揭示。商业银行所处的国际环境及其变化趋势可能引发汇率风险、信贷风险等。如果商业银行从事的国际业务量大，或商业银行持有的外汇资产和负债数目较大，那么，商业银行应注重汇率风险。

（二）商业银行管理环境引发的风险的识别

商业银行的管理环境也会引发诸多风险。按风险识别要求，对商业银行管理环境的分析主要有：

（1）分析商业银行所在国金融管理当局的管理政策和执行能力。分析商业银行所在国金融管理当局的管理质量和方法，以及国家金融管理当局对商业银行风险的干预和控制能力。一般情况下，管理质量高的国家，其商业银行的风险较小，后果也较轻；反之，则风险较大，后果较严重。

（2）分析预测商业银行所在国的管理变化。商业银行主要进行两个方面的分析，即金融自由化进程和商业银行面临的金融非中介化程度及发展趋势。随着金融自由化的进程，整个金融体系的不稳定因素增加，尤其对于正在建立利率、汇率市场机制的发展中国家，商业银行将面临较高的利率和汇率风险。同时金融市场自由化的负面产物可能导致商业银行信用风险。金融非中介化是金融业竞争的产物，它迫使商业银行改变经营策略，涉入新的业务领域，以增加利润。但由于商业银行缺乏新业务的经营管理经验，容易产生经营风险。

（3）分析商业银行与其金融管理当局的关系。商业银行可通过其与管理当局的交往来评价存在的风险及程度。商业银行与管理当局的联系有以下几种形式：①管理当局是否对银行进行过特殊的审计，或寄送要求商业银行谨慎经营的信件；②商业银行是否在资本充足性、资产质量等方面与管理当局发生过矛盾；③商业银行是否曾向中央银行请求过紧急援助；④商业银行的经营者在风险控制等方面是否受到过管理当局的批评等。商业银行与其管理当局交往的深度和广度对银行确认和识别风险意义重大。

（4）分析国际管理变化及发展趋势。在国际金融市场一体化的进程中，必须加强国际金融管理。国际金融管理的变化和发展趋势对商业银行的经营管理影响巨大，它有可能给商业银行带来新的经营风险或改变原有风险的影响程度。比如，资本充足性的国际性标准将有助于防止或减缓表外业务风险对银行的影响。

（三）银行在金融系统中的地位引发的风险的识别

商业银行在金融系统中的地位对其在关键时刻可能得到的政府支持起着十分重要的作用。因此，分析商业银行的地位有助于商业银行的风险识别。商业银行在金融系统中的地位高低体现在以下方面：

（1）商业银行风险在某些特定的时刻（如破产）会传递给与其有利益关系的个人、法人和政府机构。商业银行越大越重要，其风险的波及面也越宽。为此，在分析时，应了解商业银行是否已通过明确的合法补偿手段（如政府担保、保险等）作为保障。一旦商业银行违约或破产等突发事件发生时，可以此来保障商业银行存款人或其他各种证券持有人的利益，这在某种程度上也同时减轻了商业银行的相关风险。

（2）商业银行作为企业，有其自身的经营目标。如果商业银行的经营目标与一国经济和金融发展的现时与将来的目标一致、商业银行的市场占有额高、商业银行在国内资本市场上的地位突出、商业银行对所在国当局制定政策有影响，就决定了政府必然会对其进行强有力的支持，即使商业银行发生危机时，政府也不会放手不管。

（四）商业银行债权人的法律地位引发的银行风险的识别

商业银行债权人的受偿次序及其相关的权利与义务由法律规定，不同的商业银行债权人，其法律地位不同。对商业银行债权人而言，其面临的法律风险由法律规定的变化引起。分析商业银行债权人的法律地位时，应分析商业银行各种债权人法律地位的变化。比如，按照政府存款保证金制度和紧急援助措施，在美国，同属于一家银行控股公司的所有联营商业银行负有交叉补偿的责任，也就是说，如果其中一家联营商业银行发生流动性困难乃至破产时，其他联营商业银行必须予以支持。这样，一方面提高了商业银行债权人的法律地位，但另一方面，各家联营商业银行实质上承担的风险程度不一样。

（五）商业银行所有权及法律地位引发的风险的识别

商业银行的所有制性质不同，有国有银行、股份制银行等区别。在非完全市场原则下，国有银行要比股份制银行或私人银行获得更多的来自政府的支持，而且非常明确。国有银行的法律地位及所有权的特殊性决定了其承受的经营风险相对较小。而在市场原则下，各银行所有权的主体及法律地位相对平等，银行之间来自所有权和法律地位的风险差别不大。

三、商业银行风险的预测

商业银行风险预测是对特定风险发生的可能性或造成损失的范围和程度进行衡量。风险预测以风险识别为基础，它是风险识别的延续或延伸。经济学家们在长期的风险研究和风险管理实践中，形成了一系列银行风险预测方法，特别是科技的发展为预测提供了很好的手段，也为提升银行风险预测的准确性提供了可能。一般而言，商业银行风险预测的手段有定量分析和定性分析两种。

（一）定量分析

定量分析是指利用历史数据资料，通过数学推算来估算商业银行未来的风险。线性代数、概率和数理统计等数学工具被引入后，建立数学模型是定量分析的关键。比较常见的定量分析法有时间序列预测法、马尔可夫链预测法、累积频率预测法、弹性分析法等。

1. 时间序列预测法

时间序列预测法应用事物发展的连续性原理（把未来看成过去和现在的延续）和数理统计的方法来预测未来。商业银行运用时间序列预测法预测风险，其实质是根据过去和现在的风险情况来预测未来同类风险发生的概率及所造成的影响。

（1）指数平滑法。

指数平滑法属趋势分析法范畴，它是根据历年资料，按时间的先后予以排序，再采用数理统计的方法来推测未来的变动趋势。这种方法在运用中有一定的前提条件，即所需相关资料至少在短期内具有一定的规律性，以及不考虑随机因素的影响。

其计算公式为

$$X_t' = aX_{t-1} + (1-a) X_{t-1}' \qquad (0 \leqslant a \leqslant 1)$$

上式中，X_t' 为未来预测数额；X_{t-1} 为本期实际数额；X_{t-1}' 为本期预测数额；a 为平滑系数，是对本期实际数额的权数；1-a 是对本期预测数额的权数。a 值越小，下期的预测值就越接近于本期预测值；反之，则越接近于本期实际值。这种预测方法的关键是测算 a 值，一般可选用不同的 a 值代入上式分别进行试算，然后以预测值最贴近实际值的那个 a 为准。

这种方法可运用于商业银行利率风险、汇率风险和投资风险的预测。尽管利率、汇率和证券价格等受许多随机因素干扰，但它们的短期变动具有一定的规律性。可以使用指数平滑法预测利率、汇率和证券价格，然后分析利率、汇率、证券价格的变动幅度以及对银行损益所造成的影响。

指数平滑法的局限性在于平滑系数的确定带有主观性，不同的平滑系数会使预测结果出现较大的差异。

（2）回归分析预测法。

任何一种商业银行风险均受多种经济变量影响，它们之间有两种关系：一是确定性的函数关系，即在函数关系中的每个变量都是确定的，它们之间的关系可用明确的数学形式表达。比如，资本＝资产×资本资产比率。二是非确定性的相关关系，即变量之间存在着某种规律性，但常常因随机因素的影响而具有不确定性。比如，利率风险＝f（利率风险敞口，利率的变动），以及汇率风险＝f（汇率风险敞口，汇率的变动）等。回归分析是研究相关关系的一种方法，通过建立回归方程式，分析讨论变量间的相关程度，以确定该方程式在进行风险预测上的合理性。回归分析法按自变量的多少分为一元回归分析和多元回归分析。由于多元回归分析法有较为复杂的数学计算过程，限于篇幅，本书以一元回归分析来描述其在风险预测中的运用。

一元回归数学模型表示自变量和应变量两者之间的线性相关关系。其数学表达式为

$$Y_i = a + bX_i + e_i \quad (i = 1, 2, \cdots, n)$$

上式中，X_i 为自变量，假设是预先给定的，视为确定性变量；Y_i 为因变量；e_i 为各种不确定因素对 Y 的总影响，即误差项；a、b 为常数，a 为起始值，b 为斜率。假定 e_i 符合正态分布，则在预测时，可用直线 $Y_i = a+bX_i$ 来计算其相关程度。在 a、b 确定后，就能通过模型得到预测值，并通过相关系数 r 来判断预测值的精确度。

2. 马尔可夫链预测法

该方法以无后效性为基础，适用于记忆性较强的随机模型。无后效性是指自然界的事物与过去的状态并无关系，而仅仅与事物的近期状态有关。因此，应用马尔可夫链预测随机事件未来趋势的变化无须大量历史数据，就能完成短期或长期趋势分析。

3. 累积频率预测法

这是在统计规律稳定、历史资料齐全的情况下进行风险概率预测的一种方法。该方法有四个步骤：首先，描述概率分布，即描述不同风险产生的损益及其概率；其次，计算样本的数学期望值；再次，计算反映报酬率偏离期望报酬率的综合差异的标准差；最后，计算标准离差率，用相对数来表示离散程度，即风险的大小。

累积频率预测法通常用于预测非系统性风险，商业银行在预测投资风险时运用得非常普遍。现以银行单一证券投资风险预测为例来说明累积频率分析法的运用方法。

银行根据证券收益率及变动的概率用加权平均法计算出加权平均值，其计算公式如下：

$$E_{(k)} = \sum_{i=1}^{n} k_i \cdot p_i$$

上式中，$E_{(k)}$ 为某证券投资收益率的期望值；k_i 为该证券投资第 i 次变动的收益率；P_i 为该证券投资第 i 次变动的概率；n 为该证券投资收益率变动的次数。

以证券投资收益率的期望值为参照，计算出各投资收益率与期望值间的离散程度，其计算公式为

$$\delta = \sqrt{\sum_{i=1}^{n} \left[k_i - E_{(k)} \right]^2 \cdot p_i}$$

上式中，δ 表示该证券投资收益的标准差，该标准差越大，说明投资风险越大。如果要用相对数来表示投资风险大小的话，则可用以下公式表示：

$$\sigma = \delta / E_{(k)}$$

上式中，σ 表示标准离差率，该离差率的大小与投资风险之间的关系同标准的判断一致。

4. 弹性分析法

它是以风险因素与风险损益之间的因果关系为基础，来分析风险因素变化对风险收益的影响，又称为差量分析法或敏感性分析法。它的表示方法通常为：风险因素变动（上升或下降）一个百分点，商业银行风险损益将变动若干个百分点。这种方法运用广泛，在汇率风险和利率风险预测中均可用到此法。现以该方法在利率风险预测中的运用加以说明。

利率风险由利率风险敞口和利率的变动引发，它们的函数关系为：利率风险 = f（利率风险敞口，利率的变动）。利率风险敞口是利率风险产生的基础，利率风险敞口

由商业银行资产负债结构的不匹配引起。商业银行的资产与负债可按利率的特点分成三类：一是利率、期限相匹配的资产负债，这种结构资产负债对称，不存在利率风险敞口，利率波动因其对冲性而对银行的盈亏不会产生很大影响；二是固定利率的资产和负债，利率的波动因这类资产和负债的利率固化而对净利息收益率的影响甚微；三是浮动利率的资产和负债，即利率敏感性资产（ISAs）和负债（ISLs）。显然，利率敏感性缺口是指在一定时期内银行利率敏感性资产与负债之间的差额。不同的市场利率条件下，该缺口的伸缩对商业银行的盈利性乃至流动性和安全性均将产生重要影响。商业银行的利率风险可根据对缺口的测度加以预测。

根据利率敏感性缺口的定义，可由下列等式表示：

$$利率敏感性缺口（ISG）= ISAs-ISLs$$

如果 ISG>0，则称为正缺口；如果 ISG<0，则称为负缺口。银行经营利率敏感性资产和负债的净利息收入（NID）为利率敏感性资产利息收入减去利率敏感性负债利息支出。设利率为 r，以上情形可用下列公式表示：

$$ISG \times r = ISAs \times r - ISLs \times r = NII$$

当利率变化时，净利息收入（NII）也将发生变化，可用下式表示：

$$\Delta NII = ISAs \times \Delta r - ISLs \times \Delta r = ISG \times \Delta r$$

由上式可知，在正缺口下，市场利率上升，商业银行的收益上升，净利差增加；在负缺口下，利率上升增加了银行的经营成本，减少了银行的净利差。因此，上式提供了这样的描述，即利率变动 1 个百分点，银行净利息收入相应变动若干个百分点。由于存在正、负缺口，因此，敏感性系数是一把"双刃剑"。

（二）定性分析

定性分析，又称判断预测法。它由熟悉业务并有一定理论知识和综合判断能力的专家和专业人员，根据其经验及掌握的有关商业银行的历史资料和情况，对商业银行未来的风险进行预测。定性分析可以作为定量分析的补充，两者并不矛盾。定性分析常用的方法有以下几种：

1. 专家意见法

专家意见法是传统的预测方法，其形式主要有三种：意见汇集法、专家小组法和德尔菲法。

（1）意见汇集法。它是由银行预测人员根据预先拟定的提纲，对那些对预测内容比较熟悉、对预测内容未来的发展趋势比较敏感的银行上层人员、业务主管和业务人员进行调查，在广泛征求意见的基础上，进行整理、归纳、分析、判断，最后做出预测的结论。

这种方法成本较小，运用灵活，并能根据影响预测内容的情况变化及时对预测数据进行修正。但由于预测结果易受个人主观判断影响，另外，针对一些专门问题，在采用意见汇集法时不会深入研究从而影响了预测值的精度。

（2）专家小组法。它是商业银行组织有关汇率、利率、资本管理、资产负债管理等方面的专家，组成预测小组，以召开调查讨论会的形式，在明确所要预测问题的目的、内容和范围后，通过讨论和发表意见做出种种预测，然后，根据专家小组集体的成果进行综合和统一，做出最后的预测判断。

这种方法由于各专家小组面对面地进行集体讨论和研究，因此，便于全面考虑某一问题未来发展的各种可能性，较全面、深入。但参加人数少、代表性差，有时专家小组成员又往往易被权威人士所左右。为避免这种情况，美国著名的兰德公司发明了专家意见分别征询法，即德尔菲法。

（3）德尔菲法。它主要采用通信的方法，通过向有关专家发出预测问题调查表的方式来搜集和征询专家们的意见，在经过多次反复、汇总、整理、归纳各种专家意见后，做出预测判断。该方法在特点和程序上优于以上两种专家意见法。具体表现在以下几方面：

①保密性。商业银行根据调查内容制定好风险调查表后，向事先成立的专家组成员发信，要求他们独立做出判断并提出书面意见。这种背对背完成风险调查内容的方法可免受其他人的干扰。

②反馈性。商业银行收齐专家组各成员意见后，经过整理、归类，然后反馈给专家组每位成员，要求他们借鉴别人的意见，并在保密的情况下做出第二次预测判断。这种反馈的过程有多次，目的是为了使预测判断趋于成熟。

③集中判断。经多次反馈后，银行预测工作人员运用统计学和数学工具将最后一次反馈形成的不同意见采用中位数、平均数或加权平均数的方法予以综合，最后得出基本一致的预测结果。

这种方法使专家组成员能在一个宽松的环境中发表意见，易于全面深入考虑所预测的内容，同时反馈的过程有助于各专家之间取长补短，有助于预测结果的收敛，为保证风险预测的准确性提供了可能。在具体运用这种方法时，商业银行在制定风险调查表时应避免加入过多的主观成分。该方法被广泛用于诸如投资、汇率、信贷等风险的预测中。

2. 主观概率法

主观概率法是指人们对某一随机事件出现的可能性做出主观估计（主观概率），对银行风险产生的可能性及其影响进行测算的一种方法。随机事件出现的概率是客观存在的，并可以在大量的试验和统计观察基础上获得。但是随机事件的客观概率的测定有两个难点，即需要做大量的试验以及方法论本身的缺陷。这些难点为主观概率法的推行提供了可能。通常，由专家或银行上层决策者在过去、现在的有效信息基础上，根据自己在过去长期工作中的经验对随机事件出现的可能性进行估计。主观概率在这种预测方法中被视为客观概率的近似值。

这种方法可用于测定利率风险、汇率风险和投资风险等。以利率风险预测为例，假定存在利率风险敞口，则利率的波动将影响银行的损益。因此，通过测定利率波动可预测利率风险及其对银行的影响度。运用主观概率法预测利率波动的做法如下：

首先，搜集过去一段时间内每一个时段的浮动利率数据。这一段时间中每一个时段应该具有序时性。至于这一时段为多长，以及如何进一步细分，则依预测需要而定。

其次，编制利率波动主观概率意见征询表。该征询表的主要内容包括征询者所关心的一组时间序列利率情况，以及有助于进行主观概率估计的从1%到99%的累积概率区间的位置（见图9-1）。

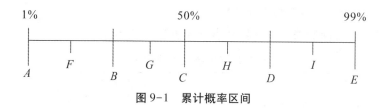

图 9-1 累计概率区间

图 9-1 中，A、B、C、D、E 表示预计利率出现的概率，如果被征询者指定 E，则表明他认为将来某一浮动利率水平有 99% 的可能接近实际值。F、G、H、I 为每一概率区间的中值。

再次，将一组时间序列利率及意见征询表一同发给被询问的专家或银行决策层人员，由他们在参考利率累积分布函数曲线历史利率资料的基础上，根据他们的知识和经验，将他们的估计写在征询表上。

最后，根据反馈意见的汇总情况进行分析，并做出利率波动的预测。为精确起见，可用累积分布函数曲线图描述预测情况，如图 9-2 所示。

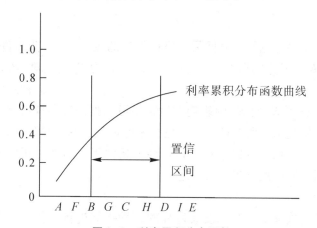

图 9-2 利率累积分布函数

置信区间往往根据利率预测值与实际值的偏差要求率推断。若月浮动利率的预测值和实际值不能相差超过 ±1%，当专家估计月利率的平均值为 8% 时，则利率预测值在 7%~9%，然后，根据利率的累积分布函数在纵坐标上找出 7% 和 9% 对应的概率，这两个概率之差即月利率在 7%~9% 的可能性。

3. 交叉影响法

交叉影响法指根据未来几个事件相互之间的影响来预测每一随机事件发生的可能性。该方法由戈登和海沃德在 1968 年提出。这种方法的基本思路是：先寻找和确定一系列事件之间的相互关系；然后假设其中某一事件发生后，这一事件对其余事件是否产生影响以及影响的程度，并用矩阵交叉反映；最后利用交叉影响矩阵来预测某一事件发生后其他事件发生的概率。

交叉影响法可被广泛用于商业银行风险预测之中。假设有三种风险之间有依从关系，这些事件及其概率如下：

E_1 为流动性风险，其概率为 $P_1 = 0.4$；

E_2 为信贷风险，其概率为 $P_2 = 0.1$；

E_3 为利率风险，其概率为 $P_3 = 0.5$。

E_1、E_2 和 E_3 之间的关系及其相互影响如表 9-1 所示。

表 9-1　三因素交叉影响矩阵

事件（风险）	事件发生概率	对其他事件的影响		
		E_1	E_2	E_3
E_1	0.4	0	1	1
E_2	0.1	1	0	0
E_3	0.5	1	1	0

上表中"1""0"为影响系数。"1"表示 E 发生将增大另一事件发生的概率，具有正影响效应；0 表示两个事件之间无明显关系或影响很小。如果出现"−1"，则表示 E 发生将抑制或消除另一事件发生的概率，具有负影响效应。

根据交叉影响矩阵表，我们可以用以下公式调整 E 发生后其余事件 E_j 发生的概率：

$$P_j = -P_j + K \times S \times (P_j - 1)$$

上式中，P_j 为事件 E_i 发生后，t 时间另一事件发生的概率；$-P_j$ 为事件（E_i）发生前，t 时间另一事件（E_j）发生的概率；K 为影响系数；S 为 P_j 发生对 $-P_j$ 的影响度，其变动幅度为 0~1。

承上例，在考虑了 E_1 对 E_2 的影响度后，便可根据已知条件得出 E_2 发生的概率，并以此类推。交叉影响法有两个难点，一是有彼此依从关系的事件各自的概率的估计；二是两个事件之间的影响程度的估计。在定性分析法下，前者可用前面所介绍的主观概率法测定，而后者则可用德尔菲法确定。

4. 领先指标法

领先指标法是对描述经济金融发展过程的各种指标进行分析，找出预测目标（指标）与相关指标的时间关系，即将相关指标分成领先指标、同步指标和滞后指标三类，然后利用领先指标变化趋势对预测目标做出预测。领先指标法的原理是利用经济指标之间存在的前趋与后继关系，在分析讨论前趋指标的基础上，推测后继指标，以达到预测的目的。

商业银行运用此法风险预测的步骤如下：

首先，找出预测目标的领先指标、同步指标和滞后指标。比如，使用资本资产比率进行资本风险预测时，银行的盈利水平是资本充足性的领先指标，留利水平是资本充足性的同步指标。

其次，收集领先指标、同步指标、滞后指标的数据，画出这三类指标的时间序列图，见图 9-3。

图 9-3 中，t_1 为领先指标出现最高点的时间；t_2 为同步指标出现最高点的时间；t_3 是领先指标出现最低点的时间；t_4 为同步指标出现最低点的时间，其中 $T = t_2 - t_1$ 为最高点领先时间。比如，利润实现与利润分配处于不同的时刻，前者在前，后者在后，两者的时滞即为领先时间。这一领先时间的确定是此方法的难点所在。一般可用定量方法如数学模型法和非定量方法如作图法描述和确认。

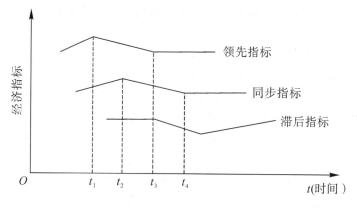

图9-3 三类指标时间序列

最后，在找到领先时间后，就可根据指标的前趋和后继关系，求得预测结果。如果要预测将来某一时刻的预测值，只要求得（$t-T$）时刻的实际值，就可推测后继预测值。承上例，如果在利润分配率确定的情况下，预测将来的盈利水平，进而预测资本风险，则只要计算（$t-T$）时刻的现实利润水平即可。

第三节 商业银行内部控制

商业银行的内部控制是商业银行风险管理的重要环节，它是以商业银行风险识别与预测为基础的。从广义上讲，商业银行的风险控制应以商业银行经营过程中遇到的所有风险为对象。商业银行内部控制只限于对商业银行内部风险的控制，它通过建立自我约束和控制机制发挥作用。自我约束和控制机制是商业银行内部按规定的经营目标和工作程序，对各个部门、人员及其业务活动进行组织、协调和制约，以减少和控制潜在风险损失的一种管理制度。

一、商业银行内部控制的目标和实施原则

（一）商业银行内部控制的目标

商业银行通过建立内部控制机制来控制风险，防止和减少损失，保障其经营活动能安全顺畅地进行。该目标体现在两个方面：

一是在风险损失发生前，银行可借助有效的内部控制制度，以最低的成本来获取控制风险的最佳效果。

二是在风险损失发生之后，商业银行采取有效措施，使商业银行不至于因风险的产生而造成更大的损失甚至危及其生存，并确保银行盈利目标的顺利实现。

商业银行的内部控制是维持商业银行稳健经营，确保整个银行体系正常运转的有效保障，它能避免金融体系内出现银行倒闭的"多米诺骨牌效应"悲剧，有利于维护金融秩序的稳定。

（二）商业银行内部控制的实施原则

商业银行内部控制的核心内容是确定商业银行各部门的职责权限，实行分级分口

管理和岗位责任制，建立健全内部管理制度，通过对从业人员的工作行为及其成果进行衡量和矫正，确保预期目标的实现。

1. 确定各部门、各级人员的职权和责任

商业银行的众多从业人员在追求银行目标过程中还会考虑到自身的利益，这可能会给银行带来风险。为此，银行可以通过诸如"授权控制"和"批准授权"等方式确定银行内部的职权和责任。要求做到以下几点：第一，某一项具体职权和具体责任不能同属于若干个部门和个人，以避免相互推诿；第二，不相容的职务必须分管，避免兼管所造成的无牵制力和无约束力的状况，这是内部控制制度的核心内容；第三，任何一项工作不能始终由一个人独立完成，以避免出现差错和舞弊行为。岗位轮换、连续休息、双重控制等均为这一要求的具体体现。

2. 明确商业银行各项业务的操作程序

严格有效的控制程序直接关系到银行资产的安全，同时也是银行各部门及各成员协调配合的依据。为此，银行应制定操作规程和工作手册，使银行业务程序标准化。操作规程是银行对每项业务按银行的规章、条例制定的程序和手续，是银行每项业务的运作指南；而工作手册是银行从业人员应遵循的规则，往往按出纳、信贷员、稽核员等专业分别制定，内容包括职责、任务及操作规程。商业银行各项业务的操作程序规范了业务操作人员的行为以及业务的运作过程，为评价各项业务的实绩的客观性提供了很大的保障，有助于内部控制程序中的绩效评估。

3. 明确商业银行控制程序

控制程序由设定控制标准、衡量工作绩效和纠正偏差三个基本程序组成。

设定控制标准应以显示预期目标轮廓的标志点为准，并以此作为衡量实际绩效是否符合目标的准则。标准有多种多样形式，不同的业务其标准并不一致，有物量标准、价值标准、功能标准等。

衡量工作绩效是指运用标准对银行客观业绩做出公允的评价。对于实绩与标准之间的偏差应认真分析其性质及其产生原因。根据可控与不可控两种情况对偏差进行不同的处理：对不可控因素造成的偏差，银行应调整目标；而对可控因素造成的偏差，应改进工作方式或程序。

纠正偏差以可控因素引起的偏差为对象。可从两方面考虑纠正措施，一是改进组织功能，即通过诸如重新委派、撤换、增设机构等完成；二是改进业务功能，即通过改进操作程序，采用新的技术手段等实现。

二、商业银行内部控制的类型

商业银行内部控制可按不同的标准进行分类。按技术类型可划分为事前控制、同步控制和事后控制；按功能类型可分为业务控制、财务控制、会计控制、审计控制、物品控制、人事控制、组织控制等；按范围类型可分为经营业务控制和内部财务会计控制。

（一）按技术划分的控制类型

1. 事前控制

事前控制是指商业银行在发生诸如损失等行为前，就开始采取防范措施予以预防。

事前控制对商业银行的要求很高，即商业银行应对银行管理过程及其后果的各种可能性有比较准确和充分的估计。

2. 同步控制

同步控制是指商业银行在业务或行为发生的同时，采取自控措施予以控制的做法。同步控制应实行双向对流程序，及时调整和矫正行为，互为补正。因此，同步控制是较难操作的一种控制。

3. 事后控制

事后控制是指商业银行在业务或行为发生后，采用修正或补救措施以减少或降低风险造成的损失。事后控制应及时、有效，以避免商业银行遭受更大的损失。

上述三类风险控制类型有着较强的时效性、前瞻性及后继性。商业银行的任何业务、活动或行为从其时间过程而言，均有事前、事中和事后三个阶段。就某一时间段而言，商业银行的经营业务或行动所处的阶段或环节不同，因此，对于处于不同时期的活动，可以以某一技术类型的控制为主，但必须辅以其他两种控制。

（二）按功能划分的控制类型

1. 业务控制

业务控制是指商业银行按其主要业务的诸多方面，根据任务要求制定相应的标准进行控制。银行的主要业务包括资产、负债、表外等业务，而这些业务会衍生出诸如投资风险、流动性风险和汇率风险等银行业务的控制对象。因此，业务控制的内容很广，而且难度极大。

2. 财务控制

财务控制是指商业银行根据财务预算和财务规划，以货币价值形式确定各有关标准予以控制。银行财务预算体现在资产结构、财务结构和资本结构的安排上，以及体现在银行现金流入流出是否顺畅等上面，是对银行资金运用和筹措的总体规划与安排。财务规则是银行进行资金融通的行为准则。商业银行在财务运用上会因为融资不当或背离财务规划而产生财务风险。银行的高资产负债率显示，它是一个高风险企业，因此，银行的财务控制也是一个重要的内容。

3. 会计控制和审计控制

会计控制是指银行根据一般公认的会计原则和制度，建立银行会计制度，以该会计制度核算来反映银行的业务，同时以该会计制度为准则来控制银行的会计过程，使银行提供的会计资料真实反映银行的财务状况、盈亏情况及现金流量。审计控制是商业银行设立内部审计部门，由会计及有关交易当事人以外的第三者会计专家，独立地审查会计记录、会计行为和会计组织的一种控制。

4. 物品控制

物品控制是指商业银行对其物品的品种、规格、型号、性能、数量及其购入、使用、存货等确定标准进行控制。

5. 人事控制

人事控制是指商业银行对从业人员的编制、选用、奖惩、调动、培养、提拔等确定政策性和程序性标准予以控制。

6. 组织控制

组织控制是指商业银行对组织设置、组织原则、组织职责和组织班子确定标准予以控制。

上述控制类型在具体应用中，可根据实际情况，按积极性操作和消极性操作两个方向，衍生出不同的具体控制和相应技术。

（三）按控制范围划分的控制类型

1. 经营业务控制

经营业务控制是商业银行为加强管理、提高经营效益而对其经营业务、行为采取措施，以降低风险的一种控制。经营业务控制包括业务控制、物品控制、人事控制和组织控制等。

2. 内部财务会计控制

内部财务会计控制是商业银行为保证其财产安全完整，保证会计资料的真实性和加强内部监督，减少或避免银行会计风险和财务风险而采用的一种控制。

三、商业银行内部控制的方法

商业银行在风险识别和预测的基础上，必须采用切实可行的措施和工具来防止风险或减少、减缓风险所造成的损失。限于篇幅，本书仅以商业银行业务控制为对象介绍内部控制方法。商业银行内部控制的方法主要有风险控制法和风险财务法两种。其主要的功能为分散、抑制、转嫁、自留风险。它是商业银行风险管理中最重要的一个环节。

（一）商业银行风险控制法

商业银行风险控制法包括分散风险和抑制风险两方面内容。

1. 分散风险

商业银行通过调整其资产结构或资本结构等手段来分散其承受的风险。银行的这种做法有其理论基础。20世纪60年代以来，资产组合理论与实践得到迅速发展。根据资产组合理论，银行应通过调整其资产结构和资本结构使其持有的资产和负债具有不相关或负相关性，从而达到总体上分散风险的目的。

从不相关或负相关的要求出发，商业银行分散风险应在金融工具、资产负债期限、融资地区等方面的选择上进行综合考虑，然后确定恰当的做法。

（1）金融工具组合多样化。商业银行将其各种贷款、投资和存款工具广泛运用于不同规模、不同层次、不同收入来源的客户之间，以确保不相关或负相关的组合要求；同时，注意以各种资产负债在币种上的风险分散多样化来减少商业银行总体风险的暴露。

（2）资产负债期限多样化。商业银行所持有的资产以及承担的负债根据经营目标的要求进行组合，尽量使长短期资金来源与运用的盈亏相互抵补。

（3）地区分布分散多样化。商业银行在选择客户时，应以广大的区域为背景，因为不同区域的客户，其经济状况及收入来源不同。这种做法也能使银行的盈亏产生抵补效应。

分散风险的做法成本较低，减少了商业银行资产负债价值的震荡及意外损失，因此，分散风险的目的主要在于回避风险。这种做法在客户现金流量以不同方式变动时对减少银行风险产生的效应尤为显著。

2. 抑制风险

抑制风险是指考虑到风险事件的存在与发生的可能性，主动放弃和拒绝实施某项可能导致风险损失的方案。它能在风险发生之前彻底消除或避免某一特定风险可能造成的损失。这样方法尤其适用于商业银行的信用放款上。其基本做法有如下两种：

（1）商业银行在面临巨大潜在信贷风险时终止某项资金的借款活动与计划，终止或暂停某类资金的经营计划与经营活动，挑选更合适、更有利的其他类别的资金借贷与经营计划。

（2）商业银行的信贷风险很大程度与信贷的对象、方式和形态有关。银行为抑制风险，可改变资金借贷和资金活动的性质、方式以及经营的组织形式，这样可在很大程度上避免潜在的信贷风险发生。

抑制风险具有消极防御的性质。资金借贷者和经营者往往受利益驱使而放弃使用该法。因此，风险抑制法在实践中很难完全实现。

（二）银行风险财务法

银行风险财务法与以上方法的适用条件不一样，它是指在银行风险发生之后，用一定的方法予以补救，将风险损失降到最小的做法。财务法通常有风险自留和风险转嫁两种做法。

1. 风险自留

风险自留是商业银行自行设立基金、自行承担风险损失发生后的财务后果的处理方式。商业银行采用此法时，往往在对预期获利和损失等因素进行综合考虑后才做出是否主动承担风险的决策。风险自留有主动与被动之分，也有全部风险自留和部分风险自留之分。银行风险自留策略是指以主动或被动方式承担部分或全部风险。主动自留建立在风险识别和预测的基础上，是指通过经济可行性分析确认是否自愿承担风险的方式，因此，不会产生财务后果；被动自留则是一种被动、无意识的处置方式，往往引发严重的财务后果；全部风险自留以全部承担某项事件或某项计划可能出现的损失后果为承诺，这种做法往往建立在成本效益分析基础之上；部分风险自留是指根据自己的承受力，有选择地对部分风险采取自行补偿的一种风险处置方法。因此，商业银行风险自留以主动部分或全部风险自留较为常见，而尤以主动部分风险自留最为流行。

自留风险是一种较为积极的风险控制手段。银行可以通过预留风险准备金的方式来弥补潜在风险造成的损失；同时，自留风险的损失费用化，这种显现的费用化的做法促使银行加强风险控制，以节约潜在费用的开支。但是，风险自留以银行自己的财力补偿风险损失，银行由此可能面临更大的风险，同时可能承担更大的费用。

根据风险自留的特点，商业银行在使用此法时，必须注意三点：一是银行补偿风险的财力是否充分；二是损失发生后会不会使银行遭受进一步的财务困难；三是优先考虑其他控制方法。

2. 风险转嫁

商业银行在风险损失发生后，将风险损失通过一定的途径，有意识地转嫁给与其有利益关系的客户承担。这种风险转嫁按风险资产是否转移分为两种：一是将风险损失的财产转移给交易的另一方；二是不转移财产本身，而是将存在的风险及其损失转移给交易的另一方。商业银行往往通过合同，将资金借贷的各种活动产生的赔偿责任以及因资金经营活动导致的损失的承担情况用条款的形式写在合同中。当风险损失发生后，银行可借此实现风险转嫁。商业银行风险转嫁的方法应充分体现在其业务经营之中。

（1）贷款风险的转嫁。

商业银行通过贷款合同，将资金贷给信用接受者时，实际上把经营该资金所存在的风险转移给了借款方或其保证单位。现在，银行通过贷款手段的创新，如贷款证券化和贷款出售等表外方式回避与转嫁风险。

（2）其他交易活动的风险转嫁。

商业银行在金融市场上进行投融资时，利用远期合约、期权合约等金融衍生工具实现利率风险、汇率风险等的转移。

风险转嫁可以减少甚至消除因借贷或经营资金所带来的风险，而且灵活方便、费用低廉。但风险转嫁的最大问题是具有一定的盲目性。

四、商业银行的内部稽核

商业银行在实行种种风险控制的方法时，有一个现实必须正视，即商业银行必须建立一套严格的操作程序来规范从业人员的行为以及业务的运作方式，而且银行应建立严格的稽核制度为这些规则与规定的执行提供保障。商业银行的稽核功能不仅仅体现在防错、纠错、保障和揭露等方面，而且具有提高经济效果的作用，即通过进一步消除银行经营管理中的不利因素和薄弱环节，进一步健全制度、改进工作方式、提高经济效益。这些功能体现在稽核内容和原则方法中。

（一）稽核的范围

稽核的范围包括商业银行所有的业务和管理活动。主要有以下几个方面：

（1）资产负债稽核。

稽核内容包括资产负债的预计和实际规模、资产负债的结构及变化趋势、资产的质量和安全性、负债的流动性与稳定性、证券交易的价格及持有证券资产的结构、利率与利差、资金的流向等。

（2）会计财务稽核。

会计稽核内容包括会计的过程、结算户资格、结算方式和结算纪律、往来账户和清算、业务差错情况、出纳制度、现金收付和运送、库房管理、货币发行与回笼、出纳长短款等。财务稽核内容包括财务预算及其执行，各项收入、支出、盈亏的处理等。

（3）金融服务稽核。

稽核内容包括咨询、信托、租赁等银行业务的规章和手续，收费标准及其执行情况，服务质量及设备等。

（4）横向联系稽核。

稽核内容包括银行与客户及同业银行的关系和协作，是否有重大经济纠纷以及业务以外的经济关系等。

（二）稽核的原则与方法

商业银行稽核工作应遵循一定的原则进行，这些原则有利于稽核工作效果和效率的提高。这些原则主要有回避原则、重要原则、经济原则、适合原则、适时原则、从简原则、行动原则和直辖原则。

商业银行在进行稽核时，最常见的方法有观察法、审阅法、听证法、复查法、核对法、盘点法、查询法等。在稽核中，应将各种方法有机地结合起来，同时注意稽核的形式。稽核有全面与专项稽核之分、定期与不定期稽核之分、独立与会同稽核之分。因此，有效的稽核应该是在原则指导下，对稽核方法和方式进行有效的搭配，这样的内部控制手段才是有效的。

复习与思考题

1. 商业银行风险的类别有哪些？
2. 简述商业银行风险管理的主要内容。
3. 商业银行风险预测的定性分析法有哪些？
4. 简述商业银行内部控制的目标和原则。
5. 简述商业银行内部稽核的主要内容。
6. 如何防范商业银行的道德风险？

第十章

商业银行财务管理

学习目标

◆ 了解商业银行财务报告的种类和内容。

◆ 掌握商业银行绩效评价的方法。

◆ 知道商业银行财务报告的构成与内容。

商业银行的财务管理是商业银行经营管理活动中的一个重要组成部分，是商业银行组织资金运动、处理商业银行各方面财务关系的一项重要工作。商业银行的财务管理和绩效评价主要内容包括：一是了解商业银行经营活动及其结果，利用商业银行财务报表获取相关信息；二是设计一套指标体系将报表信息结合起来，从多方面表现商业银行经营业绩；三是应用一定分析方法对指标数据进行分析，对商业银行绩效做出评价。

第一节　商业银行财务报表

商业银行经营管理活动过程和结果体现在其财务报表之中，财务报表为商业银行绩效的评价提供必要信息。财务报表按所反映金融变量的不同性质可进行有效分类，存量报表提供有关存量变量信息，流量报表由有关流量信息组成。存量是指同时点相联系的变量。流量是指同特定时期相联系的变量。这两类变量，一方面是依存的时间基础不同，另一方面是存量指标和流量指标之间也有一定联系。在一般情况下，流量指标可归于相应存量指标中，资产负债表是存量报表，静态地反映商业银行经营活动；损益表提供流量信息，动态地反映商业银行业绩；现金流量表则将这性质不同的两种报表有机地连接起来。

一、商业银行的资产负债表

商业银行的资产负债表是使用频率最多的财务报表，是一种存量报表，反映了特定时点上商业银行的财务状况，是商业银行经营管理活动的静态体现。通过商业银行资产负债表可以了解报告期商业银行实际拥有的资产总量及其构成情况、商业银行资金的来源渠道及结构情况，从总体上全面了解和认识该商业银行的资金实力、清偿能力情况。从连续期间的资产负债表可了解到商业银行财务状况的变动情况，有助于对商业银行的未来发展趋势做出正确的预测。

商业银行资产负债表的编制原理同一般企业基本相同，也是根据"资产=负债+所有者权益"这一平衡公式，按设定的分类标准和顺序，将报告日商业银行的资产、负债、权益的各具体项目予以适当排列编制而成的。商业银行业务经营活动与工商企业有显著差异，在报表反映内容上也有自身特点：一是商业银行总资产中各种金融债权占较大比重，而固定资产主要是房产和设备所占比重很小，西方商业银行固定资产与总资产的比值一般不足2%。二是商业银行更多地依靠负债获取资金来源，自有资金一般在10%左右，大大低于工商企业的平均水平。同工商企业相比，商业银行资本发挥的是管理性职能，即是金融监管当局通过制定相关资本金管理法规进行管理和约束、引导商业银行经营管理的正常化发展。三是由于所处经营环境、面临经济法规不同、开展的业务各有特点，商业银行在资产负债表具体科目设置、会计处理上也存在差异。

表10-1是某一商业银行的资产负债表，本书借此对商业银行资产负债表的一般形式做介绍。该资产负债表按期末余额来表述，但在分析其财务状况、评价业绩时，一般采用期初、期末平均余额来了解商业银行在整个报表期间的经营活动。

表 10-1　某一商业银行的资产负债表　　　　单位：万美元

资产	期初	期末
现金及存放同业	230 000	164 300
证券投资	300 200	280 300
交易账户证券	9 600	6 600
同业拆出及回购协议下持有证券	42 500	27 800
贷款总值	1 541 200	1 588 700
减：贷款损失准备金	19 500	39 400
预收利息	13 700	11 700
贷款净值	1 508 000	1 537 600
银行房产、设备净值	36 300	36 500
对客户负债的承兑	14 100	7 000
其他资产	117 900	110 400
资产合计	2 258 600	2 170 500

表 10-1（续）

负债	期初	期末
存款		
支票存款	383 100	342 700
储蓄存款	93 700	91 400
货币市场存款	196 500	191 400
定期存款	998 100	945 200
在国外分支机构存款	86 900	78 700
总存款额	1 758 300	1 649 400
借入资金		
同业拆入及回购协议下证券出售资产	183 600	213 200
其他短期债务	71 400	89 700
长期债务	63 900	61 700
应付未结清承兑票据	11 100	7 000
其他债务	42 300	34 800
负债合计	2 130 600	2 055 800

所有者权益	期初	期末
普通股	21 200	21 200
优先股	100	100
资本公积	60 100	60 300
未分配利润	46 600	33 200
减：库藏股	0	100
所有者权益合计	128 000	114 700
负债和权益合计	2 258 600	2 170 500

（一）资产项目

1. 现金资产

现金资产主要包括四个部分：一是库存现金，即商业银行金库中的纸币、铸币，以及同中央银行发生往来但尚在运送中的现金；二是托收中存款，是指已签发支票送交储备商业银行，但相关账户尚未贷记的部分，对此项目每个国家的处理方式并不一致，如美国将其纳入一级准备中，其他国家将其纳入二级准备中，我国是纳入一级准备中；三是存放同业的活期存款和在中央银行准备金账户上的存款。现金资产是可作为法定存款准备金的资产项目，也是商业银行全部资产中流动性最强的，是可以随时满足客户的提存要求和贷款请求，因此被称为"一级准备"。现金资产基本上是没有收益的，所以，商业银行在经营管理中一般是首先缴足存款准备金，在确保商业银行流动性的前提下尽可能减少持有现金资产。

2. 二级准备资产（交易账户证券、同业拆出及回购协议下持有证券）

二级准备资产主要包括若干具有较强流动性的资产项目，它并不是一个独立科目。在表 10-1 中交易账户证券、同业拆出及回购协议下持有证券是二级准备的主要部分。证券投资中的短期投资部分也属于二级准备。交易账户证券是一个特殊科目，只有经常与公众、其他机构进行证券买卖的商业银行才设置该科目，其账户余额表示商业银行持有的即将销售的证券数额，该账户应以证券市价作为计价基础。同业拆出和回购协议下持有证券均是商业银行调拨头寸、进行流动性管理的有效工具。通常，中小银行大多是资金拆出行，以此获取收益，大银行大多是资金拆入行，通过连续不断拆入短期资金而获得稳定的资金来源。二级准备在盈利性、流动性方面居于贷款资产和现金资产之间，商业银行持有二级准备资产的目的主要是必要时出售这类资产以获取流动性，同时又能获取一定的盈利。

3. 证券投资

证券投资资产是商业银行主要的盈利资产之一，其资产比例有时占资产总额的20%以上，其类型可划分为短期投资和长期投资两个部分。短期投资以保有流动性为目的，主要包括在二级准备资产内，而长期投资以取得盈利为主要目的。商业银行持有的证券可分为三类：国库券及政府机构债券、市政债券和企业债券、票据。按大多数国家的规定，商业银行的资金一般不允许投资于股票和投机级企业债券。商业银行证券投资组合中政府债券占有较大份额，主要是因为政府债券基本不存在信用风险，安全性很高；可在二级市场转让，流动性较高；还可以合理避税，具有较高的盈利性；商业银行从外部借款时政府债券还可作为抵押品；部分市政债券也有优惠的免税条件，也可给商业银行带来免税利益。

证券投资科目的账务处理一般以购入时的成本价作为记账基础，其市价在资产负债表附注中披露，而短期投资部分也可直接采用市价记账。在对证券投资科目做分析时必须考虑和分析其市价波动情况。

4. 贷款

贷款是商业银行资产中占比重最大的一个项目，也是商业银行营业收入的主要来源。商业银行贷款按贷款对象划分，可划分为消费信贷、房地产贷款、工商业贷款、农业贷款及对证券机构、经纪人贷款等。在资产负债表中，商业银行贷款的表述有总值、净值两种方式。贷款总值是报表尚未还清的贷款余额的账面价值，贷款净值是贷款总值扣除一些抵减项目得出的数额。主要的抵减项目有：一是贷款损失准备金，该科目反映了商业银行对未来可能发生的贷款损失的预计值。二是预收利息，是指商业银行收到的贷款客户预付的利息。设置该抵减科目有利于核算报表日银行贷款的真实价值。

5. 固定资产

固定资产主要指商业银行房产、设备的净值，所占比重一般较低，属于非营利性资产。商业银行通过对客户抵押品行使取消赎回权所得的不动产在单独设置的"其他不动产"科目中反映。

6. 未结清的客户对银行承兑的负债

该科目来自商业银行承兑行为，多数国家将其视为表外项目，美国商业银行将这项业务纳入了资产负债表内。商业银行对客户签发的票据做出承兑后，有权要求客户在一定期限内向该银行缴存一定的款项，也承担向客户的债权人付款的义务，因而商业银行承兑行为在资产负债表中的资产方"未结清的客户对银行负债"科目和负债方"未结清承兑余额"科目中同时反映出来，这两个科目账面余额也必然相等。

7. 其他资产

其他资产包括商业银行持有的或控股的但不纳入合并会计报表的子公司资产及一

些数目小、不宜单独列出的项目。

（二）负债项目

1. 存款

存款是商业银行最主要的负债，其占总负债的比例有时占全部资金来源的 70% ~ 80%。在表 10-1 中，存款按其是否规定期限划分，其类型分为：①活期存款，即支票存款账户，西方商业银行在很长一段时间内不对该账户支付利息，只是通过一定服务来吸引客户，存款人可对该账户签发支票、提款、转账。②储蓄存款，商业银行对该账户支付较低利息，允许客户随时提取。在金融创新中出现了可转让支付命令账户（NOWs），赋予储蓄账户以支票存款的优点，客户对该账户签发的可转让支付命令书可以起到类似支票的作用。货币市场存款账户也出现于金融创新中，其特点是利率可按市场利率的波动做相应调整，并允许客户在一定条件下签发支票。③定期存款，这是商业银行稳定的资金来源，采取存折、存单形式，其中大额存单可在二级市场上流通，对存款人具有较大吸引力，商业银行对定期存款账户支付较高利息。

自 20 世纪 60 年代以来，西方商业银行的存款在全部资金来源中所占比重有所下降，而主动借入负债则不断增加，存款内部结构也出现了明显变化，其中定期存款比重明显上升，活期存款比重不断下降，特别是在大银行中表现得更为显著。

2. 借款

借款也是商业银行的重要资金来源，特别是在商业银行负债管理经营思想出现后，一些大银行更注重利用借入资金来支持资产业务的扩张。商业银行以借入资金方式筹资速度较快，也无须缴纳存款准备金。

商业银行的短期借款主要包括同业拆入、回购协议下证券出售、向中央银行再贴现或借入的款项以及发行票据借入的短期资金。

长期借款包括商业银行在国内外金融市场上借入的长期资金以及发行的长期资本债券。商业银行还可以发行债务-股本混合型融资工具获得长期资金。

其他负债是指递延税款贷项、应付未付项目以及未结清的银行承兑等。

（三）净值（所有者权益）

商业银行净值（所有者权益）是股东对商业银行资产的所有权部分，是商业银行资产与负债之差。净值（所有者权益）可分为四个部分：一是普通股和优先股，这是股东投资的股本，按面值记账，发行溢价收入进入公积金部分。二是未分配利润，由历年税后利润中未分配部分累积而成，未分配利润中的一部分可用来转增股本。三是公积金，包括发行溢价、接受的捐赠资产，也包括利润分配中规定提取的部分。四是商业银行资产重估的增值部分也列入该账户。

商业银行资本账户内还专门设置部分准备项目，主要是股利准备金、证券损失准备金、贷款损失准备金等，这类准备项目是从商业银行税后利润中提取形成的，并不一定在报表中公开反映。

资本账户中还可以包括债务资本，主要是商业银行发行的长期资本债券。资本债券期限一般长达 10 年以上，持有人不得提前要求偿付，且当商业银行破产清算时，这类债务的赔偿优先权级别较低，可以同股本一起分担资产损失，其权益类似于优先股，因而可以列入净值项目。表 10-1 将这一项目列入了长期借款中。

二、商业银行利润表

利润表，又称为损益表，是商业银行最重要的财务报表之一。与资产负债表不同，利润表是流量表，是商业银行在报表期间经营活动的动态体现，总括地反映出商业银行的经营活动及成果。

商业银行利润表包括三个主要部分：收入、支出和利润。编制利润表所依据的平衡公式是"收入－支出＝利润"，各科目的设置处理取决于银行所采取的会计核算方法，其所面临的管理法规也取决于所开展的业务。在此我们以某一商业银行为例，对商业银行利润表做概括性说明，见表10-2。

表 10-2　某一银行利润表　　　　　　　　　　　单位：万美元

利息收入	
贷款利息收入	156 000
证券投资利息收入	
免税	15 200
应税	8 000
其他利息收入	7 400
利息收入总计	186 600
利息支出	
存款利息支出	102 600
短期借款利息支出	20 200
长期借款利息支出	6 000
利息支出总计	128 800
利息净收入	57 800
提取贷款损失准备	51 000
提取贷款损失准备后利息净收入	6 800
非利息收入	
客户存款服务费用	5 800
信托业务收入	5 200
其他	23 800
非利息收入总计	34 800
非利息支出	
薪金、福利支出	26 000
房产、设备占用使用费	8 800
其他支出	27 000
非利息支出总计	61 800
非利息净收入	-27 000
税前利润	-20 200
所得税	-600
税后利润	-19 600

（一）利息收入

利息收入是商业银行主要的收入来源，在有的国家，商业银行的利息收入占总收入的90%以上。从收入趋势上看，商业银行中间业务和衍生金融交易的收入所占比重越来越高。商业银行利息收入受多种因素制约，既取决于市场需求、法定准备金率、利率政策等外部因素，也受到商业银行自身经营策略影响。总的说来，利率越高，生息资产比重越大，所获利息收入也就越多。利息收入可具体细分为以下几种：

（1）发放贷款的利息、费用收入。这是商业银行最大的收入来源，表10-2中显示该行贷款利息收入 15.6 亿美元，占全部收入的 70%。

（2）证券投资利息收入。其地位仅次于贷款收益，由于某些证券投资可获得部分免税利益，所以由证券投资取得收益对银行有较重要意义。

（3）其他利息收入。其他利息收入包括存放同业所得利息、同业拆出利息收入、进行证券回购所得收入，以及购买其他银行发行的定期存单所得利息。

（二）利息支出

利息支出部分是商业银行最主要的费用开支，反映了商业银行以负债业务吸取资金的成本发生情况。

（1）存款利息支出。这是利息支出的主要部分，商业银行为获得较稳定的资金来源，有时会以较高利率发行定期存单，因而这类利息支出数额较大。

（2）借款利息支出。20 世纪 60 年代以来，西方商业银行在负债业务方面主动性加强，更加注重利用购买资金手段来获得资金，借款利息比重呈上升趋势。其中，短期借款利息主要指向中央银行短期借款、同业拆借、进行证券回购、发行短期商业票据等业务所支付利息；长期借款利息还包括银行发行的金融债券特别是附属资本债券所支付的利息，这种支出在性质上接近于支付优先股股息，但能起到抵税作用。

商业银行利息收入与支出的差，称为净利息收入、利差收入，这是决定商业银行经营业绩的关键所在，进行绩效评价时应着重考查。

（三）提取贷款损失准备

在商业银行经营过程中，贷款资产会发生损失，商业银行往往通过建立损失准备金来弥补这类预计损失。商业银行在所得税前计提的这一部分计入"提取贷款损失准备"科目，并累计进入资产负债表中的"贷款损失准备金"账户。

由于提取贷款损失准备被计入税前支出，该科目具有抵税作用，故商业银行在经营中倾向于多提准备，该科目也受到商业银行监管部门、税收部门的重视。如美国商业银行传统上有两种计提方法，一种方法是经验方式，即按报表当年及前五年发生的贷款损失平均数提取；另一种方法是储备方式，即按当年年末贷款余额的一定比率提取。美国政府在 1987 年通过了新的税收法案，要求资产规模在 50 亿美元以上的商业银行必须依照"特定注销方式"来冲销坏账，计提准备。在这种方式下，只有当一项贷款被明确认定为毫无价值且经监管部门同意后，银行才可将其注销，并计提贷款损失准备。该方式实际上制约了银行的逃税行为。

（四）非利息收入

非利息收入主要指商业银行为客户提供服务而取得的费用及佣金收入。具体项目如下：

（1）存款账户的服务费用。存款账户的服务费用主要指对存款人开立银行账户、不能保持要求的最低金额以及根据签发支票数量收取的人工费、保管费。

（2）其他服务费和佣金收入。其他服务费和佣金收入包括代理买卖证券、贵重物品保管、信息咨询、办理信用卡、承销国债等收入。

（3）其他收入。其他收入包括商业银行所得信托收入、融资租赁收入、表外业务收入等各种非利息收入。

随着商业银行业竞争加剧，经济、金融环境的变化，商业银行利差收入的增长有限，且波动较大，而各种非利息收入有助于商业银行开拓其他收入来源，减轻利差收入的波动带来的负面影响。

（五）非利息支出

非利息支出是商业银行间接费用的主要部分，具体包括以下部分：

（1）薪金与福利支出。薪金与福利支出包括支付经营管理人员和职工的工资、奖金、养老金、福利费用，还包括银行缴纳的失业保险费、社会保险费等。

（2）各种资产使用费用。各种资产使用费用包括银行房产和设备的维修费用、折旧费用、设备房屋的租赁费用及相应税款开支。

（3）其他费用。其他费用包括业务费用、广告费用、出纳短款损失等。

（六）利润

利息净收入扣除提取贷款损失准备金后与非利息净收入之和，构成商业银行利润，随核算口径不同，商业银行利润有多个层次。

（1）税前营业利润。税前营业利润是营业收支相抵后的余额，该指标的意义在于明确应税所得。税前营业利润扣除免税收入即应税所得。

（2）税后营业利润。应税所得减去应付所得税后的余额，加上免税收入就得到了税后营业收入。该指标可以看成商业银行正常经营活动的最终结果，较好地反映了银行业绩，是进行绩效评价时的基本指标。

（3）纯利润。银行经营过程中可能发生一些特殊项目，如证券买卖、设备盈亏、会计处理方法变更等，这些特殊项目可以看成商业银行营业外活动，最终会影响到商业银行的盈亏状况。纯利润指标中包括了这类特殊项目，是报表期商业银行全部活动的体现。但由于它包含了一些不常发生的营业外项目收支，反而不能准确地反映银行的经营业绩。计算纯利润时，应将特殊项目净损益及相应所得税额并入税后营业利润中。最近一段时间，美国银行业已将证券买卖活动纳入非利息收支中，只缴纳一般所得税。

三、银行现金流量表

现金流量表又称现金来源运用表，是反映商业银行在一个经营期间内的现金流量来源和运用及其增减变化情况的财务报表，是反映银行经营状况的三个主要报表之一。随着银行业的不断发展及经济环境的变化，现金流量表的重要性也在不断加强。

经过一段时期的经济活动，商业银行的财务状况会发生变化，即资产、负债、权益的规模及内部结构会有一定变动，变动结果可以通过商业银行资产负债表中相关科目期初、期末情况得到展现。财务状况变动的原因最终可归结为商业银行现金流量的来源、运用及增减变动。现金流量表反映这一动态过程，而资产负债表仅是静态存量报表，不能揭示财务状况变动的原因。尽管利润表是一张动态报表，但其着眼点是商业银行盈亏状况，不能反映银行资金运动全貌，也不能揭示银行财务状况变动的原因。现金流量表沟通了资产负债表和损益表，弥补了二者的不足，将企业的利润同资产、负债、权益变动结合起来，全面反映了报告期间内银行资金的来源和运用情况，指出了商业银行财务状况变动结果及其原因，这是现金流量表的主要作用。

现金流量表以现金变动为制表基础，以现金的运用、来源为反映对象，从考察动态化的角度组织内容。一般情况下，商业银行现金流量表中的现金概念专指现金资产即一级准备。报表按等式"现金来源增加＝现金运用增加"进行编制。对该等式具体解释如下：

现金来源主要有三个途径，首先是营业中所得现金，其次是减少、出售非现金资产换取的现金，最后是通过举债、增发股本等从外部获得的融资。现金运用也分为三个部分，即购买非现金资产、偿还债务本息、支付股利。仅从上述现金运用和来源的含义来看，两者不一定相等，差额等于现金资产的变动额。换一个角度看，将现金资产视同普通资产，它的减少也可以带来其他资产的增加，或是负债的减少，因而现金资产的减少可以看成特殊的现金来源。同样，现金资产的增加可以看成特殊的现金运用。经这种调整，则可以得出等式"现金来源＝现金运用"，这就是现金流量表的编制原理。

表 10-3 是某一银行的现金流量表，本书借此简要说明报表项目结构，并对该银行流量状况做一简单分析。

表 10-3　某一银行现金流量表　　　　　　　　单位：万美元

现金来源	
营业	
净利润	−19 600
非付现费用	
折旧、预提费用	3 200
提取贷款损失准备	51 000
其他	−3 800
营业所得现金	30 800
资产减少	
现金与存放同业	131 400
证券投资	39 800
交易账户证券	15 000
同业拆出与回购协议下持有证券	29 400
其他资产	5 600
负债增加	
短期债务	95 800
长期债务	
其他现金来源	800
现金来源合计	379 400
股息支出	7 200
资产增加	
证券投资	
贷款	118 000
其他	
负债减少	
存款	217 800
长期借款	4 400
其他债务减少	23 200
其他现金运用	8 800
现金运用合计	379 400

由表 10-3 可知，现金流量表由两大部分构成。其构成如下：

（一）现金来源

（1）经营中所得现金。这一部分由净利润扣除应计收入，加上非付现费用构成。在会计核算中设置非付现费用是为了使净利润更真实地反映商业银行盈亏状况，但非付现费用仅在账面上做处理，并未导致现金流出，因而将这一部分加回到净利润中。同理，应计收入并非真实现金流入，也应扣除。商业银行非付现费用一般包括预提费用、计提折旧、提取贷款损失准备、递延税款贷项发生额等。

（2）资产减少所得现金。资产减少所得现金包括减少非现金资产增加的所得及减少的现金资产。表中反映出该商业银行现金资产减少较大，以出售、减少非现金资产所得现金很少。

（3）增加负债、增发股本所得现金。这是商业银行从外部获得的新的现金来源。合计现金来源为上述三项之和，在账务处理时应结合具体科目的变动情况进行。

（二）现金运用

（1）支付现金股利。支付股利直接导致现金的流出。

（2）支付现金增加资产。这里所指的资产包括有形资产、多种金融债权及现金项目。商业银行资产规模的扩大意味着现金运用的增加，该表中反映报告期间银行将较大的资金量投放到贷款资产中。

（3）债务减少。负债业务是银行获取资金的主要方式，但债务还本付息是现金资产的净流出，即一项现金运用。

现金运用合计为上述三项之和。在编制正确的现金流量表中，现金运用必须等于现金来源。

现金来源和运用表显示，假设商业银行报告期现金变动额为 3 794 单位，从运用方面来看，主要是应付存款提取，占整个现金运用的 56.9%；其次是增加贷款资产，占现金运用的 30.2%。从来源方面考查，假设商业银行以增加负债形式取得现金 906 单位，占全部来源的 23.9%；由于净利润为负，因而假设商业银行报告期间从营业中所得现金数额很小，不足现金来源的 10%。这两项来源合计远小于同期存款的提取，所以假设商业银行只有通过资产的净减少，即收缩经营规模才能取得足够的现金。假设商业银行资产减少中现金资产所占比重最大，最终将导致该银行在报告期现金项目（一级准备）下降。

四、商业银行表外业务分析

商业银行的利润并非全部来自商业银行所投资的盈利资产，许多带来收益的经营活动在资产负债表中并未得到反映，这就是中间业务。20 世纪 80 年代以来，西方商业银行不断扩大中间业务，许多大的商业银行的中间业务量已接近或超过主营传统业务量。商业银行开展中间业务适应了多变的市场环境，拓展了新的收入来源，但中间业务也带来了一定的风险，影响了银行的稳健经营。现在，中间业务已成为影响商业银行经营业绩的重要因素。

传统的中间业务一般不会带来资产负债方面的风险，商业银行完全处于中间人的地位提供服务，或者说商业银行仅仅是服务者。例如，信托业务中的信托投资，商业银行只是应客户要求代为理财，盈亏由客户承担，商业银行只收取佣金。

狭义的表外业务则完全不同，商业银行开展的这类业务不反映在资产负债表中，不会在当期直接形成资产或负债，却是一种潜在的资产或负债，在一定条件下会向表内业务转化，从而给商业银行带来收益或风险。例如，在票据发行便利业务中，当发行人无法偿还时，商业银行作为担保者承担连带付款责任，这种担保行为是商业银行的一种或有负债。又如，循环信贷业务一旦发生，则要进入资产负债表内资产方，该类业务也是商业银行的或有负债。就发展过程来看，中间业务是与商业银行资产负债业务相伴而生的、长期存在的传统业务，狭义表外业务传统上只有少数几种，绝大部分是近20年来出现的，与国际经济、金融的发展及当代电信技术的进步紧密相连。

狭义表外业务按其产生过程划分为两个部分，即传统业务和新兴业务。传统业务种类很少，包括承兑业务、担保业务、商业信用证业务和贷款承诺业务等。新兴业务中一部分是由传统业务演变而来的，如备用信用证和票据发行便利。新兴表外业务还包括金融创新中产生的贷款出售、资产证券化业务和多类衍生金融工具交易，如互换业务、期货业务、期权业务等。各类衍生金融工具的出现是金融创新的重要内容，本身仍处在不断发展变革中。

（一）中间业务对商业银行经营业绩的正面影响

1. 商业银行获取手续费和佣金收入，拓宽了营业收入来源渠道

商业银行通过各类中间业务，获得了大量手续费、佣金收入，开拓了新的收入来源，削弱了利息收入波动带来的不利影响。此外，商业银行还可利用各类衍生工具在承担一定风险的前提下进行投机，利用金融衍生工具的杠杆性追逐高额利润，这两种因素使得近年来商业银行收益中来自中间业务的比重不断上升。中间业务也极大地提高了商业银行的资产盈利能力。

开展中间业务，在不相应增加资金运用、扩大商业银行资产规模的同时带来了更多收入，资产回报率明显提高。从长期来看，随着金融市场的不断发展，各经济实体的投资、融资渠道趋于多样化，商业银行传统的存贷业务优势受到严重挑战，利差收入的增长空间有限，这一客观事实也迫使商业银行在经营中更加注重开拓中间业务。

2. 有利于商业银行扩张信用，扩大了商业银行的信用规模

第二次世界大战结束以后，西方许多国家出现过资金"脱媒"现象，商业银行采用负债管理方法，通过主动购入资金、开办新的存款业务来吸收资金以扩张信用。20世纪80年代起，商业银行弥补资金缺口的重点转向资产与负债双方，商业银行通过资产证券化、贷款出售等业务，使资金运用产生相应新的资金来源。另外，商业银行还通过安排票据发行便利、开具备用信用证等业务，利用自身信誉优势，在力争不动用自身资金的情况下满足客户的资金需求。因此开展中间业务支持了商业银行信用规模的扩大，弥补了银行资金供求缺口。

3. 降低了商业银行经营成本，提高了商业银行的盈利水平

开展中间业务不需上缴法定存款准备金，从程序上避开了对商业银行资本充足率的要求，较少接受监管部门的管理，因而进行中间业务降低了银行的规避管制的成本。

此外，开展中间业务也降低了银行的融资成本。以贷款出售为例，商业银行通过贷款出售融入资金，出售的贷款事先经过银行的专业评估，且售出商业银行一般具有较高的信用等级，因而能很好地吸引贷款购买者。这类资金来源无疑具有较低的融资成本。

4. 金融工具的可转让性，增强了商业银行资产的流动性

中间业务中涉及的许多金融工具具有可转让性，其设计目的就是改善商业银行资产的流动性。以贷款出售为例，商业银行通过该业务将流动性较差的贷款资产转为证券资产再转化为现金资产，有效地提高了整体资产的流动性。

5. 依附于相应的基础资产，改善了商业银行收益风险的组合

20世纪70年代以来，布雷顿森林体系的解体和各国宏观经济的不稳定表现，使得金融市场动荡不安，商业银行经营中受到汇率风险、利率风险、信用风险等多种风险因素影响。传统业务对这些风险无能为力，而许多中间业务特别是多种衍生金融工具却可以有所作为，因为其设计初衷就是为了帮助商业银行锁定成本、收益，进行套期保值。一般而言，各种衍生金融工具依附于相应的基础资产，商业银行利用这些衍生工具可将其基础资产所承受的风险重新组合或转移出去。

（二）中间业务对商业银行经营的负面影响

1. 中间业务加大了商业银行经营中的风险控制和监管难度

商业银行开展的中间业务较少受到金融法规的限制，其形式多种多样，既可进行交易所内（场内）交易，又可进行场外交易。同时，中间业务不直接在财务报表中反映，银行外部人员包括股东、债权人和金融监管部门无法准确了解到银行进行中间业务的真实情况，难以对商业银行的这类活动进行有效监管。

2. 中间业务自身的风险性，也给商业银行带来一定风险

商业银行的许多中间业务如担保、承兑等，对商业银行来说是一种或有负债，加大了商业银行未来的经营风险。此外，一些衍生工具由于具有高杠杆性，吸引商业银行进行冒险投机活动。虽然许多衍生金融工具在设计时就考虑到利用交易所交割、保证金制度、涨跌停板限价、盯市等多种方式来减少风险，但考虑到其高杠杆特性的放大作用，这类投机交易的风险程度还是相当大的。最后，中间业务的避险、套期保值功能只在局部有效，只是将风险从风险厌恶方转移到风险偏好方，并未消除风险。相反，由于一笔业务往往同时牵涉数家银行，一家银行的违约行为势必引起连锁反应，从而对整个金融体系的稳定性造成负面影响。

第二节　商业银行绩效评价

绩效评价是商业银行运用一组财务指标和一定的评估方法，对其经营目标实现程度进行考核、评价的过程。设计绩效评价指标体系是进行评估的关键，必须服从银行经营总目标。一般而言，处于不同的发展阶段和不同的经营环境中的商业银行在经营中所追求的具体目标也有所不同，但根本的出发点是一致的，即实现股东财富最大化。股东财富指企业所有者在市场上转让该企业所能得到的收益，反映了市场对企业的综合评价。考查银行经营目标实现程度可从两个方面入手，一是银行获利情况，二是风险程度。这是设计绩效评估指标的基本出发点。商业银行的经营环境比一般企业更为复杂，加之其独特的资产负债结构，银行流动性和清偿力状况成为其能否生存的关键，

因而商业银行在设计风险类指标时将清偿力指标和流动性指标单独列出，便于重点考查。商业银行绩效评价指标大多采用比率形式，这样可以剔除银行规模差异对绩效分析的干扰，还可将银行财务报表中的原始信息有机地结合起来，更准确地反映银行绩效。

一、商业银行绩效评价体系

商业银行绩效评价体系是一组财务比率指标，按实现银行经营总目标过程中所受的制约因素分为四类，即盈利性指标、流动性指标、风险指标、清偿力和安全性指标。

（一）盈利性指标

盈利性指标用于衡量商业银行在运用资金赚取收益的同时控制成本费用支出的能力。盈利性指标的核心是资产收益率和股本回报率，利用这两个财务指标及其他派生财务比率指标可较准确地认识银行的获利能力。

（1）资产收益率（ROA）。资产收益率是商业银行纯利润与全部资产净值之比，其计算公式为

$$资产收益率 = \frac{纯利润}{银行平均资产总额} \times 100\%$$

资产收益率指标将资产负债表、损益表中相关信息有机地结合起来，是商业银行运用其全部资产获取利润能力的集中体现。计算资产收益率指标时可以选择总资产的期末余额值做分母，这一数据可以方便地在资产负债表上直接取得。但商业银行利润是一个流量指标，为准确反映商业银行在整个报表期间的经营获利能力，采用总资产的期初与期末余额的平均数做分母效果更好。另外，商业银行纯利润包括一些特殊的营业外项目的税后收入，因而资产收益率指标的变动有时不能简单地理解为商业银行正常营业获利能力的改变，还应结合具体情况进行分析。

（2）营业利润率。营业利润率排除了特殊项目的影响，更准确地体现了商业银行的经营效率。其计算公式为

$$营业利润率 = \frac{税后营业利润}{资产总额} \times 100\%$$

由损益表可以看出，商业银行营业利润来自经营活动中各项利息收入和非利息收入，不受证券交易、调整会计政策、设备盘盈盘亏等不常发生的营业外活动影响，是商业银行经营能力和成果的真实体现，因而营业利润率指标反映了银行真实、稳定的获利能力。

（3）银行净利差率。商业银行利息收入是其主要收入来源，利息支出是其主要成本支出项目，因此利差收入是影响商业银行经营业绩的关键因素。商业银行净利差率的计算公式为

$$商业银行净利差率 = \frac{利息收入 - 利息支出}{盈利资产} \times 100\%$$

盈利资产指那些能带来利息收入的资产。银行总资产中，除去现金资产、固定资产外，均可看成盈利资产，在计算中分母也应采取平均值。一般情况下，银行经营规

模的扩大、盈利资产的增多，会引起相应利息收入的增加，但商业银行净利差率的提高表明商业银行利差收入的增长幅度大于盈利资产的增长幅度，即商业银行在扩大资金运用、增加收入的同时，较好地控制了相应的融资成本（利息支出）。因而该指标可有效地反映商业银行在筹资放款这一主要业务中的获利能力。

（4）非利息净收入率。非利息净收入率不只是商业银行获利能力的标志，同时也反映出商业银行的经营管理效率。其计算公式为

$$非利息净收入率 = \frac{非利息收入 - 非利息支出}{资产总额} \times 100\%$$

由损益表中可知，商业银行非利息收入来自手续费和佣金收入，获得这类收入不需要相应增加资产规模，较高的非利息净收入会明显提高商业银行资产收益率。非利息支出包括提取贷款损失准备、员工薪金、折旧等间接费用，同商业银行管理效率直接相关，因而较高的非利息净收入率意味着相对较低的各类间接费用开支，表明银行管理效率良好。

非利息净收入率的提高是商业银行盈利能力和管理效率良好的表现。但有时也意味着经营中潜在风险的提高，主要是因为非利息收入中的较大部分通过中间业务取得，常伴随着一定或有负债及其他风险，且不在财务报表中明确表示，因而应用指标时应多注意其他相关信息，了解相应风险状况。

（5）银行利润率。银行利润率的计算公式为

$$银行利润率 = \frac{纯利润}{总收入} \times 100\%$$

由计算公式中可以看出，该指标反映了商业银行收入中有多大比例被用于各项开支，又有多大比例被作为可以发放股利或再投资的利润保留下来。该比例越高，说明商业银行获利能力越强。

（6）权益报酬率（ROE），又称净值收益率、股东投资收益报酬率等。其计算公式为

$$权益报酬率 = \frac{纯利润}{银行资本} \times 100\%$$

该指标反映了商业银行资本的获利程度，是商业银行资金运用效率和财务管理能力的综合体现，同股东财富直接相关，格外受商业银行股东的重视。

（二）流动性指标

流动性在任何企业经营中都是盈利性和安全性之间的平衡杠杆。商业银行由于自身不寻常的资产负债结构，更易受到流动性危机的威胁，这也是商业银行将流动性指标从一般风险指标中分离出来的原因。流动性指标反映了商业银行的流动性供给和各种实际的或潜在的流动性需求之间的关系。商业银行流动性供给在资产方和负债方均可存在，如商业银行拆入资金或出售资产都可以获得一定的流动性。流动性需求则可通过申请贷款和提存等形式作用于资产与负债两个方面，因而流动性指标在设计时应综合考虑银行资产和负债两方面的情况。

（1）现金资产比例（现金资产/资产总值）。该指标是商业银行所持现金资产与全

部资产之比。现金资产具有完全的流动性，可随时应付各种流动性需求。该比例高反映出银行流动性状况较好，抗流动性风险能力较强。然而，现金资产一般是无利息收入的，如果现金资产比例太高，则商业银行盈利资产下降，将影响收益水平。

（2）国库券持有比例（国库券/资产总值）。国库券是商业银行二级准备资产的重要组成部分，对商业银行流动性供给有较大作用。一方面国库券自身有较强的变现能力，商业银行出售国库券可直接获得流动性供给；另一方面国库券是一种被普遍接受的抵押品，商业银行可以用其进行质押贷款，即持有国库券也可产生间接的流动性供给。该比值越高，商业银行的流动性越好。

（3）持有证券比例（证券资产/资产总值）。商业银行资产组合中有很大部分是所投资的各类证券，这些证券一般均可在二级市场上变现，为银行带来一定的流动性供给。单纯应用该指标判断银行流动性具有很大局限。这主要是因为证券的变现能力同其市场价值密切相关，在市场利率上升时，证券市价下跌，特别是一些长期证券难以按购入成本和记账价值流转出去。因此分析持有证券给银行提供的流动性时，必须结合指标市值/面值评判。一般情况下，市值/面值比例越低，说明银行所持有证券的变现力越低，从中可获得的流动性供给越少。

（4）贷款资产比例（贷款/资产总值）。该指标是银行贷款资产与全部资产的比值。贷款是银行的主要盈利资产，其流动性较差。该比值较高，反映银行资产结构中流动性较差部分所占比例较大，流动性相对不足。贷款内部各组成部分又具有不同的流动性。其中一年内到期的贷款在一个营业周期内自动清偿，可以带来相应的现金流入，提供一定的流动性，因而可以用一年内到期贷款/总贷款作为贷款资产比例的补充指标。补充指标值越高，说明银行贷款中流动性较强部分所占比例较大，银行的流动性状况越好。

上述指标（1）～（4）主要从资产项目来反映银行的流动性。小银行受其规模、市场地位的影响，一般依靠提高资产的流动性来应付各种流动性风险，因而在对小银行进行绩效分析时，这四个指标具有较大意义。

（5）易变负债比例（易变负债/负债总值）。该指标是易变负债与全部负债之比。易变负债包括银行吸收的经纪人存款、可转让定期存单及各类借入的短期资金。这类负债受资金供求关系、市场利率、银行信誉等多种因素影响，其融资成本、规模均难以为银行所控制，是银行最不稳定的资金来源。该指标反映了银行负债方面的流动性风险情况，比值越高，说明银行面临的潜在流动性需求规模越大且不稳定。

（6）短期资产/易变负债。银行短期资产包括同业拆出、存放同业的定期存款、回购协议下的证券持有、交易账户证券资产、一年内到期的贷款等。这部分资产是银行最可靠的流动性供给，可以较好地应付各类流动性需求。短期资产/易变负债指标衡量了银行最可靠的流动性供给和最不稳定的流动性需求之间的对比关系，该比值越高，说明银行的流动性状况越好。

上述指标（5）～（6）主要从负债方面考查商业银行流动性情况。在运用这两个指标进行银行业绩分析时必须注意银行的规模，一些大银行特别是地处金融中心的大银行在经营中更多地利用增加短期负债来获取流动性，而小银行依靠资产变现取得流动性。因而对于规模不同的银行，同一指标数值所反映的流动性状况可以有较大差异。

（7）预期现金流量比。该指标是预计现金流入与流出之比值。在设计该指标时考虑了一些中间项目的影响，可以弥补指标（1）～（6）的不足。银行现金流出包括正常贷款发放、证券投资、支付提存等项目，还包括预计贷款承诺需实际满足的部分及预计的其他或有负债一旦发生需要支付的部分。现金流入包括贷款收回、证券到期所得或偿付、预期中的证券出售及各类借款和存款的增加等。指标值大于1的不同值，显示该银行未来流动性可能有所提高的程度。

（三）风险指标

在财务管理和财务分析中，风险被定义为预期收入的不确定性，这种收入的不确定性会降低企业价值。商业银行面临复杂多变的经营环境，收益水平受多种因素的影响，风险指标将这些因素做了分类，并定量反映了商业银行面临的风险程度和抗风险能力。

1. 利率风险

当前的商业银行业务日益多样化，已成为"金融百货公司"，以多种金融服务获取收益。但从根本上看，银行主要收入来源仍然是各种生息资产，成本项目主要是为融资而发生的利息支出。市场利率的波动往往会引发银行利差收入乃至全部营业收入的波动，这就是利率风险。资金配置不同的银行面对相同的利率波动所受影响是不同的，即利率风险暴露不同，这种差别可以通过以下两个利率风险指标度量：

利率风险缺口＝利率敏感性资产－利率敏感性负债

利率敏感比例＝利率敏感性资产／利率敏感性负债

利率敏感性资产是指收益率可随市场利率变动重新调整的资产，如浮动利率贷款。以相同的方式可以定义利率敏感性负债。在应用上述两个指标做分析时，应注意保持计算公式中资产与负债期限上的一致。

两个指标在含义上是一致的。当缺口为0或比值为1时，银行不存在利率风险暴露，利差收益不受利率变动影响，其他指标值均意味着存在利率风险暴露。样本银行指标值与均衡值（0或1）偏差越大，银行面临的利率风险越大。

2. 信用风险

商业银行的信用风险指银行贷款或投资的本金、利息不能按约得到偿付的风险。商业银行的主要资产和收入来源是各类金融债权，信用风险对其经营业绩影响很大。以下几个指标反映了银行面临的多种实际和潜在的信用风险程度及商业银行为此所做的准备的情况。

（1）贷款净损失/贷款余额。贷款净损失是已被商业银行确认并冲销的贷款损失与其后经一定的收账工作重新收回部分的差额，反映了信用风险造成的贷款资产真实损失情况。该指标衡量了商业银行贷款资产的质量状况，比值越大，说明商业银行贷款资产质量越差，信用风险程度越高。

（2）低质量贷款/贷款总额。低质量贷款由三部分组成：一是逾期贷款，指超过偿还期90天尚未收回的贷款；二是可疑贷款，确认标志是债务人未能按约支付利息，这往往是债务人财务状况恶化、最终无力偿还本息的先兆；三是重组贷款，当债务人财务状况恶化时，银行为避免贷款债权最终落空，有时会以延长期限、降低利率等方式同借款人进行债务重组协商。低质量贷款的信用风险程度很高，是产生未来贷款损失的主要根源。该指标估计了潜在的贷款损失，比值越高，银行贷款中信用风险越大，未来发生的贷款损失可能越大。

（3）贷款损失准备/贷款损失净值。贷款损失准备来自银行历年税前利润，是对未来可能出现的贷款损失的估计，并可以弥补贷款资产损失。该项指标比值越高，表明银行抗信用风险的能力越强。

（4）贷款损失保障倍数。该指标是当期利润加上贷款损失准备金后与贷款净损失之比。比值越大，说明银行有充分的实力应付贷款资产损失，可以减少贷款损失对银行造成的不利影响。

上述指标集中考查了商业银行贷款资产的风险状况，并未对证券投资进行信用风险评估，这是因为商业银行所持有的证券以政府债券为主，信用风险程度相对较低。

3. 欺诈风险（内部贷款比例）

商业银行经营中会遭受内外部人员的欺诈或舞弊行为所产生的风险，这类风险称为欺诈风险。欺诈风险一般没有直接的度量指标，往往用其他指标间接反映，如内部贷款比例。该指标是商业银行对其股东或经营管理人员的贷款与总贷款之比，粗略衡量了由内部交易所带来的可能的欺诈风险程度。欺诈风险与该指标数量呈正相关关系。

（四）清偿力和安全性指标

商业银行清偿力是指商业银行运用其全部资产偿付债务的能力，反映了商业银行债权人所受保障的程度，清偿力充足与否也会极大地影响银行的信誉。从恒等式"净值＝资产－负债"来看，商业银行清偿力不足或者资不抵债的直接原因是资产损失过大，致使净值小于零，负债不能得到完全保障。但清偿力不足的根本原因是资本金不足，未能与资产规模相匹配，因而传统的清偿力指标主要着眼于资本充足情况。

（1）净值/资产总额。净值是商业银行全部资金中属于银行所有者的部分，具有保护性功能，即吸收商业银行资产损失，保护债权人权益的功能。净值比例将资本量与资产总量结合起来，简单地反映出银行动用自有资金，在不损害债权人的利益的前提下应付资产损失的能力。该项比值越高，表明商业银行清偿能力越强。但其基本假设前提是商业银行资产规模和可能发生的损失之间存在简单的比例关系。该指标是一项传统指标，优点是计算方便。随着商业银行业务的不断发展，其资产和负债结构有了很大改变，不同资产所面临的风险有较大差异，资产规模和资产可能遭受的损失之间不再保持简单的比例关系，该指标的有效性有所下降。

（2）净值/风险资产。第二次世界大战结束以后，西方商业银行的资金运用由单纯贷款资产转向贷款和政府债券的资产组合，这两类资产所含的风险程度迥然不同，简单地应用净值/资产指标已无法确切反映银行的清偿力和安全情况，计算清偿力的考核重点转向净值对风险资产的比率。风险资产是总资产扣除现金资产、政府债券和对其他银行的债权后剩余的部分。将这些无风险资产排除后，净值/风险资产指标更多地体现了资本吸收资产损失的保护性功能，能较准确地反映商业银行的清偿力。

上述两个指标着眼于净值与资产的关系来衡量商业银行的清偿能力和安全程度，

随着银行业的不断发展，这种分析思想已显示出较大局限性：首先，商业银行资本的构成日益复杂，在提供清偿力方面是有差异的，应区别对待；其次，中间业务在商业银行经营中的地位有了较大提高，有必要纳入清偿力考核指标内。

（3）《巴塞尔协议》中资本充足率指标（略）。

（4）资产增长率和核心资本增长率。该指标反映出商业银行清偿力的变化情况。商业银行资产扩张速度较慢，商业银行经营相对稳定。商业银行资产规模扩张较快，往往意味着较大的潜在风险，资产增长基础也不牢固，是商业银行清偿力下降的标志。结合核心资本增长率可更好地分析银行清偿力的变动。如当银行资产增长率保持原有水平而核心资本增长加快时，银行清偿力得以提高。这组指标也可用于同业比较中，即以商业银行同业的资产增长率与核心资产增长率为标准，将被考查商业银行的这两项指标值与标准指标值比较，分析其清偿力的变化。

（5）现金股利/利润。商业银行净值中比重最大的是未分配利润项目，该科目也是影响商业银行资本充足与否以及清偿能力高低的重要因素。未分配利润项目来自历年累积的利润留存，现金股利是商业银行利润的净流出。较高的现金股利分配率，降低了商业银行内部积累资本的能力。而且，分配现金股利导致商业银行现金资产的减少，风险资产比重相对加大。因而，现金股利/利润指标值太高，往往意味着商业银行清偿力没有实现其应达到的标准。

二、商业银行的绩效评价方法

商业银行绩效评价方法主要有比率分析法和综合分析法。比率分析法以上述指标体系为核心，从盈利能力、流动性、风险性以及清偿力和安全性四个方面对商业银行经营业绩分别做出评价，最后形成完整结论。而综合分析法是将商业银行的经营业绩看成一个系统，从系统内盈利能力和多风险因素的相互制约关系入手进行分析。

（一）比率分析法

比率分析法的核心是绩效评价指标，但孤立的指标数据是毫无意义的，并不能说明商业银行业绩的好坏，必须在比较中才能发挥作用。比较的形式主要有同业比较和趋势比较。将一家商业银行的绩效评价指标值与同业平均水平进行横向比较，可以反映出该商业银行经营中的优势与不足。利用连续期间对指标值进行比较可以看出该商业银行的经营发展趋势，并对未来情况做出预测。在实际分析中，同业比较和趋势比较应结合起来使用。在应用财务比率进行绩效评价时，也应注意到商业银行规模上的差异，很多情况下，绩效评价指标的差异来自规模差异以及相应经营方法上的不同，不能等同于经营业绩之间的差距。最后，在利用财务比率做分析时，还应注意中间业务的情况，如经济环境的变化、利率走势等外部因素。

下面给出一个应用比率分析法的具体案例（见表10-4）。评价对象为某地处非金融中心地区的商业银行，资产规模在2亿美元~4亿美元之间，是典型的中小银行，进行对比的同业水平是规模相近的小银行的平均水平。数据采样期间是1998—2002年，假设这段时间市场利率呈下降趋势。

表 10-4　某商业银行主要指标数据及同业水平　　　　　单位:%

项目	2002 年		2001 年		2000 年		1999 年		1998 年	
	FSB	同业	FSB	同业	FSB	同业	FSB	同业	FSB	同业
一、盈利指标										
1. 资产收益率	1.31	0.84	1.41	0.68	1.00	1.03	0.77	1.04	1.60	1.12
2. 营业利润率	0.67	0.81	0.53	0.56	0.57	0.99	0.65	1.04	1.17	1.12
3. 非利息收入/平均资产	0.30	0.58	0.33	0.64	0.34	0.64	0.28	0.60	0.28	0.55
4. 利息收入/平均资产	9.31	8.88	10.18	9.71	10.85	10.80	11.16	11.54	11.21	11.19
5. 银行净利差率	4.10	3.90	4.41	4.15	4.28	4.43	3.31	4.34	4.05	4.54
二、流动性指标										
6. 易变负债/负债总额	40.24	5.41	34.15	7.93	43.75	1.05	37.32	0.22	26.07	1.20
7. 短期资产/易变负债	15.25	143.50	4.51	149.44	2.47	126.12	31.96	120.96	32.72	114.86
8. 贷款/平均资产	43.74	48.70	44.54	48.95	48.78	52.16	49.68	52.83	49.67	50.86
三、风险指标										
9. 利率敏感性缺口	-18.25	-6.25								
10. 贷款净损失率	0.29	1.17	2.33	1.73	1.73	1.39	1.17	0.85	0.34	0.87
11. 低质量贷款比率	2.44	3.02	2.56	3.11	1.83	2.86	3.08	2.47	2.06	1.99
12. 贷款损失保障倍数	6.54	6.20	4.24	3.87	5.08	4.93	9.38	9.08	9.51	9.59
13. 贷款损失准备/贷款净损失	3.65	2.99	1.32	1.50	0.88	1.71	0.71	3.03	1.55	2.87
14. 贷款损失准备/贷款	3.23	1.85	3.00	1.67	1.41	1.39	0.77	1.26	0.49	1.10
15. 内部人员贷款	0.13	0.18	0.1	0.22	0.22	0.20				
四、清偿力指标										
16. 核心资本充足率	8.42	8.85	8.73	8.82	8.07	8.74	7.76	8.60	7.52	8.54
17. 资产增长率	12.08	3.51	2.77	4.01	1.88	5,43	-3.16	6.68	6.26	8.67
18. 核心资本增长率	7.46	5.98	4.18	5.28	3.37	7.27	0.96	7.71	7.25	9.21
19. 现金股利比例	71.43	45.75	72.23	47.30	106.70	45.03	108.35	46.83	65.50	40.19

注: FSB 为该家商业银行的简称, 同业是指同业水平。

1. 盈利能力分析

表中指标 1~5 是主要盈利指标。从指标 1 的资产收益率来看, 除 1999 年外, 该商业银行的此项指标数据均高于或近似于同业平均水平。由指标 2 的营业利润率可以看出, 商业银行的营业外净收益率明显高于同业水平, 这表明其真实营业盈利能力并未达到同业水平。仅以 2002 年为例, 该年度商业银行的资产收益率高于同业水平 0.57 个百分点, 而营业利润率与同业水平有 0.14 个百分点的差距。因而银行可靠的盈利能力略低于同业水平。指标 3 和指标 4 显示, 商业银行的非利息收入低于同业水平, 且远低于其利息收入, 因而分析重点应放在净利差收入上。指标 5 显示银行的净利差收入率高于同业水平。这种优势可能存在于两个方面: 或是商业银行的贷款资产比重较高, 或是商业银行在利率敏感性资产、负债方面配置较为成功。以 2002 年情况为例做出分析, 指标 8 中反映, 商业银行的贷款资产比重低于同业水平, 那么, 利差收入上的优势只能归结于资金配置方面的成功。指标 9 证实了这一点, 商业银行存在负的利率敏感性缺口, 缺口规模远远大于同业水平。结合市场利率运动, 可以得出结论: 商业银行的利差收入优势来自不断下降的市场利率。但这同时也隐含着较大的利率风险, 其未来盈利能力很大程度上取决于利率走势, 一旦利率向上波动, 商业银行的盈利水平将受到很大的负面影响。

2. 流动性分析

指标 6~指标 8 反映了商业银行的流动性存在严重问题。指标 6 显示, 商业银行严重依靠易变负债作为资金来源。一般情况下，小银行无法及时主动地调整其负债规模和结构。银行过高的易变负债比例表明其负债结构不当，存在较大的不稳定流动性需求。指标7说明，银行短期资产与易变负债的对应情况也远远未达到同业水平。银行短期资产是最可靠的流动性供给，银行的指标7数据非常之低，表明银行依靠出售资产应付负债方流动性需求的能力很差。

3. 风险分析

指标9是利率风险指标，数据表明银行存在负的敏感性缺口，且缺口是同业水平的3倍，风险程度大大超过同业水平，这与银行过度依赖利率敏感性的易变负债有关。指标10~指标14是有关信用风险指标。指标10贷款净损失率可衡量银行贷款资产的整体质量，数据显示，银行的贷款质量在2002年有了很大提高，且4年来第一次优于同业水平。指标11不良贷款比率也反映出相同情况。由此可得出结论，2002年银行在控制贷款信用风险方面较为成功，贷款资产质量良好。指标12~指标14反映了银行为可能发生的贷款损失所做的准备的情况。连续比较可以看出，银行的这3项指标数据在2002年度均有所提高，且高于同业水平，表明银行抵抗信用风险能力在改善，强于同业水平。指标15以内部人员贷款比例反映银行潜在的由内部交易引起的欺诈风险，银行的该项数据很低，表明这类风险程度较低，类似于同业水平。

4. 清偿力和安全性分析

指标16~指标19是清偿力指标。由指标16核心资本充足率来看，银行在5年内均略低于同业水平，且在2002年有所下降，这与银行在2002年度资产规模增长过快有关。银行的清偿力风险主要来自过高的现金股利分配。指标19显示连续5年内银行的股利分配超过了当年同业内平均数，这使得银行的内部资本积累远未达到应有水平，降低了其清偿能力。

（二）杜邦分析法

银行的经营业绩是一个包括多个因素的完整系统，其内部因素相互依存、相互影响。比率分析法人为地将商业银行业绩分为四个方面，割裂了相互间的联系。综合分析法弥补了这种不足，将银行盈利能力和风险状况结合起来对商业银行业绩做出评价。杜邦分析法是一种典型的综合分析法，其核心是权益报酬率（ROE），该指标有极强的综合性。

1. 两因素的杜邦财务分析法

两因素的杜邦财务分析法是杜邦分析的基本出发点，集中体现了其分析思想。其模型为

$$权益报酬率 = 纯利润/资本净值 = 纯利润/资产 \times 资产/资本净值$$

即 ROE = ROA×EM，EM称为股本乘数。ROE是股东所关心的与股东财富直接相关的重要指标。

以上的两因素模型显示，ROE受资产收益率、股本乘数的共同影响。资产收益率是商业银行盈利能力的集中体现，它的提高会带来ROE的提高。在ROE指标中间接地反映了商业银行的盈利能力。ROE指标也可体现商业银行的风险状况。提高股本乘数，可以改善ROE水平，但也会带来更大的风险。一方面，股本乘数加大，银行净值比重降低，清偿力风险加大，资产损失较易导致银行破产清算；另一方面，股本乘数会放

大资产收益率的波动幅度，较大的股本乘数，导致 ROE 不稳定性增加。因而两因素模型以 ROE 为核心，揭示了商业银行盈利性和风险之间的制约关系，从这两个角度可以对商业银行绩效进行全面的分析评价。

2. 三因素及四因素的杜邦分析方法

商业银行资产收益率取决于多个因素，将其分解可以扩展为三因素分析模型，能更好地从 ROE 指标出发分析评价商业银行业绩。

$$ROE = \frac{纯利润}{资本} \times \frac{资产}{资本交付} = \frac{纯利润}{总收入} \times \frac{总收入}{资产} \times \frac{资产}{资本净值}$$

$$= 银行利润率（PM）\times 资产利用率（AU）\times 股本乘数（EM）$$

模型显示，银行 ROE 指标，取决于上面这个三因素。其中，商业银行利润率和资产利用率也包含着丰富的内容：

一是商业银行利润率的提高，要通过合理的资产和服务定价来扩大资产规模，增加收入，同时控制费用开支，使其增长速度小于收入增长速度，才能得以实现，因而该指标是商业银行资金运用能力和费用管理效率的体现。

二是资产利用率体现了银行的资产管理效率。银行的资产组合包括周转快、收益低的短期贷款、投资，也包括期限长、收益高的长期资产，还包括一些非营利性资产。各类资产在经营中都起一定作用，不可或缺。良好的资产管理可以在保证银行正常经营的情况下提高其资产利用率，导致 ROE 指标上升，最终给股东带来更高的回报率。

通过上面的分析，可以将三因素模型理解为

ROE = 资金运用和费用管理效率×资产管理效率×风险因素

采用这种分析方法，可以从这三个方面理解 ROE 指标的决定及其变化原因，准确评价银行业绩。

商业银行利润率不只是同其资金运用以及费用管理效率相关，也同商业银行的税赋支出有关：

$$PM = \frac{纯利润}{总收入} = \frac{纯利润}{税前利润} \times \frac{税前利润}{总收入}$$

在商业银行利润表部分已说明，商业银行税前利润是其营业中的应税所得，不包括免税收入和特殊的营业外净收入。纯利润/税前利润越高，反映银行的税赋支出越小，税赋管理较为成功。税前利润/总收入也反映了商业银行的经营效率是商业银行资金运用和费用管理能力的体现。将 PM 分解后，可得到四个因素的杜邦分析模型。

$$ROE = \frac{纯利润}{税前利润} \times \frac{税前利润}{总收入} \times 资产利润率 \times 股本乘数$$

由此可以将 ROE 指标理解为

ROE = 税赋支出管理效率×资金运用和费用控制管理效率×资产管理效率×风险因素

从杜邦分析模型中可以看出，ROE 指标涉及商业银行经营中的各个方面。杜邦分析法透过综合性极强的净值收益率指标，间接体现了商业银行经营中各方面情况及其间的制约关系，可以以此对商业银行业绩进行全面的分析评估。

第三节　商业银行财务报告

商业银行一般采取股份制形式，其经营权与所有权分离，商业银行经营管理人员必须定期向商业银行所有者及银行监管部门提交财务报告，反映商业银行的经营状况及自己的工作业绩。相关的商业银行财务报告包括三种：通知报告（the call report）、董事会报告（the director report）、股东大会报告（the shareholder report）。

一、通知报告

商业银行通知报告是商业银行向各有关金融管理机构呈报的一些基本财务报表。商业银行应该定期提供这份报告。报告包括简要的资产负债表、损益表及一些附属资料。

通知报告中的资产负债表较简单，只提供总账科目的基本情况，其资产方、负债方均按流动性排列。

利润表也只是简单地反映收入、费用状况，将税后收入作为最终项目列出。

通知报告还包括一些附属资料，用来反映贷款构成的详细状况，反映所投资证券的期限，反映库存现金、存放同业的资产状况等。

二、董事会报告

商业银行董事会报告包括一系列能反映商业银行经营成果的报表，它们一般按月编制和上报。编制这些财务月报一方面是为了满足商业银行内部管理的需要，另一方面是为了便于董事们了解商业银行是如何实现其目标的。这些报表包括以下内容：

（1）资产负债表，反映前期的资产总量和比率。

（2）损益表，反映报告期损益与基期之比以及计划完成状况。

（3）净利息收入分析，反映过去的和本年度的净利息收入以及计划收入与实际的差距。

（4）股东产权表，反映本年度和过去三年股东权益变动情况。

（5）财务状况变动表，反映上年度和本年度银行现金流量变动情况。

（6）证券投资表，反映持有证券的收益和期限状况。

（7）贷款期限结构和对利率变化的敏感程度，反映不同期限的贷款余额和利率结构、一年内到期的贷款余额以及利率的走势。

（8）不良贷款状况表，反映不正常履约的、逾期的或重新签订协议的贷款数量、应收利息及实际收息情况。

（9）贷款损失情况。

（10）其他一些重要比率指标。

商业银行董事会报告在董事会召开前邮寄给董事，或在会议召开时分发，其内容对外保密。商业银行董事根据报告内容了解商业银行财务经营状况，并讨论和制订未来的经营计划。

三、股东大会报告

商业银行提供给股东的财务报告资料，其内容应十分完备，提供重要信息，反映商业银行实际经营状况。股东大会报告有时还附有商业银行董事长或总经理就当前经营状况所做的分析和对未来的展望。

复习与思考题

1. 商业银行财务报表分为哪几类？
2. 商业银行绩效评价指标体系由哪几类构成？
3. 简述杜邦分析法评价要素的分解和组合。

参考文献

1. 戴相龙. 商业银行经营管理 [M]. 北京：中国金融出版社，2001.

2. 吴念鲁. 商业银行经营管理 [M]. 北京：高等教育出版社，2004.

3. 张景新，李星华. 商业银行经营管理教程 [M]. 北京：经济科学出版社，2002.

4. 朱新蓉，宋清华. 商业银行经营管理 [M]. 北京：中国金融出版社，2009.

5. 曹龙骐. 商业银行经营管理 [M]. 广州：华南理工大学出版社，2000.

6. 邓世敏. 商业银行中间业务 [M]. 北京：中国金融出版社，2000.

7. 周骏，张中华，郭茂佳. 货币政策与资本市场 [M]. 北京：中国金融出版社，2002.

8. 朱新蓉. 金融概论 [M]. 北京：中国金融出版社，2005.

9. 周骏，王学青. 货币银行学原理 [M]. 北京：中国金融出版社，2002.

10. 陈湛匀. 商业银行经营管理学 [M]. 上海：立信会计出版社，2008.

11. 陈元. 美国银行监管 [M]. 北京：中国金融出版社，2000.

12. 孙桂芳. 商业银行经营与管理 [M]. 上海：立信会计出版社，2011.

13. 黄毅，杜要忠. 美国金融服务现代化法 [M]. 北京：中国金融出版社，2000.

14. 戴国强. 商业银行经营学 [M]. 北京：高等教育出版社，2007.

15. 夏斌. 金融控股公司研究 [M]. 北京：中国金融出版社，2001.

16. 李志辉. 商业银行管理学 [M] 北京：中国金融出版社，2006.

17. 郑先炳. 西方商业银行最新发展趋势 [M]. 北京：中国金融出版社，2001.

18. 张艳. 商业银行经营管理 [M]. 北京：清华大学出版社，2006.

19. 王淑敏，符宏飞. 商业银行经营管理 [M]. 北京：清华大学出版社，2007.

20. 阎红玉. 商业银行信贷与营销 [M]. 北京：清华大学出版社，2009.